朱子

太師徽國文公像

右像乃朱氏家廟所藏文公六十一歲時所寫真也茲謹模寘卷端使學者得以想見大賢道德之氣象云

朱學論集

朱学论集

陈荣捷 著

重庆出版集团
重庆出版社

版贸核渝字（2020）第140号

图书在版编目（CIP）数据

朱学论集 / 陈荣捷著. — 重庆：重庆出版社，2021.9
ISBN 978-7-229-15883-5

Ⅰ. ①朱… Ⅱ. ①陈… Ⅲ. ①朱熹（1130-1200）—哲学思想—文集Ⅳ. ①B244.7-53

中国版本图书馆CIP数据核字（2021）第113066号

朱学论集

陈荣捷　著

出　　品：华章同人
出版监制：徐宪江　秦　琥
责任编辑：徐宪江
特约编辑：李　翔
责任印制：杨　宁
营销编辑：史青苗　刘晓艳
书籍设计：潘振宇　774038217@qq.com

重庆出版集团
重庆出版社　出版

（重庆市南岸区南滨路162号1幢）
投稿邮箱：bjhztr@vip.163.com
三河市天润建兴印务有限公司　印刷
重庆出版集团图书发行有限公司　发行
邮购电话：010-85869375/76/78转810
重庆出版社天猫旗舰店
cqcbs.tmall.com
全国新华书店经销

开本：880mm×1230mm　1/32　印张：16.375　字数：350千
2021年10月第1版　2021年10月第1次印刷
定价：78.00元

朱熹

1130年—1200年

推荐序

陈荣捷先生（1901—1994），已故著名的世界朱子学权威，一生朱子学著述甚多，他的中文著作原皆在台港印行，现在大陆出版社将出版陈老先生的朱子研究著作的简体字本，这是我国朱子学研究的要事和喜事！

陈荣捷先生1901年生于广东开平县，幼入私塾开蒙，后在塾师指导下习读“四书五经”等书。1916年春赴香港，考入拔萃书院，学习英文和中文，同年秋考入广州岭南学堂。1917年入岭南中学，“五四”运动时，在广州积极投身学生运动，曾代表岭南学生参加广州学生联合会，被选为会部长。1920年秋入岭南学院（后更名为岭南大学）文科专业，继续投身文化运动，并服务于岭南工人夜校，任副校长。1924年岭南学院毕业，赴美留学，入哈佛大学英语系，1926年改入哲学系。1929年以题为《庄子哲学》的毕业论文获哈佛大学哲学博士。1929年秋应母校岭南大学之聘，任大学教学秘书、教授。1930年起任岭南大学教务长。1932—1934年兼任中山大学教授，教授美学、英文。1933年曾出任中国基督教高等教育评议会主席。

1935年秋赴夏威夷大学任交换教授，讲授中国哲学，1936年离任岭南大学，任夏威夷大学东方研究所访问教授。1937年起改任夏威夷大学正式教授，讲授中国哲学和中国文明课程。1939年与哲学界知名人士共同发起创设“东西方哲学家会议”。1940年兼任夏威夷大学哲学系主任。1941年12月太平洋战争爆发后，因夏威夷大学暂时关闭，于1942年转赴位于美国东北的名校、长春藤盟校之一的达特茅斯学院（Dartmouth College），任比较文学系访问教授，次年转为中国文化教授，后改为中国哲学教授。值得一提的是，陈荣捷先生在第二次世界大战期间和战后初期，常常在集会上和巡回中发表演讲，达数百次之多，向美国人民介绍中国人民的抗战和中国文化。1951年任达特茅斯学院人文学院院长，这是当时东方人在美国担任的最高学术职位。1966年，陈先生六十五岁时自达特茅斯学院退休，被授予中国哲学和文化荣誉教授称号。是年他应宾州匹兹堡的查塔姆学院（Chatham College）之聘，出任格利斯派讲座教授。1971年任期届满，他继续在该学院讲授中国思想课程，至1982年完全退休。1975年起，陈先生任哥伦比亚大学中国思想课程兼任教授，与时任哥伦比亚大学副校长的狄培瑞教授联合执教哥大新儒学讨论班，直至晚年。1978年，他被选为台湾地区"中研院"院士。1980年当选为美国"亚洲哲学与比较哲学学会"会长。1994年8月病逝于美国匹兹堡家中，享年九十三岁。

陈荣捷先生在美国讲授中国哲学五十余年，在不同的时期其学术活动的重点有所不同。20世纪40年代至50年代，由于美国的中国研究尚在起步阶段，陈荣捷先生的著述主要集中在中国哲学、艺术、宗教的总体性论述，在此期间著有英文著作《现代中国的宗教趋势》（哥伦比亚大学出版社，1953年）、《中国哲学历史图表》（耶鲁大学远东出版社，1955年）、《中国哲学大纲及附注参考书目》（耶鲁大学远东出版社，1959年）等。1960年陈荣捷先生为《大英百科全书》撰写中国哲学概要以及诸思想家传记文章。在20世纪60年代，他还为其他许多百科全书撰写有关中国哲学中儒家、道家及理学的文章和条目。事实上，他几乎成了这一时期各英文百科全书关于中国哲学的唯一撰稿人，一时被欧美学术界誉为把东方哲学文化思想最为完备地介绍到西方的中国大儒。

从夏威夷时代起，陈荣捷先生长期致力于中国古代哲学资料的英文翻译。1963年，陈荣捷先生的四部重要的英文译著在美国出版，它们是：《坛经》（纽约圣约翰大学出版社）、《王阳明〈传习录〉及其他著述》（哥伦比亚大学出版社）、《老子之道（道德经）》（鲍波斯·麦瑞尔出版社）和《中国哲学文献选编》（普林斯顿大学出版社，又名《中国哲学资料书》）。前三者分别为释、儒、道三家的重要经典，其中《传习录》的翻译尤有意义。《中国哲学文献选编》集作者十余年之功，全书共四十三章，八百五十六页，所有的条目、名称、名词都有解释，所有的引文皆有溯源或说明，注释多达三千余条。该书开创了将中文翻译为英文的一个很高的标准，至今无人超越。该书一直是美国院校教授中国哲学的标准教科书，对英文世界的中国哲学的传习贡献极大。

20世纪60年代初期以后，陈荣捷先生除了为诸百科全书撰文外，主要精力渐渐转向新儒学（理学）的研究。他的英译《近思录》在1967年出版，其中参考日韩著作甚多，注释说明尤为精详。在他生命的最后二十年，他全部的学术关注几乎都集中在对朱熹的研究和对朱熹研究事业的推动上。1982年由陈先生组织、筹备和担任大会主席的“国际朱熹会议”在夏威夷檀香山举行，会议汇聚了当时东西方著名的朱熹研究专家。这次会议成为当时世界朱子学术研究的高峰。此次大会的圆满举行，不仅大大促进了朱子研究，也突显了陈荣捷先生自己的学术地位和重要成就，进一步提高了他在国际学术界的声誉。1982年以后，陈荣捷先生出版的朱子研究著作大都以中文发表，计有：《朱子门人》《朱学论集》《朱熹》《朱子新探索》《近思录详注集评》。此外，由台湾地区“中研院”中国文哲研究所出版的陈荣捷先生的论文集《新儒学论集》和《宋明理学之概念与历史》，也都是主要与朱熹有关的论文汇集，与陈先生的朱子学专著相互发明。

1946年H. F. MacNair出版的英文书《中国》中即有陈荣捷先生所写的“新儒学”一章，这是战后西方叙述理学专篇之始，也是叙述朱子思想专篇之始。1957年陈荣捷发表了《新儒学对恶的问题的解决》和《新儒学与中国科技思想》两篇文章。1960年出版的陈荣捷先生与狄培瑞等合编的英文版《中国传统诸源》，其中理学七章，包括朱子一章，出自陈荣捷先生之手。1963年陈荣捷先生的《中国哲学文献选编》出版，其中理学部分共有十三章，朱子占一章。当时西方学界还没有研究新儒学和朱子的学者，陈荣捷先生是战后欧美朱子研究的先驱。

六十岁到八十岁之间，陈荣捷先生越来越专注于朱子的研究，这一时期的成就体现在1982年出版的两部中文著作中：一是《朱子门人》，对朱子门人的人数构成、地理关系、社会背景、学术贡献等详加考证研究，显示出他的朱子学研究的深厚功力。此一卓越著作之贡献与地位，衡之于世界汉学的朱子学研究，已居于前列。二是《朱学论集》，收入他在这一时期所写的朱子学论文，如《朱熹集新儒学之大成》《论朱子之〈仁说〉》《朱子之〈近思录〉》《朱陆通讯详述》等，都是陈荣捷先生在这一时期撰写的重要论文，其立论高屋建瓴，分析深刻，资料丰富，对推进朱熹思想的理解甚有助益，也充分体现了陈荣捷先生重视“朱子研究新材料之发见”的研究特色。这两部一流的朱子研究著作与国际朱熹会议的非凡组织，确立了陈荣捷先生在世界朱子学研究的领导地位。八十岁以后，他老当益壮，在朱子研究方面更上一层楼。1986年他以八十五岁高龄完成了中文巨著《朱子新探索》，于1988年出版，全书分一百二十六节，所论多日韩及我国学者历来所不及论者，涉及朱子生平、思想及其所关联之人物、事迹的诸多课题，无所不包，发掘了大量以往不被注意的新材料，大大细化和深化了朱子研究的课题。此书充分显示出陈荣捷先生的朱子学研究造诣之精深，已达到了炉火纯青的境地。陈老先生亦自认为这本书代表了他学术研究的最高成就。1990年先生为台湾的"世界哲学家丛书"撰写的《朱熹》出版，其中吸收了他历年的有关成果，并在义理分析和资料考辑两方面作出了新的贡献。1992年《近思录详注集评》出版，此书"集评"采自《朱子语类》《朱子文集》《四书集注》《四书或问》等朱子书的资料达八百余条，又从中国注释本十八种、朝鲜八种、日本三十七种以及笔记四十八种之中，采录所引用的张伯行、茅星来、江永等人的注释及朝鲜、日本学者之评语五百余条，极为丰富；此书还对《近思录》所载六百二十二条资料皆考列其出处，所引用评论一千三百余条亦皆列出其出处，极便学者。其"详注"部分则对《近思录》本文涉及的典籍、术语、引语、人名、地名等详加注释。对各卷所引"程子"之言，他都根据《河南程氏遗书》《河南程氏外书》《明道文集》《伊川文集》之实据，确定其为明道或伊川语。至于明道语误为伊川语或伊川语误为明道语者，亦皆为之改正。此书功力深厚，完备翔实，超迈前人，对学界的宋代理学研究贡献实大。

除以上所述数种关于朱子的中文著作外，先生尚有英文朱子学论著如下：《〈近思录〉——新儒学文选》，哥伦比亚大学出版社，1967年；《新儒学词释：〈北溪字义〉》，哥伦比亚大学出版社，

1986年;《朱熹的生活和思想》，香港中文大学出版社，1987年;《朱子新研究》，夏威夷大学出版社，1989年。编著者有《朱熹与新儒学》，夏威夷大学出版社，1986年。陈老先生的英文朱子著作的贡献，在英语学界的新儒学研究中无疑也是首屈一指的。

值得一提的是，陈荣捷先生尊朱子而不贬阳明。就新儒学研究而言，陈荣捷先生亦著有阳明学的中英文重要著作，除前述1963年出版的英文著作《王阳明〈传习录〉及其他著述》外，中文著作还有《王阳明〈传习录〉详注集评》(学生书局，1983年);《王阳明与禅》(学生书局，1984年)。在新儒学之外，陈荣捷先生还有关于中国哲学的其他英文著作多种。

陈荣捷先生的学问方法，在于重观念史的分析，而不忽视史实考证，有深厚的西学学养，而倡导以朱解朱，注重原始资料，超越门户之见，特别重视利用日韩学者的研究成果。他从历史的脉络观察思想发展，从概念的分析探讨学派流变，学风平实缜密，治学精审严谨，他的学风和方法是朱子学研究当之无愧的典范。

陈荣捷先生是20世纪后半期欧美学术界公认的中国哲学权威，英文世界中国哲学研究的领袖，也是国际汉学界新儒学与朱熹研究的泰斗。美国在“二战”前和“二战”后初期都不重视理学研究，至20世纪70年代始为之一变，以哥伦比亚大学和哈佛大学为中心，新儒学和朱熹的研究一时兴起。1977年，陈荣捷先生海外教学四十年纪念时，他曾作诗三首，兹录其二:

海外教研四秩忙，攀缠墙外望升堂。

写作唱传宁少睡，梦也周程朱陆王。

廿载孤鸣沙漠中，而今理学忽然红。
义国恩荣固可重，故乡苦乐恨难同。

“而今理学忽然红”是指20世纪70年代美国中国思想研究的变化，这在改革开放后的中国神州大陆也同样再现了。“写作唱传宁少睡，梦也周程朱陆王”，传神地写出他对理学先贤的景仰。我想，在他生命的最后二十年，梦中所见已唯有朱子。他在朱子身上贯注了他的整个生命和全部感情，朱子研究已经毫无疑问地成了他的终极关怀。

我认识陈老先生时他已八十五岁，他九十岁时仍神采奕奕，步履如常，神思敏捷，笔力甚健，所以朋友们一直相信他必然要寿至百岁。他对我和我的朱子研究，可谓爱掖独厚，我现在保存的他晚年和我的通信有几十封。他平易近人、虚怀若谷、不耻下问、提携青年学者的风范，至今仍使我深深地感动。在我的了解中，他的人格气象和精神境界已经达到了理学所推崇和倡导的仁者的境界。今天，在有幸为他的著作集写序的时候，我的内心充满了对他的深切的怀念，久久不能平静。

陈荣捷先生的朱子研究著作是朱子学研究的宝贵财富，我衷心地期望读者们能够认真研究他的学术成果，努力学习他的治学精神，共同努力，不断推进朱子学研究的深入和发展。

陈来

著名哲学家、哲学史家

再版序

此书问世以来，六载于兹。在此期间，关于朱子之专书论文，勿论在大陆、台湾、香港，星洲，日本，与美国，均有猛进之势，尤以朱子易之思想，仁之理论，与道统之观念为然。此等新出研究，与本书所呈，并无出入。故今者再版，无改订之必要，只改正数点错误，增加《近思录》注释五种，朱子宗教实践五条，与三数附注加详而已。鄙人年来研究朱子，不遗余力。读书所得，逾一百条。将由学生书局印行，题曰《朱子新探索》。有诸书所载未详，如朱子自述与宝墨遗迹等等，今则增多数倍。有中韩日学者所从未讨论，如精舍情况与朱子所引佛语等等，今则不厌备述。又有粗见为学者所未言者，如体用分析，朱子言天言命等等，今则尝试论之。此等新资料，皆未加入此书之再版。只近年编译两书，一为一九八二年在夏威夷举行之国际朱子会议英文论文集，一为陈淳《北溪字义》之英译。两书叙言，皆由万先法先生译出。今以之作为附录。本书两章，曾被转载。一为《朱陆通讯详述》，转载北京《中国哲学史研究》一九八三年第三期。一为《从朱子晚年定论看阳明之于朱子》，采入冈田武彦教授主编之《阳明の世界》（东京，明德出版社，一九八六，刘三富与望月高明合译为日文）。再版增多综合索引，以笔划多少为序。有黑圈者为人名，白圈者为地名，星标者为书名或篇名，余为名词术语。不分四种索引，盖为读者方便计也。

陈荣捷

一九八八年三月

自序

一九四一年日本未轰炸珍珠港之前，予尚在夏威夷大学讲授中国哲学。其时纽约有哲学辞典之编，着予简单介绍中国哲学。予除撰孔、孟、朱子、王阳明等人小传外，并略说致知、知止、智、志等五六十词。出版后书评家以致知等六字皆拼chih，莫明所以，望而生厌。于是哂之曰“如有人要，听之可也”。可见当时对于中国思想，绝无兴趣。胜利以后，联合国既立。大倡世界合一，人类必须团结，互相了解。于是有联合国丛书，每国一书介绍其历史文化之图。我国方面由曾任沪江大学教授而当时任芝加哥大学历史教授H.F.MacNair博士主编。一九四二年予转教达慕斯学院(Dartmouth College，名为学院，然内有商业、工程、医学等学院授硕士博士衔，实是大学)。一九四六年某日路经芝城，承MacNair教授约与餐叙，并出《中国》书稿以示。予观其半部历史、半部文化诸篇，皆为著名教授之作。然乏中国思想一章，颇以为异。后卒劝其延请胡适之先生写“中国思想”一章。予则撰“理学”与“当代中国哲学”两章。理学章似为西方叙述理学专篇之始，亦即叙述朱子思想专篇之始也。其后学友逐渐鼓吹。予于一九六〇年与Wm.Theodore de Bary(狄培瑞)及Burton Watson合编之Sources of Chinese Tradition(《中国传统诸源》)，概论及翻译理学七章，包括朱子一章。又于一九六三年自编之A Source Book in Chinese Philosophy(《中国哲学资料书》)之四十四章之中，以十二章归宋、明、清之理学，朱子自为一章。然当时研究朱子者，实无其人。美国学界特重实用，以理学为空谈。又侧闻顾炎武置四海困穷不言而讲危微精一之言，与我国新文化运动时期打倒玄学魔鬼之口号，以理学为玄渺没用。哲学博士论文与研究会议，则重现代活动人物。著作则重国际经政关系。反智主义为一时之风尚，非只忽视朱子而已也。

一九七〇年代以后，则情形渐变。大学间有理学课程之设。博士论文亦有三五篇专研宋明理学。浸而有理学思想会议与学会年会之朱子讨论专组。以前以朱子为空虚者，至是乃知朱子之创社仓，反议和，攻击权臣，弹劾劣吏，救荒经界，固非高谈太极理气者也。又知朱子不特集理学之大成，且有新建设，而操纵我国与日韩思想社会数百年。于是谓予曰，欲知中国文化，非研究朱子不可矣。一九七七年予在美教学满四十年，曾作诗自忆。有“廿载孤鸣沙漠中，谁知理学忽然红”之句。所谓廿载，实三四十载。至谓忽然而红，则指此十年来之理学哲学博士论文多篇，理学会议数次，理学专书多本而言。从本书第十五篇“欧美之朱子学”所述可见一斑。此中大原动力乃哥伦比亚大学东方思想教授狄培瑞博士。彼之不断提倡与我等三十余年之合作，颇觉有成。予以今者时机已熟，乃得夏威夷屡次担任国际思想会议经费之程庆和(Hung Wo Ching)

博士负责筹款，组织国际朱子会议。将于一九八二年在夏威夷大学举行，为西方朱子研究，开一新页。

此书之辑，实为向朱子会议世界学者求教。此书并无统系，亦非专题。然皆讨论朱子及其学派。其他如论新儒学理与仁思想之演进，理学与中国科学思想，理学家对于恶之问题之解决，理学家之诗，理学名词之旧瓶新酒，与戴震与中国十八世纪思想数十篇散见于诸学报及论文集中，皆非专论朱子或其学派，故未采入。其采入者，有属义理，有属考据。有为学者所未言，亦有为所见有稍异者。说朱子之太极、理气、道统观等等文章，汗牛充栋，然其哲学意义，尚未大明，今特从此角度深究之。程朱之异，言之者少，今亦以哲学观点详论之。朱子《仁说》为其十余年之聚心积力。其著作动机、时期，其用词之来源与分析，及与南轩《仁说》之比较，皆待解决。今从各面探究，并采用日人材料，敢云详尽。鹅湖之会为学者所喜言。然取材实不出《象山全集》与《朱子年谱》之外。只程兆鸿博士关于湖寺有详细之消息。予乃于时期、地点、人物、讨论题目诸点，广寻细索。乃见此历史上有名之会，非专为学术之异同，而异同又非专在博约之辨也。谈朱陆书札往来者，亦每限于《朱子文集》与《象山全集》所载。今发见其通讯各有二十，并非皆是辩论之文。此数篇与《近思录》之选语来源与中日韩三国之注释续录，均可谓为朱子研究新材料之发见。至朱子以老子于生生之观念有所贡献，则实出人意外者。朱子之穷与其宗教生活，从未见有人论及。关于朱子门人，固有专著数种。然皆从夸耀朱门出发，错误百出。今以事论事，且用日、韩资料，使其面目一新。无意中发现各书所未提及而确为朱子门人者三十四人。阳明《晚年定论》与明初朱子学派，观点与其他学者不同。是亦不过仁者见仁，智者见智而已。

以上诸篇，不敢云有何创见。只是留学（亦教亦学，居美四十余载仍是留）读书所得而已。目的为申述朱子。不在宣传，亦不事辩护。以朱释朱，不用西洋名词或观念。不愿以洋冠洋服加诸朱子也。

诸篇一半原为英文。万先法先生翻译其五。一九六四年予曾为《清华学报》撰*The Evolution of the Neo-Confucian Concept li as Principle*。万先生译为《新儒学理之思想之研究》，登于《人生》卷三十一第六七两期（一九六六年）。附语有云“法尝谓陈先生介绍中学之功，犹侯官严复氏之介绍西学也”。予以书应之曰“赞许之隆，何敢当也？先生译文，诚得信达雅而过之。盖措词精确，既哲而文。远非原文可及。且于捷所注一百五十余条，各各追查原句。其间多有捷只举原书页数，而先生则引原文以实之。另加王夫之等有关主题之句语多条。治学精审，诚译述界所罕有也”。此书登《人生》同卷第十二期。今以之形容其他所译四篇，其精彩有过之而无不及。曾春海博士教学之余，不惮烦劳，校对全书，不知何以道谢。

一九八二年正月

人名与版本说明

凡举人姓名，有必要时，并举其字号。然必举其生卒年。此为专家所不需，然普通读者应知其时间为何，庶可以审谁先谁后，与其思想之如何承前启后也。惟下列诸儒，提及多次。故只于此处举其名字与生卒年。孔子、孟子、老子、庄子、杨朱、墨子与荀子，则均免：

邵子，名雍，字尧夫，称康节先生（一〇一一—一〇七七）

周子，名敦颐，字茂叔，称濂溪先生，谥元公（一〇一七—一〇七三）。

张子，名载，字子厚，称横渠先生（一〇二〇—一〇七七）。

大程子，名颢，字伯淳，称明道先生（一〇三二—一〇八五）。

二程子，名颐，字正叔，称伊川先生（一〇三三—一一〇七）。

朱子，名熹，字元晦，一字仲晦，自用晦庵、晦翁、 翁等号，谥文公，追封徽国公（一一三〇—一二〇〇）。

陆子，名九渊，字子静，称象山先生，溢文安（一一三九—一一九三。若等中历年于西历年，则为一一九二。惟象山卒于绍熙三年，一一九二，十二月十四日。是日为西历一一九三年，一月十日。故学者破例，用一一九三年）。

张栻，字敬夫，又用钦夫，称南轩先生（一一三三—一一八〇）。

吕祖谦，字伯恭，称东莱先生（一一三七—一一八一）。

各书版本，每篇首指明一次。其常用者，列举于下。诸篇不赘：

《周子全书》，周敦颐撰，二十二卷。卷一至六为太极图说，卷七至十为通书。万有文库本。

《通书》，周敦颐撰，四十章。四部备要本。

《二程全书》，程颢、程颐撰，内收入下列各书。四部备要本：

《二程遗书》，二十五卷，附录一卷。简称《遗书》。

《二程外书》，十二卷。简称《外书》。

《明道文集》，五卷。

《伊川文集》，八卷，附录二卷。

《伊川易传》，四卷。

《伊川经说》，八卷。

《二程粹言》，二卷。

《张子全书》，张载撰，十五卷。卷一为《西铭》，卷二至十七为《正蒙》。四部备要本。

《张子语录》，张载撰，二卷。四部丛刊本。

《皇极经世书》，邵雍撰，九卷。四部备要本。

《朱子语类》，黎靖德（壮年一二六三）编，一百四十卷。简称《语类》。台北，正中书局，一九七〇年本。括弧内附光绪二十四年（一八九八）刻印宝诰堂本页数。

《朱子文集》，朱在、余师鲁等编，一百卷，续集十一卷，别集十卷。四部备要本名《朱子大全》。

《四书章句集注》，朱熹撰。国学基本丛书本。

《近思录》，朱熹、吕祖谦合辑，十四卷。朱子遗书本。

《象山全集》，陆九渊撰，三十六卷。四部备要本。

《张南轩集》，张栻撰，四十四卷。台北广文书局影印日本宽文九年（一六六九年）本。

《勉斋集》，黄榦撰，三十六卷。四库全书珍本。

《黄勉斋集》，黄榦撰。正谊堂全书本。

《王文成公全书》，王守仁撰，谢廷杰（壮年一五七二）编，三十八卷。卷一至三为传习录三卷。四部丛刊本。

《宋史》，托克托（一三二八年卒）等撰，四九六卷。百衲本。

《明儒学案》，黄宗羲（一六一〇——一六九五）撰，六十二卷。四部备要本。

《宋元学案》，黄宗羲撰，黄百家（壮年一六九五）续编，全祖望（一七〇五——一七五五）修补，王梓材（一七九二——一八五一）与冯云濠（道光十四年，一八三四，进士）校刊，一百卷。四部备要本。

《四库全书总目提要》，纪昀（一七九四——一八〇五）等撰，二百卷。上海，商务印书馆，一九三三年本。

《朱子年谱》，王懋竑（一六六八——一七四一）撰，四卷，考异四卷。丛书集成本。

目录

朱熹集新儒学之大成

万先法 译

陈荣捷先生原著：CHU HSI'S COMPLETION OF NEO-CONFUCIANISM，为法国巴黎大学华学大师E.Balazs纪念论文集而作，载于“宋学”“SUNG STUDIES”一志中。陈先生著作等身，现任美国Chatham College退休荣誉教授，在美国普林斯顿、哈佛、加州、哥伦比亚等著名大学宣扬中国思想并翻译儒佛经籍，在当代实无出其右。《六祖坛经》《近思录》《传习录》，俱有英译本。其论著散见国内外杂志。承陈先生邮赠本译文英文原著，谨译出藉酬奖掖后学之盛情。道远难以请益，当自负谬误之责。附注中有仅引书名卷页数而未引出原文者极多，兹特引录原文原句。此虽使篇幅增繁，然一以便省读者之翻阅，二以使读者得进窥陈先生于新儒学寝馈之深与治学方法之密。自信费时固多，功不唐捐。又陈先生文中亦有摘译诸儒原文，而未加引号者，译者特于诸儒文集中察出原文，仍保持原句为译文。此不仅意在存真，且使读者多能远契先儒论学论道之本来面目与精神耳。

——译者

治中国思想者，咸知朱熹为将新儒学导致最高发展最伟大之新儒家，但其贡献之在哲学上重要性，则殊少论及。[1]《宋史》引述朱熹高足黄榦（一一五二—一二二一）语，“道之正统，由孔……孟而后，周、程、张子继其绝，至先生而始著”[2]，但《宋史》于朱子之如何有功于儒学亦未予阐述。黄榦于其《朱子行状》中谓其师于周、程、张、邵四先生之书，为之裒集发明，但勉斋亦未有所阐发。[3]自来学者固多觉察朱子之重要贡献，但若非概括之论述，徒谓朱子集新儒学之大成，即仅简述朱子学术之一二点，几无一能外乎此者。吾人应特别认识朱子于儒学之基本改变以及其改变之哲学上的重要性。

“集大成”一词乃孟子用以赞述孔子，犹之作乐者集众音之小成而为一大成。推孟子之意，伯夷圣之清者也，伊尹圣之任者也[4]，柳下惠圣之和者也，孔子乃圣之时者也。[5]依朱子之释，三子为一小成，而孔子则合众小成而为一大成。[6]当其训释孔子之际，朱子或未遑以大成自居，但若就新儒学而论，朱子之所成就者，亦正如孔子集前圣之成就。

朱子之集大成，约有三端，即新儒家哲学之发展与完成，新儒学传受道统之建立，以及《论》《孟》《学》《庸》之集合为四子书。凡此俱关涉儒家哲学、儒家传统以及儒家资料与方法。而此一集大成，姑无论仅为一种综合，一种重建，或为一种创造，俱属仁智互见。[7]朱子固未运用任何儒学新资料或创造任何新名词，但朱子所予新儒学之新特质与新面貌，此实无可否定。其支配于中国、韩国以及日本思想者，达数百年之久。自未能视为一历史上偶然事件也。

一、新儒家哲学之完成

朱子于新儒家哲学之完成，诚有多端。兹从四方面论述之：

（一）确定新儒家之方向

新儒家在第十一世纪之兴起，固由于儒学攻击汉代经典版本注疏之学以及唐代文学之研求。而佛学发展之挑战与夫宋代建国以来，社会与政治改革之迫切，其势俱需要在观念研讨上，有所转移。因之，经籍中之《春秋》与《易经》在当时蔚为钻研兴趣之热潮。所谓宋学三先生胡瑗（九九三—一〇五九）、孙复（九九二—一〇五七）与石介（一〇〇五—一〇四五），均孜孜于《春秋》。胡瑗、司马光（一〇一九—一〇八六）、王安石（一〇二一—一〇八六）辈则致力于《易经》讲授与撰注。前者探讨政府治平之原理，后者示人以待人接物之方与实务。就儒学历史言，此一运动之创新，实由于在各方面均已远离汉唐儒家之学风，因而成为新儒学。但其学术兴趣，基本上仍是传统，亦即仍在个人修养、社会秩序与世界和平。如实言之，学者如司马光、王安石终乃经世之士。但至十一世纪末，新儒学有较高之发展，使儒学进入一新境域。所谓北宋五先生周敦颐、程颢、程颐、张载与邵雍，固不仅有志于经世之务，抑且更进而寻求了解事物之理与性。整个运动由此而推动而发展，名之为性理之学。

但若以五先生所趋之方向全同，或共同凑集于理之观念，是亦不然。周敦颐以所著《通书》及《太极图说》见称。前者之基本观念为诚，后者所强调者为静[8]，《图说》简言之谓“无极而太极”。又谓“太极动而生阳……阴，两气交感，而化生万物，惟人得其秀而最灵”。又谓圣人“立人之道，曰仁曰义，而主静为本”。周子得太极图于道家穆伯长，伯长传自陈抟（九〇六—九八九）。《太极图说》虽在探讨上是唯理，而其含有道家气味则显而易见。理字固见于《通书》[9]，但在书中并非重要。

理字常见于张载与邵雍著述之中，但此亦不过《易经》之“穷理尽性以至于命”[10]学说之重述，尚非一种哲学系统之主旨。

在张载，存在之基本要素为气。张子认气与太极为一，阴阳为其两面。就体言，当其发散而未凝聚，气为太虚。就用言，当其动静，其聚散，气为太和。在其持久凝聚与发散之过程中，有若干基本法则之运行。如谓物必有对，无物可以孤立。抑且，依理言，物有始终，有聚散。因之，理自有其重要之地位，但根本要素仍为气。[11]在邵雍，存在之基本要素为数。良以宇宙之运行或变动由于神。神则数，数则象，象则器，而数生于理。[12]理虽重要，但仍属背境。能使理之观念为其哲学体系之基石者，唯两程子为然。事实上，使理之观念居于中国哲学史最关键之地位，以两程子为先河。理之观念初不为早期儒家所重，亦每为汉唐时代所忽视。但在佛教之冲击下，尤在华严宗事理圆融观之哲学发展至顶峰情况之下，早期新儒家亦唯有亦步亦趋，寻摘上述《易经》语，以为支援。二程兄弟不仅有如其他新儒学所为，只仅发挥上述《易经》语之观念，而继而使此理之观念，为其整个哲学之中心。[13]依二程言，理同于人之性，物之性。程颐云，“天下物皆可以理照，有物必有则[14]，一物须有一理”。程颢亦云，“有物有则，万物皆有理。顺之则易，逆之则难”[15]。

吾人可知十一世纪末，新儒学中，约言之，有四种趋势，一为虽唯理而带有道家气息，一为集中于气，一为数，一为理。苟朱子所偏好于张邵之哲学，或周敦颐道家之倾向，则新儒学在近七百五十年来之往程，必将全异其涂辙。但朱子采择二程兄弟唯理哲学，尤以程颐思想为甚。驯致其结果，整个新儒学运动，至今称之为理学或程朱学派。

在朱子抉择中，使新儒学免沦为道家之厄。吾人前已指陈周敦颐思想著述中之道家成分，当时对于《易经》之广泛兴趣，诚易使新儒家为道家哲学所吸引。《易经》一书在前数世纪，固大半用为道家之占卜也。新儒家一（理或气）生二（阴阳），与二生万物之基本宇宙论，有如《太极图说》所显示，亦可于老子书中寻其端绪。[16]佛学无论在理之观念上与心性之学上，俱有莫大之影响。新儒家固极反佛与反道[17]，但佛道两家学说凌驾儒学之危机曾如是之大而真实。

如何扬抑于佛老之学，朱子之地位实居关键，而朱子抑之。其于周敦颐，吾人可知朱子费尽心力，在其注周子《太极图说》中，以儒家思想解释道家极显明之无极观念。因而将周敦颐道家思想洗涤荡尽。其于邵子则简直弃之而不顾。其最佳例证莫于其摒弃邵雍于其所辑《近思录》之外。在淳熙二年（一一七五），朱子与吕祖谦两人，于周敦颐、二程兄弟与张载四儒著述之中，选辑六百二十二条，以代表新儒家之全部教义。此一部《近思录》，实是第一部新儒学之专集，并作为以后《性理大全》一书之范本。此部《性理大全》，自永乐十三年（一四一五）以至光绪三十一年（一九〇五）以来用作国家考试取士之资。其影响并笼络中国思想者达五百年之久。此辑录并为自朱子以至十九世纪以来，儒家之无数辑录之鼓舞与垂范。[18]

邵雍完全摒弃于《近思录》之外，并未自其集中直接征引一节，仅程颢引述其语一次而已。[19]邵雍之所以全然摒弃，乃由于邵子于孔门谈论仁义之基本教义，几至未予论述。但尤为重要者为邵子哲学在本质上道家气味过重。邵雍象数之学得自于道家李之才[20]，而李则由陈搏所传授。[21]朱子避而不录邵子者，乃使新儒学远离于道家之轨道。

朱子之远离道家之嫌，即在细节上亦然。此于《近思录》中朱子曾更改一段，可作明证。在程颐“颜子所好何学论”原作中，原句有谓“故曰性其情”，又谓“故曰情其性”。朱子将此两句俱予删除。良以前一句来自王弼（二二六—二四九）之注《易》[22]，在其《易》注中正反映汉儒性善而情恶之共同信念，而此一信念最受道家之影响。[23]

至若张载，朱子虽予盛赞，但其以气为终极实体之基本哲学，殊不为朱子所愿接受。依朱子意，气一于性，但必须依附于理。朱子谓横渠之于二程，犹伊尹伯夷之于孔子[24]，伊尹事太甲，伯夷宁饥死而不事武王。孟子虽谓伯夷伊尹之于孔子，其圣一也，但伯夷之成德，为“非其君不事”，伊尹之成德，为“何事非君”。惟吾孔子，“可以处而处，可以仕而仕”[25]。易言之，张子气之哲学，得其一偏，而二程理之哲学，则圆融焉。

朱子之宗二程，其为一哲学性选择之结果，至为显然。姑不论自觉或非自觉，朱子乃引导新儒学，出于唯物论（如张载）或道家之自然主义（如周敦颐与邵雍）之樊笼，而环绕学理之路线迈进。

（二）理与气关系之厘清

吾人经已说明二程兄弟以理作为其哲学之骨干。朱熹以前，二程已将理之观念发展至最高峰。依二程意，理为自明，为自足，为无所不在，并且主宰万物。理不增不损。万理归于一理，盖定理亦理而已。理即心、真实、宇宙秩序、自然法则与宇宙创造之理。理与人物之性为一。同时又是善之长。[26]但二程兄弟于理气关系并无清晰之阐述。于此方向，其名句为“论性不论气不备，论气不论性不明。二之则不是”。[27]程颢谓“气外无神，神外无气”。程颐亦谓“离了阴阳更无道”[28]。程颐并将形而上之道与形而下之器予以细分。[29]吾人似可说程颢重在理气之合，而程颐则重在理气之殊。但为此区分二程，则未免过于简单。盖适所引程子之名句，乃兄弟两人之语也。其主要关键，则在二程兄弟于理气关系之阐述，终嫌笼统。理与气两者间究相同乎？抑相异乎？孰为主从？孰为先后？朱子及其门人于此问题则反复辩难，讨论极多。[30]

亦如二程兄弟，朱子谓“天下未有无理之气，亦未有无气之理”[31]，但又谓“所谓理与气，此决是二物。但在物上看，则二物浑沦，不可分开，各在一处。然不害二物之各为一物也”[32]。朱子将理与气予以坚强之判分。在朱子，理必须用以阐释事物之本质与普遍性。理为形而上，为一，为永恒与不变，为一致，为事物本质之构成，为不灭，为创造之因以及常为至善。在另一方面，气则必须用以阐释形而下，个别性，以及事物之变化。气为器，为多，为暂时与多变，为众殊，为事物结构之构成，为可灭，为创造之具与资料以及具有善与恶。朱子谓“理也者，形而上之道也，生物之本也。气也者，形而下之器也，生物之具也”[33]。吾人或可说，在此理气之判分下，朱子基本上宗程颐。但理气之景象，至朱子则益显明确。

二程子并不关心理气如何依存与孰为先后诸问题。关于前者，朱子之答复，为理气未尝相离。气未尝离乎理而独立，甚为显然，良以气依傍理而行。但理可否离乎气而独立？朱子之答复亦为否定。依朱子意，及此气之聚，则理亦在焉。理非仅为意度或抽象。有存在之理，因而理必存在，而存在则需气。朱子谓无是气，则是理亦无挂搭处。亦惟有是气，则理方有安顿处。理与气固相离，但因互相依存，故亦相即。故就理于气之关系言，理不能仅谓为内在或超越，理实两者俱有。[34]

至若理气孰先之问题，朱熹一再谓未有此事，先有此理。由于理为形而上，气为形而下，气自较理为后。甚至在天地未判时，却有此理。但朱子又谓此理是超时间性。朱子谓吾人不能说今日有是理，明日有是气。朱子似力辩，依逻辑言，气须依理运行，故必先有此理，但实际上两者不能孰为先后。此或即朱子所谓此本无先后可言，然必欲推其所从来，则须说先有是理。但朱子自认此皆不可得而推究。[35]

（三）太极观念之发展

理气之另一关系则涉及太极观念。于朱子以前，太极观念并不重要。二程兄弟从不提及太极。[36]张载、邵雍亦少论及，有之亦偶然。吾人已知周敦颐著有《太极图说》，但周子初本以《通书》见称。《太极图说》远与《通书》不类，因之有人怀疑周子未有《图说》之作。[37]朱熹于周子著作中特表扬《图说》并予重要地位，使之成为新儒学哲学之基石。自朱子以来，《太极图说》已为新儒家形而上学讨论之起点。《图说》已成新儒学之辑录如《近思录》《性理大全》诸书之首章。《图说》由之亦引起论辩达数百年之久。诚然，

《宋元学案》为减少争论，特将《通书》置于《太极图说》之前。[38]但其争论在哲学性本身，并不比在太极图真伪及其解说之多。在争论期中，《太极图说》仍为新儒家哲学之基石。朱子之塑造新儒家哲学，仍以此《图说》为主要基础。朱子之所为，非仅只综合诸儒之不同概念。此非仅为一结构上之重组或综合，有如吾人所尝称者。朱子学说实为一有机之重建。此是朱子新儒学独造之论。若谓为朱子一家之言，则益为确切。

朱子之取资于太极，须经一番大奋斗。有如前所指陈，太极图渊源于道家。朱子之学虽与道家不契，但朱子亦必收敛其矜持而取资于太极图。此图亦含“无”之观念，而此一观念绝非儒家所能接受。不仅此也，朱子还须阐明二程兄弟为何于太极图全然缄默，此为吾人以后将提及者。朱子虽遭遇此类困难，仍须利用此一太极观念，实以一种具有逻辑性综合性有机性之新儒家哲学系统，不能无此观念也。

形而上与形而下之分为两橛，每易趋于两元论或导致孰为主从。于二程学说中尚未见显明。而于朱子，此种两橛渐较显著，因而两难之困局，亦至迫切。朱子为免于此一困局，乃转而求之于太极观念。有如朱子所释，极者至极也，因而太极为事事物物之极致。更明确言之，太极是理之极致。因之，朱子以太极即理。

极亦意指中。此中非为每一事物之形体之中，乃为其品性之适中，为其质地之无过与不及，为其体性之内在。所以太极实指谓每一事物之最高理则。

太极即理，更确定朱子导引新儒学步入理之路向。设朱子随顺张载或邵雍对太极之解说，朱子惟有归结于气或道家之自然主义。正因张载以太极，基本上为一气之流行。在张载太虚太和为一体，其中便含阴阳二气。[39]邵雍虽谓太极是心，其卒也，太极是数。[40]周敦颐未视太极同于理。如实言之，周子于太极与理气间可能关系未作任何提示。唯有朱子始创明太极即理。此一创明，乃朱子本人以新儒学为理学之发展所必需。太极同于理之思想，正用以阐释形而上与形而下之关系，或一与多之关系以及创造之过程。

依朱熹，太极乃一普遍之一理。总天地万物之理便是太极。但此太极，非可视为静止形态。有如朱子所说，理无穷尽。有一物即有一理。太极亦非意谓有一定之尽头。勿宁意谓为无限潜力之储能。因之，新事物不仅可能，抑且为不可避免。太极是理，亦意谓非虚理而为实理。朱子尝以太极或理之极致含阴阳，化生万物。朱子于太极同于佛家之空，空为不着一物之说，径予抨击。

于此更有一点带予朱子更多之困扰。周敦颐在其《太极图说》开宗明义既谓“无极而太极”，则道家气息自为显然，诚以无极一词实来自老子。[41]朱子与其主要学敌陆象山，辩太极无极，书札往复，争论再三。陆子坚持主无极是道家，不能容许于新儒学中有任何地位。[42]朱子据以力争，谓无极仅意谓太极是“无声无臭”，上天之运行，正如《中庸》上所描述。[43]朱子谓“太极无方所，无形体。无地位可顿放”[44]。苟属如此，则周子不以儒家原有名词以形容太极，而另以道家名词，徒滋误解，又何也？在朱子之意，周子恐人以太极为实物而思以示人以太极为无形体。[45]周子有此意，亦未见周子有何说明。真实之缘由，则在太极观念，对于朱子塑造新儒学实不可少。因而虽有《太极图说》开章第一句“无极而太极”之争辩，朱子亦不能不对《图说》善加利用。

至若一事一物与宇宙全体之关系，宇宙普遍之一理与万物分殊众理之关系，太极观念提供一程式，对诸关系予以调和。程颐主张理一分殊。颐谓“天下之志万殊，理则一也”[46]。张载在其名著《西铭》中，示人以民胞吾与之爱，但同时在分殊上，亲其亲，长其长，各有特殊道德之分。程颐及诸儒俱盛赞《西铭》理一而分殊，亦即爱之理一，而施于人伦关系则分殊。[47]此类思虑，尚偏在伦理。朱子以其说推之于形而上学之领域，则从两方面阐发一与多之关系。一、为理一用殊。合天地万物皆有同一之理，理是一。但各物复各有其特殊之理，理是多。二、为太极既为理之极致而各物亦自有其理，此即为物物有一太极。因之，太极统万物而为一，同时一物各具一太极。天地一大宇宙也，物物一小宇宙也。朱子云，“本只是一太极。而万物各有禀受，又自各全具一太极尔。如月在天只一而已。及散在江湖间随处可见，不可谓月已分也”[48]。月影之譬，使联想佛家大海众沤之喻，众沤出于海而人于海，海为一，众沤为多，一多互摄。朱子之受佛家影响，勿庸置疑。但朱子亦受张载与程颐理一分殊说之激发。亦或受周敦颐此类语式之暗示，如谓“是万为一，一实万分。一万各正，大小有定”[49]。但有关一与多之关系，直至朱子始有逻辑性之阐述。

《太极图说》中，周敦颐阐释变化过程，为太极动而生阳，静而生阴。阴阳互继，因而宇宙开展。二气交感，化生万物。[50]

于张载为阴阳之气相推。[51]于程颐，有谓“动静无端，阴阳无始”[52]。在张载与程颐，固谓阴阳两端，循环不已，而于新事物之创生问题，则置而不论。在周敦颐，有如前述，固直谓不断创造之根在静，而亦置动之本身而不问。朱子关于动静之答复则谓气之动静，必有其所以动静之理。有动之理便能动而生阳，有静之理便能静而生阴。朱子此说既未如张载之说太极是动或静，亦未如周敦颐之说太极能动能静。但因太极具有动静之理，而阴阳之气赋焉。如此朱子将其理学带至逻辑之结论，并以其理学阐解存在本身及其变化之过程。[53]

朱子之阐发，更为生生不已之观念所加强。此一观念程颐曾发挥尽致。颐之论点源于《易》,《大易》有云，“天地之大德曰生”[54]。程颐便谓“天地以生物为心”[55]。又谓“天只是以生为道”[56]。又谓“人气之生，生于真元。天之气亦自然生生不穷”[57]。朱子于此进而谓有创造之理，故有生生不已之几。[58]理之观念于此又被确认为最终之诠释。

（四）仁之观念发展之极致

在儒家传统，创造之几或生生不已，不仅为自然性抑且为至善。在此方面俱可以仁来阐释。仁字在孔门师生中，虽为一主要课题，但发展至哲学性层次不多。孔子以仁自仁慈意义上专有之德，衍而为仁爱普遍性之德。在原始儒学思想中，仁为人之主要品性。孟子谓仁人心也。汉儒训仁为爱，韩愈（七六八—八二四）释仁为博爱。[59]但综此观念之演进，仍止息于伦理之层次。仁之观念之发展，至二程兄弟乃有一大跃进，尤以小程子为然。程颐给仁字的新阐释，仁犹种也。[60]仁之诸义之一，为种子。程颐即在此基础上，以仁为生生之性。于是仁之传统观念始有一形而上学之涵义。仁或爱之为宇宙之德之源泉，乃以其具有创生，生生不已与造化之性。因而谓之为天地之性。程颐云，“天地之大德曰生。……元者善之长也。此之谓仁”[61]。人于体认天命之性所赋与人者在己之际，则已与天合一。[62]

综上观念，俱已为朱子所反复阐述。在朱子与门弟子谈话以及与师友书札往来中，其于仁为生生与天合一之义三致意焉。朱子有《仁说》一专篇。[63]依朱子之言，天地生物之象即显诸仁。仁为生生不已。仁为乾元，握创造之几。人之为仁，乃由天地之心之生物。万物形成一体，由仁也。[64]

朱子在强调仁之创造性一点上，乃严守程颐之说。仁，朱子又训为“心之德，爱之理”[65]。朱子深知此理即天地之心以生万物之理。[66]易言之，朱子复将程颐以生生释仁之义，置于理之基础上。唯有由于天地以生物为心之理，始能生爱。此一结论为儒家伦理予以形而上学之根据。此为最重要之一步，使儒学成为新儒学，同时此亦为最重要之一步，使新儒学得以完成。

综上所述朱子之受益于周、张、二程颇多，其中尤为程颐殊为显明。但朱子亦非严守传统，述而不作。实则朱子有述有作，重造儒学。此于朱子于儒家正统传受系统之处理，更属晓然可见。

二、道统观念之完成

朱子之确定道统之传受系列之事实，为学者所共知，但其哲学性质，则从未阐发。道统观念溯自孟子。孟子谓圣人之道由尧、舜、禹、汤、文、武，至于孔子。[67]千年以后，韩愈重申其绪，并于文、武之外增列周公[68]，且谓其道统之传，轲之死，不得其传焉。

并删除荀子与扬雄（前五三—一八）[69]，以此二子或“择焉而不精”，或“语焉而不明”，不足以继道统之任。[70]李翱（壮年七九八）继韩愈，亦谓孔子以其道统传于颜子、子思[71]，再传至于孟轲。[72]数百年后，程颐谓程颢于圣人之传，中绝于千四百年之后，得不传之学于遗经。[73]又谓孟子没，而圣学不传，其兄颢以兴起斯文为己任。[74]朱子踵武前贤，有谓道统之传，溯自伏羲、黄帝，而孟子，而周敦颐，以至二程兄弟。[75]朱子已一再确定此道统之传承。

朱子亦如孟子、韩愈，其以直承道统自任，殆无疑义。[76]朱子曾隐然自谓幸能私淑于两程夫子而与闻圣学之传。[77]且明谓及其晚岁（一一九四，年六十五），亲逢有道。[78]姑无论朱子有无自觉身肩斯任，以后朱子学侣、门人，及新儒家固皆视自孔孟而周敦颐而二程子以至朱子之一系列，乃为正统之学脉。

此正统传受图除有轻微变动外，有如下表[79]：

伏羲—神农—黄帝—尧—舜—禹—汤—文、武—周公—孔子—颜子、曾子—子思—孟子—周子—二程子—朱子

朱子门人黄榦撰《朱子行状》，谓“道之正统，待人而后传。自周以来，得统之正，任传道之责者不过数人，而使斯道章章较著者一二人而止耳。由孔子而后，曾子、子思继其微，至孟子而始著。由孟子而后，周、程、张子继其绝，至先生而始著”[80]。黄榦之言，为《宋史》[81]与极多数新儒家所肯认。[82]

朱子晚岁，于道统传受，深致惓惓。朱子实为新儒学创用道统一词之第一人。[83]其在朱子，道统之说，固甚严谨。但若如人所说，

以为朱子道统之建立，仅在为新儒学寻取历史上之权威或仿佛家祖师传灯之例，则俱为大谬。果真如是，则朱子所从事者仅须顺依程颐之路，绵延其脉，止于其自身足矣。但朱子未有尽依程颐之脉络，且引入若干新因素。朱子如此所为，并非由于树立历史上之权威或仿效任何佛门祖师宗派之所需，实由于其所领导之新儒学，自宋以来学风所趋，其哲学性之发展，急需一道统相承之新观念。此一新观念，亦即基于理为新儒学之中心观念。此于吾人论及朱子如何建立道统时，将更可了解。

第一，朱子排除汉唐诸儒于传受正统之列。此不尽是顺依程颐之溯道统于孟子。稍前于程颐，石介谓圣人之道自孟子而扬雄、王通（五八四—六一七）以至韩愈[84]，孙复亦纳董仲舒（前一七六—前一〇四）入道统之列[85]，因之在十一世纪道统授受有两说。一为由孟子直传程颐，另一则为由孟子分经汉唐诸儒以至韩愈。朱子之抉择至为明确，置石介与孙复所主张之传受道统一线于不顾，并断然摒弃汉唐诸儒于道统正传之外。朱子之意，大有异于程颐。程颐主要之意，乃在其兄颢求孔孟之道，返求六经而后得。程颐亦如新儒家力主学贵"自得"[86]。程颢曾谓"天理两字，却是自家体贴出来"[87]。故两程兄弟是否自觉负有历史上道统传受之使命，殊属疑问。程颢于道统上溯孟子，乃是侧重自得，当然无须经过汉唐诸儒。但朱子之排除诸儒，则自有其哲学上之衡虑。朱子以为汉唐诸儒实不解孔孟中心思想。[88]故谓秦汉以还，文字所传糟粕而已。[89]易言之，汉唐诸儒其于新儒家哲学之内涵，殊无贡献。

第二，朱子于新儒家中特尊二程。在十一世纪，新儒家中之显赫者颇不乏人，二程兄弟自非唯一之杰出者。邵雍、张载、司马光，及其他新儒家各代表不同之思想路线，亦各有其影响力。但朱子选择二程以代表正统传受之主要脉络，张载次之，而其他诸儒则摒弃之。

朱子之所以选择二程，亦自易于了解。良以二程思想亦正朱子所依以建立其自身哲学之源泉。此即是朱子之选择，实质上为哲学性。由于同一哲学性之缘由，朱子乃以其他新儒家为附属，为旁枝。张邵长于二程，张载且为二程之表叔。论理，论序，张邵两子俱应列于二程之前。但朱子于辑录二程哲学之发展及影响时，尝置两子于二程之后。[90]诚如吾人所知，邵子之数象哲学，过于道家气息，实难容许于新儒学中具有重要地位。张子之哲学颇相契合，但其气之哲学，其与朱子所发展之新儒家哲学，亦属过于一偏。朱子谓邵张以及司马光途虽同归，而学则殊辙。[91]朱子深信二程为承继正统之人。每谓二程先生独得孟子不传之学。[92]又谓吾少读程氏书，早已知先。[93]

朱子亦并其师李侗（一〇九三——一一六三）而弃之，此诚颇堪指陈。弟子不仅应尊其师，且李侗学于杨时（一〇五三——一一三五），而二程为时之师。故李侗实私淑二程之新儒学，则朱子之增列李侗，应为事理之自然。但李侗思想旨趣，在方法上。李教学者于静中看喜怒哀乐未发之气象。[94]李侗于理学实无所阐发。苟朱子仅志在建立历史上渊源道统，则以李侗衔接，自属顺理成章。但朱子则必直返二程，以朱子学趣，主要固在哲学性故也。

第三，朱子特择周敦颐，且列于二程之前。周子之被选以及列于孟子与二程之间，实具有哲学性之确切缘故。朱子此一抉择，至为艰难，但亦不能不如此者。程颐虽力谓其兄颢求圣人之道，得孟子后不传之学，但朱子屡谓周子承继斯道之传[95]并以之授二程先生。[96]朱子且特予指明周子传太极图于二程。[97]又谓二程得其学于《通书》,《通书》乃阐《易》之书，太极思想即为《易》所摄有。[98]此一指明，疑辩者众。即朱子友人亦有非之者。[99]全祖望（一七〇五——一七五五）曾谓朱子乃以二程之学源于濂溪之第一人，但疑者亦踵相接。[100]二程兄弟于庆历六年（一〇四六）至七年（一〇四七）从周子游。事无可疑，其事载于《二程遗书》[101]。而疑者则因二程从未赞誉周子，且直称其字而不称先生[102]，甚者谓为“穷禅客”[103]。穷禅之称，诚为一问题，但弟子只称其师之字号，亦非无先例。二程尝就学于胡瑗，亦直称而不称先生“安定”。[104]然无论如何，绝无实据足以反证二程之盖尝受学于周子。所最感困惑者，即朱子称周子授太极图于二程。盖二程于太极图从未提及，更少论及也。程颐谓其兄直返于孟子以得其道，而朱子亦首肯其说。此则与所谓两程受其学于周子，殊难自圆其说矣。辩者亦可谓周子乃一桥梁，容易为人所忽略。但二程果真受其学于周子，则其兄弟全不理会太极图，此事实难索解。朱子试图排解其纷难，乃谓程子疑未有能受之者，故秘而不传。然此说亦难令人信服！[105]

此一矛盾，纵难解决，但或解释为，其间乃历史性关联与哲学性关联之区别。就历史上言，有如程颢谓天理一字乃自家体认而来。此种道德真实，乃是直返孔孟。此即所谓继孟子以后已绝之传。但就哲学性言，在两程兄弟与孟子之间终有一大缺隙。诚如朱子所知，周子其人，正为弥补其缺隙。在此一哲学性意义上，二程实乃自周子继其已绝之绪。诚如黄百家（壮年一六九五）所示，汉儒止有传经之学。性道微言之绝久矣。公元（即周子）崛起，阐发心性义理之精微。[106]诚、性、命、心、太极诸观念，确俱源于太极图及《通书》。[107]微周子之贡献，新儒学将有不少之缺隙。微太极图之观念，新儒学亦殊缺乏其基础。此朱子之所以苦心孤诣，以周子为道统中重要之一环，初无论其哲学含有道家气味也。

欲知道统之哲学性质之另一途径，当在检讨新儒家之视道统为何。当朱子于淳熙十六年（一一八九年）第一次采用道统一词之时，曾引述《书经》语以描述道统。《书经》云，“人心惟危，道心惟微，惟精惟一，允执厥中”[108]。此或为偶然之引述。但黄榦在专论道统之文，则言之详确，说明道统授受之哲学性发展之特性。依黄榦意，万物肇自太极，藉阴阳以运行。允执厥中之中，尧得之于天，舜得之于尧。舜命禹，则曰，“人心惟危，道心惟微，惟精惟一，允执厥中”。此人心、道心、精、一，四者乃禹得之于舜。文、武、周公又得礼、敬、义诸德之教于禹。孔子则得其统于文、武、周公，并以之传于颜子而为博文约礼之学。再传而至曾子而为大学所教格物等等之学。子思受曾子诚意之学以传孟子。孟子则教人收放心与集义。周子则于诚意之说有发展。二程于居敬与格物之学，益为弘扬。凡此道统中诸义，俱可寻之于朱子所倡之四书之中，而为入道之方，与道统之广泛纲领也。[109]

此一纲领，固较为武断，且不足以尽诸儒之学旨或新儒学整个之发展。但亦能略举其要点。即道统之绪，在基本上乃为哲学性之统系而非历史性或经籍上之系列。进一步言之，即道统之观念，乃起自新儒学发展之哲学性内在需要。于此吾人可知新儒学之整个观念，乃建立在理之观念上。程颐建基其本人哲学在理之上，朱子则致力奠定其整个新儒学系统在理之上。汉唐诸儒于理学，殊无贡献。即邵、张诸儒之于此，亦仅有一隅之见。因之二程乃被认为道统传授之主要血脉。但尚有一儒者，其涵义乃以理为其整个哲学系统之泉源，周敦颐即其人也。职是之故，朱子苦心所寄，以周子列于孟子与二程之间。其师李侗，则予以明确之摒弃，以其师于理学无所阐发。

综上所述，若谓新儒学道统之观念与佛门祖师传灯有任何相似，显全为皮相之见。有以为新儒家之道统乃仿效佛门。[110]在第八九世纪佛家祖师传灯之争，诚重要一时，诚为非常动听之故事，但至十一世纪，尤其至朱子之时，此风已歇。景德（一〇〇四—一〇〇七）《传灯录》直至西元一〇〇四年始予辑录，而佛门此一争端久已湮息。禅宗为传授系统之最重要宗派，亦已分裂数宗。假若犹谓佛门传灯之事，在朱子心中随时尚具分量，实属甚有可疑。朱子从未讨论此一问题。朱子诚有数次谈及禅师，但均与传灯无关。[111]朱子不信印度廿八祖能作写作为他等所作之中文押韵诗。[112]亦不信达摩（壮年四六〇—五三四）死后只履西归与禅宗一叶五花之传说。[113]朱子虽盛赞许多禅师之伟大，但颇致疑于《传灯录》中许多祖师几人能得尧、舜、文、武、孔子之成就。[114]朱子对宗门祖师，殊无兴趣，更乏热诚，决不至仿效之也。不仅此也，佛家传受，必有传受之象征或信物如传衣，而所传之经尤为重要。至于高度神秘经验传受之需要，此尚不言。但在儒家传受道统中，则毫无是类因素之存在。至若谓道统乃效法天台五时八教与华严五时，就时间与观念两者言[115]，每一宗派均自认为宗门发展之最高峰。但吾人可谓佛门之分宗别派，在性质言，乃为各宗派之融合或类并，而新儒学之发展，则为一逻辑之进展。此非为不同宗派之解纷与镕合，而乃为一单一系统之演进。简言之，朱子于道统传受之序列，表面上似基于权威，而实为一重要哲学性之实质。朱子于处理儒学典籍上，亦属如此。

三、《大学》《论语》《孟子》与《中庸》合为《四书》

在绍熙元年（一一九〇）朱子刊行《论》《孟》《学》《庸》而成为四子书问世。自皇庆二年（一三一三）以至光绪三十一年（一九〇五），四子书已成为国家策试取士与学校教育基本之书籍。朱子平日心力瘁于《四书》，几近三十年。于隆兴元年（一一六三），时年三十四，撰述《论语要义》。于乾道八年（一一七二），朱子不满意要义之作，复著《论语正义》。五年后，朱子撰成《论语集注》与《孟子集注》，其中选录有成就之新儒家诸说并参以己意。此外，朱子为阐释其《论》《孟》诸书集注并为其自注作辩解，复著有《论语或问》与《孟子或问》。于淳熙十六年（一一八九），时年六十，朱子完成《大学章句》与《中庸章句》。自其表面言之，“或问”“章句”之作或仅是篇节与章句之重订，益之以若干评释。但如实言之，亦如朱子早年之注《论语》与《孟子》，实以其集注发挥自家之哲学思想。稍晚，朱子复著《大学或问》与《中庸或问》。易箦三日前，犹改订《大学》第六章诚意篇之自注。朱子之于四子书，真可谓穷毕生之役，其重要甚为显然。

论者有谓《四书》之纂注，朱子不过维持传统儒家，依赖经籍而已。朱子亦不过如其他儒家之徒，从经书中寻求权威而已。朱子强调《四书》，盖以狭隘新儒家思想之源泉，而非予以开拓也。但谨严之检讨，殊为不然。此正将表明朱子之所以予《四书》之地位，实有其哲学上深远之理由。《四书》之刊行，容或偶然。但其哲学意蕴，则至为重大，以其含有：一、脱离五经[116]权威地位之羁绊。二、直探孔孟基本义理之教。三、引介合理之治学（治经）方法。

在十一世纪，新儒学之兴起时，五经权威已渐失其势力。前此唐代时五经之钦定义疏[117]已不再为人所接受。新儒家倾向于本人之注释。正由于孕育于此一新精神之下，孙复与石介研讨《春秋》；司马光、王安石、张载与程颐各为《易经》作注，整个之主旨为“自得”。因而有“新义”运动之兴起。此一运动发轫于孙复之《春秋》尊王发微，王安石为《诗》《书》《礼》三经作注疏而达于最高峰。王安石之影响之大，其注疏被称为“新学”。

程颐《易传》则尤迈前一步。程颐直是用《易传》来合他道理，有时且与本经无涉，甚或有悖于本经。诚如朱子所言，《易传》乃自成书，伊川用以说道理。[118]在程颐，乃至后来新儒家，五经只是载道之文。[119]伊川之意，学之要务，贵在自得。[120]

与此一发展平流并进者，为群起而对五经之怀疑。自天圣三年（一〇二五）至元符三年（一一〇〇），此七十五年间，怀疑之风，极为盛行。疑之者甚众，而欧阳修（一〇〇七—一〇七二）尤为首出。欧阳修疑《春秋三传》（《左传》《穀梁传》与《公羊传》或三传作者已跻于经之地位），《诗序》以及《易经》所谓“十翼”为伪。五经在中国思想之权威基础，显已大为动摇。不过，虽在此种独立与怀疑精神之下，五经在早期新儒家之地位，仍是威势犹存。纵五经仅为载道之具，而诸儒在其撰述中仍孜孜于此。直至朱熹始将五经权威完全移除。

此亦非谓朱子即不致力于五经。朱子曾为五经中之四经作注[121]，但其对于五经之态度则大异。首先朱子继续怀疑精神，甚至全然推翻以往数百年已经建立之权威。朱子疑《诗序》为非原作。[122]在朱子,《诗序》乃后期作者之作品。此辈作者读诗误解其意，遂以其中不少男女抒爱或淫佚之诗误为寓有美刺道德教诲。[123]朱子之勇猛步调，更为前人所不敢为者，朱子以三百五篇中之廿四篇，乃纯为男女情爱之作。[124]朱子推翻自来以古文尚书为真之说，指明今之书序细腻，不类西汉之文。孔安国（壮年前一三〇）注，乃魏晋人文字，其文体不类前汉。[125]此不啻为十七、十八世纪以来争论未休古今文尚书真伪以及其他古本真伪运动，辟其途径。朱子信《礼记》乃秦汉以下诸儒用以解释仪礼之书。[126]朱子未以《易经》为伪，但一再直认《易》原为卜筮之书，非哲理之作。[127]至若《春秋》，于本经虽未致疑，但于三传无所采取。朱子谓三家皆非亲见圣人。[128]五经之外，于其他经籍亦多致疑。朱子诉谓天下多少是伪书，开眼看得透，自无多书可读。[129]朱子推翻群经之真伪与权威，其范围之广，古今实罕与其匹。

朱子对五经态度之激烈，尚可由其随意更订经文见之。程颢、程颐俱重订《大学》章次。[130]朱子不仅重定章句，且为第五章致知本章补格物传，谓格致之义，古有而今亡。王通续经，儒者斥其僭妄[131]，朱子且谓文中子之续经，犹小儿竖瓦屋。[132]但朱子宁受此类责难，虽其责难未见，诚以朱子不仅需要格物之观念，以成就其哲学体系。且朱子亦殊不欲再拘束于五经传统权威之下。朱子亦将《孝经》分章分注，并删去二百三十三字。

然而朱子最激烈之观念，犹在朱子谓经书非绝对之必要。朱子云,“借经以通乎理耳。理得则无俟乎经”[133]。又云,“若晓得理,则经虽无亦可”[134]。陆象山亦曾宣称六经为我注脚。[135]朱子甚至并注脚而弃之。五经在国家取士与学校教育中仍占极重要之地位,儒学亦仍以五经为社会道德之准绳。但在新儒家思想之发展中,经典权威,则经已丧失。在新儒家哲学发展中,朱子转以《四书》作替代。

《四书》之成为重要,有待于新儒家,尤有待于二程兄弟。《论语》在汉代仅为小学所必修。《孟子》于宋以前,并无一经之地位。韩愈乃首谓读孟子书,然后知孔子之尊。并以为求观圣人之道,必自《孟子》始[136]。《大学》与《中庸》,俱为《礼记》中之一篇。就哲学性言,《中庸》并无地位,直至李翱始。根据《中庸》之意,以撰其复性三篇[137]。新儒家中,范仲淹(九八九—一〇五二)乃为以《中庸》为至德要道之第一人。但仍须待二程兄弟始将《四书》,尤其《论》《孟》,达致显赫之地位。二程谓吾人须先治《论》《孟》。及其法之精,则五经可不治而明[138]。当二程基本上仍重五经之时,朱子则仅重在《四书》。

自朱子哲学性观念而论,五经与《四书》间至少其重要之差异有三。其一,最要者,《论》《孟》乃直记孔孟之言而五经为间接资料。朱子尝说《诗》《书》是隔一重两重,说《易》《春秋》是隔三重四重。[139]今欲直得圣人本意不差,先须于《论语》《孟子》中专意。《书》《诗》则一以写史实,一以抒情意。[140]其二,《四书》乃理之观念之源泉,如性、心、仁、义,俱是。朱子云,“《大学》《中庸》《论》《孟》四书道理粲然……何理不可究?何事不可处”[141]?在他方面,《易》以致精微而不及实事与道德原理,《春秋》则品评历史,而不指示修养。[142]其三,《四书》示吾人以系统治学(治经)方法。朱子于《四书》之次序:《大学》《论语》《孟子》《中庸》。朱子释之曰,“先读《大学》以定其规模,次读《论语》以言其根本,次读《孟子》以观其发越,次读《中庸》以求古人之微妙”[143]。

直探孔孟与着重实践及道德原则,并非源自朱子,但朱子力主《四书》为义理之源泉。朱子于《四书》较重要之贡献乃在引介新方法,称之为格物。朱子置《大学》为首,甚至列于圣门最源头之书《论语》之前。其主因即在朱子以《大学》中有修身治学之模式。《大学》经文云,“物有本末,事有终始”。据于《大学》,治学修身全部历程之开端即在格物。物格而后致知、诚意、正心、修身、齐家、治国与平天下,俱可循序获致。朱子以格物为先,特为格物致知。是以作补传如下:

> 所谓致知在格物者,言欲致吾之知,在即物而穷其理也。盖人心之灵,莫不有知,而天下之物,莫不有理。惟于理有未穷,故其知有不尽也。是以大学始教,必使学者即凡天下之物,莫不因其已知之理而益穷之,以求至乎其极。至于用力之久,而一旦豁然贯通焉,则众物之表里精粗无不到,而吾心之全体大用,无不明矣。

在此极其重要之一段中,其间多数义蕴,实得之于程颐。[144]但朱子与程颐实质上之差异有二。其一,程颇仅以格物为修身方法之一,而在朱子则视为根本之道。其二,程颐以穷理亦多端,或论古今人物别其是非,或应事接物而处其当。[145]朱子当亦未忘及此,但格物穷理仍为首要。程颐以《大学》为“初入德之门”[146]，而在朱子，则以穷理为学次第之首。自朱子以来，致知先须格物穷理，已为儒者所共认，吾人颇堪玩味者，王阳明虽沿朱子主要学敌陆象山之心即理，而其反对朱子，亦不反对其格物之说，但另训格物为正心。[147]阳明认心即理，朱子则认在物为理，两者固正若相反，而致知之序则同，亦即在穷理。故就阳明同意格物为基本之序，以及就阳明如何穷理之不同解释两者而论，俱强调一事实，即朱子已建立新儒学之整个建构于坚固基础上。在此一意义上，朱子实“集”新儒学整个系统之大成。

[本文英文原载Francoise Aubin主编之*Etude Song-Sung Studies Immemoriam Balaza*（Balaza纪念宋学研究），第二辑，第一期（一九七三年），页五十九至九十。中文译文载《中华文化复兴》月刊，第七卷，第十二期（一九七四，十二月），页一至十四。转载《华学》月刊，第三十七期（一九七五，正月），页二十五至四十三。其中关于道统部分，曾先予扩大为《朱子道统观之哲学性》，刊于《东西文化》，第十五期（一九六八，九月），页二十三与三十二。]

附　注

1　钱穆在《思想与时代》，一九四七年九月号，页十三至十七，曾略述其贡献。

2　《宋史》，卷四二九，“朱熹传”，页十九下至二十上。

3　《勉斋集》，卷三十六，页四十三上。

4　据传统所述，伯夷忠于商。商为周灭，耻食周粟以至饿死。伊尹事汤建国。柳下惠在孔子以前，曾为鲁吏，以诚实与清廉著称。见《论语·卫灵公第十五》，第十三章。

5　《孟子·万章第五下》，第一章。

6　《孟子集注·万章下》，见“孔子之谓集大成”句下朱注。

7　如周予同《朱熹》（上海，商务印书馆，一九三五年），页二十一，有云，“朱熹之本体论，实混合周程之说而又与周程各异，朱熹之所以集宋学大成者在此，而朱熹之所以无创见者亦在此”。以及常盘大定《支那に于ける佛と教儒教道教》（东京，东洋文库，一九三〇年），页三三六。两人俱不以朱熹为开创者。

8 参看陈译《中国哲学资料》(普林斯顿大学出版部，一九六三年)。以后所引，简称陈译《中哲资料》，页四六三至四六五。

9 《通书·理性命第二十二》。并见陈译《中哲资料》，页四七四。

10 《易经·说卦》，第一章。

11 《正蒙·太和篇第一》。并见陈译《中哲资料》，页五百至五〇七。

12 《皇极经世书》，卷七下，页十九下。并见陈译《中哲资料》，页四九〇。

13 参看英文陈著“新儒学理之思想之演进”一文，载《清华学报》新四卷，第二期（一九六四年），页一二三至一四九。并见万先法译文，《人生》，第三十一卷，第六期（一九六六年十月），页十八至二五；第七期（一九六六年十一月），页十二至二十。

14 《诗经》，第二六〇篇，《蒸民》“天生蒸民，有物有则”。

15 《遗书》(《朱子遗书》)，卷十八，页九上，及卷十一，页五上。并见陈译《中哲资料》，第六十二节，页五四〇，及第四十八节，页五六三。

16 《老子》，第四十二章，有云，“道生一，一生二，二生三，三生万物。万物负阴而抱阳”。

17 见陈译《中哲资料》，页五四三至五四六，页六九五，页七百，页七一四至七一五。

18 此类《近思录》后继解题，详见陈译《近思录》(纽约，哥伦比亚大学出版，一九六七年)序言，页三五，附注一一三。参看本书，“朱子之《近思录》”，附录五。

19 《近思录》，卷五，第十五条，有“尧夫解他山之石，可以攻玉”一段。见陈译《近思录》，页一六二及附注三十四。

20 《宋史》，卷四二七“邵雍传”。“北海李之才摄共城令，闻雍好学尝造其庐，谓曰，‘子亦闻物理性命之学乎’？雍对曰，‘幸受教’。乃事之。才受河图、洛书、宓羲八卦六十四卦图像，之才之传，远有端绪……”。

21 《宋史》，卷四三一，“李之才传”。“时苏舜钦辈亦从（穆）修学易，其专授受者惟之才尔。修之易，受之秋放，放受之陈抟。源流最远，其图书象数变通之妙，秦汉以来，鲜有知者”。

22 《乾卦》，王弼注。“利贞者性情也”。又云，“……不性其情，何能久行其正”。

23 《近思录》，卷二，第三条。载“伊川颜子所好何学论”一文。此文亦见《伊川文集》，卷四，页一上至二上。并见陈译《中哲资料》，页五四六至五五一页全译文。

24 《语类》，卷九十三，第八十七“横渠”条，页三七五一（页十三上）。译者按：朱子此意，不仅语类上有是说，在“语孟集义序”中亦谓“若张公之于先生，论其所至，窃意其犹伯夷伊尹之于孔子”。《朱子文集》，卷七十五，页二十上。

25 《孟子·万章第五下》，第一章。

26 《遗书》，“天地生物，各无不足之理”(卷一，页二上)。“理则天下只是一个理”(卷二上，页十九上)。“故有物必有则，民之秉彝也”(卷十一，页五上)。“天者理也，神者妙万物而为言者也”(卷十一，页十一下)。“物则事也，凡事上穷极其理，则无不通”(卷十五，页一上)，“物我一理，才明彼，即晓此，合内外之道也……一草一木皆是理”(卷十八，页八下至九上)。“在天为命，在人为性，论其所主为心，其实只是一个道”，“在天为命，在义为理，在人为性，主于身为心。其实一也”(卷十八，页十七上)。“凡眼前无非是物，物皆有理”(卷十九，页一上)。“性即理也”(卷二十二上，页十一上)。(同见陈译《中哲资料》，第三十一章，第三、二十三、六十二、七〇各节。第三十二章，第十七、四十七至四十八、五十八、六十二、六十六各节)，以及伊川易传，“天下之理一也……虽物有万殊，事有万变，统之以一，则无能违也”(卷三，页三下)。“往来变化，生成万物，亦以得天，故常久不已……天地常久之理，非知道者孰能识之”(卷三，页六上)。“在物为理”(卷四，页二十下)。同见《中哲资料》，第三十二章，第七十五至七十七节。

27 《遗书》，卷六，页二上（陈译《中哲资料》，页五三六，第三十六节；页五五二，第十二节）。

28 《遗书》，卷十一，页四上（陈译《中哲资料》，页五四〇，第五八节）。又卷十五，页十四下至十五上。“离了阴阳更无道。所以阴阳者道也。阴阳，气也。气是形而下者。道是形而上者。形而上者则是密也”（陈译《中哲资料》，页五五八，第三十六节）。

29 同上，后半注。

30 《语类》，卷九十四，页三七五五至三七九四（页一上至二三下），专论周子之《太极图说》。可见篇幅之多。

31 同上，卷一，第六“天下”条，页二（页一下）（陈译《中哲资料》，页六三四，第一百节）。

32 《朱子文集》，卷四十六，“答刘叔书文书”，页二十四上（陈译《中哲资料》，页六三七，第一一〇节）。

33 同上，卷五十八，“答黄道夫”，页四下（《中哲资料》，页六三六，第一〇九节）。

34 《语类》，卷一，第十五“徐问”条，十四“问有”条，页二至五（页二下至页三下）。同见《中哲资料》，页六三四至六三八，第一〇〇至一一三节。译者按：卷一，论理气，朱子有谓“理未尝离乎气”。又谓“但有此气，则理便在其中”。又谓“气依傍这理行”。“此本无先后之可言”。故理亦内在，亦超越，皆蕴此义。

35 同上。

36 《伊川易传·易序》中，固提及太极，如谓“易有太极……太极者道也”。但此序系伪作。

37 陆象山：《象山全集》，卷二，“与朱元晦第一书”，页五下。

38 《宋元学案》，卷十一，“濂溪学案”有云，“百家谨案：《通书》传道之书也，朱子释之详矣。……《性理》首《太极图说》，兹首《通书》者，以《太极图说》，后儒有尊之者，亦有议之者，不若《通书》之纯粹无疵也”。

39 《正蒙·太和篇第一》（陈译《中哲资料》，页五〇五，第十二至十三节）。

40 《皇极经世书》，卷八下，页二十三上，二十五上。

41 《老子》，第二十八章，有“复归于无极”一语。

42 《象山全集》，详见卷二，“与朱元晦第一书”（页五下至六下）与“第二书”，页九上至十下。

43 《中庸》，第三十三章，有云，“上天之载，无声无臭”。

44 《语类》，卷九十四，第十九“太极”条，页三七六二（页五上）。

45 同上，卷九十四，第十“问无极”条，页三七五六（页一下至二上）。

46 《伊川易传》，卷一，页八四上。又谓“天下之理一也。涂虽殊而其归则同……”，卷三，页二下。

47 参看《张子全书》，卷一，《西铭》（陈译《中哲资料》书，页四九七至五〇〇）。程颐：《伊川文集》，卷五，页十二下，“答杨时论《西铭》书”云，“《西铭》理一而分殊”。参看陈译《近思录》，卷二，第八十九条（即“订顽篇”）。

48 《语类》，卷九十四，第二〇三“问理”条，页三八二四（页四一下至四二上）（陈译《中哲资料》，页六三八至六三九）。

49 《通书·理性命第二十二》。

50 《太极图说》，载《周子全书》，卷一（陈译《中哲资料》书，页六四三至六四四）。

51 《正蒙·太和篇第一》。

52 《经说》，卷一，页一下至二上。

53 《语类》，卷九十四，第三十七“问太极”条，页三七六九（页九上下）云，“有这动之理，便能动而生阳。

有这静之理，便能静而生阴。既动则理又在动之中。既静则理又在静之中”。《朱子文集》，卷五六，“答郑子上第十四书”，页三三下云，“理有动静，故气有动静。若理无动静，则气何自而有动静乎”？又朱子《太极图说解》，载《周子全书》，第一章。

54 《易经·系辞下》，第一章。

55 《外书》，卷三，页一上。

56 《遗书》，卷二上，页十三上。

57 《遗书》，卷十五，页四下（陈译《中哲资料》书，页五五三，第二十一节）。

58 有关生生不已之观念可参考陈著英文“新儒学对罪的问题之抉择”，《“中央”研究院历史语言研究所集刊》，第二十八期胡适先生六十五诞辰纪念专号，一九五七年，页七七三至七九一。

59 可参看陈著英文“儒家仁的观念之演进”，《东西哲学》第四期，一九五五年，页二九五至三一九。

60 程颐：《粹言》，卷一，页四下，如谓“心犹种焉，其生之德，是为仁也”。

61 《遗书》，卷十一，页三上下（陈译《中哲资料》，页五三九，第五十一节）。

62 同上书，如谓“仁者以天地万物为一体，莫非己也”，卷二，页二上。“学者须先识仁，仁者浑然与物同体”，页三上。“若夫至仁，则天地为一身”，卷四，页五上。“大人者与天地合其德”，卷十一，页三上。

63 《语类》，卷六，第四十七至一四三条，页一六七至一九六（页五上至二三下）；卷二十，第七十至一二七条，页七四二至七六七（页十四上至三十下）；卷二十五，第十至二十七条，页九七三至九八〇（页二上至六下）；卷五十一，第六至八条，页一九三二至一九三四（页一下至二上）；卷六十一，第七至十五条，页二三一五至二三一七（页二下至三下）；卷六十八，第三七至四十条，页二六八八至二六九〇（页七下至八下）；卷九十五，第四至十五条，页三八三四至三八四〇（页一下至五下）；第三十三至三十四条，页三八四八至三八五〇（页十下至十一上）。《朱子文集》，卷六十七，页二十上至二十一下，即“仁说”（陈译《中哲资料》，页五九三至五九七。又页六三二至六三三）。译者按：《朱子语类》，言仁处甚多，实不及繁引原句，故仍仅注明页数，如究其详，可看原书。

64 同上注。

65 《论语集注》，卷一，页二上。

66 《语类》，卷六，第七十八“今是”条，页一七九（页十二下至十三上）。

67 《孟子·尽心第七下》，第三十八章。尧与舜纪元前三千年传说中之皇帝；大禹为夏朝开国之君，约纪元前二一八三—二一七五？汤为商朝开国之君，约纪元前一七五一——一七三九。文王为周朝开国之君，约纪元前一一七一——一一二二年。

68 周公（纪元前一〇九四年）为文王之子。

69 著有《法言》。

70 《韩昌黎全集》（四部备要本），卷十一，“原道”，页四下。

71 颜子为孔门德行最高弟子。子思（纪元前四九二—四三一）为孔子之孙，据传作《中庸》。

72 李翱：《李文公集》（四部丛刊本），卷二，“复性书上”，页七上下。

73 《伊川文集》，卷七，“明道先生墓表”，页七下。

74 同上，卷七，“明道先生行状”，页六下。

75 《中庸章句序》。《朱子文集》，卷八十六，“沧洲精舍告先圣文”，页十二上，“恭维道统，远自羲轩。集厥大成，允属元圣。……逮思及舆，益以光大。……周程授受，万理一原”。

76 《孟子·滕文公第三下》，第九章，如孟子自谓“我亦欲正人心、息邪说，距诐行，放淫辞，以承三圣也”。韩愈亦自谓“斯道也……尧以是传之舜，舜以是传之禹、汤、文、武、周公、孔子、孟轲。轲之死，不得其传焉”。见注70。

77 《勉斋集》，卷三十六，“行状”，页四八上下。又谓“尧舜禹汤文武周公生，而道始行。孔子孟子生，而道始明。孔子之道，周程张子继之。周程张子之道，文公朱先生又继之。此道统之传，历万世而可考也”，卷十九，页十九上下，“徽州朱文公堂记”。“以原学之所自传，则濂溪周先生实倡其始，……新安朱先生实成其终”，卷二十，“汉阳州学五先生祠堂记”，页十上。“新安朱先生禀资高明，厉志刚毅，深潜默识，笃信力行，体用一源，显微无间之旨，超然独悟。……周程之道，至是而始著焉”，卷二十，“鄂州州学四贤堂记”，页四上下。“先生出，而自周以来圣贤相传之道豁然如大明中天，昭晰呈露”，卷三十六，页四十八下。

78 朱熹：《大学章句序》，如谓“于是河南程氏两夫子出，而有以接乎孟子之传。……虽以熹之不敏，亦幸私淑而与有闻焉”。

79 《朱子文集》，卷八十六，“沧洲精舍告先圣文”，页十二上，“口耳失真，千有余年，乃曰有健，周程传受”。译者按：朱子论语要义目录序亦谓“而先君弃诸孤，中间历访师友，以为未足。……晚亲有道，窃有所闻”。见文集卷七十五。钱穆先生谓有道指李延平。见所著《朱子新学案》，第四册，朱子之四书学，页一八一至一八三。

80 李元纲：《圣门事业图·第一图》，《传道正统图》，著于一一七二年，为尧、舜、禹、汤、文、武、周公、孔子、颜子、曾子、子思、孟子、明道、伊川。见《百川学海》（一九二七年本），页一〇〇一。

81 《宋史》，卷四二七，周敦颐、二程、张载诸儒传，俱显示此意，不繁引。

82 例如张伯行（一六五一——一七二五），最崇敬朱子，著有《道统录》（正谊堂全书本），页四上至六下。严守朱子所立之道统传授。

83 《中庸章句序》，如谓“既皆以此而接夫道统之传”。

84 《徂徕集》，卷十三，页一下，集中此类意见甚多，如卷十二，页十二下，“五百年一贤人生，孔子至孟子，孟子至扬子，扬子至文中子，文中子至吏部（指韩愈）……”（“上赵先生书”）。页十六上下，“……今斯文也，剥且三百年矣，剥之将尽，其终必有复。……孔子之道始剥于杨墨，中剥于庄韩，又剥于秦莽，又剥于晋宋隋梁陈五代，终剥于佛老。天授之孟轲、荀卿、扬雄、王通、韩愈。……无孟轲、荀卿、扬雄、文中子、吏部之力，不能复斯文”（“上张兵部书”）。卷十三，页一下，“杨墨塞路，儒几病矣。孟子作十四篇，……扬雄作准易，法言。……文中子续经。……释老之害，甚于杨墨，吏部独力以排之”（“上蔡副枢书）。页七上下，“夫子之道不行于当年……汉高祖、唐太宗能得之于上，以之有天下三百年，孟轲扬雄文中子韩愈能得之于下，以之有其名亿万世”（“上孔中丞书”）。

85 《宋元学案》，卷二，“泰山学案”，页十八下。

86 《遗书》，卷十一，页四上，“大抵学不言而自得者乃自得也，有安排布置者皆非自得也”；卷二十二上，页十四上，“学者要自得，六经浩渺，年来难尽晓”。

87 《外书》，卷十二，页四上。

88 《朱子文集》，卷七十五，“语孟集义序”云，页二十上，“论孟之书，学者所以求道之至要。古今为之说者，盖已百有余家，然自秦汉以来，儒者类皆不足以与闻斯道之传。其溺于卑近者，既得其言，而不得其意；其骛于高远者，则又支离踳驳，或乃并其言失之，学者益以病焉”。

89 同上，卷八十六，“谒修道州三先生祠文”，页十一下。

90 参看朱子之《伊洛渊源录》。

91 《朱子文集》，卷八十六，“沧洲精舍成告先圣文”，页十二上，谓“周程传授，万理一原。曰邵曰张，爰及司马。学虽殊辙，道则同归”。

92 同上，卷七十五，“论语要义目录序”，页六下，谓“河南二程先生独得孟子不传之学于遗经”。“语孟集义序”，页十九下，谓“河洛之间，有二程先生者出，然后斯道之传有继，其于孔子孟子之心，盖异世而同符也”。

93 同上，卷七十八，“建仓府学明道先生祠记”，页六下。

94 《李延平集》(正谊堂全书本), 卷二, 页十六上; 卷三, 页十六上。

95 《朱子文集》, 卷七十八, "江州重建濂溪先生书堂记", 页十二下, 谓"若濂溪先生者, 其天之所畀, 而得乎斯道之传者欤! 不然, 何其绝之久, 而续之易, 晦之甚, 而明之亟也? ……有程氏者, 遂扩大而推明之"; "隆兴府学濂溪先生祠记", 页十九上, "及先生世, 始发明之, 以传于程氏, 而其流遂及于天下"。卷八十, "邵州州学濂溪先生祠记", 页十一下, "惟念先生之学, 实得孔孟不传之绪, 以授河南二程先生而道以大明"。卷八十五, "濂溪先生画像赞", 页九上, "道丧千载, 圣言日湮, 不有先觉, 孰开吾人"。

96 同上, 卷七十八, 页十二下 (同上注所引)。卷七十八, 页十八下, "先生之呼, 自程氏得其传以行于世", "隆兴府学濂溪先生祠记"。卷七十九, "韶州州学濂溪先生祠记", 页十上, "有濂溪先生者作, 然后天理明, 而道学之传复续, 盖有以阐夫太极阴阳五行之与, 而天下之为中正仁义者, 得以知其所自来。……其所以上接洙泗千岁之统, 下启河洛百世之传者, 脉络分明而规摹远矣"。卷八十, "黄州州学二程先生祠记", 页七上, "颢字伯淳……颐字正叔, 其后十有余年, 当庆历丙戌丁亥之间, 摄贰南安, 乃得狱椽舂陵周公, 淳颐而与之游, 于是两子因受学焉, 而慨然如有求道之志。既乃得孔孟以来不传之绪于遗经, 遂以其学, 为诸儒倡"。卷八十六, "奉安濂溪先生祠文", 页四上, "惟先生道学渊懿, 得传于天, 上继孔颜, 下启程氏"。

97 《朱子文集》, 卷七十九, "徽州婺源县学三先生祠记", 页三下, "诸君独不观诸濂溪之图与其书乎? 其大指则不过语诸学者讲学致思, 以穷天地万物之理……而程子传之"。

98 《语类》, 卷九十三, 第五十二"汪端明"条, 页三七四三 (页八上), "今观通书, 皆是发明太极。……二程益得其传, 但二程之业广耳"。

99 同上。"汪端明尝言两程之学, 非全资于周先生者"。《朱子文集》, 卷三十, "答汪尚书第四书", 页八下, "受学之语, 见于吕与叔所记二先生语。中云昔受学于周茂叔, 故据以为说"。卷三十一, "答张敬夫书第十九书", 页九上, "太极图立象尽意, 剖析幽微, 周子盖不得已而作也。观其手授之意, 盖以为唯程子为能受之。程子之秘而不示, 疑亦未有能受之者尔"。

100 《宋元学案》, 卷十一, "濂溪学案", 页一上, "祖望谨案, 濂溪之门, 二程子少尝游焉。其后伊洛所得, 实不由于濂溪。是在高弟荥阳吕公已明言之。……晦翁南轩始确然以为二程子所自出。自是后世宗之而疑者, 亦踵相接焉"。

101 《遗书》, 卷二上, 页二下, 如谓"昔受学于周茂叔, 每令寻颜子仲尼乐处, 所乐何事"。卷三, 页一下, "诗可以兴。某自再见茂叔后, 吟风弄月以归, 有吾与点也之意"。又《伊川文集》, 卷七, "明道先生行状", 页六上, "先生之学, 自十五六时闻汝南周茂叔论道, 遂厌科举之业"。

102 同上, 卷二上, 页二下; 卷三, 页一下 (皆同上注); 卷六, 页四上, "周茂叔穷禅客"; 卷七, 页一上, "猎自谓今无此好, 周茂叔曰, 何言之易也"? 卷二十三上, 页一下, "尝见李初平问周茂叔。……茂叔曰……", "王拱辰君贶初见周茂叔"。又《外书》, 卷二, 页四下, "周茂叔谓荀子元不识诚"; 卷十, 页四下, "周茂叔谓一部法华经, 只消一个艮卦可了"。

103 《遗书》, 卷六, 页四上。参见上注。

104 同上, 卷二上, 页四上, "胡安定在湖州置治道斋, 学也欲明治道者讲之于中"。卷四, 页三下, "安定之门人, 往往知稽古、爱民, 则于为政也何有"?

105 《朱子文集》, 卷三十一, 页九上, 可参看"答张敬夫书第十九书"。

106 《宋元学案》, 卷十一, "濂溪学案", 页二上, "百家谨案……元公崛起, 阐发心性义理之精微, 端数元公之破暗也"。参看《勉斋集》, 卷二十, 页四上下。

107 《通书》, 第一章至第四章、第七章、第十一章、第二十二章 (陈译《中哲资料》, 第二十八章)。

108 《大禹谟》。

109 《勉斋集》, 卷三, "圣贤道统传授总叙说", 页十七上下。

110 如大田锦城 (一七六五—一八二五), 《疑问录》(天保二年辛卯, 一八三一年本), 卷下, 页十七下。

111 《语类》, 卷一二六, 第一"孟子"条, 页四八一七 (页一上); 第六十八"佛书"条, 页四八四七 (页十八上)；第一〇六“德粹”条，页四八六一（页二七上）。

112 同上，第一条，页四八一七（页一上)；第六十八“佛书”条，页四八四七（页十八下)。

113《朱子文集》,《别集》，卷八，“释氏论下”，页三下。

114《朱子文集》，卷四十三，“答李伯谏”，页十一下至十二上。

115 清水信良:《中国思想史》(东京，一九五〇年)，页一九九。

116《诗》《书》《易》《礼》及《春秋》。原有六经，包括《乐经》在内。若真有其书，亦散佚于第三世纪以前。自宋以来，为《周礼》所替代。

117《五经正义》，孔颖达（开七四一六四八）等奉钦命编基。用王弼及韩康伯（三三二一三八〇）注《易》，郑玄（一二七一二〇〇）注《诗》及《礼记》，孔安国注《尚书》，杜预（二二二一二八四）注《春秋》。孔颖达等各家之注加疏。

118《语类》，卷六十七，第二十四“问易”条，页二六二六（页六下)，“程易不说易文义，只说这理极处，好看”；第二十五“伊川”条，页二六二八（页七下)，“伊川只将一部易来作譬喻说了”；第三十“问先”条，页二六三〇（页九上)，伊川得个大道理，“却将经来合他这道理，不是解易”；卷一〇五，第三十二“因论”条，页四一八〇（页五下)，“易传已自成书”；卷一一九，第二十一“陈光”条，页四五九二（页十下)，“因言易传自是成书”。

119《遗书》，卷二，页四下，“诗书载道之文”；卷六，页十下，“经，所以载道也”。

120 同上，卷二上，页一下，谓“有德者既有诸己，所用莫非中理。知巧之士，虽不自得，然才知稍高，亦能窥见其一二”；卷一，页二上，“当栽培深厚，涵泳于其间，然后可以自得”；卷二十二上，页十四上，“学者要自得”。

121《周易本义》十二卷，《易学启蒙》四卷，《易传》十二卷，《书说》三十卷；命其门弟子编纂，《诗集传》八卷，以及《仪礼经传通解》三十七卷。

122《朱子文集》，卷八十二，页二十上，“后汉卫宏传，明言宏作毛诗序，则序岂得为与经并出，而分于毛公之手哉”?“书临漳所刊四经后”。《语类》，卷八十，第三十六“诗序”条与第三十七“诗小”条，页三二九四至三二九五（页十下)，“诗”。译者按：朱子谓诗小序，全不可信。在此卷中所述此意甚多，谨略增引于下：如谓“因论诗，归言小序无义理，皆是后人杜撰，先后增益凑合而成”。“诗序实不足信。……后来仔细看一两篇，同质之史记，周语，然后知诗序之果不足信”。“诗序多是后人妄意推想诗人之美刺，古人之所作也”。“某自廿龄时读诗，便觉小序无意义。……后到卅岁，断然知小序之出于汉儒所作，甚为缪戾不可胜究”。

123《语类》，卷八十，第三十七“诗小”条，页三二九五（页十上)；第四十一“诗序”条，页三三〇〇至三三〇二（页十三上)。

124 在《诗集传》，第四十二，四十八，六十四，七十二，七十四，七十六，八十一，八十三至九十五，一三七，一三九，一四〇，一四三各篇。

125《语类》，卷七十八，第二十五“书序”条与第二十六“汉人”条，页三一五三（页八下)。

126 同上，卷八十四，第二十八“问闻”条，页三四六九（页十下）“仪礼、礼之根本。而《礼记》乃其枝叶。《礼记》乃秦汉以下诸儒解释仪礼之书”。

127 同上，卷六十六，第一“易本”条，页二五七五（页一下)；第十“易所”至十四“易本”条，页二五八六至二五八七（页七下)；卷六十七，第五十四“人自”条，页二六三八（页十四下)；第六十一“易最”条，页二六四三（页十六上)；《朱子文集》，卷八十二，页二十上，“《易》本卜筮之书”，“《易》只是个卜筮之书”，“盖《易》本为卜筮作”，“如《易》，某便说道圣人只是为卜筮”。译者按:《语类》，卷六十六至六十八，三卷俱为论《易》。上述之意甚多，不及细引。读者欲知其详，并可参阅钱穆著《朱子新学案》，第四册，《朱子之易学》。

128 同上，卷八十三，第三十八“春秋”条，页三四一三（页十上)。

129 同上，卷八十四，第二十九“问礼”条，页三四七〇（页十一上下)。

130 程颐:《经说》, 卷五, "伊川先生改正大学", 页三上至五下。

131 见王阳明《传习录》。并见英文陈译《传习录》(纽约, 哥伦比亚大学出版, 一九六三年), 第十一节。

132《语类》, 卷一三七, 第五十一"文中子"条, 页五二五二 (页十九上)。

133 同上, 卷十一, 第一〇九"经之有"条, 页三〇五 (页十六上)。

134 同上书, 卷一〇三, 第四十七"南轩"条, 页四一四四 (页七下至八上)。

135《象山全集》, 卷三十四, 页一下。

136《韩昌黎全集》, 卷二十, 页九下, "故求观圣人之道, 必自《孟子》始", "送王秀才 (损) 序"。

137《李文公集》, 卷二, "复性书上", 页五上至八上, "遭秦焚书,《中庸》之不焚者, 一篇存焉……性命之源, 则我弗能知其所传矣。道之极于剥也必复。吾岂复之时邪"?

138《遗书》, 卷十八, 页十八上, "学者须先谈《论》《孟》。穷得《论》《孟》, 自有个要约处。以此观他经甚省力"。卷二五, 页五下, "学者当以《论语》《孟子》为本。《论语》《孟子》既治, 则六经可不治而明矣"。

139《语类》, 卷一〇四, 第十二"问近"条, 页四一五六 (页四上)。

140《语类》, 卷十四, 第九十一"为学"条, 页二九八 (页二下); 第一三一"先看"条, 页三〇九 (页十九上)。

141 同上，第二"读书"条，页三九七（页一上）。

142 同上，卷六十七，第五十三"易只"条，页二六三八（页十四下），"易只是空说个道理"；卷八十三，第五"问春秋"条，页三三九九（页三下），"问春秋。曰：此是圣人据鲁史以书其事。使人自观之，以为鉴戒尔"。

143 同上，卷十四，第三"某要"条，页三九七（页一上），"学问须以《大学》为先，次《论语》，次《孟子》，次《中庸》"。

144《遗书》，卷十五，页一上，"物则事也。凡事上穷极其理，则无不通"；页十一上，"格物穷理，非是要尽穷大下之物，但于一事上穷尽，其他可以类推"。卷十八，页五上，"方得未致知，便欲诚意，是等躐也"；页八下至九上，"物我一理。才明彼，即晓此，合内外之道也。……至一物之所以然，学者皆当理会。又问致知。……曰……一草一木皆有理，须是察"。卷十九，页一上，"凡眼前无非是物，物皆有理。如火之所以热，水之所以寒"（参看陈译《中哲资料》，卷三十一，第十四、十六、十七、三十一、四十四、四十七、六十二各节）。

145 同上，卷十八，页五下。

146 同上，卷二十二上，页一上，"入德之门，无如《大学》"。

147《传习录》，第七条，"先生又曰，格物如孟子，大人格君心之格，是去其心之不正，以全其本体之正"。第八十九条，"答罗整庵少宰书"，"格者，正也。正其不正，以归于正也"。第一七四条，"夫正心诚意致知格物，皆所以修身。而格物者，其所用力自可见之地。故格物者，格其心之物也"。

论朱子之《仁说》

一、引言

朱子哲学思想集中于太极、理气、仁义、中和诸基本观念，继承伊洛之传，复树新见，以与当日盛行之湖南、江西、浙江等学派对峙。故于江西有与陆象山太极之辨[1]，于湖南有与张南轩等中和之辨[2]，于浙江有与陈亮（一一〇三—一一九四）等义利王霸之辨[3]，而独于仁之主题，并可与伦比之争，恍若朱子对于仁之概念，并不急急讨论者。其实朱子自三十四岁（隆兴元年，一一六三）编成《论语要义》以后，可谓无日不言仁。其说散见其传注、函件与问答，几无处不是。其讨论人数之多，尺牍之繁，恐比太极等问题，大有过之。其与学者书柬往返之专论仁而见诸文集者有张敬夫（南轩）、吕伯恭、何叔京、胡广仲、吴晦叔、石子重、林择之、胡伯逢、吕子约、契丈、余占之、周舜弼、周叔瑾、方宾王、李尧卿、陈淳、杨仲思、陈熙之、徐居甫。其讨论之热烈，可以见矣。[4]

朱子于书札问答论仁之外，又著《仁说》载《朱子文集》卷六十七。全文只八百二十四字，分两截，上截说仁为心之德，下截说仁为爱之理，并批评以物我一体为仁与以知觉为仁两说之非。后复为仁说图，载《朱子语类》卷一〇五。《仁说》一文，经若干年之讨论，三更四改，然后成编，后复润色，总经十有余年，且为之图。显然于朱子心目中比太极、中和、王霸等论，更为重要。此何以故？据朱子自谓，盖亦有不得已者。

二、动机

朱子“答吕伯恭书”云，“此说固太浅少含蓄。然窃意此等名义，古人之教，有其小学之时，已有白直分明训说，而未有后世许多浅陋玄空，上下走作之弊。故其学亦晓然知得如此名义。但是如此道理，不可不着实践履。所以圣门学者，皆以求仁为务。盖皆已略晓其名义而求实造其地位也。若似今人茫然理会不得，则其所汲汲以求者乃其平生不识之物，复何所向望爱说，而知其所以用其力耶？故今日之言，比之古人诚为浅露，然有所不得已者”[5]。

此处可注意者有二：一为训释仁之名义，一为着实践履，然必先明仁之道理乃能施诸实行。此亦与朱子先道问学而后尊德性之主张一贯。又“答吕子约”云，“仁字固不专以发用言，然却须识得此是个能发用底道理始得。不然，此字便无义理，训释不得矣。且如‘元者善之长’[6]，便是万物资始之端，能发用的本体。不可将仁之本体做一物，又将发用底别做一物也。……大抵仁之为义，须以一意一理求得，方就上面说得无不通贯底道理。如其不然，即是所谓‘伎伺真如，颟顸佛性’[7]，而仁之一字遂无下落矣。向来鄙论之所以作，正为如此”[8]。此番议论与“答吕伯恭书”之意略同，并伸言必晓得仁之观念，其体用乃可分明。

又“答吴晦叔书”云，“大抵近年学者不肯以爱言仁，故见先生君子（指程颐）以一阳生物论天地之心[9]，则必欲然不满于其意。复于言外生说，推之使高，而不知天地之所以为心者，实不外此。外此而言，则必溺于虚，沦于静，而体用本末不相管矣”[10]。此处特重以爱言仁，而爱根于天地生物之心，仍从澄清名义入手。

综上所引，可见朱子《仁说》动机有三。一是当时学者纷纷言仁。张敬夫、林熙之、周叔瑾、杨仲思、契丈均有仁说。异说横生，莫衷一是，尤其是以物我一体为仁与以知觉为仁之说。朱子乃著《仁说》，以清释名义。一为以爱言仁，上基于天地生物之心，使学者免于虚静。《仁说》云，“吾方病夫学者……离爱而言仁，故特论此以发明其遗意”。一为纠正体用为二之说。

三、《仁说》大意

《仁说》虽短，然意思严密。开始即谓“天地以生物为心者也，而人物之生，又各得夫天地之心以为心者也”。上语引程颐[11]，下语朱子自己所增。朱子继续说明“天地之心其德有四，曰元亨利贞[12]，而元无不统其运行焉”。在人心则“其德亦有四，曰仁义礼智[13]，而仁无不包其发用焉”。“故语心之德……曰仁而已矣”。“盖仁之为道，乃天地生物之心，即物而在。其情之未发，而此体已具。情之既发，而其用不穷。诚能体而存之，则众善之源，百行之本，莫不在是。此孔子之教，所以必使学者汲于求仁也”。凡克己、恭敬、忠恕、孝弟，皆所以存此心行此心也。情之未发为性，亦即仁。情之既发即为爱，故曰仁者爱之理。情性分域不同，而脉络相通。然程氏之徒“有谓爱非仁而以万物与我为一为仁之本体者矣。亦有谓爱非仁而以心有知觉释仁之名者矣[14]。……彼谓物我为一者，可以见仁之无不爱矣，而非仁之所以为体之真也。彼谓心有知觉者，可以见仁之包乎智矣，而非仁之所以得名之实也。泛言同体者，使人含胡昏缓，而无警切之功。其弊或至于认物为己者有之矣。专言知觉者，使人张皇迫躁，而无沉潜之时。其弊或至于认欲为理者有之矣。一忘一助[15]，二者盖胥失之”。《仁说》所言，大略如是。

四、《仁说》著作时期

《仁说》之作，不知何时。廖德明问，“先生向作《仁说》，大率以心具爱之理，故谓之仁。今《集注》‘仁人心也’[16]以为‘酬酢万变之主’，如何？”[17]此为德明癸巳（一一七三）以后所闻。似乎《仁说》在淳熙四年（一一七七）《集注》成书之先。然朱子“于论孟四十余年理会”。[18]死前数日犹改《大学·诚意章》注。则《集注》所载亦可在《仁说》之后。无论如何，《仁说》之作必经长期时间，而完编决非太晚。朱子“答吕伯恭书”论仁者爱之理，谓“仁字之说，钦夫（南轩）得书云已无疑矣”。又谓“欲作《渊源录》一书，尽载周程以来诸君子行实文字。正苦未有此及永嘉诸人事迹首末，因书（薛）士龙（名季宣，一一三四—一一七三，永嘉学者）告为托其搜访见寄也”[19]。所谓南轩无疑，当指《仁说》已成定论，而此时伊洛《渊源录》才有著作之意，尚待找索材料。《渊源录》成于乾道九年（一一七三）六月。假定需时一两载，则此录必是“欲作”于乾道七年（一一七一）六月以前。即是说，此时钦夫于《仁说》已无疑。亦即是说，此时《仁说》已定稿矣。日本学者友枝龙太郎以《仁说》成于朱子四十四岁（一一七三）前后[20]，今恐在前，不在后也。

南轩与朱子辩论《仁说》，不审经若干年。《文集》专论《仁说》之书已有四通[21]。朱子“祭南轩文”云，“盖缴纷往反者几十年，末乃同归而一致”[22]。此虽泛指，然必包括仁言，四函即是明证。朱子年三十八（一一六七）往长沙，正与南轩辩仁[23]。南轩无疑，未必同归。朱子云，旧与南轩论仁“亦有一二处未合”[24]。然《仁说》定论，必经与南轩辩论若干年。是则《仁说》大定于乾道七年（一一七一），而早在若干年已开始矣。

牟宗三以朱子“与钦夫论《仁说》书”中有“来敬以为不如克斋之云”之语[25]，而《克斋记》作于乾道八年（一一七二），乃定《仁说》之初稿是在《克斋记》之前。[26]此说甚是。然其谓“朱子中和新说成立（乾道五年，一一六九）二三年后，即进而撰《仁说》。又谓其与诸学者辩论《仁说》，大体是在四十三岁（乾道八年，一一七二）以后，而现行之定文亦在此年以后，则嫌太晚。盖南轩乾道七年间（一一七二）已无疑矣。若谓“克斋之云”之前有“方欲改之而未暇”一语，可知《克斋记》成时（一一七二）尚未定稿，则恐未然。盖书云，“向所呈侣（以？）《仁说》”。此向字不知所指若干时间以前。可指一两年以前之定稿，亦可指若干年前之初稿。所谓欲改，不知何意。朱子续云南轩“于此却有所未察”。《克斋记》全重克己，今《仁说》克己并非主意，则或竟不改耳。即成编之后，仍与学者继续辩论。至淳熙十二年（一一八五）尚与吕子约商讨。[27]此致吕书中述及陈亮来书讨论汉唐做得尽不尽。陈书在淳熙十二年[28]，故知此时尚讨论《仁说》也。即至此时尚欲更改，当无问题盖《集注》成后亦不断更改也。

核以上举年期，仁之讨论在朱子三十六七（一一六五—一一六六）以后十余年间，而仁之理论成熟当在四十二岁（一一七一）左右。无论如何，《仁说》之定，不但在《渊源录》之先，而亦在《近思录》（一一七五）、《集注》《或问》（一一七七），刊四子书（一一九〇）与《玉山讲义》（一一九四）之前。若谓四子书为朱子学之根基，《玉山讲义》[29]为朱子学之轮廓，则朱子仁学比较已成熟早二十余年矣。

五、主要的词句

《仁说》主脑，在于“心之德，爱之理”六字。此两词见于《论语》与《孟子集注》者十余处。《论语·学而篇》有子章注云，“仁者爱之理，心之德也”。《微子篇》微子章注云，“仁不咈乎爱之理而有以全其心之德也”。《孟子·梁惠王上》孟子见梁惠王章注云，“仁者心之德，爱之理。”《论语或问》云，“爱之理，所以为心之德”[30]。别章每云“心之德”或“心之全德”。又云“仁心，爱人之心也”，“仁主于爱”，“爱人仁之施”[31]。由此可见仁之训为“心之德，爱之理”，并非偶然，而乃经十数年考虑之晚年定论。朱子云，“某于《论孟集注》添一字不得。减一字不得”[32]。又云，“某于《论》《孟》四十余年理会。中间逐字称等，不教偏些子”[33]。

(甲)语之来源。日本学者山崎美成(一七九六—一八五六)谓《龙龛手鉴》解仁云，“音人，心之德。爱之理也”。此书为沙门智光所撰，成于辽统和十五年(九九七)。《论孟集注》成于淳熙四年(一一七七)，后一百八十年。故“心之德，爱之理”，原为佛语而为朱子所采用云。[34]然经山口察常指出，《龙龛手鉴》原序谓此书二万六千四百三十余字，而美成所见之日本刻本则为三万九千四百二十八字。注内有言“今增”。如原本“忈，音人，今作仁”，增本加“慈爱也”三字。是则“仁，音人。心之德，爱之理也”最后之七字亦为增补无疑。[35]故滕冢邻(一八七九—？)曰，“此语存于朝鲜追增本《龙龛手鉴》。山崎美成《海录》，岛田翰(一八七九—一九一五)《古文旧书考》共因此翻刻本加立说，岂足据乎”[36]？

山口察常一面不信朱子借用佛语，然一面又谓南轩《论语解·颜渊篇》樊迟问仁章云，“原人之性，其爱之理，乃仁也。知之理，乃智也”。《论语解》成于乾道九年（一一七三）。《朱子集注》成于《论孟精义》与《论孟或问》之后。《精义》成于乾道八年，比《论语解》早一年。《或问》成于淳熙四年（一一七七），比《论语解》后四年。“如《精义》未用‘心之德，爱之理’，则此语有南轩先用之可能”云云。[37]山口氏此说，不外好立奇论。《论语解》成于乾道九年，不知何月。《朱子渊源录》则成于是年六月。其时《仁说》已定。即令《论语解》成于是年正月，朱子见之。岂朱子立即借用“爱之理”一语，插入《仁说》耶？此岂朱子一字不加，一字不减之所为耶？岂其长期与南轩辩论《仁说》亦皆在此数月之间耶？且纵令“爱之理”来自南轩，则“心之德”又来自何处？南轩致朱子书云，“来书披玩再四，所以开益甚多。所谓爱之理，发明甚有力”[38]。可知朱子有发于南轩而非南轩有发于朱子。故与其谓朱子借用南轩，不如谓南轩借用朱子之为愈也。大槻信良谓朱子注《论语》“爱之理，心之德”为新义[39]，此非彼一人之私言，而乃数百年来之公议也。

（乙）心之德。《仁说》主脑既在“心之德，爱之理”，此两词涵义为何，即当研究。“心之德”亦作“心之道”[40]与“性之德”[41]。胡宏（世称五峰先生，一一〇六—一一六一），知言有云“仁者心之道乎”[42]，或于朱子有所启示。“道”“德”两词虽可通用，然毕竟“道”字言用，“德”字言体。朱子特用“德”字，并非无故。所谓德者，朱子云，“犹言润者水之德，燥者火之德”[43]。在仁则其德曰生。《孟子·告子上》仁人心也章注云，“仁者心之德，程子（程颐）所谓心如谷种，仁则其生之性[44]是也”。此乃上承程子生生观念而来。程子释仁为种，诚是仁的哲学之突破。因仁为种，故曰“心生道也”[45]。程子云，“天地以生物为心”[46]。朱子因之，故《仁说》开章即云，“天地以生物为心者也，而人物之生，又各得夫天地之心以为心者也”。此点为《仁说》重心之一，学者讨论甚烈，下文方详。

仁有生意，故可包四德。程子云，“四德之元，犹五常之仁。偏言之则一事，专言之则包四者”[47]。朱子亦因之。故于陈淳之问“仁者心之德。义礼智亦可为心之德否”？答曰“皆是心之德。只是仁专此心之德”。[48]又答黄榦（字直卿，号勉斋，一一五二—一二二一）如上之问曰“都是。只仁是个大底”。[49]所谓专者大者，即“合而言之。即四者皆心之德，而仁为之主”。[50]换言之，“仁为心之德，则全得三者而有之。……此言心之德，如程先生专言则包四者也”[51]。

朱子虽承程子，然其《仁说》确有创造性者。程子云“仁者天下之正理”。[52]朱子不用其说，而创造地释仁为“心之德”。门人颇多疑惑，口头或移书询问者屡。朱子以为伊川之语太疏，太宽[53]，盖礼义智亦可为天下之正理也[54]。朱子以为伊川只是泛说，并非说仁之体。[55]若朱子以正理释仁，则“所谓正理，即心之德也”[56]。即谓仁非为天下普通之正理而为人心之正理。换言之，“仁者只是吾心之正理”[57]。是以答门人程允夫（名洵）来书中“仁者天理也”云。“此句更当稍详，不可只如此说过”[58]，“须是说仁是本心之全德，便有个天理在”[59]。盖“仁者本心之全德。若本然天理之良心，存而不失，则所作为，自有序而和”矣。[60]

从上所言，则心之德当然是仁体[61]，当然在内而不在外[62]。“更要见得失其心之德，全其心之德，各是如何气象，方见端的”。[63]

《仁说》云,"又曰居处恭,执事敬,与人忠[64],则亦所以存此心也。又曰事亲孝,事兄弟[65],及物恕[66],则亦所以行此心也。

又曰求仁得仁[67],所以让国而逃,谏伐而饿[68],为能不失乎此心也"所谓存,所谓行,所谓不失,皆指心之德而言。《语类》关于仁说只有两问。一为门人沈僴(字庄仲)问天地生物之心,下文方详。一为门人甘节(字吉甫)问存而不失。皆涉心之德。甘节问曰,"先生仁说说存此者也,不失此者也。又说行此,则仁在其中,非仁也"。朱子答曰,"谓之仁固不可。谓之非仁,则只得恁地说。如孟子便去解这仁,孔子却不恁地"[69]。甘节之意以行属事,以仁为德。究竟仁为人心,义为仁路。朱子亦云,"仁是此心之德。才存得此心,即无不仁。如说克己复礼[70],亦只是要得私欲去后,此心常存耳。未说到行处也"[71]。事理显然有别。然朱子既训仁为心德,而此德为生意,则生必演为行事。陈淳论仁是心之全德云"仁者心之全德,兼统四者。义礼智无仁不得。盖仁是心中个生理,常流行生生不息,彻始终无间断"[72],即谓仁为生生之力,无在而不流行也。

(丙)爱之理。以上言"心之德",以下言"爱之理"。朱子释"爱之理"曰,"仁者爱之理。理是根,爱是苗。仁之爱如糖之甜,醋之酸。爱是那滋味"[73]。爱之理又"犹言木之根,水之原"[74]。爱是个动物事,理是个静物事。[75]爱之理,此理字重。吕伯恭释爱之理为"动之端,生之道",朱子以端字却轻。[76]

所谓爱,即仁理之在心者。此心发为孝弟。方其未发,此心只存爱之理而已。[77]张敬夫(南轩)释"孝弟也者,其为仁之本欤"[78]为"自孝弟而始,为仁之道,生而不穷"。朱子评之曰此章仁字正指爱之理。[79]因其为理,所以有仁之生意,非发不可。廖德明问爱之理曰,“先生向作仁说大率以心具爱之理,故谓之仁。今集注‘仁人心也’,只以为酬酢万變之主,如何”?朱答曰,“不要如此看。今人说仁多是把做空洞的物看,却不得。当些时,仁义礼智之苗脉已在里许。只是未发动。……礼本是文明之理,其发便知有辞逊。智本是明辨之理,其发便是有是非”[80]。若只说心为酬酢万变之主,则失仁为生力之意矣。

爱之理即仁之本体。朱子答胡广仲云,“夫以爱名仁固不可。然爱之理则所谓仁体也。天地万物与吾一体,固所以无不爱,然爱之理则不为是而有也。须知仁义礼智四字,一般皆性之德。乃天然本有之理,无所为而然者。但仁乃爱之理,生之道,故即此而又可以包乎四者,所以为学之要耳”[81]。

仁者爱之理,亦即“仁是性,爱是情”。换言之,“爱是仁之情,仁是爱之性”,“仁离爱不得”[82]。问仁者爱之理,朱子答曰,“这一句,只将心性情看便分明。一身之中,浑然自有个主宰者,心也。有仁义礼智则是性。发为恻隐、羞恶、辞逊、是非,则是情。恻隐,爱也,仁之端也。仁是体,爱是用”[83]。或问,“仁何以为爱之理也”?朱子答曰,“人禀五行之秀以生,故其为心也,未发则具仁、义、礼、智、信之性,以为之体。已发则有恻隐、羞恶、恭敬、是非、诚实之性,以为之用。盖木神曰仁,则爱之理也。……是皆天理之固然,人心之所以为妙也。仁之所以为爱之理,于此其可推矣”[84]。朱子又曰,“仁是爱之理,爱是仁之用。未发时只唤做仁,仁却无形影。既发后方唤做爱,爱却有形影。未发而言仁,可以包义礼智。既发而言恻隐,可以包恭敬、辞逊、是非。四端者,端如萌芽相似。恻隐方是从仁里面发出来底端”[85]。

陈淳释爱之理云，“仁是此心生理全处。常生生不息。故其端绪方从心中萌动出来，自是恻然有隐。由恻隐而充及到乃物上遂成爱。故仁乃是爱之根，而恻隐则根之萌芽，而爱则又萌芽之长茂已成者也。观此则仁者爱之理，爱者仁之用。自可见得脉络相关处矣”[86]。可谓善释其师之旨。

综上所引，可知爱为动的，为生力。其未发为性，为仁体包乎四者。及因动与生而发为情，则包四端。然性情不可分两截，体用不离。爱之理乃吾性之所有，非因公而有。本性清洁，则可天地万物贯通。然非贯通之后乃为仁也。

（丁）心之德，爱之理。上文心之德，爱之理，分别而言，并非以之为两事。朱子合并二者以训仁，此点不可不大注意。然仁并非爱或心，亦非心与爱。朱子云，“爱非仁。爱之理是仁。心非仁，心之德是仁”[87]。可知仁统心之德与爱之理。又可注意者，朱子不只以心训仁而更以理训仁。朱子云，“仁是爱底道理，此所以为心之德。因其为理，所以为德。故二者之关系为必然，缺一不可”[88]。换言之，理为因，德为果。毕竟朱子以理言仁。故陈淳云，“仁有以理言者，有以心言者。……文公所谓心之德，爱之理，此是以理言者也”[89]。

依朱子，《论》《孟》中有专就心之德上说者，如“克己复礼”“居处恭”“仁人心也”之类。有就爱之理上说者，如“孝弟为仁之本”与爱人恻隐之心之类[90]。然此非别为两事，只专偏与体用之不同而已。朱子所谓仁者“爱之理”，即程子仁者“偏言则一事”，是就仁义礼智上分说。仁者“心之德”，即程子“专言则包四者，是统言”[91]。朱子云，“心之德是兼四端言之，爱之理只是就仁体段说。其发为爱，其理则仁也。仁兼四端者，却是这些生意流行”[92]，又云，“义礼智皆心之所有，仁则浑然。分而言之，仁主乎爱。合而言之包是三者”[93]。换言之，“爱之理是偏言则一事，心之德是专言则包四者。故合而言之，则四者皆心之德而仁为之主。分而言之，则仁是爱之理，义是宜之理，礼是恭敬辞逊之理，知是分别是非之理”[94]。

心之德，爱之理，亦可以体用言。朱子云，“以心之德而专言之，则未发是体，已发是用。以爱之理而偏言之，则仁便是体，恻隐是用”[95]。陈淳云，“心之德乃专言而其体也。爱之理乃偏言而其用也”[96]，然偏言专言，或体或用，不是两个仁。不是心之德了，又别有个爱之理[97]。故朱子曰，“心之德，即爱之理。非二物也”[98]。仁体心之德，即天地生物之心。仁用爱之理，即“春气温厚，乃见天地之心。到夏是生气之长，秋是生气之敛，冬是生气之藏”[99]。此处重点在心德爱理之生力。门人问“浑然无私，便是爱之理。行仁而有得于己，便是心之德否？”朱子答曰，“如此解释文字亦可，但恐本领上未透彻尔”[100]。所谓本领仍是程子种子之说。[101]

朱子有一段话颇长，足以统括以上意思。其言曰，“《集注》说爱之理，心之德。爱是恻隐，恻隐是情。其理则谓之仁。心之德，德又只是爱。谓之心之德，却是爱之本柄。人之所以为人，其理则天地之理，其气则天地之气，理无迹不可见，故于气观之。要识仁之意思是一个浑然温和之气。其气则天地阳春之气，其理则天地生物之心。……孔门弟子所问都只是问做工夫。若是仁之体段，意思也各各自理会得了。……仁只是一个。虽是偏言，那许多道理也都在里面。虽是专言，那许多道理也都在里面……”[102]。《仁说》中心思想，可于此见之。

爱之理，心之德，学者各有解释。其中以李尧卿与徐居甫最为精彩。李尧卿云，“老者安之，朋友信之，少者怀之[103]，此固仁也，而亦莫非爱也。……所以安之，所以信之，所以怀之，此则理也，非爱也。……故爱属于情，爱乃仁之一事。理属乎性，而理乃仁道之大全。故爱不是仁，则爱之理则仁也。……心乃性情之主乎。主于性，则所以然之理莫不具于心。主乎情，则所当然之爱莫不发于心。由是而理完于此，由是而爱行于彼，皆心有以主之。则仁岂非心之德欤？”朱子评之曰，“爱之理所说近之。心之德，更以程子谷种之譬思之”[104]。李氏以当然必然与心主性情为解，诚是精察。然其忽略天地生物之心，于仁如谷种，则未免忽略《仁说》开章明义。徐居甫谓“心德则生道也。盖天地以生物为心，故人得之以为心者谓之仁。其体则同天地而贯万物，其理则统万善而包四端。……心之德以专言，爱之理以偏言。专言之本，则发为偏言之用。偏言之用，则合乎专言之本。不可以小大本末二之也。自仁道之不明也，人惟物于气禀，蔽于私欲，则生道有息，而天理不行。……人能有以体乎仁，必其无一毫之私得以间其生生之体，使之流行贯注，无有不达，无有不偏，然后为能全其心之德，爱之理也”。朱子云，“此段大意得之，但爱之理未可以用言耳。更味之，久当浃洽自见得失也”[105]。徐氏特重生道，比李氏胜，然与天地同体之意，则为朱子所不轻许。朱子答周舜弼云，“所谓心之德者，即程先生谷种之说。所谓爱之理者，则正所谓仁是未发之爱，爱是已发之仁耳。只以此意推之，更不须外边添人道理，反混杂得无分晓处。若于此处认得仁字，即不妨与天地万物同体。若不念得而便将天地万物同体为仁，却转无交涉矣”[106]。

至于工夫方面，朱子屡言心之德，爱之理，在自家心上自体认思量便见得仁。[107]所谓体认，即是工夫。朱子于门人“拟其已发之爱，则知其为心之德。指其未发之仁，则知其为爱之理”之问，答曰，“须是就自己实做工夫处，分明见得这个道理意味自别。如‘克己复礼’，则如何为仁。‘居处恭，执事敬’，与‘出门如见大宾’[108]之类亦然。克己复礼本非仁，却须从克己复礼中寻究仁在何处。亲切体认出来。不须向外处求”[109]。

牟宗三强烈反对朱子爱之理，心之德之说。以朱子依据伊川仁性爱情之说，把仁体支解为心性情三分，理气二分，而以“心之德，爱之理”之方式去说。这便把仁定死了。所言之理，“只成一属于存有论的存有之理，静摆在那里”。于是不是具体，活泼而有力。其心之德，只是气化流行之德，盖四德根于元亨利贞，而元亨利贞只是阴阳气化之四阶段而已。[110]牟氏上沿明道与象山以心即理。心乃本心而非心统性情之心。性为本性而非七情之以气言之性。故以朱子局守伊川路线，仁是心之德爱之理一系之思考方式所成立之义理间架，决不合孔孟与其他宋儒所契悟之立体直贯之系统。[111]牟氏心即理之立场与朱子性即理之立场，根本不同，自然格不相入。在程朱仁乃生生之力，心生道也。今以之为枯死，未得为平。钱穆以朱子“仁者心之德，爱之理则乃兼伊川象山之意也。后人必归朱子于伊川一边谓其与象山异，其实犹是辨析未精”[112]。

六、物我一体与知觉

《仁说》基于心之德，爱之理，以是批评两说。一为物我一体为仁之说，以杨龟山（名时，一〇五三—一一三五）为代表。朱子以为非仁之所以为体之真。一为以知觉为仁之说，以谢上蔡（名良佐，一〇五〇—一一〇三）为代表。朱子以为非仁之所以得名之实。朱子未详言。继言泛言同体者使人含糊或至认物为己。其专言知觉者使人张皇或至于认欲为理，亦未加详明。关于此两说朱子议论甚多，此处难以引述。唐君毅谓朱子以公为仁之前事，一体为仁之后果故非其体。知觉乃就仁之包乎智言。盖心能觉理而具智之德。此为仁之最后表现，而与仁本身不同。唐氏之释，可谓简明至矣。唐氏续谓朱子较前人只从一面言仁者不同，盖"朱子于仁，乃就其前事为公，后事为与物同体。内为心之知觉之性外形于知觉物而生之情。上通于天，下贯于人。本在己之一理，末散而为由爱恭宜别爱人利物之万事，而加以界说。此连仁之前后、内外、上下、本末以论仁，固有其精切细密之旨，存在于其中也"[113]。可谓为《仁说》之赞语。

牟氏则观点不同。彼以物我一体，即真心之呈露，正是所以为体之真。又谓不麻木而恻然有所觉，正是仁体所以得名之实。朱子视言同体者为忘，视言知觉者为助，盖皆谬误之甚。[114]牟氏分析《仁说》甚是精微。[115]其所反驳，亦是从根本立脚不同而言。朱子之所以批评物我一体与知觉两说，一方以其只言仁之一面，一方以其体用不分。前者迷其体，后者偏其用。在朱子则仁为全德，有体有用，然体用一源，非截然为二也。

七、《仁说》之讨论

《仁说》定稿前后，流行于友生之间者必广，回应必大。上述诸学者言仁，其中论天地生物之心，心之德，爱之理，与夫物我一体与知觉之处，不少专为《仁说》而发。朱子“答吴晦叔书”论天地以生物为心，性之德，爱之理，与知觉[116]，虽未明言讨论《仁说》，而诸点与《仁说》次序相同，似可谓为针对《仁说》之论。南轩则直接讨论最详。讨论《仁说》之书，朱子所存者四，南轩所存者二。朱子与南轩论《仁说》之第一书，择南轩之语，逐句辩驳。南轩原书不存，朱子引之。南轩以“天地以生物为心”之语为未安。不知理由为何。朱子则以为无病，盖天只以生为道也。其后南轩云，“天地以生物为心之语，平看虽不妨。然恐不若只云天地生物之心，人得之为人之心似完全”[117]。今朱子《仁说》未改，可知张语无效。南轩以“不忍之心可以包四者乎”？朱子则以“不忍之心包四端，犹仁之可以包四德也”。其后南轩云，“不忍之心虽可以包四者，然据文势对乾元坤元而言，恐须只曰统言之则曰仁而可也”[118]。南轩以“仁者则其体无不善”。朱子以此为“不知其为善之长”。南轩以“对义礼智而言，其发见则为不忍之心”。朱子以此为未安。盖仁义礼智“皆根于心，而未发所谓理也”。南轩以“仁之为道，无一物之不体”。朱子以此为“不知仁之所以无所不体”。南轩以“程子之所诃，正谓以爱名仁者”。此乃评《仁说》“程子之所诃，以爱之发而名仁者也”之语。朱子答之曰，“程子曰，‘仁，性也。爱，情也。岂可便以爱为仁？’[119]此正谓不可认情为性耳。非谓仁之性不发于爱之情，而爱之情不本于仁之性也”。南轩以元之为义不专于生。朱子则以此语恐有大病。观诸天地可以见之。其后南轩有书云，“前日所谓元之义不专主于生物者，疑只云生物，说生生之意不尽。今详所谓生物者，亦无不尽矣”[120]。南轩以仁者无所不爱，但有差等。朱子以差等乃义之事。“仁义虽不相离，其用则各有主而不可乱也”[121]。

朱子于论《仁说》第一书逐句解答南轩外，另存论《仁说》三书。其第二、第四两书专论以公及物我一体言仁，第三书则专论知觉为仁之说。第二书乃复南轩接朱子第一书后所来之书。[122]南轩此书以“仁道难名，惟公近之”[123]，“公而以人体之故为仁”[124]，“此意指仁之体，极为深切。爱终恐只是情。盖公天下而无物我之私焉，则爱无不溥矣”。朱子则谓“仁乃性之德而爱之本。因其性之有仁，是以其性能爱。……非谓爱之与仁了无干涉也。非谓公之一字便是直指仁体也”。又注云，“若以爱无不溥为仁之体，则隔于以性为情之失。……若以公天下而无物我之私便为仁体，则恐所谓公者，漠然无情，但如虚空木石”[125]。第四书与第二书意同，即谓公与物我一体皆非仁体。南轩书云，“夫其所以与天地一体者，以夫天地之心之所存，是乃生生之蕴，人与物所公共，所谓爱之理者也”[126]。朱子则以“惟公则视天地万物皆为一体，而无所不爱矣。若爱之理则是自然本有之理，不必为天地万物同体而后有也”[127]。第三书专论知觉为仁。南轩曾有书说知觉为仁。此书不存。朱子覆之云，“今观所示，乃直以此为仁，则是以知此觉此为知仁觉仁也。仁本吾心之德，又将谁使知之而觉之耶……蔡氏所谓知觉，正谓知寒暖饱饥之类尔。……然此亦只是智之发用处。但惟仁者为能兼之。故谓仁者必有知觉则可，谓心有知觉谓之仁则不可。盖仁者心有知觉，乃以仁包四者之用而言”[128]。

以上辩论，南轩每为朱子所折服。朱子有时求之过刻，如南轩但言万善，而朱子便谓其不知善之长，南轩但言仁者爱无不溥，朱子便以此为仁体为误是也。其于知觉了解，亦有误会。诚如牟宗三所云，“误仁之觉性为智心之觉照。由于误认，遂将觉专限于智”[129]。牟氏分析论《仁说》四书甚详。[130]于南轩不尽赞成，于朱子则每称其谬。

《文集》又有“答何叔京书”，讨论《仁说》。[131]合观《语类》《文集》，则《仁说》首句天地之心，最召诘难。何叔京以“天地之心，于一阳来复，乃见其生生不穷之意。所以为仁”。朱子以为如此则“一阳未复以前别成一截。体用乖离，言尾衡决矣”[132]。沈僩未达仁说天地生物之意。朱子释之曰，“天地之心只是个生。凡物皆是生，方有此物。……这个是统论一个仁之体。其中又自有节目界限”[133]。其他如南轩等论天地生物之心，已如上述。大概经朱子解释，南轩满意。朱子“答胡广仲书”云，“至于仁之为说，昨两得钦夫书，诘难甚密，皆已报之。近得报云，已皆无疑矣”[134]。

辩论结果，《仁说》亦有所更改。朱子“答吕伯恭书”，谓“《仁说》近再改定，比向稍分明详密”[135]。今以“答钦夫书”与《仁说》比较，可知经南轩诘难而改正者。不忍之心可包四者之文不见《仁说》，《仁说》亦无讨论《孟子》仁无不爱之文，必是因南轩之批评而删。书末明注“无所不爱四字，今亦改去”[136]，可为实证。然于天地生物之心一点，则始终坚持。“答何叔京书”云，“熹所谓仁者天地之心而人物之所得以为心，此虽出于一时之臆见，然窃自谓正发明得天人无间断处。稍似精密。若看得破，则仁字与心字浑然一体之中，自有分别”[137]。“发明得天人无间断处”，诚是豪语，然并不为过。固非如“答吕伯恭书”自谓为“此说固太浅少含蓄也”[138]。朱子自谓“仁说只说前一截好”[139]。谅因下截评张氏以物我一体与谢氏以知觉为仁而未曾释明所以非仁之故。朱子曾云“知觉便是心之性”[140]，似以知觉言仁，自相矛盾。今论《仁说》，不能不谓前截较好也。总而言之，朱子说仁，实造我国思想史言仁之最高峰。陈淳谓汉儒与程门言仁“殊失孔门向来传授心法本旨。至文公始以心之德爱之理六字形容之，而仁之说始亲切矣”[141]。诚非虚语。

八、仁说图

《朱子语类·仁说》节下之仁说图[142]，料系《仁说》成后所作，用以表释而亦为之补充者。其中用大字特显者为仁人、心、未发已发、性、爱、体用、公爱孝弟恕与知觉。其所以特标未发已发与体用者，或因《仁说》体用之言不显。“答张钦夫书”云，“前说之失，但不曾分得体用。……今已改正”[143]，朱子仍嫌未足，故特于图中以大字表之。孝弟与忠恕等字亦是以补古来圣贤教人汲汲为仁而《仁说》亦颇嫌意晦者。图虽有“知觉乃智之事”，而于龟山以物我为一为仁之说，则不再提。只云“公则仁，仁则爱”而继以“孝弟其用，而恕其施也”。《仁说》不提公字，而此处公字两见，明以公字替代物我一体之说。图多实践意。岂非受南轩影响耶？

《仁说》讨论既久而烈。朱子辨之以书，标之以图，则上文所谓恐比太极、中和、王霸之辨大有过之，并非过言。然王懋竑(一六六八—一七四一)编《朱子年谱》，详朱子参究中和与辨浙学陈学之非，于仁之讨论则不置一词。[144]牟宗三谓许多信函其确定年月不能详考，此或王氏不列载此部论辩之故，然王氏“根本不提此一论辨总非是”[145]。《年谱》忽略此事真是白璧之瑕。以王氏考据之精审，如肯推原来龙去脉，决非他人所能及。然王氏终是考据家，于朱子理学无大兴趣。太极之辨，绝对不提。中和讨论与辨浙辨陆，均切近人生问题，至太极与仁，则过于高远。宜乎考据家之乏趣矣。

九、南轩《仁说》

南轩亦作《仁说》，曾与朱子《仁说》相混。朱子《仁说》题下附注云，“浙本误以南轩先生《仁说》为先生《仁说》，而以先生《仁说》为序”。实则人各一篇。疑之为序，殊无理由。南轩《仁说》存《南轩文集》卷十八。全文只四百七十七字，另注三十三字，不及朱子《仁说》之半。大意云，“人之性，仁义礼智四德具焉。其爱之理则仁也，宜之理则义也，让之理则礼也，知之礼则智也。……性中只有是四者，万善皆管乎是焉。而所谓爱之理者，是乃天地生物之心，而其所由生者也。故仁为四德之长而又可以兼包焉。惟性……发见于情……亦未尝不贯通焉。此性情之所以为体用，而心之道则主乎性情者也。人惟己私蔽之，以失其性之理而为不仁。……为仁其要乎克己。……爱之理无所蔽，则与天地万物血脉贯通，而其用亦无不周矣。故指爱以名仁则迷其体，而爱之理则仁也。指公以为仁则失其真，而公者人之所以能仁也。……惟仁者为能推之而得其宜，是义之所存者也。……然则学者其可不以求仁为要，而为仁其可不以克己为道乎”[146]？

吾人读此短文，不能不惊异其与朱子《仁说》相同之甚。所谓生于天地之心，所谓爱之理为仁，所谓仁为四德之长，可包四者，所谓性情为体用，所谓以爱言仁则迷其体，以公为仁则失其真，所谓克己所谓知存，皆与朱子《仁说》所言无异。惟克己，去蔽，知存，比朱子为详而有力，又着重仁者之所以能存义礼智。朱子辟物我一体为仁，而南轩则斥公以为仁。朱子不提公字，但公即物我一体耳。朱子批评上蔡知觉为仁之论。南轩不然，只谓仁者能知觉而不昧。是亦与朱子无背。最不同者，则朱子《仁说》以心之德爱之理为仁之两面，南轩则只言爱之理而不言心之德。故两篇比较，南轩大为逊色。若谓南轩《仁说》在先，朱子《仁说》在后，故能驾而上之，是又不然。盖朱子"答吕伯恭书"谓"钦夫近得书，别寄言仁录来，修改得稍胜前本。《仁说》亦用中间反复之意改定矣"。此函云伯恭许为《渊源录》作序。[147]可知南轩《仁说》于《渊源录》成书（一一七三）之后乃改定，其定说亦即在朱子《仁说》定稿之后也。至于南轩何于朱子既著《仁说》以后，另自作《仁说》，亦有可解。盖南轩认仁乃是天地之心所由生，但不认天地以生物为心，故不言心之德。朱子《仁说》侧重理论。虽言学者应汲汲于求仁。究于求仁之方，未有畅言。南轩则并言仁者之能推以至存义，存礼，存智。尤重要者，南轩以为仁莫要于克己，学者当以克己为道。朱子《仁说》虽引《论语》克己一次，顺及而已，非要义也。朱子谓南轩以其《仁说》不如《克斋记》，即谓朱子忽略克己为仁之方，或亦为其自作《仁说》之一因，以补朱子之不足耳。克己为南轩《仁说》之重心，自无可疑。《宋元学案》只采《仁说》"为仁莫要乎克己"七字，可以知矣。[148]朱子并非不重克己。"答吕伯恭书"谓其所喻讲学克己之功诚为至论。然讲学克己两事不能偏废。"昨答敬夫言《仁说》中有一二段已说破此病"[149]。此书已佚，可知言《仁说》书，不只上举四通矣。

朱子有“答钦夫仁说书”[150]，于南轩《仁说》初稿，多所批评，谓其“但言性而不及情，又不言心贯性情之意，似只以性对心”。今南轩《仁说》定本有性情贯通为体用与心主性情之语，必是因朱子批评而增加。朱子于南轩己私既克，则廓然大公之说，不与致辨。今南轩定本存之，且特重焉。然于南轩所云，“廓然大公，与天地万物血脉贯通，爱之理得于内而其用形于外”，则以为未安。盖朱子以“爱之理者乃吾性之所有，特以廓然大公而后在非因廓然大公而后存也”。今南轩《仁说》定本云，“廓然大公，而其爱之理素具于性者”。又云“与天地万物血脉贯通而其用亦无不周”，即采朱子爱之理为先，物我一体为后之意矣。今南轩《仁说》有“指公以为仁则失真”之语，且加注引程子“不可便指公为仁”[151]。此又是因朱子异议而改者。惟南轩于公字念念不忘，故其《仁说》定本有“公者人之所能仁也”之句。南轩又谓“天地之间无一物之非吾仁矣”。朱子以为“物自是物，仁自是心。为何视物为心耶？”今南轩定本无此语，又是尊重朱子之意。其实如牟宗三所云，南轩并非视物为心，只谓无一物非仁体流行之所贯耳。[152]南轩又云，“此亦其理之本具于吾性者而非强为之也”。其定稿亦删之。朱子以南轩“详此盖欲发明仁不待公而后有之意”，恐不尽然。盖此理乃南轩上文“廓然大公与天地万物血脉贯通。爱之理得于内”之理，亦即仁因公而有之意。朱子既辨仁非因公而后有，说服南轩，故南轩亦并删之耳。朱子谓之为“剩语”则是也。比观南轩《仁说》前后两稿，相差甚远。其因朱子之意见而转移无疑。此又可见其《仁说》之后于朱子《仁说》也。朱子于南轩《仁说》未安处，曾告吕伯恭。[153]不知伯恭反应如何。牟宗三于朱子“答钦夫仁说书”，分析透彻。[154]虽未见南轩原文，然语多中肯。只似于朱子指摘太甚尔。

十、南轩《洙泗言仁》

南轩又著《洙泗言仁》，即《言仁录》，今已佚，只存其序。[155]南轩尝云“论语仁说”[156]，故易与南轩《仁说》相混。今顺及之。

《洙泗言仁》序云，“某读程子之书，其询教门人取圣贤言仁处，类聚以观，而体认之[157]，因裒鲁论所载，疏程子之说于下，而推以己见，题曰《洙泗言仁》”。据程元敏考证，“编之次序，大概依照论语，训释除二程子之意外，亦用上蔡等人之语”[158]。朱子于南轩此举，甚不赞同。朱子云，“《洙泗言仁》则固多未合。当时亦不当便令尽版行也”[159]。又云，“熹却不欲做此工夫”[160]。至其所以反对之由，则“便是工夫不可恁地。如此则气象促迫不好。圣人说仁处，固是紧要。不成不说仁处皆无用”[161]。朱子恐“专一如此用功，却恐不免长欲速好径之心滋入”[162]。亦“正为近日学者厌烦就简，避迂求捷。此风已成，方且日趋于险薄。若又更为此以导之，恐益长其计获欲速之心，方寸愈见促迫纷扰，而反陷于不仁耳”[163]。

此外于南轩训解，亦有不满，谓其所释《论语》之言，非圣人发言之本意。又如首章虽列二程之说，而所解实用上蔡之意。[164]然张书已成。朱子无可奈何，唯有谋诸改善，谓“大率此书当时自不必作。今既为之，则须句句字字安顿得有下落始得”[165]。故与南轩往返讨论，又与吕伯恭兄弟函商[166]，更劝南轩作一后序，略伸学者应深玩而力行之意，可免欲速之病。“或只尽载此诸往返议论，以明其意”[167]。结果南轩于旧文颇有改易。[168]南轩致朱子书云，“《洙泗言仁》中‘当仁不让’[169]之义，旧已改。‘孝弟为仁之本’[170]，‘巧言令色，鲜矣仁’[171]之义，今已正”。并序中后来亦多换却[172]。《洙泗言仁·序》本有“虽欲竭力以为仁，而善之不明，其弊有不可胜言者”之语。朱子以为未安。盖“仁固是须当明善，然仁字主意不如此。所以孔子每以仁智对言之也”[173]。张语不见今序，可为序中换却之证。然朱子始终尚有未安处。[174]至南轩果否附加后序与尽载讨论文章因原文不可见，不得而知矣。

陈荣捷先生，为我国旅美前辈学人，享誉国际汉学界四十年。历任哥伦比亚大学教授，夏威夷大学哲学系主任，达慕思大学文学院长。一九七八年当选“中央”研究院院士。现任达慕思大学荣誉教授。先生旅美四十余年，倡导并开拓中国哲学宗教之研究，卓著成效。于东西文化交流工作，亦不遗余力。早年发起东西哲学家会议。明年七月将于夏威夷召开之世界性朱熹哲学会议，亦由先生全力促成。先生著作颇丰，大半为英文，中文论文难得一见。兹发表其近作《论朱子之〈仁说〉》，以飨国内读者。（编者）

[《哲学与文化》，第八卷，第八期（一九八一，六月），页二十三至三十六。]

附　注

1　朱子辨太极书载《朱子文集》，卷三十六，页七上至十六下。

2　朱子论中和书见《朱子文集》，卷三十，页十九上至二十下；卷三十二，页四上至六上，页二十四上至二十六下；卷六十四，页二十八下至二十九下。

3 朱子书载《朱子文集》,卷三十六,页十九上至二十八下。

4 与张敬夫论仁之书见《朱子文集》,卷三十一,页四至八;卷三十二,页十六至二十四;卷三十五,页六。吕伯恭,《朱子文集》,卷三十三页十五至十六。何叔京(名镐,一一二八—一一七五,朱子门人),《文集》,卷四十,页二十九至三十。胡广仲(名实,一一三六—一一七三。湖南学者,胡宏五峰从弟),《文集》,卷四十二,页八。吴晦叔(名翌,五峰弟子),《文集》,卷四十二,页十七至十九。石子重(名墩,一一四五进士,与朱子游),《文集》,卷四十二,页三十五至三十六。林择之(名用中,朱子门人),《文集》卷四十三,页二十八。胡伯逢(名大原,五峰弟子),《文集》,卷四十六,页二十六至二十九。吕子约(名祖俭,一二〇〇年卒,吕祖谦弟),《文集》,卷四十七,页七至八,二十六至二十八。契丈未详,《文集》,卷四十七。余占之(名隅,朱子门人),《文集》,卷五十,页二十五。周舜弼(名谟,一一四一—一二〇二,朱子门人),《文集》,卷五十,页三十四。周叔瑾(名介,叶公谨改姓名,朱子门人),《文集》,卷五十四,页十四。方宾王(名谊,问学于朱子),《文集》,卷五十六,页十二至十三。李尧卿(名唐咨,壮年一一八〇,朱子门人),《文集》,卷五十七,页二。陈淳(字安卿,称北溪先生,一一五三—一二一七,朱子门人),《文集》卷五十七,页十。杨仲思(名道夫,壮年一一八九,朱子门人),《文集》,卷五十八,页二至三。陈熙之(名埴,壮年一二〇〇,朱子门人),《文集》,卷五十八,页二一。徐居甫(名寓,浙江永嘉学者,朱子称之),《文集》,卷五十八,页二十八至二十九。

5 《朱子文集》,卷三三,页十五下。

6 《易经·乾卦文》言。

7 《云门文偃禅师语录》(又称《云门匡真禅师广录》),《大日本续藏纽第一辑第贰编古尊宿语录》,卷十七,页一八九上。

8 《朱子文集》,卷四十七,页二十六下至二十七上。

9 《伊川易传》,卷二,页三十三上。

10 《朱子文集》,卷四十二,页十八上。

11 《外书》,卷三,页一上。明沈桂《明道全书》以此为程颢语。

12 《易经·乾卦辞》。

13 《孟子·公孙丑第二上》,第六章。

14 前说指杨时(称龟山先生,一〇五三—一一三七)。说见其《龟山文集》(万历十八年,一五〇),卷十一,页一下;卷二十六,页三上,与《龟山语录》(四部丛刊本),卷二,页十下。后说指谢良佐(称上蔡先生,一〇五〇—约一一二〇)。说见《上蔡语录》(朱子遗书宝诰堂本),卷上,页二上,十三上下;卷中,页一上。

15 《孟子·公孙丑第二上》,第二章,"心勿忘,勿助长也"。

16 《孟子·告子第六上》,第十一章。《集注》即朱子《孟子集注》。

17 《语类》,卷五十九,第一五四"问先"条,页二二三九(页三十五上下)。廖德明字子晦,乾道(一一六五—一一七三)中进士。朱子门人。

18 同上,卷十九,第六十一"某于"条,页七〇四(页九下)。

19 《朱子文集》,卷三十三,页十二上下。

20 友枝龙太郎:《朱子の思想形成》(东京,春秋社,一九六九年),页一〇七。

21 《朱子文集》,卷三十二,页十六下至三十一上。

22 《朱子文集》,卷八十七,页九下。

23 《语类》,卷一〇三,第四十一"问先"条,页四一四二(页六下)。

24 同上。

25 《朱子文集》，卷三十二，页二十一上。《克斋记》载《朱子文集》卷七十七，页十五上至十六下。

26 《心体与性体》（台北，正中书局，一九六九年），第三册，页二二九。

27 《朱子文集》，卷四十七，页二十六上。

28 同上，卷三十六，页二十七上。

29 载《朱子文集》，卷七十四，页十七下至二十二上。

30 《论语或问》（朱子遗书本），卷一，页十上。

31 “心之德”见《论语》，“学而第一”，第三章；“雍也第六”，第五章；“述而第七”，第二十九章；“卫灵公第十五”，第八章；《孟子·告子第六上》，第十一章注。“心之全德”见《论语》，“述而第七”，第六章与第三十三章；“泰伯第八”，第七章；“颜渊第十二”，第一与第二章注。“仁心，爱人之心也”见《孟子·离娄第四上》，第一章注。“仁主于爱”见同上，第二十七章注。“爱人仁之施”见《论语·颜渊第十二》，第二十二章注。“爱之理”见《论语或问》，卷一，页六上。“心之德”，页同上，卷六，页五上；卷十二，页一上下；卷十八，页一上。

32 《语类》，卷十九，第五十七“语吴”条，页七〇三（页九下）。

33 同上，第六十一“某于”条，页七〇四（页九下）。

34 《海录》，卷二十。

35 山口察常：《仁の研究》（东京，岩波书店，一九三六年），页三七〇至三七一。

36 据大槻信良：《朱子四书集注典据考》（台北，学生书局，一九七六年），页五。

37 《仁の研究》，页三七六至三七七。

38 《南轩文集》，卷二十，页十上至十一上。友枝龙太郎（参看《朱子の思想形成》，页一二〇）亦据此书以证“爱之理”非来自南轩。

39 《朱子四书集注典据考》，页五。

40 《朱子文集》，卷三十，页二十八下；卷三十二，页二十五下。

41 同上，卷四十二，页十九上。

42 《胡子知言》（粤雅堂丛书本），卷一，页一上。

43 《朱子文集》，卷六十，页十八上。

44 《遗书》，卷十八，页二上。

45 同上，卷二十一下，页二上。

46 《外书》，卷三，页一上。

47 伊川：《易传》，卷一，页二下。

48 《语类》，卷二十，第九十五“问仁”条，页七五一（页十九下）。

49 同上，卷二十五，第二十七“问吕”条，页九七九（页六上）。

50 同上，卷二十，第一〇三“爱之”条，页七五二（页二十下）。

51 同上，第一〇二“其为”条

52 伊川：《经说》，卷六，页二下。

53 《语类》，卷二十五，第二十一“问仁”，二十二“程子”条，页九七六，九七七（页四上）。

54 同上，第二十三“问仁”条，页九七七（页四上）。

55 同上，第二十“仁者”条，页九七六（页四上）。

56 同上，卷二十五，第二十五，第二十四“问仁”条，页九七八（页四上）。

57 同上，卷四十五，第十九“或问”条，页一八三〇（页五下）。

58 《朱子文集》，卷四十一，页十二下。

59 《语类》，卷二十五，第二十一“问仁”条，页九七六（页四上）。

60 同上，卷二十二“程子”条，页九七六至九七七（页六上下）。

61 同上，卷九十五，第十二“问囊”条，页三八三九（页四上）。

62 《论语集注》，述而第七，第二十九章。

63 《朱子文集》，续集，卷九，页一上。

64 《论语·子路第十三》，第十九章。

65 《孝经》，第十四章，原文“事兄恭”。

66 程颐释《中庸》忠恕语，见《遗书》，卷十一，页五下。

67 《论语·述而第七》，第十四章。

68 伯夷叔齐谏武王伐商，不从。商亡，伯夷叔齐不受周粟，饿死于首阳山。

69 《语类》，卷一〇五，第四十五“问先”条，页四一八六（页八下）。

70 《论语·颜渊第十二》，第一章。

71 《朱子文集》，卷五十九，页八上。

72 《性理字义》，卷上，“论仁是心之全德”条。

73 《语类》，卷二十，第八十七“仁者”条，页七四八（页十八上）。

74 《朱子文集》，卷六十，页十八上。

75 《语类》，卷二十，第九十八“问心”条，页七五一（页十九下）。

76 《朱子文集》，卷三十三，页十二上下。

77 《语类》，卷二十，第一二七“仁是”条，页七六七（页二十上下）。

78 《论语·学而第一》，第二章。

79 《朱子文集》，卷三十一，页二十一下。《语类》，卷二十，第九十四“问先”条，页七五〇（页十九下），意同。

80 《语类》，卷五十九，第一五四“问先”条，页二二三九（页二十五上下）。

81 《朱子文集》，卷四十二，页八下。

82 《语类》，卷六，第一一七“问程”条，页一九一（页二十上）。又卷二十，第九十“仁父”条，页七四八至七四九（页十八下）。

83 同上，卷二十，第九十“仁父”条，页七四八（页十八下）。

84 《论语或问》，卷一，页六。“木神曰仁”，出郑玄（一二七—二〇〇）注《中庸》首句。

85 《语类》，卷二十，第九十三“仁是”条，页七五〇（页十九上）。

86 《性理字义》，卷上，论“仁为爱之理”条。

87 《语类》，卷二十，第一二四“问节”条，页七六五（页二十八上）。

88 同上，第九十七“仁只”条，页七五一（页十九下）。

89 《性理字义》，卷上，论“言仁之旨不同”条。

90 《语类》，卷二十，第一一三“先生”条，页七六〇（页二十上下）。又第一〇六“杨问”条，页七五三（页二十一上）。

91 同上，第一〇一“心之”条，页七五一至七五二（页二十上下）。《论语或问》卷一，页十，意同。

92 同上，第一〇一“心之”条，页七五一（页二十上下）。

93 同上，第一〇九“或问”条，页七五五（页二十二下）。

94 同上，第一〇三“爱之”条，页七五二（页二十下）。

95 同上，第一〇四“以心”条，页七五〇（页二十下）。

96 《性理字义》，卷上，论“仁之宗旨不同”条。

97 《语类》，卷二十，第一〇一“杨问”条，页七五三（页二十下）；《朱子文集》，卷六十一，页十三下。

98 《朱子文集》，卷五十一，页三十八下。

99 《语类》，卷二十，第一〇三“或问”条，页七五四（页二十一上）。

100 《语类》，第一一一“问泽”条，页七五七（页二十三下）。

101 同上条，页七五八（页二十四上）。

102 同上，卷六，第七十八“今先”条，页一七九至一八〇（页十二下至十三上）。

103 《论语·公冶长第五》，第二十五章。

104 《朱子文集》，卷五十七，页二下至三上。

105 同上，卷五十八，页二十九上下。

106 《朱子文集》，卷五十，页三十四下。又见《语类》，卷二十，第一一一“问泽”条，页七五八至七五九，页二十四上下）。

107 《语类》，卷六，第八十七“耳之”条，页一八五（页十六上）。

108 《论语·颜渊第十二》，第一章、第二章；“子路篇第十三”，第十九章。

109 《语类》，卷二十，第一一二“问爱”条，页七五九至七六〇（页二十五上）。

110 《心体与性体》，第三册，页二三二，二四二，二四五至二四六。

111 同上，页二四三。

112 《朱子新学案》（台北，三民书局，一九七一年），第二册，页五十四至五十五。

113 《中国哲学原论·原性篇》（香港，新亚研究所一九六八年），页三九〇至三九九。

114 《心体与性体》，第三册，页二四九至二五二。

115 同上，页二三四至二五二。

116 《朱子文集》，卷四十二，页十七下至十九上。

117《南轩文集》，卷二十一，页五下。

118 同上，页六下至七上。

119《遗书》，卷十八，页一上。

120《南轩文集》，卷二十，页七上。

121《朱子文集》，卷三十二，页十六下至十八下。

122 载《南轩文集》，卷二十一，页四下至五上。

123 伊川语，《遗书》，卷三，页三下。

124 同上，卷十五，页八下。

125《朱子文集》，卷三十二，页十九上下。

126《南轩文集》，卷二十，页六下。

127《朱子文集》，卷三十二，页二十一上。

128 同上，页二十上下。

129《心体与性体》，第三册，页二八〇。

130 同上，页二五九至二八一。

131《朱子文集》，卷四十，页二十九上至三十上。

132 同上，页二十九上。

133《语类》，卷一〇五，第四十四"问仁"条，页四一八六（页八上）。

134《朱子文集》，卷四十二，页八上。

135 同上，卷三十三，页十五上。

136 同上，卷三十二，页十八下。

137《朱子文集》，卷四十，页二十九。

138 同上，卷三十三，页十五。

139《语类》，卷一〇五，第四十二"仁说"条，页四一八四（页七下）。

140 同上，卷二十，第九十六"知觉"条，页七五一（页十九下）。

141《宋元学案》，卷六十八，"北溪学案"页二上下。

142《语类》，卷一〇五，第四十三"仁说"条，页四一八五（页八上）。

143《朱子文集》，卷三十二，页十七上。

144 王懋竑：《朱子年谱》，乾道二年（一一六六），朱子三十七岁，纪中和之辨；淳熙十一年（一一八四），朱子五十五岁，纪辨浙学（陈亮）；明年纪辨陆学之非。

145《心体与性体》，第三册，页二三〇。

146《南轩文集》卷十八，页一上下。佐藤仁在其国际朱子会议提供论文《朱子の仁说》中指出，陈淳《性理字义》卷二十六"答陈伯澡第五书"谓"文公有《仁说》二篇……一篇误在《南轩文集》中"门入熊节（庆元五年，一一九九，进士）编《性理群书句解》，卷八亦采录此篇，以为朱子自著可知朱门亦有误以南轩《仁说》为朱子所作者。

147《朱子文集》，卷三十三，页十八上下。

148《宋元学案》，卷五十，“南轩学案”，页十一上。

149《朱子文集》，卷三十三，页二十上下。

150 同上，卷三十二，页二十三上至二十四下。

151《遗书》，卷三，页三上。

152《心体与性体》，第三册，页二九五。

153《朱子文集》，卷三十三，页十五上。

154《心体与性体》，第三册，页二九三至二九六。

155 载《南轩文集》，卷十四，页四下至五上。

156 同上，卷二十一，页九下。

157《遗书》，卷十八，页一上，伊川语。

158《张栻洙泗言仁编的原委》，《孔孟学报》第十一期（一九六六年），页六十三。

159《朱子文集》，卷三十三，页十四上。

160 同上，卷三十九，页四十六下。

161《语类》，卷一〇三，第四十“王壬”条，页四一四一至四一四二（页六上）。

162《朱子文集》，卷三十一，页五上。

163《朱子文集》，页七下至八上。

164 同上，页五下。

165 同上，卷三十五，页六下。

166 同上，卷三十三，页十五上；卷四十七，页七下至八上。

167 同上，卷三十一，页八上。

168 同上，卷三十五，页六下。

169《论语·卫灵公第十五》，第三十五章。

170 同上，“学而第一”，第二章。

171 同上，第三章。

172《南轩文集》，卷二十六，页十一上。

173《朱子文集》，卷三十一，页六上。

174 同上，卷三十五，页六下。

新儒家范型：论程朱之异

万先法 译

一

由十二世纪以迄近代，新儒学之主要传统，习称为程朱学派，即指谓程颐与朱熹。诸儒之所以共同信念者即缘于程颐提供最基本之学旨，而朱子则并程颐之兄颢，其师周敦颐，其舅张载，其友及邻人邵雍诸儒之学说予以发明，扩充并综合之。经历此一传统，寝假已形成确定之范型。因之即使由王阳明所领导之明儒攻朱，以及清儒之攻朱、王，而此范型保持不变。因而给予新儒学一种永续而一贯之特质。吾深信此类诸范型，发端于程颐而形成乃由朱子。此篇吾将试述朱子与程颐之关系。朱子所继承于程颐者为何，朱子之异于程颐者为何，以及终致形成诸类思想的范型。

首先试述朱子与程颐之关系。朱子最早行状乃由其高弟及婿黄榦（一一五二—一二二一）所撰。依此行状，朱子之父，闻河洛之学，日诵《大学》《中庸》，以用力于《大学》致知与诚意之地，有如《大学》之教。朱子早岁，已知其说，而心好之。其父疾革时，朱子时年十四，呼之榻前，嘱往受学于其友籍溪胡宪（一〇八五—一一六二）、刘勉之（一〇九一—一一四九），与刘子翚（一一〇一—一一四七）。勉之后为朱子之岳丈。自是，朱子出入于释老者十余年。[1]朱子归自同安[2]，不远数百里，徒步往谒其父之同门友李侗（一〇九三—一一五八）。侗学于罗从彦（一〇七二—一一三五），罗则学于杨时（一〇五三—一一三五）。及朱子所造益深，其为学也，则以穷理以致其知，居敬以践其实。[3]

《宋史 · 朱熹传》，于朱子学旨无所增益，自余学者亦多依循上述纲领。最异者黄榦未论及程颐。此或可说当时儒者尽知杨时乃两程兄弟之高弟，因而无须提及程子。但儒者亦尽知罗从彦亦门于杨时。总之，程颐之被省略，固甚显明。其后，在《行状》中，虽增谓周、程、张邵以及诸门人之书，朱子为之裒集发明，以一其归，但程颐之名亦不过与诸儒并列，并非单独列举。在《行状》中，程颐似无显要之地位。

王懋竑（一六六八—一七四一）纂订之《朱子年谱》，诚为一最完备之朱子传记，给予吾人更多之取材。吾人得知朱子年十三四岁时，其父授以二程《论语说》[4]。朱子早年师事三先生之一刘勉之。勉之闻谯定得伊洛之学，乃受学于涪陵谯定（壮年一一二七）。[5]《朱子草堂墓表》[6]有谓涪陵谯公天授，尝从程夫子游。朱子另一位先生籍溪胡公行状，亦谓胡宪既又学易于涪陵处士谯公天授。[7]但王懋竑坚称行状上，初未尝言谯公尽得伊洛之学。[8]王说固是，但懋竑却疏于指明，在朱子所撰行状中，曾明谓胡宪从胡安国（一〇七四—一一三八）学，始闻河南程氏之说，安国固学于杨时。[9]王懋竑曾谓吾人，朱子往见延平凡四次，在绍兴二十三年（一一五三）、二十八年（一一五八）、三十年（一一六〇），以及三十二年（一一六二）。朱子时在二十四、二十九、三十一，及三十三各岁。[10]又谓其往见延平，实由于三先生之说，于道未得[11]，又谓由于延平告以释氏之说，罅漏百出，乃令去圣经中求义。[12]又谓亦由于反复延平之言，若有所得，乃尽弃异端之学而师事之。[13]延平教朱子于静中体认喜怒哀乐之未发时求中气象。[14]依王懋竑意，朱子有不尽合意于延平所传者。[15]终至于乾道六年（一一七〇），朱子四十一岁时，拈出程颐两语以为生平学问之本。[16]程颐两语为“涵养须用敬，进学则在致知”[17]。懋竑并指出朱子此后二十五年来，而其言无毫发之异。[18]

从上所述，可知懋竑承认在朱子学术思想发展中，得力于程颐，较之黄榦之承认为多。钱穆于一九七一年发表五册钜制《朱子新学案》，改正王谱小误数处，但仍紧随王说。钱氏进而谓朱子从李侗游，所获于延平者有三大纲，其一即程颐之“理一分殊”之说[19]。此说乃新儒学最重要学说之一，吾人随后将予论及。

王、钱两氏虽俱谓程颐对朱子重大之影响，但两氏俱留一大阙漏，即朱子早年与所受于程颐学说之间如何？其时，程子似未对朱子思想有何作用。钱穆将朱子复归于儒学时间较为提前，为朱子在绍兴二十九年（一一五九）三十岁，校定《上蔡语录》时。[20]谢上蔡（一〇五〇—一一〇三）亦为程门高弟。因之《上蔡语录》之校定，可释为对程颐之倾慕。但钱穆亦如懋竑，仍坚认朱子幼时，离开儒学而溺于释老。钱氏并引述朱子在此时期所作寓有佛理诗句多首，以证其说。[21]钱谓朱子受程子之学，仅在舍弃延平学说若干年后。[22]懋竑自认朱子于乾道戊子年（一一六八），三十九岁时，已拈出“主敬以立其本，穷理以进其知”语。但懋竑至少三次谓朱子庚寅（一一七〇），四十一岁时拈出涵养穷理说，为其进学之本。[23]依个人感觉，朱子自幼年起，即始终不离程颐学说之熏陶，因而不能谓有出入释老，或出入延平而卒归于程颐之一大曲折。实乃发展以渐，迨至四十一年（一一七〇）而造其极。若吾人试察朱子治学之进程，即宛然可见。

吾人已知朱子诵程颐《论语说》于其父。吾人固不知三先生所授于朱子者为何。当朱子从学之时，朱子出入释老者约十载[24]。朱子致书友人论道，即不及三先生之名。[25]在另一文中，朱子更明谓历访师友，以为未足，于是偏求古今诸儒之说，益以迷眩，晚亲有道（指延平），乃有所闻。[26]朱子何故不满于三先生？由于朱子后来对程颐系统之倾慕，则其前所不满者，当非程子学说。诚如王懋竑所窥测，实因朱子少禀受佛学于三先生之门，断然知老释之非。[27]吾信朱子自十四岁以至二十四岁初见延平，在此时期内，虽于释老有所爱慕，朱子必不越于程颐之学统。吾之此一结论，可助吾说者实有多端。朱子自谓某少时读《四书》，甚辛苦。[28]年十五六[29]读《中庸》，自后读《周礼》。[30]年十七八每晨读《中庸》《大学》十遍。[31]年十七八复读孟氏书，甚者自年二十后，仍不解其意。[32]年二十，得《上蔡语录》观之。[33]

吾人若谓在程门中。朱子所读，俱以儒家载籍为其必修之科，应非过言。关于《上蔡语录》，朱子谓自少时即赖上蔡之言，以发其趣，使人兴起。[34]故朱子对上蔡学说之兴趣，必造其极于绍兴二十九年（一一五九）三十岁时校定语录。此书乃朱子第一次所校辑之书。朱子在《上蔡语录》后序中，盛称良佐学于程夫子昆弟之门为最高弟。朱子疑《语录》中有五十余条为赝造，因其中至诋程氏为有偏佛学。此赝造诸篇，其后卒被证实。[35]吾人可知朱子对上蔡之爱慕，亦即对其师程颐之爱慕。

即朱子之从游于延平，亦可见程颐对朱子之影响力之已为显著。几所有记载俱谓延平教朱子于喜怒哀乐之未发之前求中气象，有如《中庸》之所说；又谓延平教朱子于静中求未发之中；又谓朱子四十一岁时，不满延平之学，而归于程颐。此类记载多涵示中和说为延平与朱子讨论之主题，多涵示朱子往学于延平时即远离程颐。实则朱子与延平答问及函札之间，并不能支持其说。使我惊异者，即朱子在《延平答问》中，提及程颐者十九次，提及程颢者九次。假若吾人将程颐之引语增计在内，则次数尤多。再予比较，则张载仅两次，杨时五次，罗从彦三次。论者尝谓朱子于李侗处得理一分殊之说，尤其分殊之说。[36]此实程颐之说，在《延平答问》中[37]，朱子与延平讨论及此，至少三次。其中一次，列举程颐之名，乃朱子与延平间讨论时最长之一次。[38]若谓朱子在与延平从游之日，而内心已集向于程颐，当非夸言。

王懋竑主张最力。一谓延平之说，影响朱子并不大。二谓则与延平异矣。三谓自延平卒后四年，戊子（一一六六）诸书，并且不及延平。四谓癸巳以后（一一七三），与学友及门人，往来讲论，亦不及延平。[39]但王懋竑所轻忽者，即延平使朱子保持其兴趣，在于程颐之说。当朱子最后归奉两程之说，此非出入于释老，随而又出入延平居静之说，复归于儒。实乃程颐对朱子之影响，自朱子幼时，即有直接而逐渐之发展，而无须由他说转出也。迨至朱子于三十四岁（一一六三）选两程说以为阐释《论语》之准绳[40]，以及三十九岁（一一六八）编辑《二程遗书》时，此一发展，实已臻至高峰。在《遗书后序》，朱子谓二先生倡明道学于孔孟既没，千载不传之后。并以两程学说之大要，为“主敬以立其本，穷理以进其知”[41]。

二

朱子之继承于程颐者为何？钱穆于此课题，阐述丰赡。两年前，余在巴黎以英文发表《朱熹集新儒学之大成》一文，此文近来已予中译并在台北两种杂志刊出。[42]于该文中，余于朱子对理气两者间关系之厘清，朱子太极观念之发展，朱子仁说之极致，朱子道统观念之完成，以及朱子之集合《大学》《论语》《孟子》与《中庸》而成为《四书》诸方面，俱有所论及。《朱子道统观之哲学性》一文，于一九六八年以中文发表。在各文中，余曾论及朱子所源于程颐思想者为何。余亦诠释，就严谨之哲学性意义言，朱子不得不异于程颐者为何。吾人于此，不拟赘述其哲学性之意义，良以吾人今兹旨趣，主要在范型。

吾人曾不止一次引述程颐两句名言，即“理一而分殊”与“涵养须用敬，进学则在致知”。此两句名言以及体用之说，视为新儒家之基本范型。吾人已指出理一而分殊之说，源于程颐。在程氏《易传》谓“天下之理，一也，物有万殊”。又云“天下之志万殊，理则一也”[43]。又云“物散万殊，然万物一理也”[44]。又云“二气五行，刚柔万殊，圣人由一理复其初也”[45]。但于此类义蕴最著名之阐明，则在程颐答其门弟子杨时论张载《西铭》一书。《西铭》或为新儒家论及伦理最主要之论著。依程颐意，张载在《西铭》中已将“理一分殊”说[46]，阐释显明。而在朱熹，《西铭》本不曾说理一分殊。程夫子说因有人怀疑后，方说此一句。[47]

理一分殊，见于程颐书札中。分字不能读成上平声，意指分开之分。因此误解，译者每误译为区分之分。此分字应读去声，意指职分部分，天分。哲学意义言之，意即理气之赋予个人或物事者。换言之，天之部分或全部寓于个人者。此即“分”(manifestation)一字之正译。

张载云，“乾称父，坤称母……民吾同胞，物吾与也。……尊高年……慈孤弱……幼其幼，善继其志……”[48]。此义蕴即民胞物与之爱，其理一。及其爱，施于父子长幼之间，其分殊。程颐批判墨子兼爱，即以墨子只知理一而无分殊，以墨子希望人人视人之父如其父。[49]在儒家思想中，固当泛爱众。然爱己之亲必以孝，爱己之昆弟必以恭。有如朱子所谓“天地之间，人物之众，其理本一而分未尝不殊也。以其理一，故推己以及人，以其分殊，故立爱必自亲始”[50]。

在提倡此一学说上，程颐之兴趣主要在伦理。当程颐论及物之散为万殊，其主旨乃在于认识理为涵养之方。以圣人乃能复其一理之初。论及物散万殊，则言易之感应，亦即谓吾人应如何应酬万象于变动不居情况之中。以故朱子于《延平答问》之中，关于程颐理一分殊之说，其课题乃为一伦理性。朱子赓续此种伦理性之旨趣。如朱子有云，“理只是这一个其分不同。君臣有君臣之理，父子有父子之理”[51]。但朱子亦以其说扩展至形而上学之领域。有人问理与气朱子云，“伊川说得好。曰‘理一分殊’。合天地万物而言，只是一个理。及在人，则又各自有一个理”[52]。

朱子又明谓“有天地之性，有气质之性。天地之性，则太极本然之妙，万殊之一本也。气质之性，则二气交运而生，本而万殊也”[53]。此处一本万殊，实与理一分殊同义。于此主要之点，即其学说与太极之关连。此亦实无足怪，因在朱子，太极只是一个理字。[54]朱子云，“本只是一太极，而万物各有禀受，又自各全具一太极尔。如月在天，只一而已。及散在江湖间，随处可见。不可谓月已分也”[55]。有如余所编纂之《中国哲学资料》书（*A Source Book in Chinese Philosophy*）中，曾于此句，有所诠释：“理一而分殊之说，导源于程颐。但此一学说，直至朱子始有充分之发展……朱子如月在天之喻，纵非直接，或亦特为假借释氏大海与众沤之喻。”[56]若论其真渊源，此喻来自《华严经》卷二十三第二十四品。原颂云，“譬如净满月，普现一切水。影像虽无量，本月未曾二”。

太极之提出，又使吾人得见程朱之间，有颇大之差异，纵非极大之差异。在朱子，太极为一最重要之中心，而在程颐，此并不存在。据朱子说，二程从不言太极[57]，亦不言周敦颐之《太极图说》。[58]朱子之诠释，谓二程受其图说于其师，但秘而不宣，二程恐其门人无能解之者。[59]二程兄弟是否果真从未提及太极耶？在程颐《易传》，有序文两种，一为《易序》，一为《易传序》。在《易序》中，提及太极，但在《易传序》，则未提及。《易序》若干儒者认为程颐自作[60]，但有人则认为伪作。Graham在其《中国两哲学家：程明道与程伊川》一书中，检论极是，有谓《易序》并未出现于《程易传》第一版之时，又谓程门弟子以及朱子均仅论及《易传序》，并未论及《易序》，更谓朱子与陆象山（一一三九—一一九三）有关太极之争辩，象山谓二程兄弟从不言《太极图说》中之无极而太极[61]，而朱子于此亦未加置辩。不过Graham又谓“太极与无极本身，自有其坚强论证，以说明非伊川自作”[62]。此种结论之前提，尚待确证。蔡咏春有关程颐之著作，较为完善。蔡氏云，“在《易序》所用辞句，似与所有程颐论著不相类。若谓《易序》作于程颐，极可怀疑”[63]。

余则从相反之角度，而达到相同之结论。余意《易序》之伪，不在两篇序文之相异，而实在两篇序文之相同。《易传序》尝为程门儒者及朱子所引述与讨论，则《易传序》之真实性，实已勿庸疑问。但《易序》之首句与《易传序》首句几有惊人之雷同。程颐究何故而两序重复？更基本者，《易经》并非程颐所编纂或刊行，抑何故为《易经》作序？再者，此序之意，顺依周敦颐《太极图说》

之原意。[64]苟如朱子所谓二程兄弟秘此图说而不欲示人者，则程颐亦何故在序文中必明示其意旨？《四库全书总目提要》在《程氏易传》中仅提及《易传序》，但亦未及《易序》。[65]更重要者，朱子于所撰《伊川先生年谱》中，仅及《易传序》。[66]凡此皆充分佐证，用以说明《易序》之伪，而在《易序》中太极之言，实与程颐无关。

至若朱子以二程兄弟将《太极图说》秘而不宣，因程氏兄弟恐无人能解之者，此语之真实性若何？朱子亦果信之否？依余意，朱子固信之。《伊川易传》既成，已久未尝示人。[67]依朱子说，时《易传》成书已久。或以请于伊川，伊川其后寝疾[68]，始以授尹焞（和靖）。吾人知尹煌见伊川半年后，方得《大学》《西铭》看。[69]吾人亦知伊川作关于诗序论文两篇，但不欲示人。尹焞再三请，乃示于众。[70]朱子本人，作太极西铭两解，亦未尝敢出以示人。[71]新儒家秘其著作，事颇寻常。余不信二程昆弟曾得太极图于其师。余意乃谓朱子固未捏造其事，以愚吾辈。

程颐何故不论及太极？依余解释，太极之说在伊川之时除邵雍外[72]，固无甚重要。张载少论及太极。此一名词，在横渠主要著作《正蒙》中，仅两见。[73]在《语录》中则未一见。太极之于邵雍，诚为一主要观念，盖以邵雍数之哲学，基于数之进展，由太极而阴阳两仪，而四象，而象而器。但程颐殊不爱此类玄思。伊川与尧夫（邵雍）同里巷居三十年余，谈论间未尝一字及数耳。[74]

但朱子太极观念，几不可少。二程兄弟发挥形而上与形而下之论，但两者间之关系，从未予明确之阐释。为避免此形上形下间之两橛，朱子乃致力于太极之说。此朱子所以采用周敦颐之《太极图说》，并以之置于新儒家形而上学之首。在朱子，太极为一理，亦兼摄众理。物各有其理，亦物物一太极。以故太极摄万物以为一，而各物亦涵于太极。换言之，天地一大宇宙也，物物一小宇宙也。在此一意义下，此种范型，已涵示于周子《通书》中。敦颐所谓“二本则一，是万为一。一实万分，万一各正，小大有定”[75]。但一与多之关系，迨至朱子始有逻辑性之说明。程颐于此未有贡献。

三

程颐论《西铭》，乃以理一分殊与体用等语出之。[76]伊川在其《易传序》中有云“体用一源，显微无间”[77]。此又为程颐之另一名句，为后来新儒家所尝引述。在二程兄弟著作中，至少四次反复提及此语。

体用说，源于王弼《老子注》。[78]嗣后变为中国佛教中一贯之传统。僧肇（三八四—四一四）取寂用一词，寂意指涅槃。[79]法藏（六四三—七一二）亦取体用一词。[80]华严宗广泛讨论理与事和一与多间之诸关系，亦多从体用立论。[81]此传统之中心论旨，即以为体用一源。即如禅宗六祖慧能（六三八—七一三）云，“定慧体一不是二。即定是慧体，即慧是定用。即慧之时，定在慧。即定之时慧在定”[82]。“灯是光之体，光是灯之用。名即有二体无两般”[83]。

表面言之，程颐体用之说似与佛家甚同。尤以程颐云，“体，用也，体用无先后”[84]。因之，日本学者乃谓“体用一源，显微无间”之说，其源在佛家。《大汉和辞典》主伊川前一句，源于澄观（约七六〇—八三八）《华严经注》[85]，但太田锦城（一七六五——八二五）则不然，以此说并不见于澄观著述之中。[86]此或由于澄观注，现已部分散佚。苟属如此，实无人能提供明确之渊源。但澄观于其注中，对体用说，纵其辞微有不同，而于体用之义蕴，固已多方阐论，实为一事。[87]降至十一世纪，体用之说，在儒，在佛，俱极流传。以致唐顺之（一五〇七—一五六〇）有云，“儒者曰体用一原……佛者曰体用一原……其孰从而辨之”[88]？于后一句，太田谓出于法藏，但太田未能指出确证。

无论如何，吾人须指陈程颐于体用有显明之分野。程子云，“天理……体。人道……用”[89]。又谓“道、理，体也。义，用也[90]。言及心，寂然不动是体，感而遂通是用”[91]。“《中庸》所指，大本言其体，达道言其用体用。[92]自殊，安得不为二乎”[93]。

体用固分，程颐重在理一甚于分殊。在描述天地之运行程颐云，“其体则谓之易，其理则谓之道，其用则谓之神”[94]。朱子于此，则谓“是说自然底”[95]。程颐又云，“形而上为道。形而下为器。须著如此说，器亦道，道亦器”[96]。朱子以此为着重道器不相离。[97]总之，其中心着重点，即在道器合一。程颢亦有著名之短篇“识仁”，有云“仁者浑然与物同体”[98]。朱子则以为明道这般极好只是说得太广。[99]此虽为大程子语，小程子亦和其兄之说。

朱子在论及程子识仁篇同条下，曾引述程颐之言，“一人之心，即天地之心。一物之理，即万物之理”[100]。朱子告吾人，编《近思录》[101]，怕人晓不得[102]，故未收此篇。朱子亦谓，《西铭》与物同体之意，只说得个仁之躯壳。须实见得方说得亲切。[103]于《伊川语录》中，程颐云，“仁者以天地万物为一体”。朱子又谓“说得太深，无捉摸处”[104]。朱子一再诉说程颐说得太深太广。朱复云，“只为汉儒一向寻求训诂，更不看圣人意思，所以二程先生不得不发明道理……故放得稍高。不期今日学者乃舍近求远……高悬空说了”[105]。又云程子说得道理尽好，尽开阔。[106]朱子尝谓程子说得太深，说得理也太多。[107]

职是之故，朱子所以激烈批评程子《易传》，且试避而不用。朱子盛称程颐为以义理解《易》之第一人。前人解《易》，多只说象数。[108]但程颐解《易》，每不合于经之原意，因《易》本为卜筮之用[109]，而且程先生只说得一理。由于程子特重一理[110]，故教人仅读王弼《易注》。良以弼深信《易经》中，理统万物。[111]程颐云，“但不要拘一。若执一事，则六十四卦之三百八十四爻，只作得三百八十四件事”[112]。朱子则谓，即为程子所解，依旧止做得三百八十四事用。[113]朱子云，“《易传》言理甚备，象数却欠在”[114]。又谓《易传》说理，只预先说下未曾有底事，故乍看甚难。[115]又谓其间义理阔，多伊川所自发，看者无个贯穿处，故看之亦难。[116]朱子极不欲将《易传》选录于《近思录》中。其托辞谓《易》已自成书。[117]实则朱子自陷于矛盾。盖朱子亦曾选录周敦颐之《通书》，《通书》固亦自成一书也。[118]卒至依合纂者吕祖谦之意，选辑《易传》多段，段段皆是日用切近功夫。[119]

程颐从未引伸理一分殊说及于体用说，但朱子为之。朱子云，“至诚无息者[120]，道之体也，万殊之所以一本也。万物各得其所者，道之用也，一本之所以万殊也”[121]。又云，“盖尽己之为忠，道之体也。推己为恕，道之用也。忠为恕体，是以分殊，而理未尝不一。恕为忠用，是以理一，而分未尝不殊”[122]。

朱子从未于体用一词予以确切之界定，但吾人至少于朱子采用体用时，可辨识有四种意义。一、事物本身及其运作。有如朱子所云，“耳便是体，听便是用。目是体，见是用”[123]。“此身全坐便是体，此体全行便是用”[124]。此处“体”字，吾人可解释为原质义，即是体。而用即是运作。此义自亦不限于具体物事。朱子云，“理者天之体，命者理之用”[125]。二、体亦了解为来源。“仁是体，爱是用……爱自仁出也”[126]。此即谓爱系由仁体所源出者。有如朱子所云，“后来生底便是用”[127]。三、如就心言，体用可了解为一事物之两面。“有指体而言者，寂然不动是也，此言性也。有指用而言者，感而遂通[128]是也，此言情也”[129]。同样地，中是体，而中所生之和[130]是用。[131]最后，体用可释为体乃用之原因。以故喜怒哀乐[132]是用，而所以使之者是体。如朱子云，“赤子匍匐将入井，皆有怵惕恻隐之心，只此一端，体用便已见”[133]。

综上所述，可指陈者，即体用自有其显著之区别。有人问朱子泛观天地间，往来生化，无一息间断处，便是道体否？朱子答以未当，此只言用而已。朱子云，水是体，但当其或流或止，便是用。[134]同样扇子是体。人摇之，则用也。[135]又若秤，上有分寸星铢则体也，将去称量物事则用也。[136]朱子云，“至于形而上下，却有分别。须分得此是体，彼是用，方说得一源。分得此是象，彼是理，方说得无间”[137]。

但此亦不能意谓体用完全相离。朱子云，“体用虽是二字，本未尝相离”[138]。体用不能细分两截。朱子云，“江西（指陆象山，江西金溪人）有般乡说才见分叚子，便说道是用，不是体”[139]。在象山辈之意，必有秤而无分寸星铢才是体，有者便是用。象山及其门人以体是虚空底，但朱子则坚谓用外无体。体用固应各有明显了解，但并不意味此物称之为体，彼物称之为用。因之，朱子云，“不可概谓形而上者为道之体，天下达道五为道之用也”[140]。

在朱子，体用有别时，体用亦合为一。朱子云，“道者兼体用，该隐费而言也”[141]。同样，诚或实亦兼体用。“以其体言，则有仁义礼知之实[142]，以其用言，则有恻隐、羞恶、恭敬、是非之实”。或问体用之不可混同，朱子答曰，“仁存诸心，性之所以为体也。义制夫事，性之所以为用也。是岂可以混而无别哉？但又有一说焉。以其性而言之，则皆体也。以其情而言之，则皆用也。以阴阳言之，则义体而仁用也”[143]。

因之，体用相对。就阳言，则阳是体，阴是用。就阴言，则阴是体，阳是用。[144]当阴阳俱视成为相反之气之运行，俱是用。

不仅此也，仁与知之关系，亦复如此。“知对仁言，则仁是体，知是用。只就知言，则知又自有体用”[145]。“仁固是体，义固是用，然仁义各有体用”[146]。总之，各物或体或用，亦自有体用。体因用显，用因体彰。朱子云，“其寂然者，无时而不感。其感通者，无时而不寂也……正所谓体用之一源……然于其未发也，见其感通之体。于已发也，见其寂然之用”[147]。又云，“体用一源。体虽无迹，中已有用”[148]。此与程颐所倡说者大不相同。在程颐只重体用合一。而在朱子，体用交织为一有机整体，为一有秩序结构，亦为一充满活力之关联。[149]

四

吾人已知理一分殊范型以及体用范型之应用于朱子太极理气学说之中。为求进一步佐证，吾人试看此类篇型之应用于心与仁二说之中。

数百年来，几有一贯之趋势，即视性善而情恶。汉儒以性属阳，为善，情属阴，为恶。此在新儒学先驱李翱（壮年七八九）学说中，此一趋势，已登其极。所谓情昏其性，应复其性而情无所生。[150]此自属释老之说新儒学大体反对此一趋势。但在程颐十八或二十岁时[151]，著有《颜子[152]所好何学论》[153]名作一篇，程颐仍引述新道家王弼之说"性其情"[154]，以情之恶可使其如性之善。

但当朱子选录程颐前文于《近思录》时，将此句删除。[155]此诚可堪玩味。程颐在《易传》序文中，虽云"利贞者，性情也"[156]。程子固仍于性情两者，有明确之区分。在朱子，则以伊川所谓凡言心者皆指已发而言，乃是情。[157]譬如论及存养工夫，伊川教人善观者却于已发之时观之。[158]此则异于孟子所云"仁，人心也"[159]。亦即人之性。程颐则谓仁是心之用。[160]因而心性分为两元，虽程子主要观念，亦谓心与理一[161]，又谓性即理[162]。其后，程颐复自改其说，有云，"此语固未当。心，一也。有指体而言者，寂然不动是也。有指用而言者，感而遂通天下之故是也"[163]。然程门后学，仍始终依从程颐前说，即心皆指已发而言。[164]同时，陆象山及陆门学者则主张心即理，主张无所谓人心道心之分，或性为善与情可善可恶之说。

朱子必须调停于性情之间，使其建构成一有机整体。朱子于此获知张载心统性情之说。[165]朱子谓二程兄弟却无一句似此。[166]朱子对心之阐释，有云，"性情皆因心而后见。心是体，发于外谓之用。……孟子曰，'仁，人心也'[167]，是说体。恻隐之心[168]，是说用。必有体而后有用。可见心统性情之义"[169]。朱子又云，"性，本体也。其用，情也"[170]。总之，"盖心便是包得那性情。性是体，情是用"[171]。如此，则对于情之轻忽或以情为附属于性，俱可予以防止。

当张载采用“统”字一词，其意仅在“统摄”。此固甚重要，盖此不仅能匡救对情之偏，抑且可使情复其如性之同等而可尊敬之地位。但朱子之采用张子之语，尚有进于此之其他义蕴，即“统”为“指挥”或“主宰”义[172]，如统率百万军。换言之，心为主宰。朱子实不止一次侧重此点。有云，“性者心之理，情者性之动。心者性情之主”[173]。又云，“心有体用。未发之前是心之体。已发之际乃心之用。……盖主宰运用底便是心”[174]。

心何以是性情之主宰，乃由于“心是神明之舍，为一身之主宰”[175]，“心者，人之神明，所以具众理而应万事者也”[176]。此无疑义，神明是体，而应万事之应是用。良以体用如此之关系，故性与情不仅为心所统摄，且为其所主宰。性之为体，不能与情之为用相离。因之，佛氏仅知明心，或如陆象山及陆门诸儒仅偏重于心，俱属谬误。正由体由用显，因而性自亦由情彰。情可善可恶，此全依于主宰之心能否率性而皆中节。此固中庸之遗教，但其逻辑性则为创新。此种新广域之创发，乃由于朱子，而非程颐。

至若新儒家伦理之仁说，在心统性情之观念下已臻于高峰。仁不仅为基本德性，为诸德之本，抑且具有种子义，以其创生力，可使为善。实质上，新儒家自程颐以至王阳明诸学说中，仁之最高实践即仁者以天地万物为一体。此种学说之范型，由朱子在其《仁说》中所构设。朱子界说仁为“心之德，爱之理”。故在其《仁说》中云：

> 天地以生物为心者也。[177]而人物之生，又各得夫天地之心以为心者也。故语心之德，虽其总摄贯通，无所不备，然一

言以蔽之，则曰仁而已矣。……盖天地之心，其德有四，曰元亨利贞。……故人之为心，其德亦有四，曰仁义礼智。……则四德之体用，亦不遍举而赅。……情之未发，而此体已具。情之既发，而其用不穷。诚能体仁而存之，则众善之源，百行之本，莫不在是。[178]

朱子于此，乃批判程门高弟两种偏激学说。其一，以物我为一训仁。[179]另一为以觉训仁[180]，即觉于他人之痛痒。朱子之言曰，“彼谓（按指龟山杨时）物我为一者，可以见仁之无不爱矣，而非仁之所以为体之真也。彼谓（按指上蔡谢良佐）仁有知觉者，可以见仁之包乎智矣，而非仁之所以得名之实也。抑泛言同体者、使人……或至于认物为己者有之矣。专言知觉者，使人……或至于认欲为理者有之矣”[181]。换言之，以上两说，都轻于用而重于体。唯有体用，在其个别特质以及其相互关系，俱有清晰体认时，始能保持仁在人我间之区分，而同时亦不致误认欲为理。有如余在论朱子《仁说》所云：

仁之体用间之关系，直至朱子而始见明晰。孔子不言仁之性，而仅限其教于笃行。其所言，乃为仁之用。就一意义上言，孟子可谓为着重体用之第一人，仁义并重。汉儒以爱训仁，几纯以用视仁。在另一面，早期新儒家或其学说以公训仁[182]，或以与天地为一体，或以知觉训仁，则又纯以体视乎仁矣。唯朱子体用俱重，集诸义而简明言之，谓为仁者心之德，爱之理。[183]

有如前所阐明，在新儒学历史中，实保持有诸种范型。其最佳之证明，莫若见于阳明思想中，因反朱，实莫过于阳明。在阳明《传习录》，程颐“体用一源”一语尝加引用。[184]朱子所发挥之体用关系，其在阳明，亦同等重要。阳明云，“有是体即有是用”[185]。又云，“即体而言，用在体。即用而言，体在用”[186]。又云，“夫体用一源也。知体之所以为用，则知用之所以为体者矣……君子之于学也，因用以求其体”[187]。其与朱子异者，在朱子，体用一由于理，而在阳明，体用则由于良知，即心之本体。阳明云，“体即良知之体，用即良知之用”[188]。体用之说，在朱王间，虽各有理与心之异，而就体用之为范型言，固无不同也。

阳明在《传习录》固未引述“理一而分殊”一语，但在其具有伦理性之重要名著《大学问》一篇中，有云，“明明德者，言其天地万物一体之体也。亲民者，达其天地万物一体之用也”[189]。明德是理一，而亲民及于父子君臣、夫妇之伦以及人群之间是分殊。有如张载之《西铭·大学问》一篇，固阐明“理一而分殊”之又一名著也。

[本文英文题为“Patterns for Neo-Confucianism：Why Chu Hsi Differed from Ch'eng I”，原载*Journal of Chinese Philosophy*(《中国哲学》期刊)，第五卷，第二期（一九七八年六月），页一〇一至一二六。万先法译文载《中华文化复兴》月刊，第十二卷，第五期（一九七九，五月）页十三至二十二。据报载北京冒怀辛教授译此文为中文，登《中国哲学》未见。]

附　注

1　《朱子文集》，卷三十八，“答江元适”，页三十四下。同时参看王懋竑《朱子年谱》，页二五三。

2　福建省之一县。

3 《勉斋集》，卷三十六，“朱子行状”，页三十下。

4 《朱子年谱》，页二十一。参看《朱子文集》，卷七十五，“论语要义目录序”页六下。程颐《论语说》。

5 《朱子年谱》，页二四四。

6 《朱子文集》，卷九十，页十九下至二十上。

7 同上，卷九十七页十五上。

8 《朱子年谱》，页二四四。

9 《朱子文集》，卷九十七，页十五上。

10 《朱子年谱》，页七至八、十三、十五、十七、二四五、二四七。

11 同上，页八。同时参看《语类》，卷一〇四，第三十七“初师”条，页四一六四（页九上）。

12 《朱子年谱》，页十六至十七。并参看《语类》，卷一〇四，第三十八“或说”条，页四一六四（页十上）。

13 《朱子年谱》，页十三。

14 中和说见《中庸》第一章。李延平之教，《延平答问》（朱子遗书本），页十三下，二十二上，附录页下，三上。并见《朱子文集》，卷九十七，“延平先生李公行状”，页二十七下至二十八上。有云，“先生既从之学，讲诵之余，危坐终日，以验夫喜怒哀乐之前气象为如何，而求所谓中者”。

15 《朱子年谱》，二四九至二五〇。《王谱》一谓“有不尽于延平所传者”。又谓“则与延平异矣。故戊子诸书不及延平……于所已言者而未言者可推，则已不专主延平之说。癸巳以后，往来讲论，亦不及延平”。三谓“延平自是一时入处，未免合有商量”。

16 同上，页二五〇。并参考页四十三。

17 《遗书》，卷十八，页五下。

18 《朱子年谱》，页二六九。

19 钱穆：《朱子新学案》（台北，三民书局，一九七一年），第三册，页三十五。关于程颐理一分殊之说，见《粹言》，卷一，页二十三下，二十四上，“理一而分殊”。程颐：《易传》，卷一，页四十八上，“天下之志万殊，理则一也”。卷三，页三下。“天下之理一也”，“物有万殊，事有万变，统之以一，则无能违也”。

20 钱穆：《朱子新学案》，第三册，页二十五。

21 同上，页六至十五。

22 同上，页三十五至三十六。

23 《朱子年谱》，页二五〇、二六〇、二六九。此处引语，系引自朱子“二程遗书序”。

24 《朱子文集》，卷三十八，页三十一上，三十四下。依钱著，第三册，页六。朱子“答薛士龙书”原文有云，“盖舍近求远，处下窥高，驰心空妙之域者二十余年”。钱氏则以“二十余年”之“二”字系衍文应作十余年。

25 《朱子文集》，卷三十八，页三十四下。

26 同上，卷七十五，《论语要义目录序》，页六下。

27 《朱子年谱》，页二五三。

28 《语类》，卷一〇四，第一“某自”条，页四一五一（页一上）。

29 同上，卷四，第四十一“人之所”条，页一〇五（页十一上）。《朱子年谱》，页五。

30 同上，卷三十三，第八十四“林闻”条，一三六三（页二十二上）。

31 同上，卷十六，第二十二“徐仁”条，页五〇九（页四下）。

32 同上，卷一〇五，第三十六“先生因”条，页四一八一（页五下）。《朱子年谱》，页六，有谓“某读孟子，至廿岁，只逐句去理会，更不通透”。

33 同上，卷一〇四，第十二“问近”条，页四一五六（页四下）；卷一二〇，第十八“林恭甫”条，页四六一二（页六上）。《朱子年谱》，页十五。

34 《朱子文集》，卷八十，“德安府应城县上蔡谢先生祠记”，页四下至五上，“熹自少时，妄意为学，即赖先生之言，以发其趣，而平生所闻先生行事又皆高迈卓绝，使人兴起”。

35 见朱熹《谢上蔡语录后序》。

36 见《延平答问后序》，页九下，以及《朱子年谱》页一上下。页十三，如谓“盖延平之言曰，吾儒之学所以异于异端者，理一分殊也，理不患其不一，所难者分殊耳”。并参见前注19。

37 《延平答问》，页十五下，二十四上，二十七上下。

38 同上，页二十七下。见壬午六月十一日书。

39 《朱子年谱》，页二五〇。并参见前注15。

40 《朱子文集》，卷七十五，“论语要义目录序”，页六下，有谓“当此之时，河南二程先生，独得孟子以来不传之学于遗经，其所以教人者亦必以是为务。……熹年十三四时，受其说于先君……慨热发愤，尽删余说及其门人朋友数家之说，补缉订正，以为一书，目之曰《论语要义》”。

41 同上，卷七十五，页十五下。见“程氏遗书后序”。

42 *Chu Hsi's Completion of Neo-Confucianism, Etude Song-Sung Studies: in Memorian Etienne Balaza*, ed. Francoise Aubin, Ser. 11, No.1, 1973, pp.59-90.万先法中译为“朱熹集新儒学之大成”。载于《中华文化复兴》月刊，第七卷，十二期（一九七四年十二月），页一至二十四及《华学》月刊第三十七卷（一九七五，一月），页二十一至四十三。道统部分，为“朱子道统观之哲学性”，发表于《东西文化》第十五卷（一九六八年，九月），页二十五至三十二。此文现采入本书为第一篇。

43 《易传》，卷一，页四十八上；卷三，页三下。

44 《粹言》，卷一，页十五下至十六上。

45 同上，卷二页三十上。

46 《伊川文集》，卷五，“答杨时论西铭书”，页十二下。

47 《语类》，卷九十五，第一七五“尹和靖”条，页三九〇三（页四十二上）。

48 《西铭》，见《张子全书》，卷一。

49 见《粹言》，卷一，页二十三下至二十四上。

50 朱子，《孟子或问》，卷一，“老吾老以及人之老，幼吾幼以及人之幼……何也”章。

51 《语类》，卷六，第六“问万”条，页一五九（页一下）。

52 同上，卷一，第八“问理”条，页二（页二上）。

53 《性理大全》，卷三十，页四上。

54 《语类》，卷一，第四“太极”条，页二（页一下）；卷九十四，第三“太极图”条，页三七五五（页一上），如谓“太极图只是一个实理，一以贯之”。

55 《语类》，卷九十四，第二〇三“问理”条，页三八二四（页四一下至四二上）。

56 普林斯顿大学出版，一九六三年，页六三九。

57 《语类》，卷九十三，第五十三“二程”条，页三七四三（页八下）。

58 《周子全书》，卷二，页三十五。

59 《语类》，卷九十四，第一〇九“问先生”条，页三七九（页二十一下）。

60 例如，姚名达：《程伊川年谱》（上海，商务印书馆，一九三七年），页二三八，以及管道中：《二程研究》（上海，中华书局，一九三六年），页三十六。

61 《象山全集》，卷二，“与朱元晦书”，页六下，如谓“二程言论文字至多，亦未尝及无极字”。

62 A.C.Graham, *Two Chinese Philosophers :Cheng Ming-tao and Cheng Yi-Chuan*, London, Lund Hump hries, 1959, p.144.

63 The Philosophy of Cheng I, a Selection of Texts from the "Complete Works", Columbia University Ph.D.thesis, 1950 p.76.

64 参阅前注58，《太极图说》英文陈译，*A Source Book in Chinese Philosophy*, pp.463-464。

65 《四库全书总目提要》，页四六三至四六四。

66 《朱子文集》，卷九十八，《伊川先生年谱》，页二十三上，“元符二年正月，《易传》成而序之”。

67 《外书》，卷十二页十五上。

68 《朱子文集》，卷九十八，《伊川先生年谱》，页二十三下，“时《易传》成书已久，学者莫得传授，或以为请。先生曰，自量精力未衰，尚觊有少进耳。其后寝疾，始以授尹焞、张绎”。

69 《外书》，卷十二，页十三下。同时见《语类》，卷九十五，第一七七“昨夜”条，页三九〇三（页四十二下）。

70 同上，卷十二，页十四下。

71 《朱子文集》，卷八十二，“题太极西铭解后”，页十四上。

72 参看陈译 *A Source Book in Chinese Philosophy*, p.84。译者按：另参看同书页四九〇陈先生对此之评论。

73 《正蒙 · 参两篇第二》，第一节，“天所以参太极两仪而象之性也”。“大易篇第十四”，第四节，“一物而两体，其太极之谓与”。

74 《外书》，卷十二，页十八下。

75 《通书 · 理性命第二十二》。《通书》之英译，参看陈译 *A Source Book in Chinese Philosophy* Ch.28。

76 《伊川文集》，卷五，“答杨时论西铭书”，页十二下。

77 《易传序》，页三上。

78 《老子注》，第三十八章。

79 《肇论 ·“般若无知论”第三》，见《大正新修大藏经》，卷四十五，页一五四。比较僧肇《肇论》（Walter Liebenthal）（第二次修正本，香港大学出版，一九六八年），页七十九。Liebenthal将寂用译为："active and passive states"。

80 同上，卷四十五，页七。

81 《华严义海百门》，同上，卷四十五，页六三九，参看陈译 *A Source Book in Chinese Philosophy*. p.414。

82 慧能：《坛经》。陈译 *The Plat form Scripture*, New York, St . John's' University Press, 1963,

sec, 13。

83 同上，第十五节。

84 《遗书》，卷十一，页二下。

85 澄观:《华严经注》，卷十二，页五八七。

86 一八三一年本，卷上，页六。

87 《续藏经》，第一辑，第八十八函，第三品，页三五上下。

88 《唐荆川集》(四部丛刊本)，卷十，"中庸辑略序"，页一九一。

89 《遗书》，卷十一，页五下。按原句为"忠者天理，恕者人道忠体恕老用"。

90 同上，卷十一，页八上，有云"和顺于道德、而理于义者体用也"。同卷，页十二上，又云"理义，体用也"。

91 《伊川文集》，卷五，"与吕大临论中书"，页十二上。如伊川云，"心一也。有指体而言者，寂然不动是也。有指用而言者，感而遂通天下之故是也"。

92 《中庸》，第一章，"中也者，天下之大本也。和也者，天下之达道也"。

93 《伊川文集》，卷五，"与吕大临论中书"，页十上。

94 《遗书》，卷一，页三下。

95 《语类》，卷九十五，第三十一"其体"条，页三八四七（页九下）。译者按：此卷引述伊川此三句共有六段，朱子说"此三句，是说自然底"。

96 《遗书》，卷一，页三下。

97 《语类》，卷九十五，第二十四"问详"条，页三八四三（页六下）。

98 《遗书》，卷二上，页三上下。

99 《语类》，卷六十，第八十四"或问"条，页二二八二（页十六上）；卷九十七，第二三"明道"条，页三九四五（页六上）。

100 《遗书》，卷二上，页一上。

101 《近思录》，为朱熹与祖谦合辑，有英文陈译 *Reflections on Things at Hand*(纽约，哥伦比亚大学版，一九六七年)。

102 《语类》，卷九十七，第二十二"问程子"条，页三九四四（页五下）。

103 同上，页三九四五（页五下五六上）。

104 《语类》，卷九十五，第三十五"伊川"条，页三八五〇（页十一上）。

105 同上，卷一一三，第三十"大雅"条，页四三七七（页十一上）。

106 同上，卷七十一，第八十四"或说"条，页二八六五（页二十上）。

107 同上，卷六十七，第二十八"问伊川"条，页二六二九（页八上）；卷七十二，第四十八"问五"条，页二九〇八至二九〇九（页十六上）

108 同上，卷六十七，第十五"已前"条，页二六二四（页五下）。

109 同上，卷六十六，第十"易所"全第十四"易本"条，页二五八六至二五八七（页七下至八下）；第二十三"圣人"条，页二五九八（页十三上下）；第三十三"易以"，页三六〇一（页十六上）。

110 同上，卷六十七，第二十三“易传”条，页二六二六（页六下）。

111 参见陈译 *A Source Book in Chinese Philosophy* p.319。王弼：《周易略例》“明象”。

112 《遗书》，卷十九，页二上。《粹言》，卷一，页二十四下。

113 《语类》，卷六十七，第二十八“问伊川”条，页二六二九（页八上）。

114 同上，第二十六“易传”条，页二六二八（页七下）。

115 同上，第二十“易传”条，页二六二五（页六上）。

116 同上，卷一一七，第二十三“先生”条，页四四八七（页八上）。

117 同上，卷一〇五，第三十二“因论”条，页四一八〇（页五下）；卷一一九，第二十一“陈芝”条，页四五九二（页十上）。

118 例如，《近思录》，第一章，第二条；第二章，第一条等。

119 《语类》，卷一一九，第二十一“陈芝”条，页四五九二（页十上）；卷一二三，第十二“德萃条，页四七四七（页七上）；卷六十七，第二十一“伯恭”条，页二六二六（页六上）；第七十六“问读”条，页二六四七（页十八下）；卷九十八，第三十一“问一”条，页三九七〇（页六下）。《朱子文集》，卷五十四“答时子云书”页二十五下，如谓“向编《近思录》，欲人数段说科举壤人心术处而伯恭不肯”。

120 指《中庸》，第二十六章。

121 《论语集注》，卷二，“里仁第四”，第十五章，“夫子之道，忠恕而已矣”句下朱注。

122 《论语或问》，“里仁第四”，第十五章。

123 《语类》卷一，第十二“或问”条，页四（页三上）。

124 同上，卷十六，第六十一“安卿”条，页五二〇（页十一上）；卷十七，第五十“问全”条，页六一九（页十六上），如云“且如身是体，要起行便是用”。

125 同上，卷五，第二“〇远”条，页一三三（页上）。

126 同上，卷二十，第九十“仁父”条，页七四八至七四九（页十八下）；第百“心之德”条，页七五一（页二十上），如云“仁者爱之体，爱者仁之用”。

127 同上，卷六，第二十一“问前”条，页一六二（页三上）。

128 此两面，在《易经·系辞上》第九章，曾有描述。

129 《语类》，卷五，第七十三“性以理”条，页一五二（页十二上下）。此语部分引自程颐，《伊州文集》卷五，页十二上。并参见前注93。

130 依《中庸》，第一章，喜怒哀乐之未发之谓中，发而皆中节谓之和。

131 《中庸或问》，论第一章，有问“喜怒哀乐之未发谓之中，发而皆中节谓之和……何也”？朱子答谓，“……盖天命之性，万理具焉，喜怒哀乐，各有攸当。方其未发，浑然其中，无所偏倚，故谓之中。及其发而皆得其当，无所乖戾，故谓之和。……请之中者，所以状性之德，道之体也。……谓之和者，所以著情之正，道之用也”。又朱子引吕氏言，谓中和“二义虽殊，而实相为体用”。

132 同注130。

133 《语类》，卷十七，第五十“问全”条，页六一九（页十六上下）。

134 同上，卷六，第二十“问泛”条，页一六二（页二下）。

135 同上，卷六，第二十四“人只”条，页一六三（页三下）。

136 同上。

137《文集》，卷四十八，“答吕子约”第四十一书，页十七上下。

138《语类》，卷四十二，第一〇四“或问”条，页一七四五（页二十三下）。

139《语类》，卷六，第二十二“体是”条，页一六三（页三上）。

140《文集》，卷四十八，“答吕子约”第四十书，页十六下。

141《语类》，卷六，第一“道者”条，页一五九（页一上）。

142 同上，卷六，第四十“或问”条，页一六六（页五下）。诚或实，参考《中庸》，第二十章，如“诚者天之道也”。及第二十五章，如“诚者自成也。诚者，物之终始。诚者，非自成已而已也，所以成物也”。仁义礼智四德，及隐、羞恶、恭敬、是非四心，见《孟子·告子篇第六上》，第六章。

143《孟子或问》，卷一，“孟子见梁惠王”章。

144《语类》，卷六，第二十“间前”条，页一六二（页三上）。

145 同上，卷三十二，第八十六“问知”条，页一三二二（页二十二上）。

146 同上，卷六，第一三一“赵致道”条页一九四，并见卷三十二至八十六“问知”条，页一三二二（页二十二上）。

147《朱子文集》，卷六十七，“易寂感说”页三下。

148《语类》，卷六十七，页二六三一至二六三二（页九下）。

149 David Gedalecia提供一个饶有兴趣的看法，即朱子展开其太极观念有四阶段，并配合其体用说，见所著：“Excursion into substance and function: The development of the Ti-Yung Paradigm in Chu Hsi”, *Philosophy East and West*, 26(1974), 443—451。

150《李文公集》（四部丛刊本），卷二，“复性书”，页五上，页八上。

151 孔子最具有德性之高弟，颜渊。

152《伊川文集》，卷四，页一上至二上。

153 关于程子著《颜子所好何学论》年期问题，参看陈译 *Reflections on Things at Hand* p. 39 no.22。

154 王弼在《易经·乾卦注》，有谓“不性其情，何能久行其正”。

155 陈译《近思录》，页三十七，论及此事。参看其同页注十一。译者按：陈先生在注十一，略谓依据日本儒学专家说，良以性其情，纯属道家思想，当非新儒家立场所能接受。程颐后已悔其说，故于其《易传》中，已改其说“利贞者性情也”。

156《易传》，卷一，页六下。

157《语类》，卷六十二，第一三二“吕氏”，页二四〇一（页三十三上）；卷一〇一，第一六六“伊川”条，页四一〇八（页二八下）。

158 同上，卷六十二，第一三三“问吕”条，页二四〇三（页三十三下）。

159《孟子·告子第六上》，第十一章。

160《遗书》，卷十八，页二上；卷二十二上，页十四下，有谓“伯温又问二子，言心性天，只是一理否？曰，然，自理言之，谓之天。自禀受言之，谓之性。自存诸人言之，谓之心”。

161《遗书》卷五，页一上，“理与心一，而人不能会之为一”；卷十四，页一下，“孟子曰，尽其心者，知其性也。知性则知天也。存其心，养其性，所以事天。便是至言”；卷十八，页十七上“在天为命，在义为理，在人为性，主于身为心，其实一也”；粹言，卷二，页二十三上，“理与心一，而人不能会为一者，有己则喜自私，私则万殊，宜其难一也”。

162《遗书》，卷十八，页十七上；卷二十二，十一上，“性即理也所谓理性是也”。

163《伊川文集》，卷五，“与吕大临论中书”，页十二上。

164《语类》，卷六十二，第一三二“吕氏”条，页二四〇一（页三十三上）；卷一〇一，第一六六“伊川”条，页四一八，如谓“五峰却守其说，以心为已发，性为未发，将心性两字对说。知言中如此处甚多”。

165《张子全书》，卷十四，“性理拾遗”，页二上。

166《语类》，卷九十八，第三十六“惟心”条，页三九九二（页八上）。

167《孟子》，同前注159。

168《孟子·公孙丑第二上》，第六章。

169《语类》，卷九十八，第三十八“心统”条，页三九九二至三（页八上）。

170《朱子文集》，卷七十四，“孟子纲领”，页十五上。

171《语类》，卷五，第六十五“旧看”条，页一四八（页九下）。

172 同上，卷九十八，第三十八“心统”，第三十九“问心统”两条，页三九九二至三九九三（页八上）。

173 同上，卷五，第五十五“说得”条，页一四四（页七下）。

174 同上，卷五，第六十二“已后之”条，页一四六（页九上）。

175 同上，卷九十八，第四十一“心统”条，页三九九四（页九上）。

176《孟子集注·尽心篇第七上》，第一章。又见《大学章句》“大学之道”句下注，“明德者，人之所得乎天，而虚灵不昧，以具众理，而应万事者也”。

177 此语二程所说，见《外书》，卷三，页一上，不能确认何人所说。参见陈译 *A Source Book in Chinese Philoslphy*, p. 593. n。

178《朱子文集》，卷六十七，《仁说》，页二十上下。

179 关于杨时，见《龟山语录》（四部丛刊本），卷二，页二十八上。

180 关于谢良佐，见《上蔡语录》（朱子遗书本），卷上，页二上；卷中，页一上。

181《朱子文集》，卷六十七，“仁说”，页二十一上下。

182 此系周敦颐学说，见《通书·圣学第二十》，“静虚则明，明则通，动直则公，公则，明通公庶矣乎”。公明第二十一，“公于己者，公于人，未有不公于己，而能公于人也”。

183 *A Source Book in Chinese Philosophy*, pp. 596—597.

184 英文陈译《传习录》（纽约，哥伦比亚大学出版部，一九六三年）第一〇八、一一三、一五六、二一二各条。

185 同上，第四十五条。

186 同上，第一〇八条。

187《王文成公全书》，卷四，页四下至五上。

188《传习录》，第一五五条。

189《王文成公全书》，卷二十六，页三下，并见英文陈译，*Instructions for Practical Liuing*，页二七三。

朱子评老子与论其与『生生』观念之关系

《朱子语类》卷一二五有一段论《老子》第六章“谷神不死”数语，从来中日学者绝少讨论。西方学者更无论矣。然而朱子之见，于理学之进展关系滋大。一则可以见朱子之对于老子之极力攻击并不留余地。二则老子思想并非全然虚静无为。三则理学“生生”之重要基本观念竟可谓来自老子。诚如是，则吾人于道家与理学之关系之了解，不能不全然更新。《语类》云：

> 问“谷神不死”。曰“谷之虚也，声达焉则响应之，乃神化之自然也。‘是谓玄牝’，‘玄’，妙也。牝是有所受而能生物者也。至妙之理，有生生之意焉。程子所取老子之说也。”[1]

此中最堪注意者为朱子将谷神与生生两观念联合一起，谓为程颐所取于老子者。朱子最尊程颐。此处即尊老子。朱子攻击佛老，可谓不遗余力，而此处竟归功于老子。门人讨论谷神，问之曰，“老子之言，似有可取处”。朱子答云，“他做许多言语，如何无可取”[2]？是则朱子之于老子，是者是之，非者非之。今先详言其攻击老子。

理学家之排二氏，几无例外，而朱子之摈斥老子，特具苦心。此可于其所编《近思录》见之。淳熙二年（一一七五）朱子与吕祖谦合编《近思录》，采用周敦颐、程颢、程颐、张载四子语文共六百二十二条，盖取《论语·子张第十九》之第六章“切问而近思”之意。即程颐所谓“切问近思在己者”，亦即朱子所谓“关于大体而切于日用者”[3]。分道体、为学、致知、存养、克己、家道、出处、治体、治法、政事、教学、警戒，辨异端、观圣贤十四篇。此书不特摘北宋四子之菁华，集理学之大成，而且为我国第一本哲学选辑之书，亦为以后《性理大全》以及七八百年间之各近思续录、补录、广录等等之典型。实支配我国思想几近千年。朱子于此直接间接表露其排老思想，不止一端。就其分目观之，所谓辨异端，虽包括杨、墨、佛、老而以释氏为最。然以后理学家往往佛老并举，视之比杨墨为害尤甚。朱子于北宋五子只采四子而不采邵雍。《近思录》无一语采自邵子者。《克己篇》第十五条“尧夫”条云，“玉者温润之物……”，乃程颢述邵子解《诗经》之《小雅篇 · 鹤鸣章》“他山之石，可以攻玉”[4]之语，而非朱子直采邵雍之言。朱子之所以弃邵子而不采者，无非以其理数之学得自李之才[5]，李之才得自道士陈抟(约九〇六—九八九)[6]，道家气味过浓。邵子虽云“天下之数出于理”[7]，然理只是背境而已。邵子又少谈仁义，故不理学正统。

朱子之排道又可于其更改《为学篇》第三条“或问‘颜子所好何学论’[8]”见之。此论原文七百一十四字，朱子删去二百五十五字，增十三字，大意与原篇相符。然原文“觉者约其情，始合于中，正其心，养其性。故曰性其情。愚者则不知制之，纵其情而至于邪僻，梏其性而亡之。故曰情其性”。朱子删去“故曰性其情”与“故曰情其性”两句。表面上此两不外总括上语。然从朱子观之，实是汉儒性善情恶之思想为道家所影响者。前出自王弼(二二六—二四九)《周易注乾卦》。程颐注此则云，“乾之性情也，既始而亨，非利贞其能不息乎”[9]？即云性情俱善。此处与颜子所好何学论有所出。论为程颐少年所作[10]，传为晚年所作。岂朱子节删以避矛盾耶？论又云，“明诸心，知所养”。原注云“一本作‘往’”。朱子此处作“往”而不用“养”。[11]《语类》载朱子云，“一本作‘知所养’，恐‘往’字为是。'往'与'行'字相应"[12]。道家重养，以其静。儒家重行，以其动。朱子此处又可见其排道之一斑。

至于朱子之攻击老子之言之屡屡者，则为老子欲夺先与与其愚民之教。此盖从程子而来。老子云，"将欲噏之，必固张之。将欲弱之，必固强之。将欲废之，必固兴之。将欲夺之，必固与之"[13]。又云，"古之善为道者，非以明民，将以愚之"[14]。程颐评之曰，"与夺翕张，固有此理。老子说着便不是"[15]。又云，"与之之意乃在乎取之，张之之意乃在乎翕之，权诈之术也"[16]。是以程子云，"老子语道德而杂权诈，本末舛矣"[17]。有问老子书若何，程颐答之曰，"老子书其言自不相人处如冰炭。其初意欲谈道之极玄妙处。后来却入做权诈者上去"。自注云"如'将欲取之，必固与之'之类"[18]。以程颐观之，申韩之术与秦之独裁均由此出。彼云，"老子之后有申韩。看申韩与老子道甚悬绝，然其原乃自老子来"[19]。又云，"老氏之学，更挟权诈。若言与之乃意在取之，张之乃意在翕之。又大意在愚其民而自智。然则秦之愚黔首，其术盖亦出于此"[20]。即谓申不害（前三三七年卒）与韩非（前二三三年卒）等法家之权术与法家所领导之秦朝愚民政策，皆来自老子。朱子依从程子，特别向老子此处下手，是以关于此点议论最多。《语类》卷一二五前半论老、庄、列，而论老子几集中此点。在朱子目中，"老子之术，谦冲俭啬，全不肯役精神"[21]。彼云，"老子言'治人事天莫若啬，是谓早服。早服是谓重积德。重积德则无不克'[22]。他的意思，只要收敛，不要放出"[23]。老子之载魂抱魄，专气致柔[24]，亦不外"只是收藏不放散"[25]。有如杨朱"老子窥见天下之事，却讨便宜，置身于安闲之地"[26]。老子贪生，其意多在保全其身[27]，是以"须自家占得十分稳便方肯做。才有一毫于己不便，便不肯做”[28]。结果直完全不做。伯丰问，“程子曰‘老子之言窃弄阖辟’者何也”[29]？朱子答云，如欲取之，必固与之之类，是他亦窥得些道理将来窃弄。如所谓代大匠斫则伤手者[30]，谓如人之恶者，不必自去治他，自有别人与他理会。只是占便宜，不肯自犯手做。[31]老子云，“我无为而民自化”[32]。朱子则曰，“然不化则亦不之问也。其为道每每如此”[33]。总言之，“老子是个占便宜，不肯担当做事的人。自守在里，看你外面天翻地覆都不管”[34]。

朱子又云，老氏柔能胜刚，弱能胜强之说[35]，皆是“拣便宜底先占了”[36]。其他所有致虚极，守静笃[37]，专气致柔[38]，知雄守雌，知白守黑[39]，“便是个退步占便宜”[40]。“老子窥见天下之事，却讨便宜，置身于安闲之地，云清净自治”[41]。朱子又说，“老庄只是占奸，要他自身平稳”[42]。老子云，“反者道之动，弱者道之用”[43]。朱子评之曰，“老子说话，都是这样意思。像他看得天下事变熟了，都于反处做起。如人刚强咆哮跳踯之不已，其势必有时而屈。故他只务为弱人。才弱时，却蓄得那精神完全。及其发也，自然不可当。……故其流多入于变诈形名”[44]。老子云，“豫兮若冬涉川，犹兮若畏四邻，俨兮其若客”[45]。朱子评之曰，“老子说话大抵如此。只是欲得退步占奸，不要与事物接。如治人事天莫若啬[46]，迫之而后动，不得已而后起，皆是这样意思。故其为学者多流于术数，如申韩之徒皆是也”[47]。因此之故，“太史公将他与申韩同传。非是强安排，其源流实是如此”[48]。

抑朱子更进一步，以为老子权诈之训，不特产出法家之申韩，而又实施于汉之张良（子房，前一八九年卒）。张良助汉高祖设立汉家天下，“运筹策帷帐之中，决胜千里外”[49]，每每利用他人，动人以利，背约反攻。[50]朱子以为此皆出于老子。彼云，“子房之学，出于黄老”[51]。其所以出于老子者，乃因“老子之学，只要退步柔伏，不与你争。……让你在高处，他只要在卑下处。……只是他放出无状来，便不可当。如曰‘以正治国，以奇用兵，以无事取天下’[52]。他取天下便是用此道。如子房之术，全是如此。峣关之战，啖秦将以利，与之连和了，即回兵杀之[53]。项羽约和已讲解了，即劝高祖追之[54]。汉家始终治天下，全是得此术”[55]。朱子又云，“老子心最毒。其所以不与人争者乃所以深争之也。其设心措意，都是如此。闲时他只是如此柔伏。遇着那刚强底人，他便是如此待你。张子房亦是如此”[56]。

张良以外，朱子亦攻击汉文帝（前一七九—前一五七）与唐太宗（六二七—六四九），以为皆是权诈之徒。最可异者，朱子以邵雍为与张良相似。邵子为人，“初至洛，蓬荜环堵，不芘风雨。躬樵爨以事父母。虽平居屡空，而怡然有所甚乐。……几时耕稼，仅给衣食。名其居曰安乐窝，因自号安乐先生。旦则焚香燕坐。晡时酌酒三四瓯。……出游城中，惟意所适。士大夫识其车音，争相迎候。童孺厮隶，皆驭相谓曰：吾家先生至也”[57]。“雍德气粹然，望之知其贤。……与人言，乐道其善而隐其恶”[58]。程颢叹其学为“内圣外王之学”[59]。朱子本人亦赞其“闲中今古，醉里乾坤”[60]。但今又以邵子正如子房之流，谓“康节（邵子）之学”似老子，只是要寻个宽闲快活处，人皆害他不得。后来张子房亦如此。[61]彼以为“康节本是要出来有为底人，然又不肯深犯手做。凡事直待可做处方试为之。才觉难，便拽身退，正张子房之流”[62]。朱子此言并无证据。邵子力耕，固非偷懒之人，毫无自私。若以其权诈如张良，更冤枉矣。大概朱子排道，故于邵子不免言之太过。

朱子之评老子而及张良与邵雍，即是由评其议论更进而评其实行，即指老子立言与持身均为不善。比诸乡愿，老子更劣。盖乡愿“只是个无见识底人”，而老子则“害伦理”。[63]有问老子与乡愿如何？朱子答曰，“老子是出人理之外，不好声，不好色，又不做官，然害伦理。乡愿犹在人伦中，只是个无见识底好人”[64]。又有问老子可谓乡愿否？朱子答云，“老子不似乡愿。乡愿尚在伦理中行，那老子却是出伦理之外。他自处得虽甚卑，不好声，不好色，又不要做官，然其心却是出于伦理之外。其说煞害事。如乡愿便却只是个无见识底好人，未害伦理在”[65]。事实上老子曾为守藏吏，功成乃退。主“爱民治国”[66]，实非害人伦也。

朱子抨击老子，似是仿效程颐而实过之。一者程子只谓老子权诈为不是而未尝指出其动机为何。朱子则屡谓老子自私，不负责任，利用他人。二者程子未尝比老子于张良。反之，程子赞张良“为亦是个儒者，进退间极有道理……观良心只是为天下，且与成就却事。后来与赤松子游，只是个不肯事高祖如此”[67]。三者程子只评老子之教而朱子则诋其人格，并谓其为中国历史奸诈之典型。程朱评老之所同者，在其攻击权术之与儒家以义为本相背而驰。孔子云“君子义以为质”[68]。孟子云，“大人者唯义所在”[69]。儒家之教，不肯行一不义，则其攻击权术，固是自然。然谓老子以诈为训，则殊非公平之论。

学者每谓法家与其权术者流均出自道家，除举司马迁以老庄、申、韩合传外，又引史公“韩子……其极惨礉少恩，皆原于道德之意”[70]之言，以示法家之恶，来自老子。殊不知史公所指之道家乃彼当时之道家而非老子。观于其屡谓申韩“学本于黄老”，可知其指为当时流行黄帝老子之教而非老子本身明矣。盖法家利用老子，歪曲其欲夺先与之言，施权用术，与老子无为根本不相容。老子欲废先兴，不外所以明以“柔弱胜刚强”[71]之理而已。

老子“古之善为道者，非以明民，将以愚之”[72]，最受人攻击。朱子亦非例外。然此实断章取义。老子下文即云，“民之难治，以其智多。以智治国国之贼，不以智治国国之福”。此所谓智，即权术之智。是以圣人之治，“使夫智者不敢为”[73]，而圣人本人亦“我愚人之心也哉”[74]。且老子云，“圣人无常心，以百姓之心为心”[75]安得为愚民乎？吾人以为吴澄（一二四九——一三三三）最为正确而平允。其言曰，“老子言‘反者道之动’[76]。又说‘玄德深矣，远矣，与物反矣’[77]。其道大抵与世俗之见相反，故借此数者相反之事为譬，而归于柔胜刚，弱胜强之旨。孙、吴、申、韩之徒，用其权术陷人于死而不知，论者皆以为原于老氏之意，遂谓天下谁敢受老子之学者哉？是亦立言之弊。故‘邦之利器，不可以示人’[78]，老子已自言之矣”[79]。

以上单论朱子对于老子伦理之批评，其言可谓严酷矣。朱子不特攻其伦理而又攻其道之观念与其道与德之分离。此处则辞严而义正。老子云“有生于无”[80]，理学家于此皆大反对。张载云，“大易不言有无。有无，诸子之陋也”[81]。朱子继之曰，“易不言有无。老子言有生于无，便不是”[82]，更释张子之言“无者无物，却有此理。有此理则有矣。老氏乃云‘（天地万物）生于有，有生于无’，和理也无，便错了”[83]。盖理为程朱哲学之中心，无不能离理而独存，是无亦是有。以故绝对之无决不可能。儒家之有的哲学正与道家之无的哲学相对峙如水火之不相容。

朱子亦非以老子为主绝对之无者。问释氏之无与老氏之无何以异？朱子答曰，“老氏依旧有，如所谓‘无欲观其妙，欲观其窍’[84]是也。其释氏则以天地为幻妄，以四大（地水火风）为假合，则是全无也”[85]。又曰，“佛氏只是空豁，豁然和有都无了。……若老氏犹骨是有”[86]。即是说，“道家说半截有，半截无。已前都是无，如今眼下都是有。……若佛家之说都是无。已前也是无，如今眼下也是无。色即是空，空即是色”[87]。

老子哲学以道为无，属形上。德为有，属形下。如此分为上截下截，乃朱子所极力反对。朱子云，“老子说‘失道而后德’[88]。他都不识，分做两个物事，便将道做一个空物底物事看。吾儒说只是一个物事。以其古今公共是这一个，不著人身上说。谓之道德，即是全得此道于己。他说‘失道而后德，失德而后仁，失仁而后义’。若离了仁义，便是无道理了。又更如何是道”[89]？朱子《论语或问》论“知德者鲜矣”[90]云，“诸说多谓知德为自知其德……若是曰知道可矣。何知德之云乎？既曰德，则乃己之所得也。岂有既得之而反不知者哉？侯氏（侯仲良，壮年一一〇〇）所谓知德则知道者，语尤倒置。不知其所谓道德者，如之何而别之也？岂其陷于老子失道而后德之言而不自知也耶”[91]？程颐弟子杨时（一〇五三—一一三五）分道德为两截。朱子因批评之，谓“杨氏之说亦不晓。盖道者自然之路，德者人之所得。故礼者道体之节文。必其人之有德，然后乃能行之也。今乃以礼为德，而欲以凝夫道，则既误矣。而又曰道非礼，则荡而无止。礼非道，则梏于仪章器数之末，而有所不行。是则所谓道者，乃为虚无恍惚，元无准则之物。所谓德者，又不足以凝道，而反有所待于道也。其诸老氏之言乎！误益甚矣”[92]。杨时以道为超越，智仁勇为下一层次，亦为朱子所不许。朱子曰，“杨氏谓所自者道，而仁智勇之名泯者，其老佛之余乎！若如其言，则所谓道者为一物，而在三者之上矣。夫岂有是哉”[93]？从朱子观点，则“循其所得乎天以生者，则事事物物，莫不自然，各有当行之路。是则所谓道也。盖天命之性，仁义礼智而已。循其仁之性，则自父子之亲以至仁民爱物，皆道也。循其义之性，则自君臣之分以至敬长尊贤，亦道也。循其礼之性，则恭敬辞让之节文，皆道也。循其智之性，则是非邪正之分别，亦道也”[94]。程氏弟子游酢（一〇五三—一一二三）与谢良佐（一〇五〇—约一一二〇）亦分道与德为两截。朱子亦以为无非老氏之意。其言曰，“游氏以仁泯而后为道，谢氏以道立而仁之名亡。其皆老子之余乎”[95]！游氏不特分道德为二，且分道善性为三，则更为朱子所不能容。故评之曰，“若曰道未始有名，感于物而出，则善之名立，托于物而生则性之名立，此则老佛之言，而分道与善性为三物矣”[96]。

实则老子道德之分，并非如朱子所谓全然两截。“失道而后德”[97]，当然是两层次。然“有无相生”[98]，“孔德之容，惟道是从。道之为物，惟恍惟惚。……其中有象……有物……有精”[99]，“道生”“德蓄”[100]，固无间也。然朱子仍以道家为非，盖谓其所重在虚。而儒家所重在实。朱子云，“儒释之分，只争虚实而已。如老氏所谓‘恍兮惚兮，其中有物。窈兮冥兮，其中有精’，所谓物精亦是虚。吾道惟有‘寂然不动’[101]，然其中粲然者存，事事有”[102]。或问“先儒论老子多为之出脱，云老子乃矫时之说。以某观之，不是矫时，只是不见实理。故不知礼乐刑政之所出而欲去之”。朱子答曰，“渠若识得‘寂然不动，感而遂通天下之故’[103]，自不应如此。他本不知下一节，欲占一简径言之。然上节无实见，故亦不脱洒”[104]。

问老子所谓“玄之又玄”[105]。朱子不答，良久乃曰，“且如孔子说，‘天何言哉？四时行焉，百物生焉’[106]。如今只看‘天何言哉’一句耶？唯复是看‘四时行焉，百物生焉’两句耶”？又曰，“‘天有四时，春夏秋冬，风雨霜露，无非教也。地载神气，神气风霆，风霆流形，庶物露生，无非教也’[107]。圣人说得如是实”[108]。即是说，儒之道为实，老子之道为虚。儒家之道，体用如一，不可隔离。因其道即在日用常行之间，故为实在。“吾之所谓道者，君臣、父子、夫妇、昆弟、朋友当然之实理也。彼（道佛）之所谓道，则以此为幻为妄而绝灭之，以求其所谓清净寂灭者也”[109]。朱子之抨击道佛之有上无下，言之屡屡。然恐是太过。道家固非有体无用，已如上述。佛家亦每谓体用一源。《伊川易传·序》有“体用一源，显微无间”之语。儒家皆以为程颐语。故王阳明《传习录下》第二一二“九川问曰”条云，“伊川说到体用一源，显微无间，门人已说是泄天机”。佛家以此语出自澄观（约七六〇—八三八）《华严经注》。太田锦城（一七六五—一八二五）则谓澄观《清凉大疏》百卷、《清凉语录》五卷与《清凉玄义》皆无此语。[110]查《华严经疏注》原一百二十卷，今佚六十卷。或语在佚文。澄观言体用隐微处甚多，卷三卷五尤甚。且尚直所编《归元直指引》此语为清凉语。贤首大师（法藏，六四三—七一二）亦有显微无间语。大抵儒释同此论调。故唐荆川（一五〇七—一五六〇）云，“儒者日体用一源，佛者曰体用一源。儒者曰显微无间，佛者曰显微无间。就从而辨之”[111]？

上面举朱子之批评程颐门人分道德为两截，而于程子亦有所不满。程子著《易传》专以言理，似应为朱子所拥戴。然朱子则坚持《易经》本为卜筮之书，说理仍是虚，不是实。云“洁净精微谓之易。易自是不惹着事，只悬空说一种道理，不似他书便各着事上说。所以后来道家取之，与老子为类。便是老子说话，也不就事上说”[112]。总之，佛老无实。朱子云，“异端虚无寂灭之教，其高过于大学而无实”[113]。

由上观之，朱子之攻击老子，可谓用力。若谓其对于老子完全无取，则又不然。有问“然则庄老之学，未可以为异端而不讲之耶”？朱子曰，“‘君子不以人废言’[114]。言有可取，安得而不取之”[115]？他以孔子所云“逝者如斯”[116]，与老子“独立不改，周行而不殆”[117]同是“说个不已”之意。[118]又谓老子“治人事天莫若啬。夫惟啬，是谓早服”[119]之言，与孟子所谓“养其平旦之气”[120]相似[121]。虽然朱子指出老子只言养精神而孟子则言日夕工夫[122]，而究有可取。朱子谓“老子说他一个道理甚缜密”[123]。简言之，在朱子立场，老子有可嘉者嘉之，而其所嘉最为可异者，厥为其程子生生思想取自老子“谷神不死”之说。生生为理学一根本观念，又是一新思想，而竟谓其来自老子，则岂非清净无为，“全不肯做”者，反而为活泼创生之力量，而理学生生思想，源于老子乎？本文篇首引《语类》“程子所取老子之说”。此处“取”为收而用之之意，而非只谓老子之言有可取处。若只谓可取，则为赞美之词，不外谓老子“谷神不死”之言，对于理学生生之旨，有所补益，而非谓其为此思想之源头也。而今谓“程子所取老子之说”，则程子采用老子谷神不死以为即是生生之意明矣。

今问朱子谓程子之取此说，是否朱子偶尔言之？查朱子讨论谷神不死，提出生之思想，不止一次。彼云，“谷虚。谷中有神，受声所以能响，受物所以能生”[124]。又曰，“谷之虚也，声达焉则响应之，乃神化之自然也。是谓玄牝。玄，妙也。牝是有所受而能生物者也”[125]。

朱子何以赞美谷神至于如此？表面上可谓朱子只引程子。程子云，“庄生形容道体之语，尽有好处。老氏‘谷神不死’一章最佳”[126]。至于何以此章最佳，程子并未说明。程子谈论老子权诈之处甚多，然亦言及其本体哲学，如谓其分道、德、仁、义、礼为五[127]，则吾人当可以程子此语为谈其哲学。程子语“谷神不死”章之前，谓庄子形容道体，则所谓此章最佳，指道体而言。除此以外，吾人不审程子尚有何意。

至于朱子则不特复述程子“‘谷神不死’一章最佳”之言[128]，而且谓程子有取于老氏生生之意。此中关系有何根据，朱子并未言明。程子所言，并无建立谷神与生生之关系之痕迹。吾人敢谓此为朱子本人解释程子之意而已。《老子》第六章实兼体用而言：“谷神不死，是谓玄牝。玄牝之门，是谓天地根”，言体也。“绵绵若存，用之不勤”，言用也。程子先言庄子形容道体，而继言谷神不死，则老子亦是形容道体然生生不穷，乃不是体而是用。上文提程子以老子分道德仁义礼为五为不是，亦是体，是则生生与谷神之关系，实是朱子本人之意，以言乎用，使不至有只言体而不言用之偏，而朱子自以为来自程子者也。

谷神能生之观念，来源有自，并非程朱所首创。早在三世纪王弼注“谷神不死”章即谓“谷神，谷，中央无谷也。无形无影……万物以之生”。若《列子》果为先秦之作，则此思想实为更早。《天瑞篇》云，“常生常化者，无时不生，无时不化。……黄帝书曰，‘谷神不死，是谓玄牝’……故生物者不生，化物者不化”。然而吾人不能谓谷神能生为一道家传统思想。庄子无一语及此。河上公（壮年前一七九—一五九）注《老子》甚早，注此章颇详。解“谷神不死”为养神则可以不死，并无生物之意。朱子评老，着力于其重体不重用。而朱子谓其谷神最佳者以其生生，即是以其用，且谓程子采用此生生之说，可谓赞美备至，亦所以体用两全也。

上文谓程子谈老子谷神无生生之意，而朱子谓程子采取老氏生生亦无根据。然而吾人从程子生生之说观之，则或可以窥见朱子之如是云云，并非无故也。生生观念，可上溯先秦。《诗经》云，“天生烝民，有物有则”[129]。孔子曰，“天生德于予”[130]。《易经》云，“生生之谓易”[131]。又曰，“天地之大德曰生”[132]是则生生之说，由来久矣。然上古生生，乃天地之创生，而《易》只为其生生之程序。二程则直以之为理之原则，此为程子之创设处。程子云，“天只以生为道”[133]。程颐曰，“天地之化，自然生生不穷”[134]。又云，“天理生生，相续不见”[135]。此生即是理之活动。故云“天之气亦自然生生不穷……往来屈伸，即是理也”[136]。又曰，“道则自然生万物。今夫春生夏长了一番，皆道之生。后来生长，不可道却将既生之气，后来却要生长。道则自然生生不息”[137]。道即理也。以生生形容理，在中国哲学史上，此为首次。

程氏生生观念之开展，盖亦有其个人之因素。程子好“观天地生物气象”[138]，曰“可观莫如万物之生意”[139]。又云，“观物于静中皆有生意”[140]。春意，生意也。程颢云，“万物之生意最可观”[141]。因茂叔（周敦颐）窗前草不除，有问颢。程子答云，“与自家思想一般”[142]，即谓不肯断绝生意。上引“观天地生物气象”下有自注云“周茂叔看”，即指此也。程颐撰其兄行状云。“其始至邑，见人持竿道旁，以黏飞鸟。取其竿折之，教之使勿为”[143]。其爱惜生物如此。

程氏兄弟富有此厚爱生生之性，以生生之德为理之大用。因此于儒家另一基本观念之仁，亦下新解，以为生物之仁。孔子以仁为全德，开新局面。孟子解为人心[144]，亦即“仁者人也”[145]。仁的思想，于焉跃进一步。韩愈（七六八—八二四）以汉儒说仁为爱之说，广而博之，谓“博爱之谓仁”[146]，又进一级。及至二程，则臻乎高峰，即以仁为生理是也。程颐曰，“‘天地之大德曰生’……万物之生意最可观。此元者善之长也。斯所谓仁也”[147]。此即仁有生意。然直谓仁如谷种，则程颐也。彼云，“心譬如谷种。生之性，便是仁也”[148]。其徒谢良佐更为直接，云“心者何也？仁是已。仁者何也？活者为仁，死者为不仁。今人身体麻痹，不知痛痒，谓之不仁。桃杏之核，可种而生者，谓之桃仁杏仁。言有生意。推此仁可见矣”[149]。谢氏思想盖从程颢而来。程颢云，“医书言手足痿痹为不仁[150]。此言最善名状。仁者以天地万物为一体。莫非己也……如手之不仁，气之不贯，皆不属己”[151]。从上面生生观念之进展观之，至程子不特发放异彩，且使理与仁合而一之，诚壮观哉！

以上所述，程子创设可谓宏伟。然而彼对于天地之何以能生生，始终未有说明，只谓其自然如此。至朱子则作一解说，即谷神能生是也。朱子云，“因其空虚，所以能生”。此似与老子“有生于无”[152]，与“道生一，一生二”[153]无异。然老子分有无为二截，亦即体用二截。理学家则谓“寂然不动，感而遂通天下”[154]，亦即体用一源，显微无间。朱子以谷是虚而能受，受而能生，所以为神。天地之所以能生生不穷，正如谷之空虚之受而能生之连续不已也。此生生之理，亦即是仁，亦体亦用。此则儒胜于道。然生生之由，竟于老子得之，不亦奇乎？[155]

抑尤有进者。儒家仁之观念至朱子《仁说》[156]乃造其极，以仁为“爱之理，心之德”[157]。总指上述仁为生生之论。《仁说》通篇未尝引用老子半语，然《语类》云，“仁是个温和柔软底物事。老子说‘柔弱者生之徒，坚强者死之徒’[158]见得自是”[159]。盖谓仁之能生，以其为柔。从来儒家绝无此说。此处朱子又援老子之意以加强儒家生生观念。其借重老子，可谓显然。

总上所言，吾人以为程颐为以理为哲学根基之第一人。彼以理为本体而以生生为其运用。然而二者之关系并未言明。苟不解释清楚，则恐有类老子之分道德为两截。于是朱子以老子之谷神释之。朱子或真以程子有意或无意间采自老子，抑或他本人自采之而以之归功于程子，亦非无可能。无论如何，在朱子心目中，理学中之重要而新颖之生生观念，大有得于老子。

[本文原以“Chu Hsi's Appraisal of Lao Tzu”为题，在一九七三年七月巴黎国际东方学者会议宣读。大意登载该会年报。全文旋登 *Philosophy East and West*（《东西哲学》），第二十五卷，第二期（一九七五年四月），页一三一至一四四。《清华学报》催稿甚急，乃增订自译，改用今题，登该学报第十一卷，第一第二期合刊（一九七五年十二月），页八十九至一〇四。未及告万先法先生。万先生亦未见告，译原文为朱子对老子学之评价，登《中华文化复兴》月刊，第十一卷，第五期（一九七七，五月），页四十三至四十六。一文两译，实不敢当。]

附　注

1　《外书》，卷六，页九上。

2　同上。

3　《近思录序》。

4 《诗经》，诗第一八五篇，《小雅·彤弓之什·鹤鸣》。

5 据《宋史》，卷四二七，“邵雍传”，页十八上至二十一下。

6 据《宋史》，卷四三五，“朱震传”。

7 《皇极经世书》，卷七下，“观物外篇上”，页十九下。

8 《伊川文集》，卷四，“颜子所好何学论”，页一上。

9 《伊川易传》，卷一，页六下。

10 《语类》，卷九十三，第六十二“伊川”条，页三七四五（页九上）云十八岁；卷三十，第五十八“文振”条，页一二四五（页十六上）云二十岁。据姚名达考证（《程伊川年谱》，上海，商务印书馆，一九三七年），页十六。是年为嘉祐元年（一〇五六），程颐二十四岁。

11 据《近思录》（朱子遗书本）。

12 《语类》，卷三十，第四十八“蔡元思”条，页一二四二（页十四下）。

13 《老子》，第三十六章。

14 《老子》，第六十五章。

15 《遗书》，卷七，页二上。

16 《粹言》，卷一，页九上。

17 同上，卷一，页八上。

18 《遗书》，卷十八，页三九下。

19 同上。

20 《遗书》，卷十五，页七上。又《粹言》，卷二，页十一下。

21 《语类》，卷一二五，第二“老子之”条，四七八五（页一上）

22 《老子》，第五十九章。

23 《语类》，卷一二五，第四十六“老子言”条，页四八〇四（页十二下）。

24 《老子》，第十章。

25 《语类》，卷八十七，第一六〇“问气”条，三五八五（页三二上）。

26 《语类》，卷六十，第一二九“杨朱”条，页二二九七（页二四上）。

27 《语类》，卷一二六，第十三“老氏欲”条，页四八二六（页六下）。

28 《语类》，卷一二五，第三“老子之术”条，页四七八五（页一上）。

29 《遗书》，卷十一，页三下。

30 《老子》，第七十四章。

31 《语类》，卷一二五，第五“白丰”条，页四七八六（页一下）。

32 《老子》，第五十七章。

33 《语类》，卷一二五，第四“老子之学大”条，页四七八五（页一上）。

34 《语类》，卷一三七，第九“问史”条，页五二二二至五二二三（页二上）。

35 《老子》，第四十三章。

36 《语类》，卷一二五，第三十八“问老氏”条，页四八〇二（页十一上）。

37 《老子》，第十六章。

38 《老子》，第十章。

39 《老子》，第二十八章。

40 《语类》，卷一二五，第三十六“老子之学只”条，页四八一（页十上）。

41 《语类》，卷六十，第一二九“杨朱”条，页二二九七（页二四上）。

42 《语类》，卷一一三，第十四“初七”条，页四三六五（页五上）。

43 《老子》，第四十章。

44 《语类》，卷一二五，第四十“问反”条，页四八〇三（页十一下至十二上）。

45 《老子》，第十五章。

46 《老子》，第五十九章。

47 《语类》，卷一二五，第三十七“甘叔怀”条，页四八〇二（页十一上）。

48 《语类》，卷一二五，第四十“问反”条，页四八〇三（页十二上）。传指《史记》，卷六三，“老庄申韩列传”。

49 《史记》，卷五十五，“留侯世家”，太史公赞语。

50 事见《史记》，卷五十五；《汉书》卷四十，“张良传”。

51 《语类》，卷一三六，第五“诸葛”条，页五一九二（页一下）。

52 《老子》，第五十七章。

53 《史记》，卷五十五，“留侯世家”云，“沛公（后为汉王）欲以兵二万人击秦晓下军。良说曰，‘秦兵尚强，未可轻。……易动以利。……持重宝秦将’。秦将果叛。欲连和，俱西袭咸阳，沛公欲听之。良曰，‘此独其将欲叛耳。恐士卒不从。不从必危。不如因其解击之’。沛公乃引兵击秦军，大破之”。

54 《史记》卷七，“项羽本纪”云，“项王乃与汉约，中分天下，割鸿沟以西者为汉。……张良、陈平说（汉王）曰，“‘汉有天下太半，而诸侯皆附之。楚兵罢食尽，此天亡楚之时也。不如因其机而遂取之。今释击，此所谓养虎自遗患也。’”

55 《语类》，卷一二五，第三十六“老子之学只”条，页四八〇一（页十上下）。

56 《语类》，卷一三七，第四十一“扬子云”条，页五二〇六（页十五下）。

57 《宋史》，卷四二七，“邵雍传”，页十九下。

58 同上，页二十上。

59 同上，页二十下。

60 《朱子文集》，卷八十五，“六先生画像赞”，页九下。

61 《语类》，卷一百，第十一“因论”条，页四〇四二（页三上）。

62 《语类》，卷一百，第十二“康节”条，页四〇四四（页四上）。

63 《语类》，卷四十七，第三十九“义刚”条，页一八八五（页十上）。

64 《语类》, 卷一二五, 第十一“问老子”条, 页四七八(页二下)。

65 《语类》, 卷一三六, 第三十二“问老子”, 页五二〇五(页九上)。

66 《老子》, 第十章。

67 《遗书》, 卷十九, 页十二上。

68 《论语·卫灵公第十五》, 第十七章。

69 《孟子·离娄第四下》, 第十一章。

70 《史记》, 卷六十三, “老庄申韩列传”, 太史公赞语。

71 《老子》, 第三十六章。

72 《老子》, 第六十五章。

73 《老子》, 第三章。

74 《老子》, 第二十章。

75 《老子》, 第四十九章。

76 《老子》, 第四十章。

77 《老子》, 第六十五章。

78 《老子》, 第三十六章。

79 吴澄:《道德经注》。

80 《老子》, 第四十章。

81 《正蒙·大易篇第十四》, 第十四节。

82 《语类》, 卷一二五, 第四十一“易不”条, 页四八三(页十二上)。

83 《语类》, 卷九十八, 第一二一“问横渠”, 页四二二(页二五下)。

84 《老子》, 第一章。

85 《语类》, 卷一二六, 第十二“问释”条, 页四八二六(页六上)。

86 《语类》, 卷一二六, 第十“谦之问佛”条, 页四八二五(页五下至六上)。

87 同上, 第十一“谦之问今”条, 页四八二五(页六上)。

88 《老子》, 第三十八章。

89 《语类》, 卷十三, 第六十二“道者”条, 页三六八(页九下至十上)。

90 《论语·卫灵公第十五》, 第三章。

91 《论语或问》(朱子遗书本)下, 卷十五, 页三下。《论语·卫灵公第十五》, 第三章。

92 《中庸或问》, 第二十七章。

93 《论语或问下》, 卷十四, 页十二上。《论语·宪问第十四》, 第三十章。

94 《中庸或问》, “或问天命之谓性”节。

95 《孟子或问》, “尽心第七下”, 第一章。

96 《论语或问》，卷十七，页三下。《论语·阳货第十七》，第三章。

97 《老子》，第三十八章。

98 《老子》，第二章。

99 《老子》，第二十一章。

100《老子》，第五十一章。

101《易经·系辞上》，第十章。

102《语类》，卷一二四，第三十五“向见”条，页四七六五（页八上）。

103《易经·系辞上》，第十章。

104《语类》，卷一二五，第二十“问老子与”条，页四七九一至四七九二（页四下至五上）。

105《老子》，第一章。

106《论语·阳货第十七》，第十九章。

107《礼记》，“孔子闲居”，第五节。

108《语类》，卷六十四，第二〇一“公晦”条，页二五四四（页四十上）。

109《论语或问上》，卷四，页九上。《论语·里仁第四》，第八章。

110《疑问录下》。

111《中庸辑略序》。

112《语类》，卷六十七，第七十四“洁静”条，页二六四六（页十八上）。

113《大学章句序》。

114《论语·卫灵公第十五》，第二十章。

115《语类》，卷九十七，第九十七“外书”条，页三九六九（页十九上）。

116《论语·子罕第九》，第十六章。

117《老子》，第二十五章。

118《语类》，卷一三〇，第八十七“或问”条，页四九九四（页二十下）。

119《老子》，第五十九章。

120《孟子·告子第六上》，第八章。

121《语类》，卷五十九，第七十一“器之”条，页二二一三（页二十下）。

122《语类》，卷五十九，第七十一“器之”条，页二二一三（页二十下）。

123《语类》，卷一二六，第四“老子说”条，页四八一九（页上）。

124《语类》，卷二五，第二十九“正淳”条，页四七九八（页八下）。

125 同上，第三十一“问谷”条，页四七九九（页九上）。

126《遗书》，卷三，页四下。

127《遗书》，卷二十五，页七上。

128《语类》，卷九十七，第九十四“程先生”条，页三九六八（页十九上）。

129《诗经》，诗第二六〇篇，《大雅 · 荡之什 · 烝民》

130《论语 · 述而第七》，第二十二章。

131《易经 · 系辞上》，第五章。

132《易经 · 系辞下》，第一章。

133《遗书》，卷二下，页十二下。此卷为二先生语。此语不指是谁。然程氏兄弟于此意见相同。《宋元学案》，卷十三，“明道学案”，页十八上，作程颢（明道）语。

134《遗书》，卷十五，页四下。

135《粹言》，卷二，页四下。

136《遗书》，卷十五，页四下至五上。

137 同上页五下。

138《遗书》，卷六，页三上，不指谁语。朱子《近思录》，卷一，第二十二“观天地”条作明道语。

139《粹言》，卷一，页十二上。《粹言》“子曰”多为程颐（伊川）。

140《粹言》，卷二，页三十上。

141《遗书》，卷十一，页三下。《朱子语类》，卷九十五，第六十二“问伊川”条，页三八六四（页十九下）以此为伊川语。虽可言误，然二程先生之思想相同，不必区分也。

142《遗书》，卷三，页二上。

143《伊川文集》，卷七，页二下。

144《孟子·告子第六上》，第十一章。

145《孟子·尽心第七下》，第十六章。

146《韩昌黎全集》(四部备要本)，卷十一，“原道”页一上。

147《遗书》，卷十一，页三上下。

148《遗书》，卷十八，页二上。

149《上蔡语录》(朱子遗书本)，卷一，页二上。

150《素问》，第四十二篇。

151《遗书》，卷二上，页二上。

152《老子》，第四十章。

153《老子》，第四十二章。

154《易经·系辞上》，第十章。

155 钱穆:《朱子新学案》(台北，三民书局，一九七一年)第四册，页二六二，云从来注家言其生意而朱子则玄牝有所受，又有所应，较诸家说义，独得其全。惟钱氏不言朱子玄牝生生之说。第一册，页三六四，引朱子说程子取玄牝之语，以示朱子亦时取之老庄，但未及讨论。

156《朱子文集》，卷六十七，页二十上至二十一下。

157《论语集注》，“学而篇第一”，第二章。

158《老子》，第七十六章。

159《语类》，卷六，第八十七“耳之”条，页一八五(页十六上)。

朱子之《近思录》

《近思录》为我国第一本哲学选辑之书，亦为以后《性理大全》等书之典型。《性理大全》乃由永乐十三年（一四一五）至光绪三十一年（一九〇五）科举考试之根基，支配我国士人之精神思想凡五百年。谓此为《近思录》影响之扩大，亦无不可。

《近思录》采周敦颐、程颢、程颐、张载之言，分道体、为学、致知、存养、克己、家道、出处、治体、治法、政事、教学、警戒、辨异端、观圣贤十四卷，摘北宋四子之菁华，集理学之大成。朱子讲友刘子澄即编《近思续录》。至明而有高攀龙之《朱子节要》。至清而有张伯行之《续近思录》与《广近思录》等十九种。或辑二程子门人，或选宋明理学家要言，或专采朱子精语。皆依朱子之《近思录》分十四目。[1]《近思录》之内容形式竟支配哲学选录之风气达七八百年。

所谓"近思"者，盖朱子采用《论语》子夏"博学而笃思，切问而近思"[2]之言。朱子《论语集注》之释此语，集引二程子之言。明道曰，"学不博则不能守约，志不笃则不能力行。切问近思在己者，则仁在其中矣"[3]。伊川曰，"近思者以类而推"[4]。盖取其"关于大体而切于日用者"[5]。学者既明道体之梗概，便须识"讲学之方，日用躬行之实。具有科级，循是而进。自卑升高，自近及远"[6]。由为学治己而推之治世学圣贤。因此之故，此书乃为学者所必读。朱子尝云，"四子（四书）六经之阶梯，近思录四子之阶梯"[7]。其重要有如此者。

《近思录》乃朱子与东莱吕祖谦所共辑者。朱子门人黄榦（一一五二—一二二一）尝有是言[8]。《宋史·艺文志》亦明言"朱熹吕祖谦编"[9]。然为此录第一个注家之叶采，虽在其《近思录集解序》中并举两者之名，而在进书表则单提朱子。以后注家如张伯行（《近思录集解》）、茅星来（《近思录集注》）、施璜（《五子近思录发明》），皆不提东莱之名。日本注家殆皆如此。惟江永（《近思录集注》）则每连称朱吕。《四库全书总目提要》谓“讲学家力争门户，务黜众说而定一尊，遂没祖谦之名。但云朱子《近思录》，非其实也”[10]。然若谓二者共编，似无主客之分者，则又不可。

考淳熙二年（一一七五）之夏，吕氏由东阳[11]过朱子之寒泉精舍[12]，“留止旬日，相与读周子程子张子之书。叹其广大闳博，若无津涯，而惧夫初学者不知所入也，因共掇其关于大体，而切于日用者，为此编”[13]。所谓旬日，乃简言之，并非旬日之间，草率成之。《吕东莱先生文集》云吕氏留居月余[14]，《东莱吕太史文集》云东莱淳熙二年四月二十一日首程，留居月余。[15]然朱子序写于五月五日，岂记录有误耶？勿论如何，为期仍是甚短。考朱子于乾道四年（一一六八）成《程氏遗书》，八年（一一七二）成《西铭解义》，翌年成《太极图说解》与《通书解》。是则在编《近思录》之前，于程周之书，研求玩味，历有年所。而录之采择编次，审慎异常。据黄榦云，朱子初本不要卷一道体，“后来觉得无头，只得存之”[16]。朱子亦以“首卷难看。某所以与伯恭（东莱）商量，教他做数语以载于后”[17]。朱子致东莱书云，“向时歉其太高，去却数段，如太极及明道论性之类者。今看得似不可无。……须更得老兄数字附于目录之后，致丁宁之意为佳”[18]。此东莱之所以有其跋上之语也。朱子书中又云，“如以颜子论为首章，却非专论道体，自合入第二卷。又事亲居家直在第九卷亦似太缓。今欲别作一卷，令在出处之前，乃得其序。卷中添却数段，草卷附呈。不知于尊意如何”[19]？淳熙二年（一一七五）东莱归东阳后事也。翌年朱子又移书东莱曰，“近思数段已补入逐篇之末。今以上呈。恐有未安，却望见教。所欲移入第六卷者，可否亦望早垂喻也”[20]。又二年，即淳熙五年（一一七八），朱子承张栻之劝议，添入说科举数段[21]，或即卷七，出处，第三十三“人多说”等三条。可知书之完成，还在初编三年以上。其间彼此参详，移书屡屡。朱子答吕云，“丧礼两条，承疏示幸甚。或更有所考按，因便更望批报也”[22]。此两者或系第六卷，家道，第十五“程子”条与第十八“事亲”两条，或系卒决不采用者。关于《横渠易说》“一故神”[23]之说，朱子云，“横渠说得极好，须当子细看。但《近思录》所载（第一卷）与本书不同。当时缘伯恭不肯全载，故后来不曾与他添得”[24]。朱子答时子云书云，“向编《近思录》欲入数段说科举坏人心术处，而伯恭不肯”[25]。第十卷，政事，第十八“益之初九”条，朱子本不欲加入，说与伯恭，此一段非常有，不必入。伯恭云，‘既云非常有，则有时而有。岂可不书以为戒’？及后思之果然”[26]。第九卷，治法，有第二十二“介甫（王安石，一〇二一—一〇八六）言律是八分书”一条。朱子云，“伯恭以凡事皆具，惟律不说。偶有此条，遂谩载之”[27]。伊川云，“一人之心，即天地一心”云云。[28]朱子“向编《近思录》欲收此段。伯恭以为怕人晓不得错误了”[29]，是以不果。其尤有意义者，吕子多教人看《伊川易传》，而朱子以《易传》不是指实有之事，固乍看难晓。[30]因言“《易传》自是成书，伯恭都摭来作阃范，今亦载《近思录》。某本不喜他如此”[31]。此虽专指第六卷，家道，第三“干母之蛊”一条而言，而《近思录》六百二十二条，竟有一百零六条出自《易传》，比所采任何他书为多，不能不谓为东莱坚持之故。

以上种种，皆足见《近思录》去取之慎，朱吕互议之勤。然主动全属朱子。时人之参议如张栻者不之东莱而之朱子。吕之识语亦为朱子所函索，写在朱序之后，以补其所未及言者。可知朱子主编，东莱附之助之，其功诚伟，然不无宾主之别也。

最重要者，则《近思录》之编排与内容，均以朱子本人之哲学与其道统观念为根据。全书以周子《太极图说》为首。盖由太极而阳阴而五行以至于万物化生与圣人之立人极，为朱子哲学之轮廓，亦成为数百年后理学一贯之哲学轮廓。每卷以周子始，二程次之，张子为后。张子比二程年长，应居先。而朱子之次序如彼者，乃以周子为理学之开端，以二程为理学之成立，张子为理学之补充，于礼教鬼神等说，贡献更大。朱子之理学传统如此，故《语类》卷九十三以“孔孟周程”为题，又载朱子语曰，“横渠之于程子，犹伯夷伊尹之于孔子”[32]。

谈理学者每称北宋五子，而《近思录》不收邵雍之言。其主要原因，不外朱子以邵子居儒学正统体系之外。所以然者，一方盖以其少谈仁、义等儒家基本问题。而一方则因邵子理数之学，道家气味太浓。据《宋史》邵子象数之学得自李之才[33]，而李之才得自道士陈抟。[34]或云周子亦得自陈抟。然周子卒归诸“中正仁义，立人极焉”[35]。而朱子之释《太极图说》首句“无极而太极”，非如道家之有生于无，乃“上天之载，无声无臭”[36]。朱子之避老子而归乎中庸，显然可见。

朱子之排道之更为显然者，于其更改伊川颜子所好何学论可以见之。《近思录》之采引原文，每有增减，然皆为行文之便，与原意并无出入。惟卷二，为学，第三条采用伊川此文，原文七百一十四字，朱子删二百五十五字，增十三字。大意与原篇相符。然原文“觉者约其情……故曰性其情。愚者则不知制之。……故曰情其性”[37]。朱子删去“故曰性其情”与“故曰情其性”二句。前句出自王弼（二二六—二四九）《周易·乾卦注》。汉儒多主性善情恶之论。王弼继之，实为道家所影响。《伊川易传》注乾卦云，“乾之性情也，既始而亨，非利贞其能不息乎”[38]？即是性情俱善之意。据《朱子语类》，颜子所好何学论为十八岁时之作。[39]然又谓为二十岁时之作。[40]总之为少年之作，与晚年所作《易传》见解相反。朱子删去两句，以避矛盾，亦未可知。然其基本原因，实在避免道家性善情恶之说。又原论有“明诸心，知所养”句，注云“一本作往”。《近思录》朱子遗书本用“往”而不用“养”。[41]朱子云，“一本作‘知所养’。恐往字为是。往与行字相应”[42]。道家重养，以其静。儒家重行，以其动。朱子之去取，非偶然也。

以上所云，似谓朱子以主观去取。实则不然。《近思录》之改削字句而于意义有所影响者，只此一处。且此又为间接暗示而已。其余通篇之客观精神，伟大无比。伊川说经，每与原意不符，实借孔孟以发挥其本人意见。《易传》尤甚。朱子采用伊川之语，并不更改，以复孔孟古经之原。如《近思录》卷七，出处，第十三“君子当困”条，伊川解《论语》“见危致命”[43]之“致命”为“推致其命”。朱子不以其改《论语》授命为推命而不采，而毅然以客观态度采之。宁于谈话之间，指出其相别之处。朱子云，“伊川解作推致其命，虽说得通。然论语中致命字都是委致之致”[44]。又如卷四，存养，第六“人之所以不能安”条，伊川解“艮其背，为止于所不见”。朱子谓“窃恐未然。……止是当止之处”[45]。伊川云，“外物不接，内欲不萌，如是而已”。朱子则云，“窃恐外物无有绝而不接之理”[46]。又如第十二卷，警戒，第十四“治水”条，伊川释“方命”为不顺正理。[47]而朱子则谓“方命之命，皆命令也”[48]。凡此皆朱子之不赞同伊川之说，而此皆不碍其采纳程子之语也。

朱子以大公至正之态度，采选只六百二十二条，而竟能代表理学之全部，无怪为四子之阶。钱穆先生尝云我国有关修养人人所必读者为《论》《孟》《老》《庄》《六祖坛经》《近思录》与《传习录》七书。[49]即直比《近思录》于经书矣。因此中日注解除儒道经书以外，恐比任何一书为多。由朱子门人陈埴之《杂问》，与再传弟子叶采之《集解》，而至宋末戴亨之《补注》，元代柳贯之《广辑》，明周公恕之《集解》，清代张伯行之《集解》，茅星来之《集注》，江永之《集注》，历五六百年，凡十八种。[50]朝鲜注释亦在七八之数。[51]日本因十七世纪海南朱子派与山崎暗斋（一六一八—一六八二）及其门徒六千余人之提倡，笔解口述，连一九六〇年山崎道夫所著《近思录研究序》说，注解讲述翻译，不下百余种，可云极盛。[52]所引不止朱子与宋明诸儒，间且有引王阳明及佛家语者。以言引朱，总不若江永之精。名物掌故与校对，远不及茅星来。而诠释意义，则更在张伯行、施璜之下。惟佐藤一斋之《近思录栏外书参考》甚详，新见颇多。而宇都宫遁庵之《鳌头近思录》之引语探源，最为特色。我国注家之最可异者，则张伯行之删去卷六，家道，第十三“问孀妇”条，而以伊川论兄弟之爱一段[53]以补填之。谅必以伊川“饿死事极小，失节事极大”[54]之言为太苛。此私改原书，似乎从来未经有人发现。伯行效忠朱子，可谓鞠躬尽瘁。然去朱子之客观精神，则甚远矣。

《朱子全书》卷四十九（理气一）之译英虽远在一八七四年，其小学之译法，远在一八八九，而《近思录》乃至一九五三年始有德译。译者因叶采集解流行日本，亦全译之，而不知叶注之劣也。[55]鄙人承哥伦比亚大学东方经典翻译委员会之托，将《近思录》全部译英，并选译朱子有关之言与茅、张、施、叶暨朝鲜、日本等注，并备概言与详述《近思录》编纂译注之经过。以上所言，即此中之大意也。书将于来春出版[56]，盖所以求正于大雅，亦所以推扬理学于欧美也。

附录一《近思录》选语统计

卷	一	二	三	四	五	六	七	八	九	十	十一	十二	十三	十四		共
周敦颐																
《太极图说》	1														1	
《通书》	1	2		1	1			1	1		1	1			9	
《通书》附录														1	1	
《遗文》					1										1	12
程颢																
《明道文集》		1						1	2						4	
《遗书》	10	31	2	23	13			4		14	9	5	9	18	138	
《遗书》附录										2				2	4	
《外书》		5	3	2				3		1				2	16	162
程颐																

续

卷	一	二	三	四	五	六	七	八	九	十	十一	十二	十三	十四		共
《伊川文集》	2	1	6		1	1		1	3	4	1			1	21	
《遗书》	15	21	38	29	4	5	13		10	10	4	8	1		158	
《遗书》附录									1						1	
《外书》		6	10	3	5	3	1		1	4			1		34	
《伊川易传》	11	7	3	5	6	7	21	10	1	22	1	12			106	
《伊川经说》	2	2			1	1		2	1	2	1	4			16	
手帖		1													1	338
张载																
《横渠文集》		7	6	1			1	1	2	1					19	
《正蒙》	6	11			4			2			1	1	3		28	
《语录》	2	11	8	3	4	1	2		2	1				1	35	
《易说》	1	1	1	2						3					8	
《孟子说》		2	1	1			1				1	1			7	
《论语说》		1			1										2	
《诗说》						2									2	
《礼记说》											2				2	
《记说》						1									1	
《礼乐说》												1			1	
《乐说》									1						1	
《行状》						1			2					1	4	110
各卷条数	51	111	78	70	41	22	39	25	27	64	21	33	14	26	622	622

以上选自周子者四种，程子明道四种，程子伊川七种，张子十二种，共二十七种。然二程兄弟之《遗书》与《外书》实二人所共，而《通书》附录与《遗书》附录，既为附录，即在两书之内。故实采自二十三种。而其中遗文、手帖、行状，未必单行。即《太极图说》，亦甚短也。张子之《孟子说》《论语说》《诗说》《礼记说》《礼乐说》《乐说》，均已不存。其语散见《张子全书》。且有十一条，《近思录》所举为甲书，而今见诸乙书者，必是历代编钞移易所致。计有卷一，第三；卷二，第九十，九十五，九十六，一百；卷三，第十五，十七，六十一；卷九，第九，十六；与卷十二，第三十，共十一宗。均详附录二“《近思录》选语来源考”。其中九宗，已经茅星来《近思录集注》指出。今补入卷二，第九十五，与卷三，第六十一两条。茅氏并谓卷二，第五十三伊川语“今之”条今见《张子语录》(《张子全书》，卷七，页一下)。此诚是矣。然亦见《遗书》，卷十七，页三上伊川语也。

《近思录》凡例，每卷其中若干条，必冠以“某某先生曰”。其下各条，当是此先生之言。此例于周子、张子，均无问题。惟二程则不符者多起。如第十三卷，第三条“明道先生曰”，至第十一条方有“伊川先生曰”。如是由第一至第十条，皆是明道之语。然第九、第十两条，均见遗书伊川之语。且有多条，依《近思录》凡例为明道或伊川之言，而实出自《遗书》卷一至卷十，为二先生语，不指明是谁者。故有许多句语，可能为明道之言，亦可能为伊川之言。其确有证据，实为兄弟某人之言者(详附录二，三)，则其数如下：

明道

《明道文集》	4
《遗书》	44
《遗书附录》	1
《外书》	15/67

伊川

《伊川文集》	21
《遗书》	143
《遗书附录》	1
《外书》	20
《伊川易传》	106
《伊川经说》	17
手帖	1/309

照《近思录》凡例，则明道共选一百六十二条，伊川共选三百三十八条。故四先生所选诸条之总数如下：

周子	12
明道	67-162
伊川	309-338
张子	110/622

总之，伊川最多，周子最少。

附录二《近思录》选语来源考

朱子《近思录》六百二十二条之下，注明来自何书。其后诸书编辑多所变易。故朱子所云某条出自甲书，今有多宗，不论其书尚存与否，而别见乙书者。即其书尚存，而朱子只举书名，未详章节。如云《遗书》，则二十五卷，从何探索？注家指明出处者甚少。有之亦只卷数而已。今悉寻获其卷数页数，详列于下。其另见他书者，亦查现在何书。其书与朱子所举之书不同者，则置朱子所举之书于括弧之内。

卷一，道体

(1)“无极”条。《周子全书》，卷一。(2)“诚无为”。周子《通书·诚几德第三》。(3)“喜怒”。(《文集》)，今见《遗书》，卷五，页十二上。(4)“心一”。(《文集》)，《伊川文集》，卷五，页十二上。(5)“乾天”。《伊川易传》，卷一，页一上。(6)“四德”。(7)“天所赋”。均页二下。(8)“鬼神”。页七下。(9)“剥之为卦”。卷二，页三十一上下。(10)“一阳”。页三十三上。(11)“仁者天下之公”。页三十四上。(12)“有感”。卷三，页三十四上。(13)“天下”。页六上。(14)“人性”。卷四，页十一下。(15)“在物”。页二十下。(16)“动静”。《伊川经说》，卷一，页二上。(17)“仁者天下正理”。卷六，页二下。(18)“天地”。《遗书》，卷一，页二上。(19)“忠信”。页三上下。(20)“医书”。卷二上，页二上下。(21)“生之谓性”。卷一，页七下至八上。(22)“观天地”。卷六，页三上。(23)“万物”。卷十一，页三下。(24)“满腔子”。卷三，页二上。(25)“天地万物”。卷十一，页三下。(26)“中者”。卷十一，页十一上。(27)“公则一”。卷十五，页一下。(28)“凡物”。页四下。(29)“杨子”。卷十七，页六上。(30)“问时中”。卷十八，页二十四上。(31)“无妄”。卷六，页八下。(32)“冲漠”。卷十五，页八上。(33)“近取”。页十八下。(34)“天地之间”。页七下。(35)“问仁”。卷十八，页一上。(36)“问仁与心”。页二上。(37)“义训宜”。卷二十四，页三上。(38)“性即理”。卷二十二上，页十一上。(39)“问心”。卷十八，页十七上。(40)“性出于天”。卷十九，页四下。(41)“性者”。卷九，页一上。(42)“心生”。卷二十一下，页二上。(43)“气块”。《正蒙·太和篇第一》;《张子全书》，卷二，页四下。(44)“游气”。同上;《全书》，卷二，页四下。(45)“天体物”。《天道篇第三》;《全书》，卷二，页十一下。(46)“鬼神”。《太和篇第一》;《全书》，卷二，页四上。(47)“物之初生”。《动物篇第五》;《全书》，卷二，页十六上。(48)“性者”。《诚明篇第六》;《全书》，卷二，页十七下。(49)“一故神”。(《易说》),《易说下》,《系辞上》;《全书》，卷十一，页十二下。(50)“心统”。《语录》。(51)“凡物”。《语录》。俱《全书》，卷十四，《性理拾遗》，页二上。

卷二，为学

(1)“圣希天”条。《通书·志学第十》。(2)“圣人”。《陋第三十四》。(3)“或问”。《伊川文集》，卷四，页一上至二上。(4)“定性”。《明道文集》，卷三，页一上下。(5)“圣贡”。《伊川文集》，卷五，页七上下。(6)“内积”。《伊川易传》，卷一，页四下。(7)“君子”。页十二上。(8)“动以”。卷二，页三十五上下。(9)“人之蕴”。页三十九下。(10)“咸之象”。卷三，页二上，页三上下。(11)“君子”。页三十上。(12)“非明”。卷四，页三十一下。(13)“习重”。《伊川经说》，卷六，页一上。(14)“古之学”。(《经说》)。今不见《经说》。《朱子论语集注·宪问第十四》，第二十五章引。(15)“圣人”。手帖。《伊川文集》，附录，页三上。(16)“修辞”。《遗书》，卷一，页一下。(17)“志道”。卷二，页一上。(18)“孟子”。卷二上，页五下；卷三，页二下。(19)“且省”。页六上。(20)“学者识”。(21)“昔受学”。均页二上。(22)“所见”。页六上下。(23)“朋友”。页八上。(24)“须是”。页十五上。(25)“自舜”。卷三，页一下。(26)“参也”。页二下。(27)“明道”。页一下。(28)“礼乐”。页六下。(29)“父子”。卷五，页一下。(30)“论性”。并卷六，页二上。(31)“论学”。卷五，页一上。(32)“曾点”。卷六，页五下。(33)“根本”。页六上。(34)“敬义”。卷五，页二下。(35)“懈意”。卷六，页三上。(36)“不学”。卷七，页三上。(37)“人之学”。卷十四，页一下。(38)“学者为”。卷十五，页十上。(39)“内重”。卷六，页十一上。(40)“董仲舒”。卷九，页三上。部分又见《二程外书》，卷八，页一上。(41)“大抵”。卷十一，页四上。(42)“视听”。页十下。(43)“学只”。页十一下。(44)“忠信”。页十二下。(45)“凡人”。卷十二，页二上。(46)“有人”。(47)“博学”。(48)“弘而不毅”。均卷十四，页一上。(49)“古之学者优”。卷十五，页二上。(50)“修养”。页六下。(51)“忠恕”。(52)“仁之道”。均页八下。(53)“今之为学”。卷十七，页三下。又见《张子全书》，卷七，页一下。语稍异。(54)“人谓”。(55)“知之”。均卷十七，页六上。(56)“古之学者一”。卷十八，页四下。(57)“问作文”。页四十二下。(58)“涵养”。页五下。

(59)“莫说”。页六上。(60)“问必有事”。(61)问“敬义”。均页十九上。(62)“学者须”。页二十八上。(63)“回也”。卷二十二上，页六上。(64)“仁者”。页十二下。(65)“有求”。卷二十五，页五下。(66)“古之学者”。(67)“君子”。均页七下。(68)“性静”。二程外书，卷一，页一上。(69)“弘而不毅”。卷二，页一下。(70)“知性”。页二下。(71)“人安重”。卷六，页二上。(72)“博学”。页二下。(73)“张思叔”。卷十一，页二下。(74)“人之为学”。卷十二，页三下。(75)“尹彦明”。页十三下。(76)“有人”。页十六上。(77)“谢显道见”。(78)“谢显道云”。均页五下。(79)“精义”。《正蒙·神化篇第四》;《张子全书》，卷二，页十四下。(80)“形而后”。《诚明篇第六》;《全书》，卷二，页十八下至十九上。(81)“德不胜”。同上，《全书》，卷二，页十九下。(82)“莫非”。同上，《全书》，卷二，页二十下。(83)“大其心”。《大心篇第七》，《全书》，卷二，页二十一上。(84)“仲尼”。《中正篇第八》，《全书》，卷二，页二十四上。(85)“上达”。《诚明篇第六》;《全书》，卷二，页十八上。(86)“知崇天”。《至当篇第九》，《全书》，卷三，页三下。(87)“困之进”。三十篇第十一;《全书》，卷三，页六上。(88)“言有教。”《有德篇第十二》;《全书》，卷三，页九上。(89)“订顽”。《乾称篇第十七》;《全书》，卷一，页一上至六下；卷三，页二十三下至二十四上。(90)“将修己”(《文集》)。今见《正蒙·乾称篇第十七》;《全书》，卷三，页二十三下。(91)“吾辈”。(《文集》)。今见《全书》，卷十四，《性理拾遗》，页三上。(92)“未知”。(《文集》)。今见同上，页十四上下。(93)“明善”。(《文集》)。今见同上，页二下。(94)“今且”。(《文集》)。今见同上，页三下。(95)“为天”。(《文集》)。今见同上，页三下，《与张子语录》，

(中),页六下。(96)"载所以"。(《文集》)。今见《全书》,卷十二,《语录抄》,页七下,《与张子语录》,(下),页七上下。(97)"须放心"。《易说》;《全书》,卷十一,《易说》,(下),页二十二上。(98)"人多"。(《论语说》)。今见《全书》,卷十四,《性理拾遗》,页三下。(99)"多闻"。(《孟子说》)。今见同上,页四上。(100)"为学"。(《孟子说》)。今见《全书》,卷六,《经学理窟》,页三上,与卷十二,《语录抄》,页三上。(101)"文要"。(《语录》)。今见《全书》,卷五,《经学理窟》,页四上。(102)"不知"。(《语录》)。今见同上,页六上。(103)"心大"。(《语录》)。今见同上,页六下。(104)"人虽有功"。(《语录》)。今见《全书》,卷六,《经学理窟》,页一下。(105)"合内外"。(《语录》)。今见同上,页二上。(106)"既学"。(《语录》)。今见同上,页六下。(107)"窃尝"。(《语录》)。今见《全书》,卷十四,《性理拾遗》,页四上。(108)"学未至"。(《语录》)。今见《全书》,卷六,《经学理窟》,页一上。(109)"凡事"。(《语录》)。今见同上,页下一。(110)"耳目"。(《语录》)。今见同上,页二下。(111)"学者"。(《语录》)。今见《全书》,卷七,页四下。

卷三,致知

(1)"心通"条。《伊川文集》,卷五,页七下。(2)"孔孟"。同上,页十七上。(3)"所论"。页四上。(4)"欲知"。《遗书》,卷二上,页三下。(5)"今日"。卷二下,页三上下。(6)"学原"。卷六,页一上。(7)"所谓"。卷十五,页十二上。(8)"问忠信"。卷十八,页四下至五上。(9)"凡一物"。卷十八,页五下;卷二上,页二十二下。(10)"思曰睿"。页四上。(11)"问人"。页五下。(12)"问观物"。页八下;卷十七,页六上。

(13)“思曰睿”。卷十八，页三十三上。(14)“问如何”。卷二十二上，页五上。(15)“学者”。(《遗书》)。今见《外书》，卷十一，页二下。(16)“所访”。(《文集》)。今见《张子全书》，卷十三，《文集抄》，页一上。(17)“子贡”。(《文集》)今见同上，卷十二，《语录抄》，页一上。(18)“义理之学”。(《文集》)。今见同上，卷六，《经学理窟》，页二下。(19)“学不能”。(《文集》)。今见同上，页三下。(20)“博学”。(《文集》)。今见同上，卷十四，《性理拾遗》，页四上。(21)“义理有疑”。(《文集》)。今见同上，卷七，《经学理窟》，页三下。部分又见卷十二，《语录抄》，页三上。(22)“凡致思”。(《孟子说》)。今见《全书》，卷十四，《性理拾遗》，页四上。(23)“凡看文学”。(24)“学者要”。均《遗书》，卷二十二上，页十四上。(25)“凡解文字”。卷十八，页十七下至十八上。(26)“学者不泥”。十八页上。(27)“凡观”。页四十七下。又见《张子全书》，卷十二，《语录抄》，页三下。(28)“问莹中”。(29)“子在”。均《遗书》，卷十九，页三下。(30)“今人”。页十一下。(31)“凡看文字”。卷二十二上，页十三下。(32)“凡解经”。(《外书》)。今不见《外书》。《外书》，卷六，页一下，有语相似。(33)“焯初”。(《外书》)。今不见。(34)“初学”。《遗书》，卷二十二上，页一上。(35)“学者先须”。卷十八，页十八上。(36)“读论语”。卷二十二上，页二上。(37)“凡看语孟”。页六下。(38)“论语有”。卷十九，页十一上。(39)“学者当”。卷二十五，页五下。(40)“读论语”。卷六，页六上。(41)“论语孟子”。《外书》，卷五，页一下。(42)“问且将”。卷十二，页十六上。(43)“兴于诗”。卷三，页一上。又见《遗书》，卷二上，页二十一上。(44)“谢显道”。《外书》，卷十二，页四下与页六上。又见谢良佐《上蔡语录》，卷上，页九上下，与卷下，页一下。(45)“学者不可”。《外书》，卷十二，页七上。(46)“不以”。卷一，页二上。(47)“看书”。《遗书》，卷二十四，页一下。(48)“中庸”。卷十五，页十四上。(49)“易变”。(《文集》)。今见《伊川易传序》。(50)“易传”。《伊川文集》，卷五，页十六上。(51)“知时”。《伊川易传》，卷三，页四十六下。(52)“大畜”。卷二，页四十上。(53)“诸卦”。卷四，页十九上。(54)“问胡”。(55)“看易”。均《遗书》，卷十九，页二上。(56)“易中”。卷十四，页二上。(57)“作易”。《外书》，卷七，页二下。(58)“今时”。卷五，页一上。(59)“游定夫”。卷十二，页十七下。(60)“只说”。卷十一，页六上。(61)“天之生民”。(《文集》)。今见《伊川经说》，卷四，页一上下。(62)“诗书”。《遗书》，卷二上，页四下至五上。(63)“五经”。页四下。(64)“学春”。卷十五，页十六上。(65)“春秋”。页十六下。又见卷二十二上，页二下。(66)“凡读史”。卷十八，页三十七上。(67)“先生”。(68)“读史”。均卷十九，页九上。(69)“元祐”。《外书》，卷十二，页十七下。茅星来《近思录集注》，谓出《外书》卷十一，恐误。(70)“序卦”。《易说》。今见《张子全书》，卷十一，《易说下》，页三十一上。(71)“天官”。(《语录》)。今见同上，卷四，《经学理窟》，页一下，六下。(72)古人。(《语录》)。今见同上，页七上。(73)“尚书”。(《语录》)。今见同上，页七下。(74)“读书”。(《语录》)。今见同上，卷六，《经学理窟》，页四上。部分又见《张子语录》，(中)。页七上。(75)“书须”。(《语录》)。今见《全书》，卷六，《经学理窟》，页四下。(76)“六经”。(《语录》)。今见同上，页五下至六上。(77)“如中庸”。(《语录》)。今见同上，卷七，页二下。(78)“春秋”。(《语录》)。今见同上，卷十四，页四上。

卷四，存养

(1)“或问”条。周子《通书·圣学第二十》。(2)“阳始生”。复卦。《伊川易传》，卷二，页三十三上。(3)“动息”。页四十二上。(4)“慎言语”。卷二，页四十三上。(5)“震惊”。卷四，页十六上至十七上。(6)“人之所以”。卷四，页二十上。(7)“若不能”。《遗书》，卷一，页三下。(8)“圣贤”。卷一，页四上。(9)“李吁”。页五下。(10)“吕与叔”。页六上。(11)“邢和叔”。页八上。(12)“学者同一体”。卷二上，页二上。(13)“居处”。页一上。(14)“学者须”。页二上。(15)“思无邪”。页五下至六上。(16)“今学”。页十六上。(17)“今志”。页二十一下。(18)“敬而无失”。页二十三下。(19)“司马”。(20)“伯淳”。均页二十四下。(21)“人心”。卷二下，页三下至四上。(22)“某写字”。卷三，页二上。(23)“圣人不记”。页四下。(24)“明道”。页五上。(25)“入道”。页五下至六上。(26)“人只有”。卷十八，页二十四下至二十五上。(27)“人多”。卷十五，页一下。(28)“不能”。卷五，页二上。(29)“静后”。卷六，页四上。(30)“孔子”。页一上。(31)“圣人脩”。页一上下。(32)“存养”。页三上。(33)“不愧”。页十上。(34)“心要”。卷七，页一上。(35)“人心”。卷五，页一上。(36)“天地”。(37)“毋不敬”。均卷十一，页二上。(38)“敬胜”。页二下。(39)“敬以直内”。页三上。(40)“涵养”。卷十五，页一上。(41)“子在川上”。卷十四，页一下。(42)“不有躬”。卷六，页二上。(43)“学者患”。卷十五，页四上。(44)“闲邪则诚”。页五上下。(45)“闲邪则固”。页六下。(46)“有言”。页七上。(47)“敬则自虚静”。页十一上。(48)“学者先务”。页十九下至二十上。(49)“严威”。⑸⑼“舜孳”。均页二十一上。(51)“问人之”。卷十八，页七上下。(52)“思虑”。页七下。(53)“苏季明”。页十四下至十五下。(54)“人于梦”。页十六上。(55)“问人心”。页十六上下。(56)“持其志”。页十八下。(57)“问出辞”。页二十上。(58)“先生”。卷二十一上，页二下。(59)“大率”。《外书》，卷一，页一下。(60)“致知”。卷二，页四上。(61)“心定”。卷十一，页三下。(62)“人有”。卷十二，页六下。(63)“谢显道”。页九下。(64)“始学”。(《文集》)。今见《张子全书》，卷十四，《性理拾遗》，页四上。(65)“心清”。(《语录》)。上半今见《全书》，卷七，《经学理窟》，页一下。下半见卷十四，《性理拾遗》，页四上下。(66)“戏谑”。(《语录》)。今见《全书》，卷六，《经学理窟》，页七上。(67)“正心”。(《语录》)。今见同上，页七上下。(68)“定然”。《易说》。今见《全书》，卷九，《易说》(上)，页三十二上。(69)“动静”。《易说》。今见《全书》，卷十，页二十二下。(70)“敦笃”。(《孟子说》)。今见《全书》，卷十四，《性理拾遗》，页四下。

卷五，克己

(1)“君子”条。周子《通书·乾损益动第三十》。(2)“孟子”。(《遗文》)。今见《周子全书》，卷十七，页三三四。(3)“颜渊”。《伊川文集》，卷四，页四上下。(4)“复之初九”。《伊川易传》，卷二，页三十三下。(5)“晋之上九”。卷三，页十七上。(6)“损者”。页三十七上。(7)“尖九”。页四十八上。(8)“方说”。卷四，页四十六下。(9)“节之九二”。页四十七上。(10)人而无。(《经说》)。今不见。《遗书》，卷九，页四上略同。(11)“义理”。《遗书》，卷一，页三下。(12)“或谓”。卷十七，页三下。(13)“人不能”。卷十五，页二下。(14)“治怒”。卷一，页八下。(15)“尧夫”。卷二上，页十六上下。(16)“目畏”。卷二下，页二上。(17)“责上”。卷五，页一下。(18)“舍己”。卷九，页三上。(19)“九德”。卷七，页二下。(20)“饥食”。卷六，页二下。(21)“猎自谓”。卷七，页一下。(22)“大抵”。卷三，页六上。(23)“罪己”。页五下。(24)“所欲”。卷十五，页二上。(25)“子路”。卷三，页六下。(26)“人语”。卷十八，页七上。(27)“问不迁”。页二十二上。(28)“人之视”。《外书》，卷三，页一下。(29)“圣人”。卷七，页一下。(30)“谢子”。卷十二，页五上。(31)“思叔”。页八上。(32)“见贤”。卷二，页一下。(33)“湛一”。《正蒙·诚明篇第六》;《张子全书》，卷二，页十八下。(34)“纤恶”。同上;《全书》，卷二，页二十下。(35)“恶不仁”。《中正篇第八》;《全书》，卷二，页二十五上。(36)“责己”。同上;《全书》，卷二，页二十五下。(37)“有潜”。(《论语说》)。今见《张子全书》，卷十四，《性理拾遗》，页四下。(38)“矫轻”。(《语录》)。今见《全书》，卷五，《经学理窟》，页八上。(39)“仁之难”。(《语录》)。今见《全书》，卷六，页八上。(40)“君子”。(《语录》)。今见《全书》，卷五，页六上下。(41)“世学”。(《语录》)。今见《全书》，卷七，《经学理窟》，页四上。

卷六，家道

(1)“弟子”条。《伊川经说》，卷六，页一上下。(2)“孟子”。《伊川易传》，卷一，页二十七下至二十八上。(3)“干母”。卷二，页十三下。(4)“盘之九三”。页十四上。(5)“正伦”。卷三，页二十一上。(6)“人之处”。页二十二下。(7)“家人”。页二十四上。(8)“归妹”。卷四，页二十九上。(9)“世人”。《遗书》，卷一，页五下。(10)“人无父母”。卷六，页七下。(11)“问行状”。卷十八，页三十二上。(12)“问第五伦”。页三十八下至三十九上。(13)“问孀妇”。卷二十二下，页三上。(14)“病卧”。《外书》，卷十二，页七上。(15)“程子”。卷七，页一下。(16)“买乳婢”。卷十，页四上。(17)“先公”。《伊川文集》，卷八，页二上，页四下至五上，页六上至七下。(18)“横渠”。(《行状》)。今见《张子全书》，卷十五，《附录》，页十二下。(19)“舜之事”。(《经说》)。今见《张子全书》，卷十四，《性理拾遗》，页四下。(20)“斯干”。(《诗说》)。今见同上，页四下至五上。(21)“人不为”。(《诗说》)。今见同上，页五上。(22)“婢仆”。(《语录》)。今见《全书》，卷六，《经学理窟》，页八下。

卷七，出处

(1)“贤者条”。《伊川易传》，卷一，页十七上。(2)“君子之需”。页二十一上。(3)“比吉”。页二十九下。(4)“履之”。页三十八上下。(5)“大人”。页四十五下。(6)“人之所随”。卷二，页十上。(7)“君子所贵”。页二十七上。(8)“蛊之上九”。页十四下至十五上。(9)“遁者”。卷三，页九上。(10)“明夷”。页十八下。(11)“晋之初六”。页十五上下。(12)“不正”。页二十七上。(13)“君子当”。卷四，页二上。(14)“寒士”。页三下。(15)“井之九三”。页七上。(16)“革之六二”。页九下至十上。(17)“鼎之有”。页十四上下。(18)“士之处”。页二十一下。(19)“君子思”。页二十一上。(20)“人之止”，页二十二下。(21)“中孚”。页五十上。(22)“贤者”。《遗书》，卷二上，页四下。(23)“入之于”。页十九上。(24)“门人”。卷四，页一上。(25)“人苟有”。卷十五，页三下至四上。(26)“孟子”。卷十七，页二下。(27)“大凡”。页二上。(28)“赵景平”。卷十六，页一上。(29)“问邢七”。卷十九，页十一上。(30)“谢堤”。卷二十一上，页二上。(31)“先生”。卷十九，页九上下。(32)“汉策”。卷一，页五下。(33)“人多说”。卷十八，页三上下。(34)“问家贫”。页九下。(35)“或谓”。《外书》，卷十一，页五上。(36)“世禄”。(《文集》)。今见《张子全书》，卷十三，《文集抄》，页三下。(37)“不资”。(《孟子说》)。今见《正蒙·作者篇第十》；《全书》，卷三，页五下。(38)“人多言”(《语录》)。今见《全书》，卷五，《经学理窟》，页八上。(39)“天下”。(《语录》)。今见《全书》，卷七，《经学理窟》，页七上。

卷八，治体

(1)“治天下条”。周子《通书·家人睽复无妄第三十二》。(2)“得天”。《明道文集》，卷二，页一上下。(3)“当世”。《伊川文集》，卷一，页三上。(4)“比之九五”。《伊川易传》，卷一，页三十二上下。(5)“古之时”。页三十八上。(6)“泰之九二”。页四十一下至四十二上。(7)“观盥”。卷二，页十八下。(8)“凡天”。页二十一下至二十二上。(9)“大畜”。页四十一上下。(10)“解利”。卷三，页三十二下至三十三上。(11)“夫有物”。卷四，页二十下。(12)“允说”。页四十下。(13)“天下”。页五十五下。(14)“为民”。《伊川经说》，卷四，页八下。(15)“治身”。卷二，页三下。(16)“先王”。《遗书》，卷一，页三上。(17)“为政”。卷十一，页十二下。(18)“治道”。卷十五，页十七上。(19)“唐有”。卷十八，页四十下。(20)“教人”。《外书》，卷十一，页二上。(21)“必有”。卷十二，页七上。(22)“君仁”。卷六，页十上。(23)“道干”。《正蒙·有司篇第十三》;《张子全书》，卷三，页十一下。(24)“法立”。三十篇第十一;《全书》，卷三，页八上。(25)“朝廷”。(《文集》)。今见《全书》，卷十三,《文集抄》，页一上下。

卷九，治法

(1)“古者”条。周子《通书·乐上第十七》。(2)“治天下”。《明道文集》，卷二，页二下至三上。(3)“明道先生论”。页六上。(4)“三代”。《伊川文集》，卷二，页三上。(5)“伊川”。卷三，页一上，页二下，页九下，页二上，页七下至八上。(6)“明道先生行状”。卷七，页二下。(7)“萃王”。《伊川易传》，卷三，页五十二上下。(8)“古者”。《伊川经说》，卷三，页十九下。(9)“圣人”。(《遗书》)。今见《外书》，卷三，页一上。(10)“韩信”。《遗书》，卷七，页三上。(11)“管辖”。卷十，页四上。(12)“管摄”。卷六，页四下。(13)“宗子”。卷十五，页六下。(14)“凡人”。卷一，页五上下。(15)“冠昏”。卷十八，页四十三至四十四上。(16)“卜其宅”。(《遗书》)。今见《伊川文集》，卷六，页二下。(17)“正叔”。《遗书》，卷十，页四上。(18)“今无”。卷十八，页四十四下至四十五上。(19)“邢和”。《遗书·附录》，页四上。(20)“介甫”。《外书》，卷十，页三下。(21)“兵谋”。(22)“肉辟”。均(《文集》)，今见《张子全书》，卷十四,《性理拾遗》，页五上。(23)“吕与叔”。(《行状》)。今见《全书》，卷十五,《附录》，页十三上下。(24)“横渠”。(《行状》)。今见《全书》，同上，页十一上下。(25)“古者”。(《乐说》)。今见《全书》，卷十四,《性理拾遗》，页五上。(26)“治天下”。(《语录》)。今见《全书》，卷四，页一上。(27)“井田”。(《语录》)。今见《全书》，同上，页三上。

卷十，政事

(1)“夫钟”条。《伊川文集》，卷二，页七下至八上。(2)“观公”。卷五，页六下。(3)“明道为”。页九下。(4)“一命”。卷七，页二上。(5)“君子”。《伊川易传》，卷一，页二十四上。(6)“师之九二”。(7)“世儒”。均页二十七下。(8)“大有”。页五十二上。(9)“人心”。卷二，页九下。(10)“随九”。页十一上。(11)“坎之六四”。页五十一下至五十二上。(12)“恒之初六”。卷三，页六下。(13)“遁之九三”。卷三，页十上。(14)“睽之象”。页二十五上下。(15)“睽之初九”。页二十五下。(16)“睽之九二”。页二十六上下。(17)“损之九二”。页三十八下。(18)“益之初九”。页四十一下至四十二上。(19)“革而无”。卷四，页八下。(20)“渐之九三”。页二十五上下。(21)“旅之初六”。页三十五上下。(22)“在旅”。页三十六上。(23)“兑之上六”。页四十二下至四十三上。(24)“中孚”。页四十九下。(25)“事有”。页五十二下。(26)“防小人”。页五十三下。(27)“周公”。《伊川经说》，卷三，页一上。(28)“采察”。页十七上。(29)“明道先生”。《遗书》，卷一，页六下。(30)“天祺”。卷二上，页二十五下。(31)“因论”。(32)“须是”。均卷三，页二上。(33)“先生”。页五上。(34)“安定”。卷四，页三下。(35)“门人”。页四下至五上。(36)“职事”。卷七，页三上。(37)“居是”。卷六，页八下。(38)“克勤”。卷十一，页二上。(39)“欲当”。页三上。(40)“凡为”。页十一上。(41)“居今”。卷二上，页四上下。(42)“今之监”。页四下。(43)“人恶”。卷十五，页二下。(44)“感慨”。卷十一，页十一上。(45)“人或”。卷十七，页二下。(46)“或问”。卷十八，页三下。(47)“问人”。

页八上下。(48)“人绕”。页八下。(49)“君实”。卷十九，页五下。(50)“先生云”。页十上。(51)“先生因”。页十下。(52)“学者”。卷二十二下，页四下。(53)“人无”。《外书》，卷二，页一下。(54)“圣人”。卷七，页一下。(55)“今之”。卷十二，页一上。(56)“明道作”。页七下。(57)“伊川”。页十三下。(58)“刘安礼云”。《遗书 · 附录》，页一下。(59)“刘安礼问”。同上，页二上下。(60)“凡人”。(《文集》)。今见《张子全书》，卷六，《经学理窟》，页一下。(61)“坎维”。《易说》。今见《全书》，卷九，《易说》，(上)，页三十五上，及卷十二，《语录钞》，页九下。(62)“人所以”。《易说》。今见《全书》，卷十，页五下。(63)“妮初”。《易说》。今见同上，页十四下。(64)“人教”。(《语录》)。今见《全书》，卷六，《经学理窟》，页同上。

卷十一，教学

(1)“刚善”条。周子《通书 · 师第七》。(2)“古人”。《伊川文集》，卷二，页六上下。(3)“观之上九”。《伊川易传》，卷二，页二十一上。(4)“圣人”。(《经说》)。今不见。一部分见《粹言》，卷二，页四下。朱子《论语集注·述而第七》，第二十三章全引之。(5)“忧子弟”。《遗书》，卷一，页六上。(6)“胡安定”。卷二，页四上。(7)“凡立言”。页六上。(8)“教人”。页六下。(9)“子厚”。页八上。(10)“语学者”。卷三，页四上。(11)“舞射”。卷五，页二下。(12)“自幼”。卷六，页二上。(13)“先传”卷八，页一下。(14)“说书”。卷十五，页十九下。(15)“古者”。页十七下至十八上。(16)“天下”。卷十八，页十四上下。(17)“孔子”。页二十上。(18)“恭敬”。《正蒙 · 至当篇第九》；《张子全书》，卷三，页三下。(19)“学记”。(《礼记说》)。今见《全书》，卷十二，《语录抄》，页九下至十上。(20)“古之”。(《礼记说》)。(21)“孟子”。(《孟子说》)。均今见同上，页十上。

卷十二，警戒

(1)“仲由”条。周子《通书·过第二十六》。(2)“德善”。《伊川易说》，卷一，页四十二下。(3)“人之于”。卷二，页六上。(4)“人君”。页七下。(5)“圣人”。页十五下。(6)“复之六三”。页三十四上。(7)“睽极”。卷三，页二十八上。(8)“解之六三”。页三十四下。(9)“益之上九”。页四十四上下。(10)“艮之九三”。卷四，页二十下至二十二上。(11)“大率”。(12)“男女”。均页二十七下。(13)“虽舜”。卷四，页四十二下。(14)“治水”。《伊川经说》。卷二，页六上下。(15)“君子”。卷六，页五下。(16)“人有欲”。页五上。(17)“人之过”。页四上。(18)“富贵”。《遗书》，卷一，页三下。(19)“人以料”。页六下。(20)“人于外”。页七上下。(21)“人于天”。卷二上，页二十二上。(22)“阅机”。(23)“疑病”。(24)“较事”。均卷三，页五上。(25)“小人”。卷六，页五上。(26)“虽公”。卷五，页二上。(27)“做官”。卷十五，页十八上。(28)“骄是”。(29)“未知”。均卷十八，页二十九下。(30)“邢七”。(《遗书》)。今见《外书》，卷十二，页六上下。《遗书》，卷三，页三上，有十余字，意同。(31)“学者”。《正蒙·中正篇第八》；《张子全书》，卷二，页二十五下至二十六上。(32)“郑卫”。(《礼乐说》)。今见《全书》，卷十四，《性理拾遗》，页五下。(33)“孟子”。(《孟子说》)。今见同上。

卷十三，辨异端

(1)“杨墨”条。《遗书》，卷十三，页一上。(2)“儒者”。卷十七，页二上下。(3)“道之外”。卷四，页四下。(4)“释氏本”。卷十三，页一下。(5)“学者”。卷二上，页九下。(6)“所以”。页十五下。(7)“人有语”。卷四，页一下。(8)“佛氏”。卷十四，页一下。(9)“释氏之说”。卷十五，页十上。(10)“问神仙”。卷十八，页十上。(11)“谢显道”。《外书》，卷十二，页五上。(12)“释氏妄”。《正蒙·大心篇第七》；《张子全书》，卷二，页二十二下。(13)“大易”。《大易篇第十四》；《全书》，卷三，页十一下。卷十一，《语录抄》，页五上，有语相同。(14)“浮图”。《乾称篇第十七》；《全书》，卷三，页二十二上下。

卷十四，观圣贡

(1)“尧与舜”条。《遗书》，卷二上，页二十一上。(2)“仲尼”。卷五，页一上，页一下。(3)“曾子”。卷十五，页二下。(4)“传经”。卷十七，页二下。(5)“荀卿”。卷十八，页三十六下。(6)“荀子”。卷十九，页十一下。(7)“董仲舒”。卷二十五，页七上。(8)“汉儒”。卷一，页五下。(9)“林希”。卷十九，页三下。(10)“孔明有”。卷二十四，页二下。(11)“诸葛”。卷十八，页三十八上。(12)“孔明庶”。卷二十四，页三上。(13)“文中子”。卷十九，页十一上下。(14)“韩愈”。卷一，页三下至四上。(15)“学本”。卷十八，页三十七上。(16)“周茂叔胸”。(《通书·附录》)。今见《周子全书》，卷十九，页三七一，与卷二十，页三九九。(17)“伊川”。《伊川文集》，卷七，页六上至七上。(18)“周茂叔窗”(19)“张子”。均《遗书》，卷三，页二上。(20)“伯淳”。卷二上，页十上。(21)“谢显道”。《外书》，卷十二，页五下。(22)“侯师圣”。页七下至八上。(23)“刘安”。《遗书·附录》，页二上。(24)“吕与叔撰”。页七上。(25)“吕与叔撰”。(《行状》)。今见《张子全书》，卷十五，附录，页十一上，页十二上下。(26)“二程”。(《语录》)。今见《全书》，卷六，页七上。

附录三 明道与伊川——究是谁人之语？

朱子引二程兄弟之言，每只云“程子曰”，不指明是谁。陈龙正（崇祯七年，一六三四，进士）著《程子详本》。以二程之言，分别指明为明道抑伊川之言，其无证据为谁语者，则以虚圈示之。惟《近思录》注家则每强以为明道或伊川之语。近年学者好以明道之思想为一元或心学，而以伊川之思想为二元或理学。于是凡《二程遗书》内二先生语之未指明为谁者，便以近心学者为明道所言，而以近理学者为伊川所言。其任意去取，与陈龙正相去远矣。而不知《遗书》卷一至卷十门人所录者称为“二先生语”，朱子亦只用“程子”，皆因二程思想方向虽有不同，而根本则并无大异也。《近思录》采某先生语，必云“某先生曰”。可知以下各条，皆此先生之言。然朱子于《四书章句集注》《朱子语类》等处，则间与此不符。此或朱子记忆不清楚，或以兄弟所见既同，则任举一人之名，无关重要也。兹将《近思录》各条未定为何人所说者，表列于下，并加考究，试能否定为谁人之语。非有实据，不敢臆断也。

卷一，道体

第十七“仁者”条。此语来自《伊川经说》卷六，页二下，而张伯行《近思录集解》误以为明道语。

第十九“忠信”条,《遗书》卷一，页三上下，未指明是谁语。《近思录》以为明道语，而《语类》卷七十五，第一〇九“伊川”条，页三〇七七（页二十三下），则作伊川语。

第二十一“生之谓性”条，出《遗书》，卷一，页七下至八上。不知是明道之语抑伊川之语。《近思录》此处,《语类》卷四，第六十五“问人”条页一一五（页十六上），与《朱子文集》卷六十七，页十六下至十八上，均作明道语。然《语类》卷九十五，第三十五“生之”条，页三八五。（页十一上）又作伊川语。

第二十三“万物”条，见《遗书》卷十一，页三下。此处作明道语，而《语类》卷九十五，第六十二“问伊川”条，页三八六四（页十九上），作伊川语。

第三十四“天地”条，明言“明道先生曰”，而此语来自《遗书》卷十五，页七下。此卷为伊川语。

卷二，为学

第十八“孟子”条。此处两语均作伊川语。后语见《遗书》卷三，页二下，为二先生语，未知是谁。惟前语见《遗书》卷二上，页五下。下注有“明”字。显是明道语。

第二十“学者”条,《遗书》卷二上，页二下，未指明是谁之语。朱子此处以为明道语。

第二十八“礼乐”条，有注云，“以上并明道语”。《遗书》卷三，页六下，亦云，右明道先生语”。可知自第十九“明道先生曰”至此皆明道语，而第二十九“父子”条以至第四十三“明道先生曰”前，皆伊川语。而张伯行《近思录集解》误以为明道语。

第三十“论性不论气不备”条，照以上所言，应为伊川语。《语类》卷四，第四十八“蜚卿”条，页一〇八（页十二上），与卷五十九，第四十二“孟子”条，页二一九五（页九上），均以为伊川语。《孟子集注·告子上》，第六章引此语又引《遗书》，卷十八，页十七下性即理之言，皆为“程子曰”。卷十八既为伊川之语，则此处之语亦必为伊川之语。黄宗羲（一六一〇—一六九五）《宋元学案》卷十五，页十五上，采作伊川语，或以此故。然《语类》卷四，第六十四“道夫”条，页一一三（页十五上）；卷六十二，第六十二“问天命”条，页二三七〇（页十五上），与《朱子文集》卷四十四，页十九上，均作明道语。而于《语类》卷四，第四十四“天命”条，页一〇七（页十一下）；第九十一“问子罕”条，页一二五（页二十二下）；卷五十九，第四十八“程子”条，页二二〇二（页十三下）；第五十五“横渠”条，页二二〇五（页十五上）；《朱子文集》卷三十九，页二十四下，则只云“程子”。表面观之，朱子似是矛盾。然《语类》卷五十九，第四十四“杨尹叔”条，页二二〇〇（页十二上），不言“明道”“伊川”“程子”，而言“二程”。可知朱子以此为二兄弟共同之意见。或举明道，或举伊川，或举程子，皆随其便而已。

第三十三“根本”条，此处归明道，然《遗书》卷六，页六上有注“正”字。显为伊川之语。

第三十四“敬义”条，出《遗书》卷十五，页七下，为伊川语。然《语类》卷九十五，第一四一“因说”条，页三八九一（页三十五上），则谓为明道所说。

第三十七“人之学”条，出《遗书》，卷二十四，页三上，为伊川语。茅星来《近思录集注》误以为明道语。

第四十一“大抵”条，此处似作伊川语。然据《遗书》卷十，页四上，实明道语。

第四十七“博学”条，出《遗书》卷十四，页一上。乃明道语。张伯行《近思录集解》作明道语，盖未考耳。

第五十八“涵养须用敬”条，分明是伊川语。因其来自《遗书》，卷十八，页五下也。而张伯行亦以为明道语。

第六十“问必有事”条，亦出《遗书》卷十八，页十九上，为伊川语，而张伯行又以之归明道。

第六十三“回也条”，来自“遗书”伊川语之卷二十二上，页六上。张伯行亦以为明道语，何也？

第六十四“仁者”条，同出卷二十二上，页十二下，亦伊川语。张氏作明道语，或因《语类》，卷三十二，第六十七“问明道”条，页一三一三（页十六下），朱子论仁者先难而后获，先举明道之名也。

第六十九“弘而”条，出《外书》，卷二，页一下。下注“伯淳”，即明道之字。此处作明道语是也。张伯行《近思录集解》竟以作张载语，则大误矣。

卷三，致知

第一“心通”条，《伊川先生答朱长文书》。《伊川文集》卷五，页六下，题目下有注云，“或云明道先生之文”。

第二十七“凡观书”条，出自《遗书》，卷十八，页四十七下，伊川语。又见《张子语录》（中），页九上，与《张子全书》卷十二，《语录抄》，页三下，张载语。

第四十七“看书”条，此处为明道语。然既来自《遗书》卷二十四，页一下，则实伊川语。

第四十八“中庸”条，此处亦为明道语。然《遗书》卷十五，页十四上载之，乃伊川语。

第五十六“易中”条，作伊川语。但其来源乃《遗书》卷十四，页二上，乃明道语。

第七十二“古人条”，见《张子全书》卷四，《经学理窟》，页七上，张载语。“诗人”以下不见此处，亦不见张子其他著作，乃朱子所加。惟张伯行《近思录集解》、施璜《五子近思录发明》与三数其他注家，则以为张子本人之语。

卷四，存养

第十七“今志”条，《遗书》卷二上，页二十一下，不指明为明道语抑伊川语。此处归明道。

《语类》卷九十六，第七“明道”条，页三九〇八(页一下)，亦引之为明道语。

第十八“敬而无失”条，《遗书》卷二上，页二十三下，亦只作二先生语。此处属诸明道。然《朱子文集》卷六十四，页二十九上，则以部分属伊川。

第十九“司马”条，《遗书》卷二上，页二十四下，亦只作二先生语。此处以归明道，而茅星来《近思录集注》与张伯行《近思录集解》则以属伊川。

第二十“伯淳”条，与上条《遗书》同页，亦二先生语。此处作明道语而茅张二氏亦以归伊川。佐藤一斋《近思录栏外书》与东正纯《近思录参考》均以数长廊柱，事近儿戏，故非二程之言。不知明道志在定心，随处可用功也。

第三十四“心要”条，出《遗书》卷七，页一下，二先生语。此处朱子作伊川语，惟在《小学》卷五，页十七上，引之，作明道语。

第四十“涵养”条，见《遗书》卷十五，页一上。此卷为伊川语。此处则归明道。

第四十一“子在”条，见《遗书》卷十四，页一下，明道语。《语类》卷三十六，第一一二“或问”条，页一五五六(页二十五上)，部分引之，亦云明道语。

第四十二“不有躬”条，见《遗书》卷六，页二上，不指明为谁人语。此处以属明道，而《语类》卷九十六，第二十一“问不有躬”条，页三九一三(页四下)，则以之为伊川语。

卷五，克己

第二十六“人语”条，出《遗书》卷十八，页七上。显是伊川所云。今则以属明道。

第三十二“见贤”条，《外书》卷二，页一下，注明伯淳语。今此处似作为伊川语。

卷六，家道

第十四“病卧”条，此处似作伊川语。朱子《小学》卷五，页八下，引之亦然。惟《外书》卷十二，页七上，分明谓明道云。

卷七，出处

第二十二“贤者”条，《遗书》卷二上，页四下，不指明为何人语。此处作伊川语。宇都宫遁庵《鳌头近思录》与泽田武冈《近思录说略》均谓依《遗书》乃明道语，不知何据。

卷八，治体

第十八“治道”条，此处以属明道，惟《遗书》卷十五，页十七上，乃伊川语。

第十九“唐有”条亦然。《遗书》卷十八，页四十下，乃伊川语。此处则以为明道之言。

第二十二“君仁”条，《外书》卷六，页十上，有注“伊川”二字。今则作明道语，显误。

卷十，政事

第三十三“先生”条，见《遗书》卷三，页五上。云“右伊川先生语”。今此处以属明道，亦误。

第四十四“感慨”条，见《遗书》卷十一，页十一上，乃明道语。此处则作伊川语，又误。

卷十一，教学

第十“舞射”条，《遗书》卷三，页四上，明指为伊川语。与此处作明道语不同。

卷十三，辨异端

第九“释氏”条，来自《遗书》卷十五，页十上，伊川之言。此处则误归为明道语。

第十“问神”条亦伊川言，见《遗书》卷十八，页十上，与此处所列为明道语异。

卷十四，观圣贡

第三“曾子”条，出《遗书》卷十五，页二下。第四“传经”条，出第十七卷，页二下。第五“荀卿”条，出第十八卷，页三十六下。第六“荀子”条，出卷十九，页十一下。第七“董仲舒”条，出卷二十五，页七下。第九“林希”条，出卷十九，页三下。第十“孔明有”条，出卷二十四，页二下。第十一“诸葛”条，出卷十八，页三十八上。第十二“孔明庶”条，出卷二十四，页三上。第十三“文中子”条，出卷十九，页十一上下。第十五“学本”条出卷十八，页三十七上。皆伊川语。今皆在第一条“明道先生曰”之下，则当是作明道语，与来源处不同。除非第四“传经”上原有“伊川先生曰”五字，遗书漏去。然此假设无据，不容以意度之也。

附录四 近思录注释、讲说与翻译

（一）我国注释二十一种

除儒道经书之外，注释《近思录》者比任何一书为多。计朱子门人一人，再传弟子四人。我国宋代七人，元代一人，明代二人，清代十一人，共二十一人如下：

⑴ 陈埴（壮年一二〇八）《近思录杂问》，一卷。埴字器之，称潜室先生。浙江永嘉人。朱子弟子，为通直郎。书无秩序，不分章。只摘若干语而加以详解并发挥己意。日本内阁文库藏有宽文六年（一六六六）本。

⑵ 杨伯岩（壮年一二四六）《近思录衍注》。伯岩字彦思，又作彦瞻，号泳斋。淳祐（一二四一—一二五二）中守衢州。书多引《四书章句集注》。茅星来顺治十八年（一六六一）序云，“粗率肤浅，于是书无发明……字句多讹”。此书茅序时已罕。今佚矣。

⑶ 叶采（壮年一二四八）《近思录集解》，十五卷。采字仲圭，号平岩。学于朱子门人陈淳（一一五三—一二一七）。书成于淳祐八年（一二四八），为《近思录》注现存之最古者。逐段解释。采朱子语甚略。实无精彩，而日本通行。采入近世汉籍丛刊（映印文化九年，一八一二，本）。德国神父在日研究多年，潜心理学。因译成德文，见本书页一七六。

⑷ 熊刚大（嘉定，一二〇八—一二二四，进士）《近思录集解》，十四卷。刚大学于朱子门人黄榦（一一五二—一二二一）。书引朱子及门人二十三次。逐句浅解，为初学之用。日本东京内阁文库与尊经阁与美国国会图书馆均有藏本。

⑸ 饶鲁（宋人，壮年一二五六）据《宋元学案》，卷八十三，页一下，有《近思录注》。未见，想早已佚矣。

⑹ 何基（一一八八—一二六八）《近思录发挥》。基字子恭，称北山先生，浙江金华人。朱子门人黄榦之弟子。仕至说书。茅星来《近思录集注》卷一，页六十六上云，“宋史有何氏基《近思录发挥》”。不

言卷数。今无传。

⑺ 戴亭（宋人）《近思录补注》。亭字子元，浙江临海人。《万姓通谱》（万历七年，一五七九，东雅堂版）卷九十九，页六下，载其有《近思录补注》。十七世纪尚存于日本，因山崎暗斋（一六一八—一六八二）谓其为“叶解之流亚”也。

⑻ 柳贯（元人，一二七〇—一三四二）《近思录广辑》，三卷。贯字道传。茅星来谓《元史》卷一八一有黄溍传，著《近思录广辑》三卷。此处茅氏有误。盖《元史黄溍传》后附柳贯传。广辑指柳之所著也。书盖已佚。

⑼ 周公恕（壮年一四二〇）《分类经进近思录集解》，十四卷。山崎暗斋《近思录讲本释义》页二十八谓公恕为鹭州人，又谓公恕为字，不知何据。此书卷目依叶采。每卷分目若干。如卷一道体分太极、天道、阴阳、天地、物理、鬼神、道、四德五常、仁、义、性气、性命、心、中和、中、诚、感应、伸屈、冲、本末。大部采叶采注而亦引朱子、黄榦等人之言，然择焉不精。公恕本人约三十余言，亦无特殊意义。毋怪江永《近思录集注》序云，“周公恕分标细目，移动本文，不免漏落妄增之讥”。第十四卷观圣贤伊川之部，早已遗缺。成化七年（一四七三），张元祯（一四三七—一五〇六）与陈文耀取伊川行状之大节补之。嘉靖戊戌（一五三八）重刊，有刘仕贡序。清李振裕重编。有节去本文，或以本文讹入分注，或以叶注作本文，殆不可读。美国哈佛大学东方图书馆藏有成化九年（一四七三）本。

⑽ 汪道昆（嘉靖二十六年，一五四七，进士）《近思录标题释义》，十四卷。题汪道昆撰。日本内阁文库藏，想是孤本。书实本周公恕之书而略有加减，卷头标以简单句语。有汪道昆序，无年月日。其文与刘仕

贡序，大同小异，而书法与用纸与全书不同，显是冒名后加。注文名颇盛，决不至剽窃如此也。

(11) 王夫之（一六一九——六九二）《近思录解》。夫之字而农，号姜斋，称船山先生。著书甚多，遗失不少。道光二十年至二十二年（一八四〇——八四二）编刊《船山遗书》，目录《近思录解》下云“未见”，盖已佚矣。

(12) 张伯行（一六五一——七二五）《近思录集解》，十四卷。书成于康熙四十九年（一七一〇）。卷目依叶采。伯行字孝先，清代大儒，从者数千。忠于朱子。集解以阐明朱子思想为要。卷六，第十三伊川“饿死事极小，失节事极大”一条，删之而代以《遗书》卷十八，页四十五上伊川兄弟之爱之言。尹会一（一六九一——七四八）谓张氏故意删去四十余条。彼于乾隆元年（一七三六）参补之，而依叶采之注释而加以其本人之评语。其所删者，多在卷末，则或抄传之漏而已。《四库全书总目提要》，页一九〇二至一九〇三，有茅星来江永之注而无张氏之注。岂以其精到未及耶？然其详释朱子之意，则非他家可比也。有正谊堂全书本、万有文库荟要本、人民文库本等。

(13) 李文炤（一六七二——七三五）《近思录集解》，十四卷。文炤字元明，号恒斋。《四库全书总目提要》，页一九五九，谓集解大多取朱子之说，亦及他儒而间附以己意。末附诗浅俗，非朱子作。李序载《清儒学案》（世界书局刊本），卷五十四，页八下至九下，惟书遍寻未获。

(14) 茅星来（一六七八——七四八）《近思录集注》，十四卷。星来以叶注盛行，惟太肤浅，讹舛又多。因考正错误，又荟粹众说，附于各条之下，为之分解。且述汉唐诸家之说，以见程朱之有本。《四库全书总目提要》，页一九〇二，云“于名物训诂，考证尤详。更以伊洛渊源录所载四子事迹，具为笺释……盖殚一生之精力为之也”。星来之学术水准，无以上之。毋怪此注采入四库全书珍本矣。

(15) 江永（一六八一—一七六二）《近思录集注》，十四卷。卷目不依叶采而用《朱子语类》，卷一〇五，朱子所言《近思录》之逐篇纲目。《四库全书总目提要》，页一九〇三，云“近思录虽成于淳熙二年（一一七五），其后又数历删补。故传本颇有异同……叶注尚无所窜乱于其间。明代有周公恕者……称置篇章……永以其贻误后学，因仍原本次第，为之集注。凡朱子文集或问语类中，其言有相发明者，悉行采入分注。或朱子说有未备，始取叶采及他家之说以补之。间亦附以己意”。叶采与韩日注家虽曾引朱子，而以朱释朱，江氏实为第一人。江氏为清代经学大师，考据详尽。其所采朱子之语，可谓无以复加。有四部备要、四部丛刊等本。

(16) 施璜（壮年一七〇五）《五子近思录发明》，十四卷。施氏取汪佑之《五子近思录》（参看页一七九）而注之。又于注朱子时加明代理学大家薛瑄（一三八九—一四六四）、胡居仁（一四三四—一四八四）、罗钦顺（一四六五—一五四七），与高攀龙（参看页一七八）之语。其本人注解，精明而忠实。采用叶采之卷目而略有更改。间亦引叶采注。有康熙四十四年（一七〇五）刻本。

(17) 陈沆（一七八五—一八二六）《近思录补注》，十四卷。此注《四库全书总目提要》不载。从未见有提及之者。恐国内早已不存。一九五六年予居东京研究，偶在东京大学中国哲学研究室发见此书。急制缩影胶片。每思付梓，使归故土，而志未竟也。其所见并非卓越，然较叶注为佳。所引以朱子为多，然此外亦引理学家约五十人。又述叶采、茅星来、江永、施璜注，而独张伯行不与焉。中、韩、日诸注家之引与朱子共辑《近思录》之吕祖谦者，中村习斋而外，陈沆而已。

(18) 汪绂（一六九二——七五九）《读近思录》，不分卷。书成于光绪丙申（一八九六）。实非注释，而乃其本人之议论，并无特别见地也。采人《汪双池丛书》。

(19) 黄爽（清人）《近思录集说》，十四卷。清丛书楼抄本，十二册。北京图书馆藏。未见。

(20) 黄叔璥（清人，康熙进士）《近思录集注》。稿本四册。北京图书馆藏。未见。

(21) 车鼎贲（清人，邵阳人）《近思录注析微》（据杨金鑫《朱熹与岳麓书院》〔上海，华东师范大学出版社，一九八六〕，页一四九）。未见。

（二）韩国注释八种

(1) 李珥（一五三六——五八四）《近思录口诀》。珥字见龙，号栗谷，谥文成，与李滉（称退溪先生，一五〇一——五七〇）并称为朝鲜二大儒。书已久佚，惟韩国注家多引之。

(2) 金长生（一五四八——六三一）《近思录释疑》。长生字希元，号沙溪，谥文元。李珥门人，李朝光州人。此注卷目几全依叶采。除引朱子、李滉与李珥外，注释只解词句而已。今存《沙溪全书》，卷十七至卷二十。金氏先有《近思录释义》，乃注之初稿。《大汉和辞典》，卷十一，页四九〇，谓金氏著《近思录释疑》，则恐“释疑”或“释义”之误也。或又云其有《近思录扎疑》，则亦“释疑”之误。

(3) 郑辉（一五六三——一六二五）《近思录释疑》，十四卷。晔字时晦，号守梦，又号雪村，草溪人。李珥门人。卷目采叶采。除引朱子、陈淳、黄榦等人外，亦引李滉、李珥与金长生。其所注评，则全在叶注，而专指其错误。汉城图书馆藏有手钞本。日本大阪府立图书馆、天理图书馆，美国嘉州大学中文图书馆均有刻本。

(4) 李縡《近思寻源》。縡字熙致，号陶庵。此书未见。

(5) 朴知诚（一五七三——一六三五）《近思录疑义》。知诚字仁之，号潜冶，李朝咸阳人。此注未见。

(6) 李瀷（一六八三——一七六三），《近思录疾书》，十四卷，瀷字子新，号星湖，骊江人。书无卷目，亦无页数，主要在解释文义，评论甚短。间引朱子而评叶采。韩国国立图书馆有手钞本。亦采入《星湖先生全集》。

(7) 朴履坤（壮年约一八五〇）《近思录释义》，十四卷。履坤灵川人。《近思录》诸条大半有注，释文及意。多引朱子、宋儒、李珥、金长生诸人而专意纠正叶采之误。韩国国立图书馆有一九三三年印本。

(8) 韩元震《近思录注说》。元震字德昭，号南塘。不知何时人，亦不知此书尚存否。

（三）日本之注释、讲说与现代语译

简称穷、内、蓬、仓、国，指东京无穷会、内阁、名古屋蓬左、横滨大仓山精神研究所、国会等图书馆或文库。( )指现藏。

（甲）日本注释讲说择要

(1) 中村惕斋（名之钦，一六二九——一七〇二）《近思录钞说》，中文，十四

卷。略引朱子、叶采、施璜等。元禄六年（一六九三）写本（穷、内、蓬）。有《近思录抄校正》（国）。又有《近思录示蒙句解》，十四卷。依叶采而以和语浅释之。

⑵ 贝原益轩（一六三〇——一七一四）《近思录备考》，中文，十四卷。宽文八年（一六六八）刊本（上野、京大等）。引朱子及其他理学家甚长，亦附己见。为日本研究近思录标准之作。其后学者多参考征引之。

⑶ 宇都宫遁庵（名由的，一六三四——一七一〇）《鳌头近思录》，又名《近思录首书》及《头书》，中文，十四卷。延宝六年（一六七八）刊。本文兼叶注均解释甚丰，为他注所不及。

⑷ 佐藤直方（一六五〇——一七一九）《近思录笔记》，为门人录其所说《近思录》首四卷。中文写本（穷、内、蓬）。直方、浅见䌹斋与三宅尚斋为山崎暗斋（一六一八——一六八二）学派崎门三杰。此处发挥其本人思想，非注释也。

⑸ 浅见䌹斋（名安正，一六五二——一七一一）《近思录师说》，日文，十四卷。门人泽田重渊（号一斋，一七八二卒）元文四年（一七三九）写本（穷、京大）。又名《近思录讲义》。写本（庆大）。一斋写学于䌹斋门人若林强斋。强斋有《近思录道体讲义》，即《䌹斋所讲》。享保十七年（一七三二）写本（穷），又称《近思录无极太极章讲义》。有写本（庆大）。加藤谦斋亦于元文四年录《近思录道体笔记》一本（穷）。至《近思录师说》之天明八年（一七八八）写本（穷），则必据早年钞本所写也。

⑹ 室鸠巢（名直清，一六五八——一七三四）《近思录道体讲义》，中文写本（穷），无年月。鸠巢为京师朱子派领袖，发挥哲学思想甚佳。又《近思录讲义》，有中文写本（京大，东北大学），无月日。其《近思录图说》，中文（庆大），则只讲《太极图说》。

(7) 三宅尚斋（名固重，一六六二——七四一）《近思录笔记》，中文。享保十四年（一七二九）写本（穷），不分卷。又稻叶通邦写本一册（竹清）。约注《近思录》四分之一，不重思想而重文义。略校诸本之字异同。引朱子语而指明《语类》卷数。又与天木时中共著《近思录天木氏说》。有写本（蓬）。

(8) 筑田毅斋（名胜信，一六七二——七四四）《近思录集解便蒙详说》，中文，二十四卷。元禄八年（一六九五）跋，大正三年（一九一四）刊本。解叶采注。

(9) 若林强斋（名进居，又号宽斋，一六七九——七三二），浅见䌹斋之高足。有《近思录十四目讲义》，日文写本，四十二页（穷），无卷数。山崎道夫释之。（国）有印本。其《近思录师说讲义》，十四卷，乃宽斋所讲。有数写本。一为其侄天明三年（一七八三）所录（穷）。一为天保四年（一八三三），乃集合强斋门人享保四年（一七一九）、十年（一七二五）、十三年（一七二八）所录而成（穷）。又一写本（穷），与上略同，更有一写本（穷），与此本无异。其《近思录讲义》，写本（穷），则止讲第十、十一、十二三卷。书末云"延亨四年（一七四七）讲经"，此时强斋已死十五年矣，故讲者必非强斋也。强斋又有《近思录道体讲义》（京大），则《近思录师说讲义》卷一之另钞也。

(10) 五井兰洲（名纯祯，一六九七——七六二）《近思录纪闻》，中文，十四卷，写本（大阪）。引朱子及发挥其本人思想，但无精彩。

(11) 泽田武冈（名希，号习斋，壮年一七二〇）《近思录略说》，中文，十四卷。享保五年（一七二〇）序。解义并集朱子、黄榦、薛瑄等人之言，并加己意。日本注以此与贝原益轩、宇都宫遁庵与佐藤一斋为最好。印本各处甚多。

(12) 中村习斋（一七一九—一七九九）《近思录讲说》，中文，写本（山崎道夫）。习斋于山崎暗斋灵元十年（一六七〇）所刊之《近思录》之书端及字里行间下注甚多，解词释字甚详。又引朱子、陈淳、三宅尚斋等人之言并指明其出处。间亦评叶采。其门人亦有注。山崎道夫教授尝与借用此钞本，就此致谢。习斋有《近思录助业考》与《近思录资讲读感兴诗》，均写本一册（蓬）。后者为天保十五年（一八四四）西野要斋所写。

(13) 稻叶默斋（名正信，一七二二—一七九九）《近思录讲义》，日文，十四卷，乃其门徒所录。有嘉永三年（一八五〇）写本（穷）。宽政二年（一七九〇）印本只道体与为学二卷（穷）。其《近思录口义写本》（东北）欠卷一、四与十四。其《近思录笔记写本》（千叶、米本）则十四卷全。氏为佐藤直方(4)门人。讲义论及王阳明颇多。

(14) 中井竹山（名积善，一七三〇—一八〇四）《近思录说》，中文，不分卷。又一本名《近思录标记》。俱写本（穷）。集朱子、黄榦、真德秀（一一七八—一二三五）等人之说颇多。另两写本（穷）名《近思录说》与《近思录断》。竹山属大阪朱子学派。

(15) 石塚雪堂（名夜高，字士宝，一七六六—一八一七），《近思录集说》，中文，五卷。文化十二年（一八一五）雪堂自序。写本（穷）。雪堂与牧原直亮及其他二人集朱子、山崎暗斋、浅见䌹斋等人之说甚长，解释文义甚少。因同年古贺精里（一七五〇—一八一七）亦有序，井上哲次郎（见下，页一七五，丙二）与《汉和大辞典》等误以精里自有五卷。

(16) 佐藤一斋（名坦，一七七二—一八五九）《近思录栏外书》，中文，三卷。天保十年（一八四〇）写本（穷）。另印本颇多，为标准之作。引宋明理学家与中国注家多人而加以己意，颇多独立思想。《近思录说》

分乾坤二篇。天保三年（一八三二）写本（岐阜），乃《栏外书》之稿本。又一斋讲为学篇，宁浦子笔述之为《近思录讲说》二卷（东北）。

(17) 樱田虎门（名节，字仲文，一七七四—一八三九）《近思录摘说》，中文，十四卷。非讲论而逐句详释其义。多引宋明儒及日本注家如中村惕斋、贝原益轩、三宅尚斋等而与之或异，惟遵守朱子之说。各图书馆有印本。

(18) 部井帽山（名寡，又名芝浦，一七七八—一八四五）《近思录训蒙辑疏》，中文，二卷。弘化四年（一八四七）刻（穷）。又有同年写本（会津）。均二卷。日本注家所少引之宋儒，帽山引之。彼乃古贺精里门人。仅写首二卷而没。

(19) 金子霜山（一七八九—一八六五）《近思录提要》，中文，十四卷。写本（九大、栗田、米本）。予于一九五六年在早稻田大学得见金济民《近思录提要》，弘化三年（一八四六）写本，十四卷。图书馆人员不知金氏是谁。后予于《汉和大辞典》查得金济民乃金子霜山之中文名字也。注节数之大半。多引宋儒，间亦句解。"提要"或作"纂要"。

(20) 大泽鼎斋（一八一二—一八七三）《近思录详说》，中文。第七卷以下阙。写本（穷）。只注道体为学。引朱子比江永为多而不及其精。然书内无以证其为鼎斋所著也。又有写本（穷）《近思录笔记》二卷，中文而略有日文。

(21) 内藤耻叟（一八二六—一九〇二）《近思录讲义》，日文，十四卷。释义非释文。有写本（京大、国）及明治二十六年（一八九三）印本。

(22) 东正纯（一八三二—一八九一）《近思录参考》，中文。采入大正八年（一九一九）泽泻先生全集，页六八七至八一八。氏为佐藤一斋门人。所选宋明儒与中日注家甚佳。议论亦精。

(23) 晋述一郎，《易近思录讲义》，日文。昭和十五年（一九四〇）刊（东洋）。无出版店名及页数。

(24) 山崎道夫《近思录讲本释义》，日文。昭和三十四（一九五九）年刊。只释为学篇。参用江水，亦用茅注。又采佐藤直方、三宅尚斋等。昭和三十五年（一九六〇）又有近思录研究序说，日文，释若林强斋之十四日讲义。

（乙）日本注释讲说存目

日本百余年间，讲说《近思录》甚盛，故讲义笔记甚多。多用日本文言。写本甚众。刊本亦不少。今学所知者志之如下：

《近思录集解》，十四卷，宽文十三年（一六七三）刊（长泽规矩也）。三宅带刀（壮年一六九五）《近思录集解拙钞》，日文，三十五卷，写本（穷）。《近思录目录讲义》，宝永二年（一七〇五）写本（仓）。平庸永《近思录十四目讲义》，享保二十一年（一七三四）日文写本（穷）。小出唯知（久米汀斋，一六九九—一七八四，门人）《近思录会读笔记》，中文写本（穷）。同门栎原踸斋《近思录讲义》，日文，十四卷，写本（穷）。（崎门派）《近思录章目讲义》，写本。一九七七年出市。小野鹤山（名道熙，一七〇一—一七七〇）《近届录章目讲义》，昭和元年（一七六四）日文写本（穷）。久米汀斋门人宇井默斋（名弘笃，字笃信，一七二五—一七八一）《近思录笔记》，序目、道体，一册；《近思录讲义笔记》，道体至出处，四册；《近思录口义》，道体、致知，二册。日文三写本（穷）。中井履轩（一七三二—一八一七）《近思录闻书》，三卷，写本（国）。尚志弘毅等《近思录劄记》，会讲序目、道体，明和乙酉（一七六五？）日文写本（穷）。义行石墨等《近思录轮劄记》，癸丑（一七三三？）日文写本（穷）。西依墨山（名景巽，一七四一—一七九八）《近思录道体笔记》，安永五年（一七七六）讲，高本资达日文笔录（穷）。山口刚斋、稻叶迂斋、幸田公讲说，《近思录笔记》。天明三年（一七八三），长泽惣右门写，一九八一年出市。矢野撰德（名厚）《近思录国字讲义》，天明八年（一七八八）学徒录并序。日文印本（穷）。稻叶迂斋《近思录纲领并编目》，宽政七年（一七九五）写本（蓬）。近世汉学者著述目录有其《近思录讲义》，十四卷。想已佚。御牧赤板（一七七三—一八三三）《近思录讲义》，讲为学篇。日文写本（穷）。《近思录为学篇讲义》，江户期（一六〇三—一八六八）写本。一九七七出市。田边乐斋《近思录私考》，文化三年（一八〇六）写本（宫城县小西）。日原坦斋（名以道）《近思录笔记》，文化十四年（一八一七）板仓重深写本（穷）。落合东堤（名直养，一七四九—一八四一）《近思录讲义》，二十四卷。写本（穷、秋田）。又《近思录道体讲义》，吉田盛归弘化二年（一八四五）写本（穷）。《近思录道体笔记》，天保六年（一八三四）三浦行敬写本（仓）。《近思录讲义》，天保九年（一八三八）讲道体。写本（穷）。溪百年（名赞岐，一八三一卒）《近思录余师》，日文，十四卷。天保十四年（一八四三）印本（穷）。千叶重斋（名弘藏）《近思录口义》，日文，十四卷。弘化二年（一八四五）写本（穷）。川岛栗斋，《近思录讲义》，某人书“嘉永二年（一八四九）读毕”。日文写本（穷）。竹内式部《近思录十四目讲义》，内田周平写本（穷）。穗积以贯《近思录国字解》，二十四卷。写本（穷）。不破《近思录闻书》，十卷。尾关正义记。写本（九大）。日原困斋（坦斋）《近思录六有西录讲义》，写本（教大）。石川安贞《近思录考》，写本（名古屋鹤舞）。田边乐斋《近思录笔解》，六卷。写本（宫城县小西）。竹内敬持《近思录讲义》（三重县伊势市神宫）。近藤馆万嶋《近思录讲义》，讲第八、第九卷。门人森达写本（庆大）。《近思录附说》，不分卷。全引朱子，不加本人一语。中文写本（穷）。《近思录讲义》，释治法二十七条。日文写本(穷)。《近思录》(道体后序讲义笔记),日文写本(穷)。《近思录笔记》,写本(九大、京大、东北大、蓬)。《近思录口宣》,写本(蓬)。《近思录资讲》,写本(京大)。《近思录师说》,写本(京大、京都)。《近思录讲义》,写本(九大、京大、教大、庆大、仓、穷)。《近思录正说道体正义》,写本(仓)。《近思录师说笔记》,十三卷。写本(穷)。《〈近思录〉生之谓性章师说》,片假名写。一九七七出市。此外诸目录尚有伊藤仁斋(一六二七——七〇五)《读近思录钞》八页,大高坂芝山(一六四七——七一三)之《近思录正义》八卷,获生金谷(一七〇三——七七六)之《近思录考》一卷,樱田济美(一七九七——八七六)之《近思录杂解》五卷,大野竹瑞(壮年天保三年,一八三三)之《近思录启蒙》,三岛通庸(一八三五——八八八)之《近思录解》,元禄(一六八八——七〇四)时代之《近思录句解大全》,江户时期《近思录为学篇讲义写本》,山本复斋之《近思录考》,一の乃濑庄助之《近思录讲义》,铃木养斋之《近思录讲义》,千手广斋之《近思录讲义》,箕浦立斋之《近思录讲证》,山口菅山之《近思录详说》,与大塚观澜之《近思录详注》,恐皆散失。

(丙)日本校注与现代语译

(1)林泰辅(一八三九——九一六)译注,《近思录》。大正十四年(一九二五)刊。采入汉文丛书。

(2)井上哲次郎校注,《近思录》。并校注叶注。大正五年(一九一六)刊。采入汉文大系。

(3)加藤常贤译,《近思录》。大正十三年(一九二四)刊。译江永所用近思录版本。采入支那哲学丛书。

(4)饭岛忠夫译注,《近思录》。昭和十年(一九三五)刊。

⑸ 秋月胤继译注,《近思录》。昭和十五年(一九四〇)刊。采入岩波文库。

⑹ 山崎道夫编,《近思录》。昭和四十二年(一九六七)刊。采入中国古典新书。

⑺ 汤浅幸孙编,《近思录》,昭和四十七年(一九七二)刊。采入中国文明选。

⑻ 山崎道夫主查,《近思录》。昭和四十九年(一九七四)刊。采入朱子学大系。

⑼ 市川安司译注,《近思录》。照和五十年(一九七五)刊。用江永本。采入新释汉文大系。

(四)《近思录》之西译两种

⑴Olaf Graf, S.O.B.译, Dschu His, Djin si lu, die sungkon fuzianische Summa mit dem Kommentar des Ya Tsai。东京上智大学一九五三年版。译《近思录与叶采注》为注文。三大巨册。第一册为概论,论近思录之内容,宋代理学之主要,及其与释老之学与西方哲学之比较。第二册为译文。第三册为注。丰富而详。远出以前传教士研究理学之上。

⑵ 陈荣捷Wing-tsit Chan译, Reflections on Things at Hand:The Neo-Con fucian Anthology。译《朱子遗书本近思录》写英文。每条之下采译朱子与中、韩、日注家之语以阐明其义。名词皆释,引句溯源。首有理学纲要与四子及朱吕之传。末附《近思录》诸条出处表,《近思录》统计与中、韩、日注释六七十种略述。美国哥伦比亚大学一九六七年出版。采入《文化纪录丛书》。

附录五《近思录》之后继二十四种

⑴ 刘清之（字子澄，称静春先生，一一三九—一一八九）《续近思录》。清之为朱子讲友。采集二程门人之语。《朱子语类》，卷一〇一，第二“程子”条，页四〇六一（页一上），朱子云，“子澄编《近思续录》。某劝他不必作。盖接续二程意思不得”。此书盖佚。

⑵ 李季札（字季子）《近思续录》。季札朱子门人。《宋元学案》卷六十九，页三十一下据《徽州府志》谓其曾著此书。今不可见矣。

⑶ ⑷ 蔡模（字仲觉，称觉轩先生，一一八八—一二四六），朱子门人。依《近思录》十四卷辑朱子说为《近思续录》。采自《朱子文集》《四书集注》《四书或问》《语类》《易学启蒙》。不加评语。模又依《近思录》十四卷另采朱子两至友张栻与吕祖谦之说为《近思别录》，共一百零八条。二者合刊。日本东京尊经阁藏有宽文八年（一六六八）版本。

⑸《近思后录》，十四卷。南宋末年建安曾氏刊本。无序跋编者姓名年月。台北中央“国立”图书馆藏有四库善本十四卷，依《近思录十四目录》谢良佐（一〇五〇—一一〇三）、杨时（一〇五三—一一三五）、胡安国（一〇七四—一一三八）等十二人之语。“国立”中央图书馆有缩影胶片发行。另台北艺文印书馆影印二册。

⑹ 季本《说理会编》，十五卷。季氏王阳明门人。仿《近思录》，但只分十二篇。先以性理，继以实践，推于政治，终以异端。实巧备程朱之言，以证王氏良知之说。不知此书尚存否。

⑺ 江起鹏（字羽健，壮年一六〇四）《近思补录》，十四卷。万历三十二年（一六〇四）序。采朱子、张栻、吕祖谦及明儒薛瑄、胡居仁、罗钦顺等人之语。特选为躬行有益之言。卷再分目，如道体篇分阴阳天道

是也。日本写本(内、穷)。

(8) 高攀龙(字景逸,一五六二——六二六)《朱子节要》,十四卷。采《语类》与《朱子文集》要语,分十四门。以道体、致知、治法、居官处事四卷为较长。其偏重哲学与政治,可以见矣。有康熙十四年(一六七五)北平朱之弼序。

(9) 孙承泽(一五九二——六七六)《学约续编》,十四卷。承泽尝辑周程张朱之言为学约一编。是编又以明薛瑄、胡居仁、罗钦顺、高攀龙四家之语,仿《近思录》之例,订为一集以续之。

(10) 恽日初(字仲昇,一六〇一——六七六),刘宗周(一五七八——六四五)门人。依《近思录》辑刘子语为《刘子节要》,十四卷。《四库全书总目提要》,页一九九一,谓其"去取尚未当"。

(11) 郑光羲(字夕可,壮年一七〇〇)《续近思录》,二十八卷。前集采明儒薛瑄、胡居仁、陈献章(一四二八——五〇〇)、高攀龙四人之说。后集采王阳明、顾宪成(一五五〇——六〇七)等六人之说。

(12) 朱显祖(字雪鸿,清康熙时人)《朱子近思录》,十四卷。康熙二十三年(一六八四)序。依十四目取朱子语,惟不采《周易本义》与《四书集注》,谓应全读云。特从下学入手,故于太极只选一二语。

(13) 刘源渌(字崑石,号直斋,一六一九——七〇〇)《近思续录》,十四卷。取《朱子文集》《或问》《语类》诸书,仍《近思录》篇目,分次其言。渌手钞五卷为内篇,门人钞九卷为外篇。康熙四十年(一七〇一)门人陈舜锡序。道光二十五年(一八四五)五世孙以稿刊刻,以需费甚巨未果。至同治六年(一八六七)乃完刻焉。卷头有些少评语。

(14) (15) 张伯行(附录四12)《续近思录》,十四卷。采朱子语。又采张栻、吕祖谦、黄榦、许衡（一二〇九—一二八一）、薛瑄、胡居仁、罗钦顺等人之语为《广近思录》十四卷。均入《正谊堂全书》。

(16) 汪佑（字启我，壮年一六八五）《五子近思录》，十四卷。佑以《近思录》应加入朱子为五子。以邱濬（一四二〇—一四九五）之朱子学的与高攀龙之《朱子节要》虽皆集朱子之言，欲以续《近思录》，然学的体仿《论语》，《节要》虽近《近思录》而其书单行。乃采二书所取朱子语，补入四子若干条之后。多至增八十八条。施璜取而注之（参看附录四16）。

(17)(18) 祝淦（字人斋，号游龙，一七〇二—一七五九）《下学编》，十四卷。取《文集》《语类》分十四门编次之。凡六百九十二条。《四库全书总目提要》，页二〇二九，云“去取颇具苦心，然多窜易其原文”。又编《淑艾录》，十四卷。本其师张履祥（一六一一—一六七四）之备忘录而增删之。凡三百九十五条。亦依《近思录》例分十四门。《提要》，页二〇二九则云，“持论颇为纯正”。

(19) 清人孙嘉淦，《近思录辑略》。木板黄纸四册一九七三年出市。未见。

(20) 清人严鸿逵，《朱子文语纂》，康熙五十七年（一七一八）序。不审是否依《近思录》例。

(21) 韩国李瀷（一六八三—一七六三），《李子粹语》，四卷，李瀷采李退溪精美之言，略加注释。四十年后（甲戌，一七五四），其友人安鼎福与尹东奎复加添删，并采退溪平日行事，依《近思录》例分十三章（治道、治法合为一章）共四卷。今采入“增补退溪全书”。

(22) 韩国李汉膺（字仲模，一七七八—一八六四），《续近思录》，十四卷。采《朱子文集》《语类》《论语集注》《诗集传》《大学》《中庸》《或问》与《家礼》《张南轩文集》《吕东莱文集》《李退溪文集》《言行录》

之语，共六百二十二条，依《近思录》之例为《近思录》之阶。

(23) 韩国宋秉璿，《近思续录》。秉璿比退溪稍后。书未见。

(24) 韩梦麟《续近思录》，十四卷，三册。纯祖十九年(一八一九)序。书未见。

[本文原题为拙译《近思录引言》摘要，发表于《人生》杂志，第三十卷，第六期，总号第三五四期(一九六五年十月)，页一至三。乃拙译《近思录引言》数十页之择要(参看本文注五十六)。今补加拙译中所附统计，《近思录》所选六百二十二条来源考，所谓程子究竟是谁之考证，中、日、韩《近思录》注释、讲说、翻译与《近思录》之后继而增补之，作为五种附录。比原文三倍有奇，不免反仆为主矣。]

附　注

1　参看本编附录五，"《近思录》之后继二十四种"。

2　《论语·子张第十九》，第六章。

3　《外书》，卷六，页九上。

4　《遗书》，卷二十二上，页五上。

5　朱子：《识近思录序》。

6　吕东莱：《跋近思录》。

7　《语类》，卷一〇五，第二十二"修身"条，页四一七九(页四下)。

8　《勉斋集》，卷八，"复李公晦书"，页十九上。

9　《宋史》，卷二〇五，"儒家类"。

10　《四库全书总目提要》，页一九〇一。

11　浙江金华。

12　在福建建阳县天湖山之阳。

13　朱子序。

14　《东莱先生文集》，页二上。

15　《东莱吕太史文集》，"年谱"。

16　《勉斋集》，卷二，"复李公晦书"，页十八上。

17　《语类》，卷一〇五，第二十九"近思录卷"条，页四一八〇(页五上)。

18　《朱子文集》，卷三十三，"答吕伯恭第四十一书"，页二十八上下。

19 《朱子文集》，卷三十三，“答吕伯恭第四十一书”，页二十八上下。

20 同上，“答吕伯恭第四十九书”，页三十四下至三十五上。

21 同上，卷三十四，“答吕伯恭第五十六书”，页四下。

22 同上，卷三十三，“答吕伯恭第四十九书”，页三十五下。

23 《张子全书》，卷十一，页十二下。

24 《语类》，卷九十八，第三十一“问一”条，页三九九〇（页六下）。

25 《朱子文集》，卷五十四，页二十五下。

26 《语类》，卷一二三，第十二“德粹”条，页四七四七（页七上）。

27 同上，卷九十六，第六十四“问介甫”条，页三九二九（页十四上）。

28 《遗书》，卷二上，页一上。

29 《语类》，卷九十七，第二十二“问程子”条，页三九四四（页四上）

30 同上，卷六十七，第二十“易传”条，页二六二五（页六上）

31 同上，卷一一九，第二十一“陈芝”条，页四五九二（页十上）

32 《语类》，卷九十三，第八十五“横渠”条，页三七五一（页十三上）。

33 《宋史》，卷四二七，“邵雍传”，页十九上。

34 同上，卷四三一，“李之才传”，页二十六上。

35 《周子全书》，卷二，“太极图说”，页二十三。

36 同上，卷一，页五。

37 《伊川文集》，卷四，页一上。

38 《伊川易传》, 卷一, 页六下。

39 《语类》, 卷九十三, 第六十二"伊川"条, 页三七四五(页九上)。

40 同上, 卷三十, 第五十八"文振"条, 页一二四五(页十六上)。

41 《朱子遗书》(艺文印书馆影印吕氏宝诰堂刊本), 第一册, 《近思录》, 卷二, 页一下。

42 《语类》, 卷三十, 第四十八"蔡元思"条, 页一二四二(页十四下)。

43 《论语·子张第十九》, 第一章。

44 《语类》, 卷七十三, 第三"李敬子"条, 页二九三二(页一下)。

45 同上, 第五十三"守约"条, 页二九四六(页十下)。

46 同上, 第六十二"问易"条, 页二九五五(页十四下)。

47 《伊川经说》, 卷二, 页六上下。

48 《语类》, 卷七十八, 第九十九"庸命"条, 页三一六九(页十八上)。

49 《人生》, 第二九八期(五十二年四月一日), "读书与做人", 页四。

50 参看本文"附录四"之(一)。

51 参看本文"附录四"之(二)。

52 参看本文"附录四"之(三)。

53 《遗书》, 卷十八, 页四十五上。

54 同上, 卷二十二下, 页三上。

55 参看本文"附录四"之(四)。

56 已于一九六七年出版, 英题为*Reflections on Things at Hand*。

朱子之宗教实践

朱子之宗教思想，如天、天命、鬼神、祭祀等等，研究者甚多。此项文献，真是汗牛充栋。至其宗教实践如何？其宗教生活如何？其宗教信仰之影响于其行动者又如何？则学者几皆缄默。讨论者未闻其人。黄榦（字直卿，一一五二—一二二一）《朱子行状》，谓朱子祭于家庙，祭礼诚敬。[1]然此亦只寥寥数语，未得读者注意。《宋史》"本传"则简直一字不提，只记其知福建同安县时禁妇女之为僧道者，与知福建漳州时禁男女聚僧庐为传经会与女不嫁者为庵舍以居而已。[2]王懋竑（一六六八—一七四一）《朱子年谱》于朱子修祠祭圣贤等举，固志其事，然此多属公事。读者于朱子私人之宗教生活，不能于此得若何印象也。"本传"与《年谱》既为讨论朱子生平之基本资料，学者遂以朱子为对宗教不生兴趣。其天命、太极等概念均以哲学解释，因此不特以朱子本人为宗教趣味薄弱，而亦以理学之宗教性为并不浓厚也。三百年前天主教士曾发生一场大辩论，争论朱子是否信有天神。解朱子之天为主宰之天如利玛窦（一五五二—一六一〇）辈，固有其人。然大部以朱子之天、理、太极等为纯粹理性，绝无宗教意味。故Malebranche（一六三六—一七一五）著一书名《基督教哲学家与中国哲学家关于上帝存在与性质之争辩》。所谓中国哲学家为一无神论者，乃指朱子门人，亦即暗指朱子也。[3]一九二二年牛津大学教授J.P Bruce乃为文坚谓朱子为一有神论者。[4]然降至一九五六年剑桥大学教授李约瑟（Joseph Needham）著《中国科学与文明》，仍谓朱子之神，缺乏个人之性。[5]意谓朱子所信之天尚非完美。彼辈之结论，均以基督教之上帝为标准，而又只从朱子之宗教思想方面观察。故勿论其结论是与不是，于朱子之宗教生活，绝不留意也。

回观中日学者，则于朱子之宗教生活，亦不关心。讨论朱子之生平与思想，连篇累牍。然关于朱子之宗教经验之论文，竟未一见。不能不谓为一大缺憾。至其所以不言者，一以视宗教为个人私事，一则以材料缺乏之故。《年谱》之所以记录立祠祭祀等举而不记其本人宗教实践者，盖以立祠祭祀为公事，而以宗教实践为私事也。私事不当公开讨论，因而材料渴乏。所研究者乃朱子宗教之思想而非其宗教经验也。然朱子言行相顾。即如诚，不特解释其意义，而同时亦实行于身，于祭祀祈祷，皆尽其诚。朱子言天命流行，不止阐明万物之生死始终，而亦以天命决定其本人之进退行止。故宗教不止为其讨论之对象，而亦是其兴居之指南也。吾人苟从《朱子行状》《朱子文集》《朱子语类》等处，探视其日常宗教实施，不难窥见朱子实一最虔敬而富有宗教热诚之人，而非止讨论宗教思想而已也。兹先略论朱子之告先圣贤与祷雨、修德、修礼，然后论及其本人之日常宗教。

《朱子文集》卷八十六有告先圣文多篇。戴铁（弘治九年，一四九六，进士）之《朱子实纪》与王懋竑之《朱子年谱》，均择纪其一二。然只视为朱子政事之举，而未尝指出其为朱子本人宗教情感之表现也。绍兴二十三年（一一五五），朱子年二十四，为同安县主簿。首即行乡饮酒，为文告先圣。[6]两年后建经史阁，又告先圣。[7]并立祠以祀县之故丞相苏颂，亦告先圣。[8]县学弟子不法屏而去之。[9]以及绍兴二十五年（一一五七）任满辞归，均告先圣。[10]苟此仅为例行公事。自无宗教性质可言。然北宋理学家如周敦颐与程颢辈，数任知事。未闻其设坛祭祀，以告先圣者。若谓乡饮酒祭孔，所以鼓励复礼，经史阁上梁祭孔，所以启迪众志，则屏弟子员，实无宣传之必要。且朱子到任之始，秩满之终，均告先圣。苟非真有宗教热诚，不必多此一举也。

朱子不特同安为然，以后亦如是。淳熙六年（一一七九）知江西南康军，谒先圣为文致祭。[11]翌年复修白鹿洞书院，亦献祭以文告成。[12]其后绍熙六年（一一九五）知福建漳州，到任初即谒先圣。[13]同年刊四经成亦如是。[14]绍熙五年（一一九四）沧洲精舍告成又告先圣。[15]如是者屡屡，数十年一以贯之。朱子即非告先圣之最勤者，亦少见矣。

朱子之所以勤告先圣者，主因无他，乃对孔子有热烈之宗教信仰也。朱子自小即信仰孔子，此点不可不大注意。《朱子语类》载朱子自述十五六时，"一日在病翁（刘子翚，号屏山，一一〇一——一四七）所会一僧，与之语……见他说得也煞好。及去赴试时，便用他意思去胡说……遂得举（时年十九）。后赴同安任时，年二十四五矣。始见李先生（李侗，称延平先生，一〇九三——一五八），与他说。李先生……只教看圣贤言语。某遂将那禅来权倚阁起。意中道禅亦自在。且将圣人书来读。读来读去，一日复一日。觉得圣贤言语，渐渐有味。却回头看释氏之说，渐渐破绽，罅漏百出"[16]。尤焴"大慧普觉禅师语录序"[17]谓朱子赴试，行箧有大慧禅师（一〇八九——一六三）语录。朱子自述为学经过，谓初师屏山与籍溪（胡宪，一〇八六——一六二）。籍溪好佛老，屏山官莆田（福建），接塔下一僧，能入定数日。朱子自见于此道未有所得，乃见延平。[18]朱子答江元适书，自谓出入于释老者十余年。[19]根据以上纪录，《朱子实纪》与其他记载遂谓朱子泛滥于释老有年。[20]学者几乎众口一辞，皆谓朱子见延平乃叶佛归儒。即朱子权威如钱穆，亦谓如此。[21]然愚于"新儒家范型：论程朱之异"一文内，已说明朱子自十三四岁即从其父得闻程颢程颐两兄弟解释《论语》之说。其三师（刘子翚、胡宪、刘勉之，一〇九一——一四九），均有伊洛因缘。朱子自少即读儒书。年二十已得观上蔡语录。上蔡即谢良佐（一〇五〇——一〇三），程子门人也。故自幼不特倾心儒学，而且倾心于二程之儒学。所谓出入释老，不外青年好奇之兴趣，浅尝异说而已。并非抛弃儒学，及见延平之后，乃如浪子回头也。[22]

朱子漳州谒先圣文谓“总发闻道”。沧洲精舍告先圣文谓“少蒙义方，中靡常师，晚逢有道”。《大学章句序》亦谓幸而私淑两程夫子而与闻其道，所以继承尧舜孔孟以下周程所授受道统自居。愚于“朱熹集儒学之大成”一文，详论朱子不特为建立理学道统之人，而亦予道统以富厚之哲学性。[23]然朱子之建立道统，所求乃儒学之传授、纯正与权威。惟其在告先圣文，目的则迥然不同。漳州谒先圣文“总发闻道”之下云，“永念生平，怛焉内疚。尚蕲启佑，俾度其心”。沧洲精舍告先圣文云，“尚其昭格，陟降庭止。惠我光明，传之方来”。其屏弟子员告先圣文，且以学生淫慝之行，乃因“身不行道，无以率砺其人，使至于此。又不能蚤正刑辟，以弹治之。则是德刑两弛”。如是恳求先圣来格；觉之佑之。又诚恳自罪。可知朱子与孔子之关系，不止在道统之传，而亦在情感之厚。其祭礼禀告先圣，非徒公事例行或树立传统，而实自少对孔子早已向往，发生感情上之关系。故一生功业大事，必告先圣。此其所以于立经史阁，复修白鹿洞书院，刊四经书与成立沧洲精舍，为其一生传道之大端者，均为文禀告也。

或谓朱子于绍熙元年（一一九〇）集《大学》《论语》《孟子》《中庸》为四子书。以后四书为学校与考试之基本材料，支配我国思想制度数百年，而为朱子学权威之基石。然而不祭先圣，则又何说？愚应之曰，刊四经告先圣者，乃以经为孔子所自删作，而四书乃弟子所述也。朱子谓“理得则无俟于经”[24]。此非不重六经之谓，而乃特重自得之谓也。自得则在为学有方。四书之重要处，即在于此。故朱子谓“先读《大学》以定其规模，次读《论语》以言其根本，次读《孟子》以观其发越，次读《中庸》以求古人微妙”[25]。刊四经之对象为孔子，集四书之目的为教学，略有不同。

淳熙六年（一一七九），朱子立周子祠于南康学宫，配以二程。[26]八年（一一八一）调职东归，顺游庐山，率弟子十余人，设馔祭于周子书堂遗像，“再拜于濂溪先生书坐下”[27]。十年（一一八三）筑武夷精舍于离所居崇安县西北三十里武夷山之五曲大隐屏下。塑有伏羲像，欲奉于此。[28]相传伏羲画八卦。周子《通书》乃说《易》之若干卦，并著《太极图说》。朱子集理学之大成，盖以此为基础。然则奉祭伏羲与周子，绝非偶然。反之，对道统传授，有个人情感之关系也。告先圣文谓总发闻道，又谓晚逢有道，皆述其本人进修过程。吾人不能谓此即为受命于天，或如教主自觉有救世使命。然其忠于孔子、周子，确是宗教热诚，不只思想之承受与发挥而已也。

屏弟子员告先圣文有云，“唯先圣先师临之在上”。刊四经成告先圣文云，“神灵如在，只鉴此心”。显然朱子相信有神灵之存在。此信仰乃儒家传统之信仰。朱子继之，然亦有其哲学之解释。《中庸》云，“鬼神之为德，其盛矣乎。视之而弗见，听之而弗闻，体物而不可遗。使天下之人，齐明盛服，以承祭祀。洋洋乎，如在其上，如在其左右。诗曰，‘神之格思，不可度思，矧可射思？’[29]夫微之显，诚之不可掩如此”[30]。朱子释之曰，“鬼神主乎气而言。……诚实也。言鬼神是实有者。屈是实屈，伸是实伸。屈伸合散，无非实者。故其发见昭昭，不可掩如此”[31]。又曰，“祖宗气只存在子孙身上。祭祀时只是这气便自然又伸。自家极其诚敬，肃然如在其上是甚物？那得不是伸？此便是神之著也”[32]。此儒家感应之说。朱子之祷雨，盖根于此。

朱子祷雨多次。与籍溪先生书谓“里中秋来阙雨。数日来晚稻秀而将实，尤觉焦渴为患，方议祈祷”[33]。胡宪籍溪卒于绍兴三十二年(一一六二)。是年朱子三十三岁。则此议祷之事，乃朱子少年之事也。其在南康浙东漳州任内，屡屡祈祷。淳熙六年(一一七九)南康大旱，朱子答吕伯恭(吕祖谦)书称“此中火色”。又谓“适此旱灾，祈祷未能感格”。并谓“夏秋以来，以旱暵祈禳奔走，日日暴露，不得少休”[34]。翌年致黄商伯书亦云，“旱甚不雨，祷祀未有以感格”[35]。后闻山间雨颇沾足，但“城中殊少。未敢废祷祠也”[36]。如是祈祷不休，再接再厉。某次朱子不能亲祷，乃遣僚属。祈丰利侯文云，“自秋以来，天久不两。欲躬走谒，又恨符印之守，不克以前。谨遣某官奔告祠下。而熹只率僚吏拜送于门，西望叩头，再拜以请。惟侯哀矜，赐之一雨，以卒终岁之惠”[37]。当时南康情势，必甚危急。朱子屡祷不应，几至绝望。是以与广佑大王有三日之约。祈雨文云，“大王若哀其迫切，赦其前愆，有以惠缓之，则三日之内，熹等斋宿，以俟休命。三日而不应，则是大王终弃绝之。熹等退而恐惧，以待诛殛，不敢复进而祷矣”[38]。此次祈祷，果然有效。旱灾得以消除。谢雨文云，“君王顾哀，昭答如响。祷之明日，甘泽沛然。昼雨宵零，越五六日而未艾。岗陵渐润，草木蕃滋”[39]。此南康之事也。

朱子淳熙八年（一一八一）八月除提举两浙东路常平茶盐公事。是时浙东大饥。朱子即日单车就道，巡视各州，救荒甚力。据九年正月奏状，婺州衢州各地水旱相仍。[40]绍兴府蝗虫为灾，收拾得大者一篮，小者一袋。朱子一面询究祈祷，一面打扑焚瘗。且设醮祈禳，并遣中使降香祈祷。[41]致陈同甫书云，“旱势已成。……祈祷不敢不诚”[42]。《祈雨文》云，“若今之旱，浙河以东，为州者七。……惟神幸哀怜之”[43]又一《祈雨文》云，“奉沼致祷阅月，逾时雨不可得。……请复与神为三日之期……若三日不雨，雨而不周，且浃于四封。惟天听明，吾恐神之不得安其室。神尚听之”[44]。观此可知情势愈危，祷告愈急矣。绍兴元年（一一九〇），漳州旱灾亦不下于江浙。朱子与王漕书云，“山间之旱，日甚一日。祈祷经日，略不见效。近日随众登山祈神。周视一村，大半焦赤。居此四十余年，未尝有今日之旱”[45]。

以上关于朱子祷告，有数点应注意者。一为朱子出于至诚，并非敷衍了事。一为朱子大事荒政。一为特重修德。三者并行，彼此相须。朱子之祷，有如任何宗教人士面临危机而祷。祷则必诚。朱子屡言祷而不雨，皆因其诚未尽。淳熙六年（一一七九）一再请辞南康职务，乞祠主道宫观，然以祈祷无效而不敢去。答吕伯恭书曰，“适此旱灾祈祷，未能感格。今旱禾已不可救。若更数日不雨，即晚禾亦不可保。观此事势必致大段狼狈，遂不敢言去。只得竭尽努力”[46]。此以祈祷有无感应而定其本人之行止，显是个人宗教觉心之抉择，而非官样文章可比也。如上所述，朱子祈祷，必亲自为之。所谓“如不与祭，如不祭”[47]也。有问凡祈祷之类，不往可否？朱子答曰，“某当官所至，须理会一番。如仪案所具，合祈祷神示。有无义理者，使人可也”[48]。可见祈祷仍以义理为准。朱子谓寻常不肯入神庙[49]，乃因妖巫惑民之故。婺源有五通庙，居民以为最灵。出门便带纸张入庙祈祷。士人之过者，必以名纸称门生某人谒庙。朱子还新安（婺源）省墓。宗人煎迫令去，朱子不往，且曰，“若能为祸福，即葬某于祖墓之旁”。无他，无义理也。[50]

朱子之祈神，并非单靠神之保佑，而亦尽人力。朱子各地之荒政，乃其政绩之尤著者。在南康任内，特别整理常平仓，以防饥饿。本其在崇安所创立社仓，劝各府县设立。蝗虫为灾，则“一面询究祈祷，打扑焚瘗”[51]。盖不只祈祷查询，而同时亦召人捕获收买焚埋也。[52]漳州某邑有陨星，恐有火灾，县官祷禳。朱子云，“岂可不修人事？合当拘家家蓄水警备”[53]。其重人事如此，固不单靠神力也。

尽力之方，尤在修德。淳熙七年（一一八〇）以旱伤祈祷不应，《乞修德以弭天变状》云，“为今之计，独有断自圣心，沛然发号，深以侧身悔过之诚，解谢高穷。……庶几精神感通，转祸为福”[54]。翌年圣朝以灾异求言。朱子奏劄曰，“迩者垂象差忒，识者寒心。……君子或有未用，而小人或有未去。……而反躬有未至欤”[55]？淳熙十六年（一一八九）拟上封事，其词更烈。有云，“所谓明义理以绝神奸者……人之祸福，皆其自取。未有不为善而谄祷得福者……灾害之去，何待于禳？福禄之来，何待于祷……淫礼无福，经有明文……巫祝妖人，乘间投隙”[56]。甲寅（一一九四）奏劄，重申此旨，曰，“若夫灾异之变，祸乱之几，有未尽去，则又在乎陛下凝神恭默，深监古先。日与大臣讲政理……则圣德日新，圣治日起，而天人之应不得违，衅孽之萌不得作矣”[57]。当时朝廷有旨修葺旧日东宫为屋三数百间。朱子以百姓饥饿流离，陷于死亡之际，不应大兴土木。乃于经筵之后，面陈四事。有曰“臣恐不惟上帝震怒，灾异数出。正当恐惧修省之时，不当兴此大役”[58]。古来我国哲人，视灾异为天戒，然修德正心，则能变灾为祥。孔子云，“获罪于天，无所祷也”[59]。

朱子之宗教实践，除告先圣、祈祷、修政、重德之外，又可于其对礼仪之重视见之。朱子自少至老，终身重礼。年十七八，即考订祭礼。[60]官同安时，训释县学释奠之礼，并申请严检婚娶仪式。据宋明人“朱子年谱”，朱子丁母忧，居丧尽礼，参酌古今，因成丧葬祭礼。又推之于冠昏，共为一编，命曰家礼。既成为一童窃去。易箦后其书始出。[61]黄榦《行状》谓“家礼世多用之。然其后亦多损益，未暇更定”[62]。王懋竑坚以被人窃去亡之者为祭礼而非家礼，而所谓家礼，乃《经传通释》中之家礼，亦非今之家礼。[63]勿论事实如何，朱子修礼之勤，无可否认。淳熙二年（一一七五）答吕伯恭书，云欲修吕氏乡约乡仪及约冠昏丧祭之仪，削去书过行罚之类。惟苦多出入，未偿所愿。[64]两年后淳熙四年（一一七七），象山（陆九渊）兄弟居母丧，皆以书问朱子既祔之后，主是否应复于寝。[65]朱子已是礼仪权威矣。南康任内（淳熙六年，一一七九）申请礼部颁降礼书，庶州县臣民之家，冠昏丧祭，均有礼文可守。并乞增修礼书。[66]戊申（一一八八）封事，力辨宦官主管丧事之非。[67]绍熙二年（一一九一）以淳熙六年所颁礼书不备，申请补充施行。[68]绍熙五年（一一九四）宁宗即位，召赴行在（杭州）为侍讲。其时孝宗山陵甚低，有水湿之危。朝廷有旨集议，别求吉兆，而台史止之。据《行状》，“先生竟上议状（十月十日）言……当广求术士，博访名山，不宜偏信台史罔上误国之言，固执绍兴坐南向北之说”[69]。以是大忤台臣。不久又奏论嫡孙承重之服，主张“明诏礼官，稽考礼律”[70]。奏文直言宁宗违反礼律，并指礼官未加详考。无怪台臣痛恨。未及一月(闰十月)，又争论庙祧。将集议。朱子知难以口争，乃入议状，并图说明太庙某室应祧某祖。[71]《行状》云，“一时异议之徒，忌其轧已，权奸遂从而乘之”[72]。是时太皇术后亲属韩侂胄（一一五一——一二〇二）专政。朱子侍讲，屡言于上。讲毕并奏疏极言之。侂胄大怒，阴与其党谋之。于是宁宗以朱子年迈隆冬恐难立讲为辞，解除侍讲之职，调任州郡。朱子乃于十一月返归建阳考亭。朱子自云，“顷在朝，因禧祖之祧与诸公争辩，几至喧忿。后来因是去国。不然，亦必为人论逐”[73]。朱子之冒大不韪，固是尊重古礼，严守义理，而亦深信不如此不是以尽诚。其所争辩，乃其宗教性之表示也。

朱子不特重礼，而亦亲自治礼。于此益见其对宗教之热诚。钱穆《朱子新学案》有“朱子之礼学”一长篇，详述朱子对于家庙、祭仪、祔礼、丧服、塑像、拜扫、婚礼、冠礼、民臣礼、跪拜、深衣、社坛、释奠、衣服、用尸、君赴臣丧、节祠等等，无所不考。钱氏云，“朱子于经学中，于礼特所重视”[74]。朱子晚年尤重修订礼经。文集书札记与门人修理抄写甚详。逝世之前一日，仍致书门人托写礼书与收拾底本。吾人于《语类》与《文集》，可见其关于礼之讨论，实比太极理气为多。至朱子之所以如是着力者，则以其以礼为“天理之节文”[75]也。“节文”一词，见诸《孟子》与《礼记》[76]，而以天理释之，则是《朱子新义》。陈淳（一一五九——一二二三）释之云，“天理只是人事中之理而具于心者也。天理在中而著见于事，人事在外而根于中。天理其体，而人事其用也。……必有天理之节文，而后有人事之仪则。言须尽此二者，意乃圆备”[77]。人事根于天理，则人当遵循天志。由此观之，礼之宗教性，不言而喻。修德尽诚，非礼不可。

以上所言，皆涉及朱子之政治活动与修礼，可谓之为其宗教实践之社会方面。此处尚有可纪者。《宋史》谓其官同安，“禁女妇之为僧道者”[78]。此言无据。惟官漳州时则有此施设。《行状》云，“以习俗未知礼，采古丧葬婚娶之仪，揭以示之。命父老解说，以教子弟。释氏之教，南方为盛。男女聚僧庐为传经会。女未嫁者，私为庵舍以居。悉为之禁”[79]。据《文集》，朱子劝谕遭丧之家，限一月安葬，切不须斋僧供佛，广设威仪。男女不得以修道为名，私创庵宇。若有如此之人，各仰及时婚嫁。并约束寺院，民间不得以礼佛传经为名，聚集各人，昼夜混杂。城市乡村，不得以禳灾祈福为名，敛掠钱物，装弄傀儡。[80]门人问禁漳民礼佛朝岳，皆所以正人心也？朱子答曰，“未说到如此。只是男女混淆，便当禁约耳”[81]。此只谓改良风化，乃当前急务，非谓与天理之节文无关也。

至于朱子之私人宗教生活，则意义亦深。《行状》谓其“未明而起，深衣幅巾方履，拜于家庙以及先圣。……其祭也，事无纤巨，必诚必敬。少不如仪，则终日不乐。已祭无违礼，则油然而喜。死丧之威，哀戚备至。饮食衰绖，各称其情”[82]。据《语类》，“先生每日早起，子弟在书院皆先着衫到影堂前击板，俟先生出。既启门，先生升堂，率子弟以次列拜炷香。又拜而退。子弟一人诣土地之祠炷香而拜。随侍登阁拜先圣像，方坐书院受早揖饮汤。少坐，或有请问而去。月朔影堂荐酒果，望日则荐茶。有时物荐新而后食”[83]。此外《语类》尚有朱子个人宗教实践之记载不少。兹录如下：

先生云：欲立一家庙，小五架屋。以后架作一长龛堂。以板隔截，作四龛堂，堂置位牌。

问先生家庙只在听事之侧。曰“便是力不能办”。

先生每祭不烧纸，亦不曾用币。

先生家祭享，不用纸钱。凡遇四仲时祭，隔日涤椅卓严办。次日侵晨已行事毕。

叔器（胡安之）问行正礼，则俗节之祭如何？曰“韩魏公处得好，谓之节祠，杀于正祭”。某家依而行之。但七月十五素馔用浮屠。某不用耳。

问行时祭则俗节如何？曰“某家且两存之”。童（童伯羽）问奠简于时祭否？曰“是要得不行。须是自家亦不饮酒始得”。

先生依婺源旧俗，岁暮二十六日烹豕一祭家先。就中堂三鼓行礼。次日召诸生馂。

先生以岁前二十六夜祭先。云是家间从来如此。这又不是新安旧俗。

问“先生除夜有祭否”？曰“无祭”。“先生有五祀之祭否”？曰“不祭”。

问“忌日当哭否”？曰“若是哀来时，自当哭”。又问衣服之制。曰“某自有吊服绢衫绢巾。忌日则服之”。

先生母夫人忌日着黪墨布衫。其中亦然。

忌日祭只祭一位。

乙卯年（一一九四）见先生家凡值远讳，早起出主于中堂，行三献之礼。一家固自蔬食。其祭祀食物，则以待宾客。考妣讳日祭罢，裹生绢黪巾终日。

先生为无后叔祖忌祭。未祭之前不见客。

某自十四岁而孤，十六而免丧。是时祭礼只依家中旧礼。……及某年十七八，方考订得诸家礼，礼文稍备。……然自去年来拜跪已难。至冬间益艰辛。今年春间仅能立得住。遂使人代拜（此为沈僩戊午，一一九八，以后所闻）。[84]

先生于世俗未尝立异。有岁迫欲入新居而外门未立者，曰“若入后有禁忌，何以动作？门欲横从巷出”。曰“直出是公道。横则与世俗相拗”。

先生问直卿何不移入新屋居？曰“外门未立”。曰“岁暮只有两日，便可下工。若搬入后有禁忌，如何动作？初三又是赤口”[85]。

先生以子丧，不举盛祭，就影堂前致荐，用深衣幅巾。荐毕，反丧服，哭祭于灵，至恸。

先生殡其长子，诸生具香烛之奠。先生留寒泉殡所受吊。望见客至，必涕泣远接之。客去，必远送之。

先生葬长子丧仪，铭旌、埋铭、魂轿、柩止用紫盖。尽去繁文。

先生以长子大祥，先十日朝暮哭，诸子不赴酒食会。近祥则举家蔬食。此日除衵。先生累日颜色忧戚。

问“先生忌日何服”？曰“某只着白绢凉衫、黪巾、不能做许多样服得”。问“黪巾以何为之”？曰“纱绢皆可。某以纱”？又问“诞辰亦受子弟寿酒否”？曰“否”。“衣服易否”？曰“否。一例不受人物事”。

《文集》比《语类》材料较少。然致程允夫书有云，“某家中自先人以来，不用浮屠法。今谨用。但卜地未能免俗，然亦只求一平稳处”[86]。

朱子不免从俗，可见其义理实用兼顾。皮毛外事，即从僧道亦无妨。惟火葬则决不可。因火葬乃“残父母之遗骸也”[87]。朱子视佛道为异端，痛击无遗。又以象山为禅，无与丝毫妥协之意。即其门徒来学者，亦每严词以待。然此皆属思想方面。至个人交际，则不避释道。不特初年留意佛老，历年亦常与道人唱和与书札往来。[88]游庐山伴中有会稽僧志南明老。[89]志南上人赠药。[90]武夷精舍为屋以居道流。[91]圆悟禅师居五夫里开善院，尝为诗赞朱子像。及示寂，朱子以诗哭之。[92]门人有道人吴雄。皆足以表示其度量之大，且以宗教生活上可互相滋养也。

乾道五年（一一六九）丁母祝孺人忧。翌年葬祝孺人于离崇安县五十公里建阳县崇泰里后山天湖之阳，名寒泉坞。朱子于此建寒泉精舍。宋明人“朱子年谱”云，“先生居丧尽礼。既葬日居墓侧。朔望则归（崇安）奠几筵”。王懋竑《朱子年谱》谓精舍为讲论之地，而非守墓之所。故并于朔望归奠亦不置信。[93]朱子葬母圹记固未提寒泉精舍与朔望归奠[94]，朱子《近思录序》明谓淳熙二年（一一七五）吕伯恭过其寒泉精舍，留止旬日。此精舍未必如子贡之墓庐，而不碍其与墓相近。以朱子家祭之勤，则朔望必归，正是其宗教生活之常。吾人于此，不必太过疑惑。且葬其母数月之后，即迁其父之墓。《文集·迁墓记》云，“初府君将没，欲葬崇安之五夫。卒之明年遂窆其里灵梵院侧。时熹幼未更事，卜地不详。既惧体魄之不获其安，乃以乾道六年（一一七〇）七月五日迁于里之门外水鹅子峰下”[95]。其后孝宗山陵争议，即基于此孝感之情。朱子于父母坟墓所托之乡人必加礼，以此故也。[96]致陈同甫书（陈亮，一一四三——一九四）云，“亡子卜葬已得地，但阴阳家说须明年夏乃可窆。今且殡在坟庵”[97]。随俗卜葬，固皮毛之事，然亦是心情关切，不可以迷信视之也。

朱子对于先人坟墓，把有特殊亲切之怀。绍兴三十年庚午（一一五〇）归婺源省墓一次。淳熙三年丙申（一一七六）再至。此次挟门人蔡元定（字季通，一一三五——一九八）与俱。或因其为堪舆专家，亦未可知。据说朱子思返婺源卜居，元定闽人，卒劝其返闽。[98]此或传说，然朱子思慕先人情意之切，可于其对于坟墓见之。据虞集（一二七二—一三四八）“朱氏家庙复田记”朱子之父仕于闽，尝质其先田百亩以为资。同邑张敦颐为之赎田。朱子庚午省墓，以租入充祭礼省扫之用。[99]追远之情，不止两度拜扫而已也。

父母之死，固毕生追思，而朋友之死，亦哀戚无限。朱子门人先卒者不少。《文集》《语类》浩叹者不止一次。其中哀惜最深者为张吕之死。张栻（字敬夫，一一三三——一八〇）与吕祖谦（字伯恭，一一三七—一一八一）为朱子好友。二人意见不同，而皆莫逆。张栻讣至，罢宴哭之，为祭文者二，又撰神道碑。祭文两叹曰，“呜呼，敬夫竟弃予而死也”[100]？又祭文谓，“兄之明……我之愚。……兄乔木……我衡茅。……兄高明……我狷狭。……我尝谓兄……兄亦谓我……[101]。屡言你我，可谓情义绸缪之至。翌年吕祖谦卒，既为位而哭，又遣奠于其家”。致刘子澄曰，“去年方哭敬夫，今伯恭又如许。吾道之衰，一至于此。不知天意如何”[102]。祭吕伯恭文，亦谓“呜呼，哀哉！天降割于斯文，何其酷耶？往岁已夺吾敬夫，今者伯恭胡为又至于不淑耶”[103]？赴浙东任，复往哭其墓。其生死交情有如此者。

或谓陆象山死，朱子既无祭文，且谓“可惜死了告子”。似是并无惋惜之意。查《语类》云，“象山死，先生率门人往寺中哭之。既罢，良久曰，‘可惜死了告子’”。注云“此说得之文卿（窦从周）”[104]。王懋竑谓“此事不见于从周录。恐传闻之误。《闲辟录》云，‘哭之者故旧之私情，讥之者斯文之公议’。此语固然。然谓其学同于告子，而辨之则可。谓可惜死了告子，则语太轻，必非朱子语矣”[105]。钱穆谓语非记者亲闻，可信否不可知。[106]学者皆为朱子洗刷，盖皆以朱子之言为讥语也。《年谱》不录，《象山全集》亦不载，盖以此故。查《语类》此条为汤泳乙卯（一一九五）所闻，离象山之死已两三年。传闻失实，未尝不可能。然窦从周收放心，慕颜子克己气象[107]，当非胡言乱语之人。况当时不止从周一人在场耶？吾人苟否认失了告子之语，则亦否认其哭陆子，可乎？朱子与象山辩，词至剧烈，卒之各尊所闻，无望必同。然两人交情，未尝因此而稍淡。两人丧幼稚。均以相告。[108]其谓死了告子，并非意存侮慢，而是直言其事而已。朱子评象山，以其学与告子相似。只守着内面，更不管外面。所谓告子，如是而已。非谓其主张性无善无不善，而孟子以为祸仁义也。[109]朱子刚直则有之，死而犹讥，则断无其事。朱子一生，何尝讥某一人？

朱子刚直敢言，几至弄成大祸。所谓庆元党祸是也。庆元元年（一一九五）侂胄党羽创伪学之名以攻朱子及其学派。赵丞相汝愚（一一四〇—一一九六）因荐朱子，被诬不轨，已谪永州（今湖南零陵县）。太府寺丞吕祖俭（一二〇〇卒）以论救丞相，亦贬韶州（广东）。朱子以尚带从臣职名，义不容默，乃草封事万言[110]，极陈奸邪蔽主之患。诸生恐必贾祸，朱子不听。蔡元定入谏，请以筮决之。遇遁之家人。[111]朱子默然退，取奏藁焚之，更号遁翁，以疾乞致仕。

朱子去国之后，侂胄势益张。庆元二年(一一九六)弹击伪学益急。门人杨道夫闻乡曲射利者多撰造事迹，以投合言者之意。亟以书告朱子。朱子报曰，“死生祸福，久已置之度外，不烦过虑”[112]。与诸生讲学如常，并始修礼书。胡纮未达时尝谒朱子于崇安(建安误)[113]。朱子待以粟饭。纮不悦。及为监察御史，既劾赵汝愚引用朱子为伪学罪首，又草疏诬朱子六罪[114]。会迁太常少卿，不果上。沈继祖以追论程颐得为察官。至是谋大富贵。纮以疏授之。继祖奏乞褫职罢祠。十二月朱子果夺职。亲信门人蔡元定隐居不仕，亦特编管道州(今湖南道县)。盖不敢直击朱子也。选人余嚞上书乞斩朱子。朱子有云“某今头常如黏在颈上”[115]，或即指此。朱子又曰，“自古圣人未尝为人所杀”[116]，大有“天生德于予，桓魋其如予何”[117]之概。

朱子威武不能屈[118]之精神，因伪学之禁曰严而益壮。盖其“不知命无以为君子”[119]之信仰，坚决不移。有一朋友微讽朱子，谓其有“天生德于予”底意思而无“微服而过宋”[120]之意。朱子曰，“某又不曾上书自辨，又不曾作诗谤讪。只是与朋友讲习古书。……古人刀锯在前，鼎镬在后，视之如无物者，盖缘只见得这道理，却不见那刀锯鼎镬”。又曰，“死生有命[121]。如合在水里死，须是溺杀”[122]。彼盖深信“如某辈皆不能保。只是做将去。事到则尽付之。人欲避祸，终不能避”[123]。或劝散了学徒，闭户省事，以避祸者。朱子曰“祸福之来，命也”[124]。或劝当此之时，宜略从时。朱子答之曰，“但恐如草药煅炼得无性了，救不得疾耳”[125]。盖朱子以“今为辟祸之说者，固出于相爱。然得某壁立万仞，岂不益为吾道之光”[126]？朱子坚信天命，同时苦干。当难时如此，面死时亦如此。

庆元五年（一一九九）三月，朱子病已甚。辛酉（初六）犹改《大学》《诚意章》注。午后大泻。自是不复能出楼下书院。据蔡沉（字仲默，一一六七—一二三〇）《梦奠记》，初八日精舍诸生来问病。朱子起坐曰，“误诸生远来。然道理只是恁地。但大家倡率做些坚苦工夫，须牢固着脚力，方有进步处”。诸生退。作范伯崇念德书，托写礼书，且为家孙择婿。又作黄直卿书，令收礼书底本，补葺成之。并谓“吾道之托在此者，吾无憾矣”。又作（季子）敬之在书，令早归收拾文字。翌日气息渐微而逝。[127]十一月葬于建阳县唐石里之大林谷。《行状》云，“是殆天所以相斯文，笃生哲人，以大斯道之传也”[128]。

附　注

1　《勉斋集》，卷三十六，“朱子行状”，页四十一下至四十二上。

2　《宋史》，卷四二九，“道学传”，页一下与十二下。

3　Nicholas Malebranche, *L'Entretien d'un philosophe chretien en d'un philosophe chinois sur L'existence et la nature de Dieu* 一七〇八年。一九三六年 A. le Moine注释并概论之，Marseilles 市 Imp.et lithographic A.Ged印行。

4　*Chu Hsi and His Masters*第四章名*The Theistic Import of Chu Hsi's Philosophy*。伦敦Probsthain公司印行。

5　*Science and Civilization in China*（科学与文明在中国）第二册，*History of Chinese Scientific Thought*（科学思想史），页四九二。

6　《朱子文集》，卷八十六，“行乡饮酒礼告先圣文”，页一上。

7　同上，“经史阁上梁告先圣文”。

8　同上，“奉安苏丞相祠告先圣文”，页一下。

9　同上，“屏弟子员告先圣文”，页一下至二上。

10　同上，“辞先圣文”，页三上。

11　《朱子文集》，“南康谒先圣文”，页三下。

12　同上，“白鹿洞成告先圣文”。

13　同上，“漳州谒先圣文”，页九上。

14　同上，“刊四经成告先圣文”，页九下。文内只提《易》《书》与《诗》三经，然卷八十二有“书临漳所刊四经后”，分别是《书》《诗》《易》《春秋》。

15 同上,“沧洲精舍告先圣文”, 页十二上。

16 《语类》, 卷一〇四, 第三十八“或说”条, 页四一六六(页九下至十上)。

17 《卍大藏经》, 第三十一套, 第四册。

18 《语类》, 卷一〇四, 第三十七“初师”条, 页四一六四(页八下至九上)。

19 《朱子文集》, 卷三十八,“答江元适”, 页三十四下。

20 《朱子实纪》(一一七三, 台北广文书局复印中文出版社本, 一九七二年), 页八十四。

21 《朱子新学案》(三民书局, 一九七一年), 第三册, 页六至十五, 二十五, 三十五至三十六。

22 参看拙著“新儒家之范型: 论程朱之异”, 万先法译。载《中华文化复兴》月刊, 第十二卷, 第五期(一九七九年五月), 页十三至二十二。兹编入本书为第二篇。参看第一节。

23 参看拙文“朱熹集新儒学之大成”, 万先法译。载《中华文化复兴》月刊, 第七卷, 第十二期(一九七四年十二月), 页一至十四。转载《华学》月刊, 第三十七期(一九七五年正月), 页二十五至四十三。其中道统部分, 曾先予扩大为“朱子道统观之哲学性”, 刊于《东西文化》, 第十五期(一九六八年九月), 页二十三与三十三。兹编入本书为第一篇。

24 《语类》, 卷十一, 第一〇九“经之”条, 页三〇五(页十六上)。

25 同上, 卷十四, 第三“某要”条, 页三九七(页一上)。

26 《朱子文集》, 卷三十四,“答吕伯恭第六十五、六十六书”, 页八下至九下。参看王懋竑《朱子年谱》, 页七十八。

27 《朱子文集》, 卷八十四,“书濂溪光风霁月亭”, 页二十九下至三十上。参看王懋竑《朱子年谱》, 页一〇二。

28 同上,《别集》, 卷六,“黄商伯”, 页十九下。

29 《诗经·大雅·生民之什·抑篇》, 第二五六篇。

30 《中庸》, 第十六章。

31 《语类》, 卷六十三, 第一〇七“鬼神”条, 页二四五二(页二十二下)。

32 同上, 第一一五“问中庸”条, 页二四五五(页二十五上)。

33 《朱子文集》, 卷三十七,“与籍溪胡先生”, 页二上。

34 同上, 卷三十四,“答吕伯恭第八十四、八十五书”, 页二十七上, 二十八上。

35 同上,《别集》, 卷六黄商伯”, 页十六下。

36 《朱子文集》,《别集》, 卷五,“西原崔嘉彦”, 页十一下。

37 同上,《正集》, 卷八十六,“丰利侯祈雨文”, 页七下。

38 同上,“广佑庙祈雨文”, 页七上。

39 同上,“广佑庙谢雨文”, 页七上下。

40 同上, 卷十六,“奏巡历婺衢救荒事件状”, 页二十七下至二十八上。

41 同上, 卷十七,“奏蝗虫伤稼状”, 页十上下;“御笔回奏状”, 页十一上。

42 同上, 卷三十六,“与陈同甫”, 页十七上。

43 同上, 卷八十六,“祈雨文”, 页九上。

44 同上，卷八十六，“祈雨文”，页八上。

45 同上，卷二十七，“与王漕书”，页二十一下。

46 《朱子文集》，卷三十四，“答吕伯恭第八十四书”，页二十七下。

47 《论语·八佾第三》，第十二章。

48 《语类》，卷一〇六，第十三“问今”条，页四一九九（页四下）。

49 同上，第二十五“问先”条，页四二〇五（页八上）。

50 同上，卷三，第七十九“风俗”条，页八十五（页二十一上）。

51 《朱子文集》，卷十七，“奏蝗虫伤稼状”，页十下。

52 同上，“御笔回奏状”，页十一下。

53 《语类》，卷一〇六，第三十六“先生”条，页四二一六（页十六上）。

54 《朱子文集》，卷十七，“乞修德以弭天变状”，页十三上。

55 同上，卷十三，“辛丑延和奏劄一”，页六下。

56 同上，卷十二，“巳酉拟上封事”，页五上下。

57 《朱子文集》，卷十四，“甲寅行宫便殿奏劄一”，页十上。

58 同上，“经筵留身面陈四事劄子”，页十九下。

59 《论语·八佾篇第三》，第十三章。《语类》，卷一三八，第一三〇“德粹”条，页五二九〇（页十五上），载德粹（滕璘）十年前屡失子，写信问朱子。朱子答书云，“子之有无皆命，不必祈祷”。

60 《语类》，卷九十，第一〇九“某自”条，页三六七六（页二十七下）。

61 参看《朱子实纪》，页一〇〇；王懋竑：《朱子年谱》，页二六三。

62 《勉斋集》，卷三十六，“朱子行状”，页四十七上。

63 王懋竑：《朱子年谱》，页二六四至二六八。

64 《朱子文集》，卷三十三，“答吕伯恭第三十九书”，页二十七上。吕大钧（一〇三一——一〇八一）卿约见《宋元学案》，卷三十一。

65 同上，卷五十八，“答叶味道第一书”，页二十三上。

66 同上，卷二十，“乞颁降礼书状”及“乞谱修礼书状”，页二十八下至三十一上。

67 同上，卷十一，“戊申封事”，页二十上至二十一上。

68 同上，《别集》，卷八，“释奠申礼部检状”，页四上。

69 《勉斋集》，卷三十六，“朱子行状”，页三十一上；参看《朱子文集》，《正集》，卷十五，“山陵议状”，页三十二上至三十六上；《语类》，卷一〇七，第十八“是夜”条，页四二四一（页十下）。王懋竑《朱子年谱》，页二〇一至二〇二。

70 《朱子文集》，卷十四，“乞讨论丧报劄子”，页二十五上下。参看王懋竑《朱子年谱》，页二〇二至二〇四。

71 《朱子文集》，卷十五，“祧庙议状”，页十九至二十八上。参看王懋竑《朱子年谱》，页二〇九至二一一。

72 《勉斋集》，卷三十六，“朱了行状”，页三十五上下。参看王懋竑《朱子年谱》，页二一二。

73 《语类》，卷九十，此据钱穆《朱子新学案》，第四册，页一三四。但遍查《语类》卷九十未见。

74 《朱子新学案》，册四，页一一二至一七九。引句出页一一二。

75 《论语集注 · 学而篇第一》，第十二章；“为政篇第二”，第五章；“颜渊篇第十二”，第一章等注。《语类》，卷二十五，第十二“问礼”条，页九七四（页三上）；卷四十一，第二十一“亚夫”条，页一六六八（页五上）。

76 《孟子·离娄第四上》，第二十七章；《礼记·坊记篇》，第二节。

77 陈淳：《北溪字义》，卷上，“仁义礼智信”条，“文公”节。

78 《宋史》，卷四二九，“道学传”，页一上。

79 《勉斋集》，卷三十六，“朱子行状”，页二十六下至二十七上。

80 《朱子文集》，第一〇〇，“对谕榜”，页七上。参看“晓谕居丧持报遵礼事”，页三上至四上。

81 《朱子语类》，卷一〇六，第二十五“问先”条，页四二〇四（页七下）。

82 《勉斋集》，卷三十六，“朱子行状”，页四十一下至四十二上。

83 《语类》，卷一〇七，第五十三“先生于”条，页四二五二（页十七上）。

84 《语类》，卷九十，第四十九至五十，一〇四至一〇五，一三二至一三六，一四一，一四三至一四六等条，页三六五七，三六七五至三六七七，三六八四至三六八七（页十六上下，二十七上，三十二上，三十三上下）。

85 同上，卷一〇七，第七十三，七十四条，页四二五七（页二十上）。又卷八十九，第五十四，五十九，六十六，七十二条（页三六二〇，三六二一，三六二三，三六二六）；卷八十七，第一五七条（页三五八二）。参看《北溪大全集》（四库全书本），卷四十八，页六上；卷二十三，页八上下。

86 《朱子文集》，《别集》，卷三，“程允夫”，页四上。

87 《语类》，卷八十九，第四十八“或问设”条，页三六一八（页十上）。

88 《朱子文集》，《正集》，卷六，页二十二下；卷八，页六下；卷六十三，页九下。

89 同上，卷七，页十六上。

90 同上，《别集》，卷五，页十一上。

91 同上，《正集》，卷九，页三上。

92 据《崇安县志》，卷八，“释”，圆悟禅师居五夫里开善院，尝为诗赞朱子像。及示寂，朱子为诗哭之。

93 王懋竑：《朱子年谱》，页二六二至二六三。

94 《朱子文集》，卷九十四，“先妣孺人祝氏圹志”，页二十三下至二十四上。

95 同上，“皇考吏部府君迁墓记”，页二十三下至二十四上。

96 《语类》，卷一〇七，第五十二“先生于”条，页四二五二（页十七上）。

97 《朱子文集》，《续集》，卷七，“与陈同父”，页八上。

98 《朱子实纪》，页一〇九，引程敏政“送朱子裔孙棣序”。

99 虞文见《朱子实纪》，页五六七至五七三。

100 《朱子文集》，《正集》，卷八十七，“祭张敬夫殿撰文”，页八下，九上。

101 同上，“又祭张敬夫殿撰文”，页九下至十上。“神道碑”载卷八十九，页一上至十上。

102《朱子文集》,《别集》, 卷三, "刘子澄第二书", 页十二上。

103 同上,《正集》, 卷八十七, "祭吕伯恭著作文", 页十二下。

104《语类》, 卷一二四, 第四十八"象山"条, 页四七七二(页十二上)。

105 王懋竑:《朱子年谱》, 页三〇九。

106《朱子新学案》, 册三, 页三五六。

107《语类》, 卷一一四, 第三十六"丙午"条, 页四四〇四(页十二上)。

108《象山全集》(四部备要本), 卷十三, "与朱元晦", 页七上。

109《孟子·告子第六上》, 第一、第二、第六章。

110 宋明人"朱子年谱"夸大言之为"数万言"。《朱子实纪》, 页一九六, 与王懋竑《朱子年谱》, 页二一六, 均从之。"万言"据《勉斋集》, 卷三十六, "朱子行状", 页三十六下。

111《朱子文集》,《别集》, 卷一, 页十三下, "答刘德清书"云, "得遁之家人, 为遁尾好遁之占"。《行状》云, "同人"。王懋竑谓"若遁之同人, 则止占遁尾矣。……盖传闻之误"(页三三五)。遁尾指家人之初六。其爻辞云, "遁尾厉, 勿用, 有攸往"。象曰, "遁尾之厉, 不往何灾也"。好遁指遁之九四。其爻辞云, "好遁, 君子吉, 小人否"。初六变阴为阳, 初九变阳为阴, 如是遁卦便变为家人。若作同人, 则只初六遁尾一变、而无好遁再变矣。王氏是也。然《行状》虽成于事后二十余年, 黄榦为人甚敬。朱门相传此事, 必甚严谨。想传闻无误。殆抄写之误耳。

112 此据宋明人"朱子年谱"(见《朱子实纪》, 页一九八)。《朱子文集》, 卷五十八, 页二下至三下, 有致杨仲思短书四, 无此语。

113《宋史》, 卷三九四, "胡纮传", 页一上, 作建安(今福建建瓯县)。然朱子未尝设教于此。《叶绍翁四朝闻见录》, 卷四(丁集)"胡纮, 李沐", 谓胡纮访朱子于武夷山。山在崇安县, 故知宋史误崇安为建安。叶为南宋人, 稍后于朱子。所闻当不误。

114 据同上,“庆元党”, 胡纮之奏原为六罪。六罪之后又加恶行四项。故《宋史》, 卷四二九“朱熹传”, 页十七下, 作十罪。

115《语类》, 卷一〇七, 第三十三“时伪”条, 页四二四八(页十四下)。

116 同上。

117《论语·述而第七》, 第二十二章。

118《孟子·滕文公第三下》, 第二章。

119《论语·尧曰第二十》, 第三章。

120《孟子·万章第五上》, 第八章。孔子不悦于鲁卫, 遭宋。桓司马将要而杀之。孔子微服而过宋。

121《论语·颜渊第十二》, 第五章。

122《语类》, 卷一〇七, 第二十六“有一”条, 页四二四六(页十三下)。

123《语类》, 第二十八“先生”条, 页四二四七(页十三下)。

124 同上, 第二十七“或劝”条, 页四二四六(页十三下)。

125 同上, 第三十一“或有”条, 页四二四七(页十四上)。

126 同上, 第二十九“今为”条。

127《梦奠记》甚详, 载王懋竑《朱子年谱》, 页二二七至二二九。致范念德与朱在书已佚。《朱子文集》, 卷三十九, 有与范伯崇念德书十四通, 皆无此事。“致黄榦书”载《文集》卷二十九, 页二十二下至二十三上。

128《勉斋集》, 卷三十六,“朱子行状”, 页四十六上。

朱子固穷

本文动机有二：一为朱子奏状书札中每每言穷，为从来中国哲人所未有。此处用“言穷”而不用“呻穷”，因朱子绝无怨声，只是固穷。然黄榦（字直卿，一一五二—一二二一）之《朱子行状》[1]，戴铣（弘治九年，一四九六，进士）之《朱子实纪》，《宋史》卷四二九“本传”，与王懋竑（一六六八—一七四一）之《朱子年谱》，均仅寥寥数语，未得其详。究竟朱子贫困状况如何？程度如何？从未见中、日、韩学者，有何论及。然此事有关于朱子之品格、出处与儒学之风气，不宜忽略也；二为近年中外学者，每谓中国文人，素来代表地主富豪阶级。朱子当然是我国八百年来之最伟大而影响最富之文人。其究是否地主之流，不可不辨。关于朱子之穷，材料极少。今从《朱子文集》《朱子语类》等处，海底钩针，从朱子之家世、奉祠、俸禄、穷困、印务、受与诸方面，考其固穷境况，以见“君子固穷”[2]。我国历史上，少有如朱子者。

（一）朱子之世家

朱子原籍徽州婺源（今在江西）之永平乡松岩里。其先世本是富裕之家，置有田地，足以自给而有余。故其祖父承事公三世以上不仕。及至其父，则家无余资。其父朱松（字乔年，号韦斋，一〇九七—一一四三）为建州（故治在今福建建瓯县）政和县尉，须质其先业百亩，乃能举家由徽至闽。及承事公卒，贫不能归。因葬于政和县护国寺之旁。朱子门人李方子（字公晦，号果斋，嘉定七年，一二一四，进士）所辑《年谱》云以方腊乱不能归。则可谓不能归，乃因乱而非因贫。然王懋竑辨之曰，“方腊之乱在庚子（一一二〇）辛丑（一一二一），承事之卒在乙巳（一一二五），则方腊之平久矣。年谱误也”[3]，且“贫不能归，因葬其邑”，乃朱子所自言[4]，吾人绝无致疑之余地。李默（一五五六年卒）所订《果斋年谱》云，“按虞集（一二七二—一三四八）作‘复田记’略云‘吏部（韦斋）之来闽，质其先业百亩以为资。同乡张公敦颐教授于剑（今福建南平特别区），请为赎之。计十年之入，可以当其直，而后以田归朱氏。癸亥（一一四三）吏部没，张公以书慰文公（朱子）于丧次，而归田焉。庚午（一一五〇）公省墓于婺源，以其租入充省扫祭礼之用’”[5]。王懋竑谓虞集“复田记”为后人增入年谱，于《朱子文集》与《朱子语类》，其事皆无所考。然李本尚存其真。[6]同乡为之赎田，益足证其家之贫乏矣。

韦斋官至尚书员外郎，家计当不至太过寒酸。然因秦桧（一〇九一—一一五五）论和不合，差主管台州（浙江）崇道观，官俸甚微。绍兴十三年（一一四三）卒于建州城南之寓舍。病革时手自为书，以家事属少傅刘子羽，而以其子学业属胡宪（字原仲，号籍溪，一〇八六—一一六二），刘子翚（字彦冲，号屏山，一一〇一—一一四七），与子羽之弟刘勉之（字致中，号白水，一〇九一—一一四九）。子羽居建北之崇安县五夫里，为筑室干其里第之傍。朱子遂奉母迁而居焉。朱子“屏山先生刘公墓表”云，“先生之兄侍郎公（子羽）尤以收恤孤穷为己任”[7]。可知朱子十四岁丁父忧时之孤而穷矣。《宋史》“本传”云，“家故贫，少依父友刘子羽”[8]，此之谓也。

朱子遵父遗训受业于胡宪、刘子翚、刘勉之。勉之以女妻之。庆元二年（一一九六）朝廷攻击朱子学派之道学为伪学。沈继祖奏朱子六罪，又谓其“娶刘珙之女，而奄有其身没巨万之财”[9]。又诱引尼姑二人，以为宠妾。每之官则与之偕行。开门授徒，必引富贵子弟，以责其束修之厚。四方馈赂，鼎来并至。一岁之间，动以万计。刘勉之为隐士。据朱子“聘士刘公先生墓表”，其祖父仕至尚书郎中。祖父为朝请郎，休官退处。其父不仕。勉之逾冠以乡举。后专心二程之学。即建阳近郊萧屯别墅结草为堂。“少时妇家富而无子，谋尽以赀产归女氏。既谢不纳。又择其宗属之贤者，举而畀之。……亲旧羁贫，收恤扶助”[10]。由此可知勉之家甚富庶。然珙乃子羽之子，非勉之也。沈继祖狂言乱语，不值一笑。下文再详。

（二）朱子之奉祠

朱子身既贫，而笃志圣学。但愿得祠官微禄，支持生活，得以安心教学，如现时学者冀获政府或基金会奖学金，专事研究者。计其一生前后奏请派为祠官二十次，被派监督主管道教六宫观十一次，前后共二十二年又七月。请祠之多与奉祠之久，恐宋代无以出其右也。

祠禄之制，滥觞于唐，盛行于宋，而后世无闻焉。今日之奖学金，采自欧西，而无意中实宋代祠禄之复活也。《宋史》卷一七〇《职官志》云，“宋制设祠禄之官，以佚老优贤。先时员数绝少。熙宁（一〇六八—一〇七七）乃增置焉。……时朝廷方经理时政，患疲老不任事废职，欲悉罢之。乃使任宫观以食其禄。王安石（一〇二一—一〇八六）亦欲以此处异议者。遂诏宫观毋限员。……绍兴（一一三一—一一六二）以来，士大夫多流离。困厄之余，未有阙以处之。于是……理为资任，意至厚也。然初将以抚安不调之人，末乃重侥求泛与之弊”。于此可见宋代政府崇奉道教，以宫观祀其先祖及道教诸神，优待贤老，而亦可以笼络士人也。朱子有云，“本朝先未祠禄。……自王介甫（安石）更新法，虑天下士大夫议论不合，欲一切弹击罢黜。又恐惧物论。于是创为宫观祠禄，以待新法异议之人。然亦难得。惟监司郡守以上，眷礼优渥者方得之。自郡守以下，则尽选部中与监当差遣。后来渐轻，今则又轻，皆可以得之矣”[11]。据王明清《挥尘前录》卷二，“熙宁（一〇六八—一〇七七）间始置在外宫观，本王荆公（安石）意以处异议者”[12]。朱子所云王氏创为宫观祠禄，盖指在外宫观也。其所谓渐轻又轻，乃指得差而言。若论官祠之数，则南宋京内之祠只七。京外之祠，亦四十一而已。听差年龄，大抵六十以上，与宫观差遣。余差岳庙。任期二三年。核以祠禄。官无职守。虽带祠衔而不必在本祠居住。[13]在此情形之下，朱子屡屡请祠，卒奉祠十一次。兹略述如下。

⑴绍兴二十八年（一一五八）十二月至三十二年（一一六七）五月监潭州（今湖南长沙）南岳庙。

朱子绍兴十八年（一一四八），年十九，得进士第。二十年（一一五〇）授左迪功郎泉州同安县主簿。二十三年（一一五三）七月至同安。同安在福建之南，离朱子所居崇安约六百余里。迪功郎乃文官三十七阶之最低者。[14]绍兴二十六年（一一五六）七月满秩。黄榦《朱子行状》云，“历四考罢归，以奉亲讲学为急。二十八年（一一五八）请奉，监潭州南岳庙”[15]。是年十一月请祠，十二月得之，居崇安讲学。祠禄之官，分提举、提点、管勾（即主管）与监四级。北宋五岳皆置祠。中东西北四岳庙相继没于金。朱子时独南岳庙存。庙在湖南衡山县西南之衡山。朱子之前监是庙者为监察御史。[16]今以此授二十九岁之主簿，不得不谓朝廷厚望之至，而亦朱子同安政绩卓著之所致也。

⑵绍兴三十二年（一一六二）六月至隆兴元年（一一六三）十二月，再

监潭州南岳庙。

绍兴三十二年，朱子三十三岁。五月祠秩满，请祠。六月十九复差监南岳庙。《行状》云，“三十二年祠秩满，再请。孝宗即位。因复其任”[17]。翌年（隆兴元年，一一六三）十一月十二除武学博士，居崇安待次，罢祠。

⑶ 乾道元年（一一六五）五月至三年（一一六七）十二月，复监潭州南岳庙。

乾道元年（一一六五）春，省有劄趣就武学博士职。四月至行在（杭州）。以执政钱端礼等方主议和，不合。复请祠。五月复差南岳庙。即拜命归崇安。三年（一一六七）八月访张栻于潭州，十一月同登衡山。《朱子文集》有酬咏杂诗多首，然不提及南岳庙也。三年（一一六七）十二月除枢密院编修官，待次。祠秩未满即罢。据王懋竑考据，此乃替施元之之缺，施之官期未满，故待次于家。[18]五年（一一六九），三促就职。九月丁母祝孺人忧。朱子自云，“泉州同安县主簿，到任四年，省罢归乡。偶以亲老食贫，不能待次，遂乞岳庙差遣。再任未满，误蒙召对，除武学博士。又以急于禄养，复乞岳庙一次。又未满，间准敕差充枢密院编修官。寻以丁忧，不及供职”[19]。此次监南岳庙，时间比上次较长，然亦未满任也。

⑷ 淳熙元年（一一七四）六月至三年（一一七六）六月，主管台州崇道观。

乾道九年（一一七三），朱子四十五岁。五月二十八日有旨改左宣教郎，主管台州崇道观，任便居住。宣教郎为三十七阶之第二十六级。崇道观在浙江天台县西北二十里。主管比监高一级。《行状》云，“先生以改秩畀祠，皆进贤赏功，优老报勤之典。今无故骤得之，求退得进，于义未安。再辞，翌年淳熙元年（一一七四）又再辞。上意愈坚，始拜命”[20]。朱子“谢改官宫观奏状”云，“仰体德意，不敢固辞。已于六月二十三日，望阙受恩，只受讫”[21]。及三年（一一七六）六月授秘书省秘书郎，即罢祠矣。

⑸淳熙三年（一一七六）八月至五年（一一七八）八月，主管武夷山冲祐观。

朱子辞秘书郎不允。八月复辞，并请祠。许之，主管武夷山冲祐观。观在崇安县西北约三十里之武夷山。至五年（一一七八）八月，差知南康军（故治在今江西星子县），于是罢祠。朱子再辞军职，并请祠三次。至六年（一一七九）三月乃到军任。然五月、六月与翌年正、三、四月均请祠。一次不允，余皆不报。朱子“辞免知南康军状”云，“又自官一任解罢，今已二十余年。……而备数祠官，初无职事”[22]。数祠即指南岳、崇道、冲祐三祠也。《行状》亦云，“先生自同安归，奉祠家居，几二十年。间关贫困，不以属心”[23]。此处所谓二十年，即朱子自谓二十余年，乃指时间之长，非谓三次祠秩足二十年也。盖其间任职，待次，丁忧，皆须罢祠，禄亦中断。实计此二十年间，奉祠五任，只得十二年半而已。在此期间，官禄固薄，而其他八年，则无禄可言也。《行状》又云，“以病请祠者五”[24]，则指到南康任后之请祠也。

淳熙十年（一一八三）二月至十二年（一一八五）二月，主管台州崇道观。

朱子淳熙六年（一一七九）三月到南康任，至八年（一一八一）三月除提举江南西路常平茶盐公事，待次。如是在任两载。闰三月二十七日去郡东归。秋七月除直秘阁，三辞。八月改除提举两浙东路常平茶盐公事。是时浙东大饥。朱子遂拜不辞，即日单车就道。翌年（一一八二）九月十二日去任归，在任亦不过一年奇耳。十一月请祠。数月后，十年（一一八三）正月乃差主管台州崇道观。二月拜命。十二年（一一八五）二月祠秩满，共得两年。[25]

淳熙十二年（一一八五）四月至十四年（一一八七）四月，主管华州云台观。

崇道观秩满，复请祠。四月差改主管华州云台观。任期亦二年。此观原在陕西，有神宗（一〇六八—一〇八五）神像。[26]陷金人后只存其名耳。十四年（一一八七）三月转祠，改差主管南京鸿庆宫。云台之任，于此中绝。

(8) 淳熙十四年（一一八七）四月至七月，主管南京鸿庆宫。

十四年三月转祠。朱子待至云台两年祠秩满，四月然后拜命。"答刘子澄（名清之，一一三九—一一八九，朱子讲友）书"云，"昨日拜鸿庆敕，偶得一绝云'旧京原庙久烟尘，白发祠官感慨新。比望千门空引籍，不知何日去朝真'。年衰易感，不觉涕泗之横集也"[27]。诗又采入《朱子文集》卷九，题"拜鸿庆宫有感"。大中祥符七年（一〇一四）升应天府（故治今河南商丘县南）为南京，诏立行宫正殿，以祠圣祖，奉太祖（九六〇—九七五在位）、太宗（九七六—九九七在位）侍立于圣祖之旁。宫亦有神宗像[28]，已陷金人。南渡只置祠禄。是则拜只是遥拜，盖宫观既失，自无参谒之可能。其实朱子只感慨系之而已。朱子是年五十八岁，诚斑白矣。

数月之后，上谕宰执，以朱子久闲，可与监司。于是七月除江南西路提点刑狱公事，准依宫观，待次。两辞不免，遂罢祠拜命。十五年（一一八八）三月十八启行。《行状》云，"先生守南康，使浙东，始得行其所学。已试之效卓然。而卒不果用，退而奉崇道、云台、鸿庆之祠者五年”[29]。盖自淳熙十年（一一八三）二月至十四年（一一八七）七月，前后五年也。朱子在道又两辞并两请祠。六月初七奏事延和殿。翌日（初八），除兵部郎官。即以足病请祠，未供职，初十诏依旧职名江南西路提监点刑狱。七月复以足疾辞，并请祠。

(9) 淳熙十五年（一一八八）七月至十六年（一一八九）八月，主管西京嵩山崇福宫。

淳熙十五年七月磨勘，转朝奉郎，除直宝文阁，主管西京嵩山崇福宫。八月辞转朝奉郎官与直宝文阁职，皆不允。遂拜命。崇福宫原在河南登封县嵩山下。南渡后，只置祠禄，为外祠。朝奉郎为文官资三十七阶之第二十二，比宣教郎高四级矣。朱子是年十月入对，十一月上封事。《封事注》云，“一向窃食祠禄，前后九任”[30]，即以上所举九次也。十二月二十一日由崇福宫转祠，除主管西太乙宫兼政院说书。西太乙宫为临安行在内祠，地位甚高，与其他外祠不同。兼职亦是特殊优待。惟朱子辞说书而请仍奉外祠。十六年（一一八九）正月十一除秘阁修撰，依旧主管西京嵩山崇福宫。朱子辞修撰职名而拜崇福宫之命。是则崇福宫未尝罢祠而西太乙宫未尝拜命也。至八月除江南东路转运副使，崇福宫祠乃罢。此次奉祠较久，计两年又九个月。朱子辞转运副使。十一月乃改知漳州（故治今福建龙溪县）。

(10) 绍熙二年（一一九一）三月九日至四年（一一九三）十二月，主管南京鸿庆宫。

绍熙元年（一一九〇）朱子六十一岁。由是年四月二十四日至二年（一一九一）四月二十九日，在任漳州。元年十月已请祠，不允。二年又以嗣子塾丧请祠甚坚。三月乃除秘阁修撰，主管南京鸿庆宫。四月离漳州归。翌年（一一九二）二月请补辞秩，许之。四年（一一九三）二月差主管南京鸿庆宫。十二月除知潭州荆湖南路安抚使，罢鸿庆宫祠。

(11) 绍熙五年（一一九四）十二月至庆元二年（一一九六）十二月，提举南京鸿庆宫。

朱子绍熙五年五月五日至潭州。七月光宗内禅，宁宗即位，召赴行在奏事。八月赴行在。十月初二入国门。十日侍讲，讲《大学》。是时太皇太后亲属韩侂胄（一一五二—一二〇七）专政。朱子上疏忤韩。韩排除异己益力。假伪学之名，攻击朱子及其学派。于是闰十月十九晚讲后，降御笔批，罢侍讲，除宫观。二十一日付下。朱子奏谢，遂行。十二月诏依旧焕章阁待制，提举南京鸿庆宫。辞后拜祠命，仍辞待制职名。提举乃祠官四级之最高者。庆元元年（一一九五）二月，磨勘转朝奉大夫。此为文官三十七阶之第十九，比朝奉郎升三级矣。五月复辞职，并乞致仕。十二月诏依旧秘阁修撰，提举南京鸿庆宫。二年（一一九六）十二月台臣攻击伪学日急。选人余嚞上书乞斩朱子。胡纮（一一三七—一二〇四）草疏诬朱子六罪。此外又诬丑行四项，故或云十罪。将上，会迁去不果，乃以疏交沈继祖。沈以追论程颐得官。乘机谋富贵，乃以疏奏乞褫职落祠。朱子二十余年之祠禄生涯，遂与其政治生涯一同终结。

（三）朱子之俸禄

此二十年间，朱子大部靠祠禄生活。当时祠官俸禄甚微。据《宋史》卷一七二，北宋宫观都监勾当官十七贯。南渡后仍用前制，略加增损。朝奉大夫料钱三十五贯，朝奉郎三十贯，宣教郎十五贯，迪功郎十二贯，另布米若干，此外添支数贯或十贯，总计亦不过数十贯。每贯名为千文，而南宋每贯在京只值六百文，在外四百文。[31]当时物值与生活费无可考。惟据朱子报告衢州江山县米价每升由十七文至四十文。衣川强著《宋代文官俸给制度》亦谓每升由三十文至五十文，即每贯可得四斗，而每人每月约需三斗。[32]是则年俸即不贬值，亦仅足全家米粮之用而已。无怪朱子奉祠期间，每每称穷。南安任后，亲老食贫，乃乞岳庙，已如上述。[33]隆兴元年（一一六三）十一月除武学博士待次。朱子"答学侣柯国材（名翰，约一一一六—一一七七）"曰，"熹奉亲粗遣武学阙，尚有三年，势不能待。自今贫病之迫已甚。旦夕当宛转请祠也"[34]。乾道三年（一一六七）南岳庙任未满，差充枢密院编修官待次，再辞。五年（一一六九）"乞岳庙劄子"曰，"未任就道，而家贫亲老，急于禄养。……欲望钧慈特与陶铸岳庙，差遣一次"[35]。乾道六年（一一七〇）十二月召赴行在。七、八、九年屡辞。其乾道九年（一一七三）"辞免召命状五"有曰，"再念熹贫家……即乞别赐陶铸，差熹监岳庙一次"[36]。其"答刘子澄第十一书"有曰，"熹又三四日祠禄便满。前日因便已托尤延之（尤袤，一一二七—一一九四）为再请，势必得之。食贫不得已复为此举，甚不满人意"[37]。"第九书"云，"如仆则债未尽偿，食米不足。将来不免永作祠官"[38]。可见朱子请祠，实非自愿。只不得已，非此无以为生耳。"与刘子澄第十四书"云，"老兄归来无事。又得祠禄添助俸余，无复衣食之累"矣[39]。子澄既有俸余而尚需祠禄添助，衣食乃足，则朱子大部分靠祠禄之困迫，可想而知。其无祠禄之年，更不必论矣。朱子"与周丞相（周必大，一一二六—一二〇四）书"云，"熹自去年（淳熙十六年，一一八九）八月已失祠禄（西京嵩山崇福宫祠禄）。今适朞年。贫病之态，不言可知”[40]。

朱子任高级官，俸禄较厚。南安任后，家居二十余年。淳熙五年（一一七八）八月差知南康军。六年（一一七九）三月到任，至八年（一一八一）三月除提举江南西路常平茶盐公事，待次。闰三月二十七日去郡东归。八月改除提举两浙东路常平茶盐公事，即日单车就道。至下年（一一八二）八月改除江南西路提点刑狱公事，待次。数辞不允。七年以后，十六年（一一八九）十一月改知漳州。再辞不允，始拜命。翌年绍熙元年（一一九〇）四月二十日到郡，在任一年。二年（一一九一）四月二十九日去郡归。至绍熙四年（一一九二）十二月除知潭州荆湖南路安抚使。五年（一一九四）五月至镇。八月召赴行在。除焕章阁待制，兼侍讲。十月入国门奏事。十四进讲。闰十月十九御批除宫观。二十一日申谢遂行。《行状》云，“五十年间，历事四朝。仕于外者仅九考，立于朝者四十日”[41]。此以整数而言。若以实计，则仕外只得七年又六个余月，在朝仅四十六日而已。

北宋运使茶盐等税都三十贯。知州由七贯至六十贯。侍读十五贯。提点刑狱二十贯。南渡后少所增损。朝奉大夫朝奉郎等数十贯，另罗绢若干匹。[42]又添支十贯以上，米面若干，统计百数十贯。如是衣食丰足而有余。此朱子所谓俸余也。南康任内朱子“答吕伯恭第六十八书”云庐山，“三峡之西，有悬瀑泻石龛中。虽不甚高而势甚壮。旧名卧龙。有小庵，已废。近至其处，不免捐俸钱结茅。欲画孔明像壁间”[43]。“第六十九书”云，“学中二祠，只是因旧设像。……不敢破彼官钱。至于前书所说卧龙庵，又自用俸钱，亦不敢破此钱矣”[44]。朱子捐俸，一面省节公费，一面不顾日后之穷。则其对钱财之观念，可以知矣。

（四）朱子之穷

说及建造，于此可以见朱子之穷。朱子生平建营不少。乾道六年（一一七〇）葬母于建阳县崇泰里后山天湖之阳名曰寒泉坞，于此作寒泉精舍。淳熙二年（一一七五）又作晦庵于建阳县西北七十里芦山山颠之云谷。乾道六年朱子得其地，建草堂三间。堂后结草为庐。历数年而亭台始具。又并得山北施氏地。淳熙二年完成。朱子作《云谷记》识之。[45]八年后，淳熙十年（一一八三）四月，复建武夷精舍于离崇安县西北三十里武夷山之五曲大隐屏下。正月经始，四月落成。精舍地广数亩，屋三间。另于左麓为屋于石门坞为学者之群居。又为屋于石门之西南以居道流。有亭有树，使人心目旷然。有《武夷杂咏并序》[46]。绍熙五年（一一九四）又筑竹林精舍（后因舍有洲环绕，更名沧洲精舍）于建阳之考亭所居之旁。十二月十三日率诸生行释菜之礼于至圣先师，并为文以告成事。[47]

或谓以上数处规模不小，亦似华丽。朱子若穷，何由经营若此？殊不知晦庵自始营葺以至于成，得门人蔡季通（名元定，一一三五—一一九八），襄助之力为多。此时朱子奉祠教学，何有余资？《云谷记》曰，“欲为小亭……而未暇也……可耕者数十亩……自予家西南来，犹八十余里。以故他人绝不能来，而予亦岁不过一再至。独友人蔡季通家山北二十余里，得数往来其间”[48]。是则晦庵朱子不常往也。武夷精舍则因四方士友来者甚众，故别为一屋，俟其群居，已如上述。竹林精舍亦以朱子既归，学者益众，非筑室不能容。皆为教学所需，并非为享乐而设也。[49]且建筑甚为简陋。武夷两麓之口，掩以柴扉。屋为茅宇。竹林精舍，归后一月即成[50]，当必简单。即云谷亦皆草堂，仅一台以石为之而已。

建筑之简，一面因朱子财力不足，一面亦因朱子绝不主张大兴土木也。绍兴五年（一一九四）朱子讲筵之后，留身面奏四事。其一即谏光宗勿修葺旧日东宫三数百屋。[51]不宜于百姓饥饿之际，大兴土木，以适己自奉为事。“答刘子澄第八书”谓，“濂溪书堂闻规摹甚广。鄙意恐不必如此”[52]。又尝评彭子寿（名龟年，一一四二——一二〇六）云，“闻彭子寿造居甚大。何必如此”？刘珙（一一二二——一一七八）创第规模宏丽，亦欲观止之。[53]淳熙六年（一一七九）朱子知南康军。十月重建白鹿洞书院。其《申修状》云，“本军已有军学，可以养士。其白鹿洞所立书院，不过小屋三五间。姑以表识旧迹，使不至于荒废堙没而已。不敢妄有破费官钱，伤耗民力”[54]。此皆不事浮华，不止省检而已也。

至于本人房屋，则往往力不能及。“答友人何叔京（名镐，一一二八——一一七五）第四书”云，“前此失于会计，妄意增葺弊庐，以奉宾祭。工役一兴，财力俱耗。又势不容中止。数日衮冗方剧，几无食息之暇也”[55]。下文谓来春又当东走省墓，即指淳熙三年（一一七六）朱子再省墓于婺源。则此庐必是崇安所居，增大之以供宾接祭祀之用。非指芦山云谷，因其太远，不常至也。淳熙十一年（一一八四）“答陈同甫（名亮，一一四三——一一九四）第六书”告以“年来窘束殊甚。诗成屋未就。亦无人力可往来”[56]。此时朱子监台州崇道观。其困乏自在意中。绍兴二年（一一九一）“答吴伯丰（名必大）书”云，“今不复成归五夫（里），见就此谋卜居。已买得人旧屋，明年可移。自今且架一小楼。更旬日可毕工也”[57]。“答王子耕书”云，“治葬结庐二事，皆在来年。今且造一小书院，以为往来、干事、休息之处。他时亦可藏书晏坐。然已不胜其劳费。未知来年复如何也”[58]。当指此楼。朱子方从漳州去任归，决由崇安五夫里迁居建阳。即有知州之俸可为积蓄，亦只能买一旧屋耳。“与陈同甫书”云，“五夫里所居，眼界殊恶，不敢复归。已就此卜居矣。然囊中才有数百千。工役未十一二，已归而空矣。将来更须做债，方可了办。甚悔始谋之率尔也”[59]。“与朱鲁叔书”亦云，“去岁归来，计度不审，妄意作一小屋，至今方得迁居。然所费百出，假贷殆遍。人尚未能结里圆备。甚悔始虑之不精也”[60]。朱子尝欲立一家庙，小五架屋。以后架作一长龛堂，以板隔截，作四龛堂。堂置位牌。[61]然朱子家庙只在厅事之侧。门人问之，朱子答曰，“便是力不能办”[62]。朱子守礼最严。葬母后每月朔望则归崇安奠几筵。[63]今竟不能立庙。其为财力所困，可谓莫知其极矣。

朱子之穷，不特见诸营造。其他方面，莫不皆然。朱子以女嫁门人黄榦。榦为高第，而得其道之真传。朱子“答黄直卿第三十四书”云，“此女得嫁德门事贤者，固为甚幸。但早年失母，阙于礼教。而贫家资遣，不能丰备，深用愧恨”[64]。朱子出处，绝对不苟。不肯为其子婿寅缘。“答吴宜之（吴南）书”云，“熹身在闲远，岂能为人宛转求馆求试？若能如此，则亲戚间如黄直卿辈当先为图得矣。”[65]直卿穷甚。朱子卒劝其考试入官。“答直卿第七十六书”云，“见谋于屋后园中作精舍，规模甚广。他时归来，便可请直卿挂牌秉拂也。作此之后，并为直卿作小屋，亦不难矣”。但“第八十书”则云，“此中已为图谋得一小屋基，但未钱物造得耳”[66]。此事究成就否，现无可考。《文集》《语类》均无影迹。恐后为财乏所困，事与愿违耳。黄榦"噫嘻示儿"有云,"徒令尔曹困齑盐,对我面目青且黄。冬寒轻裘不得御,朝饥软饮不得尝"[67]。朱子遣其子塾赴吕东莱就学。曾致书吕氏云,"大儿本即遣去席下。又一动亦费力。来春当自携行"[68]。即谓无力差人陪行也。淳熙七年(一一八〇)又函吕氏,促令其子早归,有云,"近得叔度(朱子讲友潘景宪,隆兴元年,一一六三,进士)书,似未许其归。此番破戒,差人借请縻费,公私不少。若不成行,不惟枉费。向后恐亦无人可使,转见费力。幸为一言及此,令其早归为望"[69]。上文已引其"债未尽偿"之言。此次借钱,可为一证。所谓破戒,实指大违心意而言。借贷决不止一次。如此行不成,向后须再使人带书,又非再借不可矣。《宋史》"本传"云,"往往称贷于人以给用"[70],诚非过言。

淳熙十三年(一一八六),朱子病。陈同甫遣人问候,而朱子不能回礼。"答陈同甫书"云,"私居贫约,无由遣人往问动静,而岁烦遣人存问生死"[71]。盖同甫居浙江永康,离福建建阳甚远,遣人之资,殊不少也。同甫绍熙四年(一一九三)荣归后,朱子日欲遣人致问,然亦未能,只以书候而已。[72]程深父死,朱子致门人林择之(名用中)书云,"此数时艰窘不可言。百事节省,尚无以给旦暮。欲致薄礼,比亦出手不得。已与其弟说。择之处有文字钱。可就彼兑钱一千。官省并已有状及香茶在其弟处。烦为于其灵前焚香点茶,致此微意"[73]。门人吴必大(字伯丰)送书及药。朱子云"便遽未有物可奉报"[74]。吴氏死,"欲遣一人持书致奠,并吊其家,而亦力不能辨"[75]。吕伯恭妻死,朱子亦"贫窭之甚,不能致一奠之礼。又以地远,不得伏哭柩前"[76]。凡此或因应酬太多,不得不省。然财力实亏,非托词可比也。文字钱疑即朱子为人写文章之酬金,为门人用中代收,今用以供不时之需也。

朱子著书，每得门人抄写。晚年修礼书，则因严禁伪学，学者畏途。朱子答刘潵云，“礼书此数月来方得下手。已整顿得十余篇。但无人抄写为挠。盖可借人处，皆畏伪学之污染而不肯借其力。可以相助者，又皆在远，而不副近急。不免雇人写。但资用不饶，无以奉此费耳”[77]。建阳本为印刷中心，抄写之人必多，工资应颇平低，然朱子亦无力应付也。魏诚之稍有资聚。朱子云，“今秋因索债殴人，邂逅致死。逐尽索所赍，又举贷以继之，然后得脱。今一房四五口，立见狼狈，殊可怜。然无术以救之”。又云欲邀人来此相聚，而“贫家又不能有以资之”[78]。可见其为财力所困，不止一端而已也。

朱子之穷，可谓跃然纸上。《文集》称穷甚多，不一而足。如云“贱贫应举”“穷居奉养”“家贫累重”“迫于养亲”“贫病”“穷居”“贫病日侵”“贫悴日甚”“贫病殊迫”“贫病支离”“杜门窃食、贫病不足言”“贫家举动费力”[79]等等，言之屡屡。“祭张南轩文”，自称“我衡茅之贱士”[80]。“答黄商伯（黄灏）书”谓“今无他望，但愿残年饱吃饭耳”[81]。盖自少至老，未尝不在贫乏之中。其日常淡薄生活，只靠学生贽奉，撰文酬劳，政府间中按月馈赠，文官薄俸，与官途中当地官吏送遣若干而已。[82]从来我国哲人，如此贫穷之甚者，能有几人？在此情形之下，当然自奉甚薄，度度省节。《行状》云，“其自奉则衣取蔽体，食取充饥。居止取足以障风雨。人不能堪，而处之裕如也”[83]。《宋史》“本传”亦曰，“箪瓢屡空，晏如也。……诸生自远而至者，豆饭藜羹，率与之共”[84]。诸生亦乐其乐。惟胡纮未达时，尝谒朱子于崇安。《宋史·胡纮传》云，“熹遇学子，惟脱粟饭。

遇纮不能异也。纮不悦。语人曰：‘此非人情。只鸡尊酒，山中未为乏也’。遂亡去。及是（为监察御史），劾（宰相）赵汝愚（一一四〇—一一九六），且诋其引用朱熹为伪学罪首”[85]。胡纮草疏交沈继祖，实因此恨。然则朱子之落职罢祠，穷乏亦其远因耶？

（五）朱子之印务

朱子既穷，不能不谋一生路，于是旁及印书。此是小事，《行状》当然不提。然史传、《年谱》与《实纪》均不及一言。或因材料太少，或以朱子业此为不安。从来未见有人论及。《文集》有朱子“答吕伯恭书”，云义乌县（浙江）人翻印（论孟）精义，谓“为此费用稍广，出于众力。而粗流行，而遽有此患。非独熹不便也。试烦早为问故，以一言止之。渠必相听。如其不然，即有一状，烦封至沈丈（沈度？）处。唯速为佳。盖及其费用未多之时止之，则彼此无所伤耳。……此举殊觉可笑。然为贫谋食，不免至此。意亦可谅也”[86]。此显是朱子得众力之助，印成《论孟精义》销售，以补收入于万一，今为奸商翻版夺利也。想朱子自著之书，印行必多。门人詹仪之（字体仁，绍兴二十一年，一一五一，进士）以为伪学禁严，有利有害。朱子答书云，“伏蒙开喻印书利病，敬悉雅意。然愚意本为所著未成次第。每经审阅，必有修改。……不当如此用官钱刻私书。……今不免就所示印本改定纳呈。……钦夫（张栻）文集久刻未成。俗人嗜利难与语。然亦面督之，得即纳去”[87]。可见朱子不肯以官钱印书，而又必改成定本，方肯流行。如是则除非仪之为之印行，则必自刊也。

又与詹仪之曰，“释书并已校过文字。临欲发遣而略加点检，则诸生分校，互有疏密，不免亲为看过。其间又有合修改处甚多。但《论语》所改已多，不知尚堪修否？恐不免重刊。即不若依旧本作夹注，于体尤宜。……若但修改，亦乞专委通晓详细之人，亲是监临，攒那字数。减处空阙不妨。多处不免分作两行，如夹注状。不可便以此本直付匠者。恐其惮于工力，揭去纸帖，致有合改处不曾改得，久远为害也”[88]。此处明是仪之督印。然朱子对印书之校对排铺，详加注意。且有亲为校对者，于此可见。

又有“致学古书”云，“少恳。有纸万张，欲印经子及《近思》《小学》二仪。然比版样，如经子则不足，为四书则有余。意欲先取印经子，分数以其幅之太半印之，而以其余少半者印它书，似亦差便。但纸尚有四千未到。今先发六千幅。便烦一面印造。仍点对勿令脱版乃佳。余者亦三五日可遣也。工墨之费，有诸卒借请。已恳高丈送左右。可就支给。仍别借两人送至此为幸。借请余钱，却还尽数为买吉贝，并附来”[89]。则朱子又经意事务，以至纸张之分配与钱银之支给，可谓周至矣。

大抵印书事务，交由其子掌理。或因其子他往，故朱子亲理琐事耳。“答周纯仁”云，“所欲买书，偶小儿赴铨未归。已为托相识置到，付之至人。数在别纸，可自检点。付来楮劵殊少，不足于用。已为兑数劵买去。然尚有不能尽买者。及所补印《汉书》，不知是要何等纸版样？大小如何？其人未敢为印。有便子细报及，当续为印也”[90]。此处卖书承印，两者兼之，甚为明显。《朱子语类》载彭世昌守象山书院，庆元二年（一一九六）来访朱子。朱子问来此何为？答云书院未有藏书，特来购买。[91]藏书必是经史子集，或特别是朱子之《论孟精义》《近思录》《小学》等等为建阳市面所无，而向朱子处购，亦非无可能。

嗣子之外，门人林择之亦为协理财务。朱子与林书有曰，“文字钱除前日发来者外，更有几何在彼？……此中束手以俟此杓之来，然后可以接续印造。不然便成间断费力也”[92]。

友人张栻南轩对于朱子此项事业，略为不满。有书云，“比闻刊小书版以自助。得来谕及，敢信。想是用度大段逼迫。某初闻之，觉亦不妨。已而思之，则恐有未安者。来问之，又不敢以隐。今日此道孤立，信向者鲜。若刊此等文字，取其赢以自助，切恐见闻者别作思惟，愈无灵验矣。虽是自家心安，不恤他说。要是于事理，终有未顺耳。为贫乏故，宁别作小生事不妨。此事某殊未稳。不识如何？见子飞说，宅上应接费用亦多。更得加撙节为佳耳。又未知然否”[93]？

朱子“致林择之书”曰，“钦夫（张栻）颇以刊书为不然。却云别为小小生计却无害。此殊不可晓。别管生计，顾恐益猥下耳”[94]。南轩为朱子好友，时相切磋。然于朱子经营印务，大抵未得其详。朱子万事减节，更有何可撙节？所谓小书版，不知何指。或是经子、近思、小学、精义、汉书之少数，以广流通，而张氏以经籍营业为未安。故有此道孤立，恐人别作思惟之言。然此道孤立，正是朱子印书之一大原因。“答詹帅书”明言“欲道之行”[95]。南轩死于一一八〇，则朱子必在崇安已印书出售。日后在建阳更无论矣。建阳为印书一大中心，所刻至今犹称善本。然商人图利，专为应举及通俗之书。而朱子方倡理学，故其所编《近思录》《小学》《论孟精义》等书，非自刊不可。而自刊发行，不许别人掠利，亦道理之当然，非只为贫而已也。南轩只云别作小生事，未指出何路可行。好意有之，而于朱子之穷则无补也。

（六）朱子之受与

《行状》云，“死丧之威，哀戚备至。饮食衰绖，各称其情。宾客往来，无不廷遇。称家有无，常尽其欢。……吉函庆吊，礼无所遗。赒恤问遣，恩无所阙”[96]。朱子礼尚往来，当然不少。除上举力所未及者外，《文集》所纪惠赠者多端。吕伯恭妻死，初不能奠。后亦遣人奉问，并有赙礼。[97]张栻死，遣人致奠。[98]陆子寿（名九龄，一一三二—一一八〇）亡，亦遣人酹之。[99]门人方耒（字耕道）病，朱子与书云，“欲讨少钱奉助医药而不可得。今逐急那得五十千遣去。老兄且加意宽心将息，不必过虑”。又赠人参三两。[100]并曾赠陈同甫“白毛布一端，往奉冬裘之须”[101]。门人方伯谟（名士繇，一一四八—一一九九）惠及新茶。[102]志尚上人寄赠黄精笋干紫菜多品。朱子报以安乐茶二十罐并杂碑刻及唐诗三册。[103]朱子赠书甚多，不胜枚举矣。

凡此来往，虽是普通应酬。然朱子去取，惟义所在。诚如《宋史》所谓“非其道义，则一介不取也”[104]。子塾卒，陈甫遣人来奠。朱子复云，“但来人至江山（浙江）遇盗，颇有所失亡。今赍到两缣，云是他人所偿。此不敢留。却封纳却可送官给还本主也”[105]。此以非其所当受而不取也。有吴生某遣专人携物送赠。朱子答之曰，“仆于吾子初未相识。问之来使，则知吾子之齿甚少，而家有严君之尊焉。今书及诗序等，乃皆崽岸倨肆，若老成人之为者。至于卒然以物馈其所不当馈之人，而不称其父兄之命，则于爱亲敬长之良知良能，又若不相似也。……所惠纸筒砚墨，受之无说，不敢发封。复以授来使矣”[106]。此以非礼背道而不取也。赵帅（汝愚），欲为朱子起造房屋。朱子致书云，“此是私家斋舍，不当慁烦官司。……春间在彼亦有朋友数人，欲为营葺。已定要束矣”[107]。赵帅又悯朱子贫乏，割清俸以周之。朱子与书云，“穷老书生，蔬食菜羹，自其常分。不知后生辈以为创见，便尔传说，致误台慈以为深忧，亟加救接，至于如此。……吾未敢虚辱厚意，谨已复授来使，且以归纳。万一他日窘急有甚于今，当别禀请，以卒承嘉惠也”。此不特不受嗟来之食，且赵帅处事大失民意，“下至三尺童子，亦皆愤然有不平之气。熹恐门下于此，偶未之思也。行迷虽远，尚及改图”[108]。割俸不受，表示不直其人之所为。人参附子则取之，仍示敬意也。“与林择之书”有注云，“向来府中之馈，自正月以来辞之矣”[109]。此书不知何年。然书中问择之已否辞尤川之学。尤川即南剑州之尤溪。此学为石墪乾道九年（一一七三）所复修，聘择之掌教。[110]则辞馈必后此数年间事。此时朱子奉祠居乡。府则必南剑州。至何以穷逼之际，仍辞其赠，则不知其故。然其为道义所关，则无可疑。朱子生平辞职多次，无非以此为准。“与林择之书”云，“某不敢受俸，乃以无太府历头，于法有碍，非敢以为高”[111]。盖于义不容也。至于朋友馈赠，其合乎礼义者，则乐受之。陈亮远寄香茶蜀缣吴笺，受之无伤。惟过赠则请“自此幸损此礼”，“自此告略去之”[112]。而与其王霸之辨与痛击其天理人欲并行之说，则绝不以此而有所动也。《语类》云，“因说贫，曰：朋友若以钱相惠，不害道理者可受。分明说‘其交也以道，其接也以礼’[113]，斯孔子受之。若以不法事相委，却以钱相惠，则断然不可”[114]。其在南康漳州，寿仪不受亦不送。惟在潭州，则因有监司所在，援例受之，待他生日时还送而已。[115]

（七）朱子之固穷

从上朱子之穷与其取舍惟义，可知其有如颜子箪瓢陋巷，不改其乐。虽“饥寒安习已久”[116]，而“觉贫病退藏，自其常分”[117]。谓“吾人当此境界，只有固穷两字，足着力处”[118]。其与婿黄直卿云，“生计逼迫非常，但义命如此，只得坚忍耳”[119]。“答吕侁书”云，“贫者士之常。惟无易其操则甚善”[120]。“答吕绍先书”曰，“承谕亦苦食贫。此吾辈之常，惟当益坚所守，庶不坠先训为佳耳”[121]。此其一生实践，坚守不移。如其《牧斋记》云，“饥寒危迫之虑，未尝一日弛其心。……孔子曰‘贫而乐’[122]。……岂以饥寒者动其志？……予方务此以自达于圣人也”[123]。故其一生固穷守道。尝曰，“平生为学，只学固穷守道一事。朋友所以远来相问，亦正为此”[124]。换言之，朱子之所以能为宋代以来中国学术重心，固不止在其理学之大成，而亦在其固穷守道之大德力。乾道九年（一一七三）有旨差管台州崇道观，圣旨即曰，“朱熹安贫守道，廉退可嘉”[125]。是则朱子之安贫守道，为本人所自守，朋友所同羡，而政府所公认者也。《论语》“固穷”有“固是”与“固守”二义。朱子兼而有之。[126]其处道之穷而益坚，更无论矣。

书至此，不免有感。欲起朱子于九泉之下。即不大享富豪，亦可使无贫寒之累，乃得公平。然富贵在天。或者天志姑使朱子安贫守道，斯其理学得以大成，而为我国、日、韩斯文之生动力。古来天之将降大任于斯人，必先饿其体肤。自释迦、孔子、苏格拉底以至甘地，莫不如此。然则朱子之穷，乃其富有之所在也。孺人刘氏本出富家，而亦乐贫相助，使朱子克成。以现今男女平等视之，亦应为孺人立祠奉祀也。其谓中国文人为地主阶级，理学为其路线者，今见朱子固穷，自当哑口无言矣，若谓朱子只是例外，则考朱子门人四百六十七人中，有官职者只一百三十三人，占百分之二十八。私淑二十一人，有官职者十一，占百分之五十二。二共四百八十八人，有官职者一百四十二人，占百分之二十九而已。即其讲友，似多高级官吏。然七十二人之中，任官者三十四，亦百分之四十六而已。[127]孔孟老庄杨墨，固非富有。北宋五子亦非地主。邵雍之宅，为朋友所置。二程之父为太中大夫，明道屡任知事，伊川为经筵侍讲，似是富家。然兄弟闲居洛阳十余年，无职无禄。族大食众，菽粟仅足而已。故在未给俸前，亦须借钱支用。[128]尝谓苟取任何中国哲学史，考其中哲人之富庶贫乏，有产无产，则贫者必在半数以上。相信《宋元学案》二三千人，《明儒学案》二百余人，多半非地主阶级，而清贫之士，数不在少也。颜元非富，戴震特贫。有一康有为，亦有一谭嗣同也。盖朱子之固穷守道，其为学者操持之典型，亦犹其理学思想，为数百年来中、日、韩理学之规范也。

［本文原载《书目季刊》，第十五卷，第二期（一九八一，九月），页三至十九）。］

附　注

1　《勉斋集》，卷三十六，"朱子行状"。

2　《论语·卫灵公第十五》，第十一章。

3　王懋竑：《朱子年谱》，页二四二。

4　《朱子文集》，卷九十四，"皇考吏部府君迁墓记"，页二十二上。

5　戴铣：《朱子实纪》，卷二，《年谱》，绍兴二十年（一一五〇）。王懋竑：《朱子年谱》，页七引。虞集"朱氏家庙复田记"载《朱子实纪》，卷十一。

6 王懋竑:《朱子年谱》, 页二四五。

7 《朱子文集》, 卷九十, 页一下。

8 《宋史》, 卷四一九, 页十八上。

9 叶绍翁:《四朝闻见录》(丛书集成本丁集), "庆元党", 页一一五至一一八。

10 《朱子文集》, 卷九十, "聘士刘公先生墓表", 页二十一上。

11 《语类》, 卷一二八, 第二十八"本朝"条, 页四九二九(页十四上)。

12 王明清:《挥尘前录》, 卷二, 第二十六条。

13 以上皆据梁天锡《宋代祠禄制度考实》(一九七八年自印), 页五十二, 二四五, 二四六。

14 见《宋史》, 卷一六九, "职官志九"。

15 《勉斋集》, 卷三十六, "朱子行状", 页二上。

16 据梁天锡上引书, 页四七〇。

17 《勉斋集》, 卷三十六, "朱子行状", 页二下。

18 王懋竑:《朱子年谱》, 页二六〇。

19 《朱子文集》, 卷二十二, "申建宁府状", 页七上。

20 《勉斋集》, 卷三十六, "朱子行状", 页五下。并参看《朱子文集》, 卷二十二, "辞免改官宫观状"一至四。

21 《朱子文集》, 卷二十二, 页九上。

22 同上, 页十二上。

23 《勉斋集》, 卷三十六, "朱子行状", 页六上。

24 同上, 页十上。

25 据梁天锡《宋代祠禄制度考实》, 页四九九, 秩满在正月。二月据王懋竑《朱子年谱》, 页一二四。

26 《语类》, 卷一二八, 第二十九"华州"条, 页四九二九(页十四上)。

27 《朱子文集》,《别集》, 卷三, "与刘子澄第四书", 页十四下。诗又见《朱子文集》, 卷九, 页六下。

28 同上注26。又梁著, 页五十九至六十。

29 《勉斋集》, 卷三十六, "朱子行状", 页十六上。

30 《朱子文集》, 卷十一, "戊申封事", 页三十七上。

31 参看注梁著, 页二八九至二九五。参看衣川强《宋代文官俸给制度》(台北, 商务印书馆, 一九七七), 郑梁生译, 页三十六。

32 《朱子文集》, 卷二十一, "申知江山县王执中不职状", 页九上; 卷十六, "缴纳南康任满合奏禀事件状", 页十五下。参看衣川强著, 页八十八, 九十, 九十一。

33 参看上注19。

34 《朱子文集》, 卷三十九, 页四上。

35 同上, 卷二十二, 页二上。

36 同上, 页四下。

37 同上，卷三十五，页二十二下至二十三上。

38 同上，页二十下。

39 同上，页二十七上。

40 同上，卷二十七，页二十五下。

41 《勉斋集》，卷三十六，“朱子行状”，页三十八下。

42 参看《宋史》，卷一七二，“职官志十二”，奉禄制上下。

43 《朱子文集》，卷三十四，“答吕伯恭第六十八书”，页十下至十一上。

44 同上，“答吕伯恭第六十九书”，页十二下至十三上；戴铣：《朱子实纪》，卷三，《年谱》，淳熙七年（一一八〇）载作卧龙庵事。王懋竑：《朱子年谱》，本年下则不纪。

45 同上，卷七十八，“云谷记”，页二上至五上。

46 同上，卷九，页二下至四上。

47 《朱子文集》，卷八十六，“沧洲精舍告先圣文”，页十二上下。

48 同上，卷七十八，页四下。

49 戴铣：《朱子实纪》，卷四，《年谱》，绍熙五年（一一九四），注云，“朱子既归，学者甚众。至是精舍成”。

50 王懋竑：《朱子年谱》，页二一四。

51 《朱子文集》，卷十四，“经筵留身面陈四事劄子”，页十九下。

52 同上，卷三十五，“答刘子澄第八书”，页二十上。

53 《语类》，卷一二〇，第一二二“先生问郭廷硕”条，页四六六一（页三十四下）；卷一三二，第六十八“刘共父”条，页五一〇一（页十六下）。

54 《朱子文集》，卷二十，“申修白鹿洞书院状”，“小贴子”，页九下。

55 同上，卷四十答何叔京第四书”，页九下至十上。

56 《朱子文集），卷三十六，“答陈同甫第六书”，页二十一下至二十二上。

57 同上，卷五十二，页十上。

58 同上，卷五十一，“答黄子耕第七书”，页二十五上。

59 同上，《续集》，卷七，页八上。

60 同上，《别集》，卷五，页十三下。

61 《语类》，卷九十，第五十“先生”条，页三六五七（页十六下）。

62 同上，第四十九“问先生”条，页三六五七（页十六上）。

63 戴铣：《朱子实纪》，卷二，《年谱》，乾道六年（一一七〇）。王懋竑：《朱子年谱》，页二六二。

64 《朱子文集》，《续集》，卷一，“答黄直卿第三十四书”，页十上。

65 同上，卷五十四，“答吴宜之第四书”，页三十二上。

66 《朱子文集》，《续集》，卷一，“答黄直卿第七十六书”，页十九下至二十上；第八十书，页二十上下。

67 《勉斋集》，卷四十，页十七上。

68 《朱子文集》, 卷三十三, “答吕伯恭第三十七书”, 页二十五上。

69 同上, 卷三十四, “答吕伯恭第八十七书”, 页三十下。

70 《宋史》, 卷四二九, 页十八上。

71 《朱子文集》, 卷三十六, “答陈同甫第十一书”, 页三十上。

72 同上, 页三十一下。

73 同上,《别集》, 卷六, 页五下。

74 同上, 卷五十二, “答吴伯丰第八书”, 页十一上。

75 同上, 卷五十一, “答黄子耕”, 页二十七下。

76 同上, 卷三十三, “答吕伯恭第十四书”, 页十上。

77 《朱子文集》, 卷五十三, 页十三上。

78 同上,《别集》, 卷四, “与刘共甫”, 页五上。

79 以上十二处所引, 以次见《文集》, 卷二十二, 页三十七上; 卷四十三, 页一上; 卷二十二, 页二十六上; 卷三十七, 页五上; 卷二十五, 页十二下; 卷三十九, 页二十五下; 卷四十, 页五下; 卷四十, 页二十七下;《别集》, 卷六, 页六下;《别集》, 卷四, 页九下;《正集》, 卷五十二, 页三十八下; 卷二十三, 页八上。

80 同上, 卷八十七, “又祭张敬夫修撰文”, 页九下。

81 同上, 卷四十六, 页八下。

82 《语类》, 卷一〇六, 第十一“因说”条, 页四一九八（页四上）。载朱子云, “凡所送遗, 并无定例。但随意所向为厚薄。问胥辈皆云有时这般。官员过往, 或十千, 或五千。……若过往官员, 当随其高下, 多少与之, 乃是公道。宣可把为自家私恩”?

83 《勉斋集》, 卷三十六, “朱子行状”, 页四十二上。

84 《宋史》, 卷四二九, 页十八上。

85 《宋史》, 卷三九四, 页一上。《宋史》谓胡纮尝谒朱子于建安。建安为今福建建瓯县, 在崇安之南百余里。朱子未尝于此设教。叶绍翁《四朝闻见录》, 卷四（丁集）, “胡纮, 李沭”, 谓胡纮访朱子于武夷山。山在崇安县。叶为南宋人, 稍后于朱子。所闻当无误。

86 《朱子文集》, 卷三十三, “答吕伯恭第二十八书”, 页十九上。

87 同上, 卷二十七, “答詹帅第三书”, 页十六上至十七上。

88 同上, “答詹帅第四书”, 页十九上下。

89 《朱子文集》,《别集》, 卷五, 页四上。

90 同上,《正集》, 卷六十, 页一下。

91 《语类》, 卷一二四, 第六十八“彭世昌”条, 页四七八三（页十八下）。参看《宋元学案》, 卷七十七, “槐堂诸儒学案”, 页三下。

92 《朱子文集》,《别集》, 卷六, “与林择之第七书”, 页六上。

93 《张南轩集》, 卷二十一, 页十一上下。

94 《朱子文集》,《别集》, 卷六, “与林择之第七书”, 页六下。

95 《朱子文集》, 卷二十七, “答詹帅第三书”, 页十六下。

96 《勉斋集》,卷三十六,“朱子行状”,页四十二上。

97 《朱子文集》,卷三十四,“答吕伯恭第七十六书”,页十七上。

98 同上,“答吕伯恭第八十二书”,页二十四上。

99 同上,“答吕伯恭第八十九书”,页三十一下。

100 同上,《别集》,卷五,页二上下。

101 同上,《续集》,卷七,“与陈同甫”,页八下。

102 同上,卷四十四,“与方伯谟第十六书”,页二十六下。

103 同上,《别集》,卷五,页十一上。

104 《宋史》,卷四二九,“朱熹传”,页十八上。

105 《朱子文集》,《续集》,卷七,页八下。

106 《朱子文集》,卷五十五,页二十七上。

107 同上,卷二十七,页二下。

108 同上,页八上。

109 同上,《别集》,卷六,“与林择之第七书”,页五上。

110 同上,卷七,“南剑州尤溪县学记”,页二十一上;卷九十二,“知南康军石君墓志铭”,页五下。

111 同上,《别集》,卷六,“与林择之第十六书”,页十下。

112 同上,卷三十六,“答陈同甫”第六、第十一、第十三三书,页二十上,二十九上,三十一下。

113 《孟子·万章第五下》,第四章。

114 《语类》,卷十三,第一二九“因说”条,页三八五(页十九下)。

115 同上,卷八十七,第一五七“问孝”条,页三五八三(页三十下)。

116 《朱子文集》,卷二十五,“与袭参政”,页十八下。

117 同上,卷二十二,“辞免改官宫观状”四,页六下。

118 同上,卷五十四,“答赵昌甫”,页三十三上。

119 同上,《续集》,卷一,“答黄直卿第八十八书”,页二十二下。

120 同上,卷三十九,页三上。

121 同上,卷六十四,页二十三下。

122 《论语·学而第一》,第十五章。

123 《朱子文集》,卷七十七,页七上下。

124 同上,卷五十四,“答吴宜之”,页三十二上。

125 同上,卷二十二,“辞免改官宫观状”,页四下至五上。

126 参看《语类》,卷四十五,第二“周问”条,页一八二三(页一上)。

127 参看拙著《朱子门人》,“概论:朱门之特色及其意义”(台北学生书局,一九八二年),采入本书第十篇。

128 《二程遗书》,卷十九,页九上。

朱陆鹅湖之会补述

南宋前期朱子居福建建宁府崇安县之五夫里。其性即理之哲学系统既已完成，侧重道问学，但同时主涵养省察须交相发。学徒甚众，为一代思想之重心。陆九渊，少朱子九岁，居江西抚州之金溪。其心即理之哲学亦将成熟，侧重尊德性，力主发人之本心。名震一方，从者日众。乾道九年（癸巳，一一七三）浙江金华吕祖谦致朱子书云，“抚州士人陆九龄（字）子寿（世称复斋先生，一一三二——一一八〇）（与弟子静）近过此相聚累日，亦甚有问道四方之意”[1]，即欲结识朱子。朱子“答吕伯恭（祖谦）书”云，“陆子寿闻其名甚久，恨未识之”[2]。翌年（淳熙元年甲午，一一七四）“答吕子约书”云，“近闻陆子静言论风旨之一二，恨不识之”[3]。又明年（二年乙未，一一七五）吕东莱（祖谦）访朱子于其寒泉精舍，同编《近思录》。精舍在福建建宁府建阳县崇泰里后面天湖山之南。乾道六年庚寅（一一七〇）朱子葬母于此，名其谷曰寒泉坞。日居墓侧，旦望则归崇安。两处相隔只七八十里。吕以朱陆均欲相识，乃于归途之便，谋为聚会。故于是年六月同聚于江西信州府铅山县之鹅湖寺。此即我国八百年来理学心学两大潮流之交汇，影响极大，流传百世之鹅湖之会。

关于朱陆盛会之记载，汗牛充栋。当代学者尤为详尽。以言朱陆交游之考述，莫精于钱穆。[4]以言朱陆争辩之分析，莫过于牟宗三。[5]以言鹅湖之描叙，莫善于程兆熊。[6]诸家既尽精微，夫复有何可补述？然学者着眼，大都在乎宏旨，而细目小节，不无可加。故敢于地点、日期、人物、讨论题目诸端，略加点滴。是否重要，则视观点如何而已。

（一）地点。鹅湖之选，至为自然。李光地（一六四二——一七一八）云，“朱子趋朝，必由信江取道。故玉山之讲，鹅湖之会，道脉攸系，迹在此邦”[7]。信江为江西一带之水，西经铅山。程兆鸿云，“朱子从他的故乡（婺源）去到（建阳县城郊）考亭，或从考亭而到他的故乡，必须经过铅山。……未有公路时，赣闽两者的通衢，经过铅山，还必须经过鹅湖。陆子兄弟住在金溪与贵溪两县交界处。……由金溪或贵溪至上饶杭州的水道和陆道，虽不通过鹅湖，但必须经过石溪，而石溪则正在鹅湖山下之信江河边。距离鹅湖仁寿寺只有十华里。由陆象山家乡到鹅湖和由建阳考亭到鹅湖，路程差不多同样远近。吕祖谦是金华人。由上饶至杭州要经过金华。金华到上饶，也和建阳到铅山的路程差不多。由上饶乘船至石溪是下水，顺流很快”[8]。由此可见地点之选，诚是理想。

地点不特适中，而寺又是历史名胜。寺在铅山县东北十五里之鹅湖山，以山得名。《鄱阳记》云，“山上有湖，为生荷，名荷湖。东晋时（三一七—四二〇）有龚氏蓄鹅于此，更名鹅湖”[9]。山有数峰，湖在峰顶山山腰之一大平原。唐时已成水田，今则全无湖沼痕迹。唐大历（七六六—七七九）中大义禅师结庵峰顶，后移山麓之官道。唐禅师宗密（七八〇—八四一）等居此。五代时智孚禅师建塔寺旁。实际上两寺分立。一为山顶之峰顶寺，五代时犹为佛教重心，至宋破毁。一为山麓之寺，宋咸平（九九八—一〇〇三）间赐额慈济禅院。景德四年（一〇〇七）转运使李公奏请赐名仁寿，后名鹅湖寺。[10]五代以后，佛教重心由峰顶寺移至此寺。[11]

此寺朱陆相会时状况如何，已无可考。据曾巩（一〇一九—一〇八三）《佛殿记》云，“庆历（一〇四一—一〇四八）年月日，信州铅山县鹅湖寺成。……今是殿之费，十万不已，必百万也。巨万不已，必千万也”[12]。王淇（生卒年不详）《佛殿记》云，“庆历初（一〇四一）……御书阁……

始彻以南向，广十二楹。复建修庑，合八隅以环之。又明年作大殿于新址。巍乎当中。像金涂丹，洞视三户”[13]。当日堂皇壮美，可想而知。至会议时已隔一百余年，仍否辉煌如旧，则不可悉。然喻良能有诗云，“水鸟飞来一问津，璧宫珠塔便横陈。开基古佛公遗像，直日奇峰列众宾。芋火拥残知永夜，霜钟起递响初晨。川涂渺渺驱尘驾，回首林泉愧野人”[14]。喻良能一一五七年进士，与朱陆同时。则寺之情形，可谓徐娘半老，风韵犹存矣。

朱子淳熙三年(一一七六)如婺源，欲约吕伯恭一会，“但须得深僻去处。……去岁鹤湖之集，今思之已非善地矣”[15]。是则此寺地点适中，人多嘈杂，亦可想见。至今仁寿寺已不如昨。一九四〇年代，山顶峰顶寺尚有和尚过百。附近数百华里以内之庙宇莫不以峰顶寺为主庙，仁寿寺则为属庙而已。[16]据《陆子年谱》，“后信州守杨汝砺建四先生祠堂于鹤湖寺，勒陆子诗石”[17]。杨守不详，祠亦不审建于何日。淳祐十年庚戌(一二五〇)江西提刑蔡抗请于朝，得赐名文宗书院。[18]此即寺左之四贤祠，后称鹅湖书院。斜塔原在书院之左，今已不存，只余残石。书院建筑颇像孔庙，比仁寿寺为大。殿宇三排，后排即四贤祠。祠内原有朱吕二陆四牌位。院有半月池，上有石桥。民国以来用作学校，可容千余人。[19]寺与书院，近年必大有变更。

以上所述，皆据《广信府志》《铅山县志》与程兆熊教授所纪。程博士到鹅湖无数次，曾在鹅湖创办信江农业专科学校及信江农学院，家居鹅湖不远，所纪甚详。现所增补于程记与两志，只朱子话鹅湖已非善地之语耳。

(二)日期。关于日期，《陆子年谱》云“留止旬日”[20]。《象山全集》

记会议讨论“翌日”商量，“继日”致辩[21]，可知会议多天。此外别无关于会期长短之记载。吕东莱致朱子书，问“陆子静留得几日，鹅湖意思已全转否”[22]？此处所留之处非指鹅湖，而乃指象山淳熙八年（辛丑一一八一）访朱子于南康。朱子率门人僚友至庐山白鹿洞书院，请象山升讲席。象山讲君子喻于义。[23]听者流涕。朱子“答吕伯恭书”云，“子静到此数日”[24]。朱子所云“数日”与东莱所云之“几日”，皆指南康之几日。东莱连想鹅湖意思而已。然《陆谱》所谓旬日，乃行文之便，可指数日，亦可指十余日。究竟会期短至数天抑长至十日以上，无从决定。所知无误者，乃六月八日散会。盖朱子“答王子合书”云，“前月末送伯恭至鹅湖。陆子寿兄弟来会。讲讨之间，深觉有益。此月（六月）八日方分手而归也”[25]。朱子还家数日，“始登庐山之顶”[26]。答书既云“前月末送伯恭至鹅湖”，若以到达鹅湖寺计，则相会至少八日。若以朱吕五月末日离建阳起计，建阳至铅山约一百三十公里，行程需五六日，则相会至少五日。然所谓月末，只谓五月下旬而已。至于下旬之始抑下旬之终，又不可以不考。

是年东莱由金华来访，留止于寒泉精舍。据《东莱吕太史文集 · 年谱》淳熙二年纪东莱四月廿一动程，而第十五章“入闽录”则云三月廿一起程，四月一日抵五夫里，两者冲突。朱子《近思录序》云，“淳熙丁未之夏，东莱吕伯恭来自东阳，过予寒泉精舍，留止旬日”。相与读周子敦颐、程氏兄弟与张子载之书，采六百二十二条，成《近思录》。此序成于五月五日。东阳郡金华县离福建建阳约二百五十公里，需时八九日。必无四月廿一动程而能于五月五日留止数日间完成《近思录》之理。“入闽录”为东莱本人所记。其所云三月廿一起程，四月一日到达，自当无误。予疑年谱四月廿一动程之期，乃混合四月之月与三月廿一之日而误。是则三月廿一动程，十日后四月一日到达。三十四日之后，即五月五日，《近思录》成。如此日程较为近情近理。四月来访，此节当无问题。东莱“答邢邦用书”云，“祖谦自春末为建宁之行”[27]。王懋竑（一六六八—一七四一）编《朱子年谱》亦云，“夏四月，东莱吕公伯恭来访。《近思录》成”[28]。王懋竑《朱子年谱》考异云，“李洪本俱作夏五月，今改正。按《文集 · 书近思录后》云‘乙未夏访予于寒泉精舍，留止旬日’，而末署云，五月五日，则来访在四月明矣”[29]。朱序云留止旬日，而《吕太史文集 · 年谱》淳熙二年则云“留逾月”，适当四月一日至五月五日之数。是则朱子所云“留止旬日”，亦行文之便耳。至于东莱“答邢邦用书”所云，“与朱元晦相聚四十余日，复同出鹅湖”[30]，“与陈亮书”云“某留建宁凡两月余，复同朱元晦至鹅湖”[31]，与朱子“答东莱书”所云“昨承枉过，得两月之款”[32]，则并合五夫里与寒泉言之。《陆谱》所云，“吕成公谱乙未四月访朱文公于信之鹅湖寺”[33]，非必误四月为五月，亦概建阳与鹅湖言之而已。然东莱云两月余，朱子云两月，则寒泉精舍之叙，必递至五月下旬。赴鹅湖途中游武夷山数日，再经三四日到铅山，共五六日以至十日，则鹅湖之会，六月八日分手，只五六日耳。总之，东莱四月一日至建阳，五月五日《近思录》辑成以后，尚留多日，至五月末与朱子同出鹅湖，两三日抵达，六月八日各分东西。故鹅湖之会，多者十余日，少者五六日。以讨论纪录之缺乏而言，加以朱陆话不投机，则参加不会多恋，宁早散耳。鹅湖寺附近胜境颇多，但不见朱陆等游览之诗。莫非真是无意留恋耶？

(三)与会人员。会期不至太长，又可于与会人数见之。《陆谱》云，“吕伯恭约先生(象山)与季兄复斋会朱元晦诸公于信之鹅湖寺”，又云“按吕成公谱……陆子静、陆子寿、刘子澄及江浙诸友皆会”，又引朱亨通书云“临川赵守景明邀刘子澄、赵景昭”[34]。朱子答王子合云，“前月末送伯恭至鹅湖。陆子寿兄弟来会”[35]。朱子“曹立之墓表”云，“淳熙乙未岁，予送吕伯恭至信之鹅湖，而江西陆子寿及弟子静与刘子澄诸人皆来，相与讲其所闻甚乐”[36]。东莱“答邢邦用书”云，“复同出至鹅湖，二陆及子澄诸兄皆集”[37]。

以上所举人名，不外七人，即朱子、吕东莱、陆子静、陆子寿、刘子澄、赵景明与赵景昭。赵景明号拙斋，不知何处人。当时为江西抚州临川县守。[38]象山“致张春卿书”云，“乙未丙申间(一一七五—一一七六)赵景明为太守。某与其兄景昭为同年进士，景昭极贤”[39]。又“致杨守书”云，“某自省事以来，五十年矣。不知几易太守。其贤而可称者，惟张安国、赵景明、陈时中、钱伯同四人”[40]。朱子于未与景明同游以前，已称“其直谅之操，多闻之美，则闻有日矣”[41]。其后屡有往来。朱子“答伯恭书”云，“赵卿所刻尹论甚精。鄙忘却于跋语有疑。不知赵守曾扣其说否”[42]？又云“赵守转示韩丈书”[43]。复于淳熙丙申(一一七六)为之撰《拙斋记》。[44]可见景明于朱陆两面，均有因缘。观其邀刘子澄与赵景昭则可必其为东道主。

赵景昭，名焯。京畿路开封府开封县人。东莱介之以见玉山(汪应辰，一一一八—一一七六)，曰“新太平州司户赵焯，旧与从游，有志于正学”[45]。旋事玉山。《陆谱》云，“景昭在临安(今杭州)与先生(象山)相款，亦有意于学”[46]。景昭与朱子在鹅湖初面。至淳熙七年(一一八〇)朱子在南康，“书吕伯恭”云，“赵景昭官满过此甚款，意思甚好。今日如此等人，亦难得也”[47]。

刘子澄（一一三九—一一九五），名清之，江西临江（今清江县）人。“因往见朱文公，概然有志于义理之学”[48]。《象山学案》列之为学侣，《清江学案》以之为朱吕同调。全祖望（一七〇五—一七五五）云，“朱、张（栻）、吕三先生讲学时最同调者，清江刘氏兄弟也”[49]。约在乾道八年（一一七二）子澄曾过朱子两三日。随往访吕。朱子一书，托其转致。此一两年间朱子得子澄两书。[50]其乾道九年（一一七三）“答伯恭书”云，“子澄一书，告为附便。陆子寿闻其名甚久，恨未识之。子澄云，其议论颇宗无垢”[51]。无垢即以佛语解经书之张九成（一〇九二—一一五九））也。不久又问伯恭，“子澄到彼所讲何事”？并称其“去就从容，甚可喜”[52]。此皆鹅湖会前事也。

以上三人，在鹅湖前夕，赵景明可称中立，景昭近陆，清之近朱。若从学术立场而论，两方代表，确是公平。赵守之所以邀请，当是此故，而亦东莱之调和色彩也。此点学者似未指出，然于当日会谈之展望，意义实甚深远也。

此外参加者尚有三人，亦为讨论鹅湖之会所每忽略。即朱桴、朱泰卿、邹斌是也。《学案》云，“朱桴，字济道，（抚州）金溪人，与其弟亨道泰卿年皆长于象山而师事之”[53]。《陆谱》引朱亨道书，谓子静“更欲与元晦辩。……复斋止之。赵刘诸公拱听而已”[54]。此可基于目睹，亦可基于传闻。查《学案》又云，“先生（指朱桴）尝与弟亨道同与鹅湖之会”[55]，可证实其兄弟参加无疑矣。《陆谱》又引邹斌俊甫所录朱、吕、陆三人讨论九卦之序。此亦可以亲见，可以耳闻。今查《学案》云，“部斌，字俊甫，临川人。……一日见象山。问，平日何学，以求放心对。一语契合。鹅湖之会，先生从行。登嘉定四年进士”[56]。查嘉定四年（一二一一），在鹅湖会后三十六年。岂其从鹅湖时只十余岁耶?《学案》谓邹斌初学于陆氏门墙李德章，寻得邓名世春秋学，尝应省试，不似十余岁青年履历。若谓其以成童登象山门，得春秋学与应试为鹅湖后事，则其于鹅湖观朱子于陆子兄弟二诗不平，不能无我，乃是思想成熟，不似弱冠青年。岂《学案》有误耶?

如上所述，参与鹅湖可考者总共十人。其中福建朱子一人，浙江东莱一人，不知籍贯赵景明一人，开封赵景昭一人，其他陆、刘、朱、邹等六人皆江西。此外《朱子文集》答杜叔高（名游，浙江金华人）云，“往岁辱访于湖寺，且以诗篇为赠”[57]。万姓统谱载“詹仪之（字体仁，浙江遂安人）知信州。时朱熹吕祖谦在鹅湖论学。仪之往复问辨无虚日”[58]。又载刘迂（字漫翁，江西宜黄人）“院居不仕。追朱陆诸儒会鹅湖，尝以诗请益”[59]。《吕成公谱》所谓“江浙诸友”[60]，盖包括此等人而言。詹仪之与朱子门人詹体仁，字元善不同。所谓往复问辨，乃其问学，非参与朱陆之辨也。

此外尚有参加之可能者。据程教授指出，“朱子有几位大弟子余正叔、余方叔和陈克斋，都家居鹅湖附近的上泸城。陆氏兄弟在铅山弟子不少。彼等未尝不可每日到鹅湖参加，或且留住”[61]。如是推测，自是近情近理。陈克斋（名文蔚，字才卿，信州上挽人），得朱子答书所存者共十六通[62]，多在晚年。《朱子语类》彼之所录，亦戊申（一一八八）以后所闻。余氏兄弟（大雅，字正叔。大猷，字方叔）《宋史》“本传”以为福建剑州顺昌县人，然儒林宗派以为上饶人。[63]《朱子文集》载答正叔书三，答方叔书一。[64]《语类》所载大雅所录，乃鹅湖会后三年戊戌（一一七八）以后所闻。如得实据证明彼等参加，在鹅湖人数可增多三人。

其与鹅湖稍有关系而可决其不曾参加者，则有六人。(1)陆氏兄弟之兄九韶，字子美。陆氏之学，子美启之，子寿昌之，子静成之。若曾参与，则诸记录决无只提两弟而不提其兄之理。(2)会中曾提及先从陆氏兄弟而卒学于朱子之曹立之（名建，字立之，江西余干人，一一四七—一一八三），但朱子五年后方会。朱子“曹立之墓表”云，“子寿昆弟……为予道余干曹立之之为人。且曰，立之多得君所为书，甚欲一见。……后五年，予守南康，立之果来”[65]。则不在鹅湖明矣。(3)陆氏弟子严松（字松年，临川人），辑《象山语录》之一部。[66]其所录追忆鹅湖一段[67]，为鹅湖之会原始材料两项之一。《学案》上云“其载鹅湖之会甚详”[68]，不云在场。观其所录，只引象山语，实间接材料耳。(4)象山弟子袁燮（字和叔，称絜斋先生，浙江鄞县人，一一四四—一二二四）。(5)傅子云（字季鲁，号琴山，江西金溪人），同辑年谱。(6)李子愿（恭伯，江西金溪人）汇编之。其鹅湖纪录，只引诸人谱录书札，亦第二手材料，毫无本人回忆。是可见皆非亲与之流。

(四)讨论题目。会谈无主题，无秩序，亦无一定时间，随便说辩。总是陆氏兄弟与朱子为主角，东莱次之，其余诸人“拱听而已”。此会原始材料，限于《陆子语录》与《年谱》两段。其中博约之辩与卦序之论为人所共知。然此外尚有数题可考者。论者均未及之，或以其无关宏旨耳。此数题者，除博约与卦序外，即解经、新篇、品评学者、讨论“简易”共为六题。

(1)简易与支离。会中中心讨论，几全在易简支离之辩。据象山所忆，其兄弟至鹅湖，伯恭首问子寿别后新功。子静述子寿途中咏诗云“孩提知爱长知钦，古圣相传只此心。大抵有基方筑室，未闻无址忽成岑”。举诗至此，元晦顾伯恭曰“子寿早已上了子静船了也”。子静续举子美诗云，“留情传注翻蓁塞，著意精微转陆沉。珍重友朋相切磋，须知至乐在于今”。举诗罢，元晦遂致辩于子寿。子静举其途中咏子寿诗云，“墟墓兴哀宗庙钦，斯人千古不磨心。涓流滴到沧溟水，拳石崇成泰华岑。易简工夫终久大，支离事业竟浮沉”。举诗至此，朱子失色。至“欲知自下升高处，真伪先须辩只今”，朱子大不悦。于是各休息。翌日朱子与子寿商量数十折，议论来，子寿莫不悉破其说。继日凡致辩，其说随屈。此为象山一面之言，恐难客观。所谓商量数十折与继日致辩，当是易简支离问题。虽是“二公商量”，恐象山说话，比兄为多。《年谱》引朱亨通书云，“鹅湖之会，论及教人，元晦之意，欲令人泛观博览而后归之约。二陆之意，先发明人之本心而后使之博览。朱以陆之教人为太简，陆以朱子教人为支离。此颇不合。先生（指象山）更欲与元晦辩，以为尧舜之前，何书可读？复斋止之”[69]。此可见子静较子寿为多辩。

陆氏所谓支离，指读书讲论。辩论中必着眼于此。朱子“答敬夫书”云，“子寿兄弟气象甚好。其病却在尽废讲学而专务践履，却于践履之中要人提撕省察，悟得本心。此为病之大者”[70]。此书为十二月，但无年期。函中云“顷与伯恭相聚”，则后鹅湖数月之书也。其辩论焦点于此可见。鹅湖别后东莱答邢邦用书云，鹅湖之会“甚有讲论之益。……前书所言甚当，近已尝为子静详言之。讲贯诵绎，乃百代为学通法。学者缘此支离泛滥，自是人病，非是法病。见此而欲尽废之，正是因噎废食”[71]。数年之后，淳熙十年（一一八三）又柬朱子云，“子寿前日经过，留此二十余日。幡然以鹅湖所见为非，甚欲着实看书讨论”[72]。子寿淳熙七年（一一八〇）死。朱子以文祭之云，“念昔鹅湖之下，实云识面之初。厌世学之支离，新易简之规模。……徐度兄之不可遽以辨屈，又知兄必将返而深观”[73]。可见支离易简，读书讨论，为当时争辩之中心问题。

上引朱亨通书云“二陆之意，欲先发明人之本心”。所谓先发本心，指子寿古圣相传之心，亦指子静诗千古不磨之心。牟宗三教授以为“徒以博与约，太简与支离相对比，即是迷失真实问题之所在。……然于发明人之本心，不能真切正视其确意与的意，则重点只落在博与约，太简与支离之对比……而真实问题亦因而迷失焉”[74]。牟氏此论，从哲学根本上言，实为至当。然今以事论事。会中记录与事后回忆，总在简易支离，即有无讲读之必要。关于朱子基本思想之性即理与象山基本思想之心即理，半字不提。其实朱陆本心观念，实无冲突，要在何以发之。故方法与本心问题不能相离也。

⑵ 九卦之序。此全据《象山年谱》所收邹斌所录，为讨论项目最详之记载。关于《易经・系辞下》第七章九卦次序，首云“朱吕二公话及九卦之序”，其所话云何，邹不说。于“先生因亹亹言之”，则不厌其详，多至二三百字。象山以“复”为本心，“履”“谦”为先，“恒”“损”“益”“困”均随其后。如此“顺理而行”，则有似“凿‘井’取泉”，“如‘巽’风之散，无往不入”。细看此处从理立论，井有层次，亦简易，亦支离。可谓朱吕之意，也是如此。是则邹斌所谓“二公大服”，充非尊师之言。其不述朱吕所语云何，恐亦固作一面之辞而已。

⑶ 解经。《象山语录》与《年谱》均不提吕氏解经之事。历来谈论鹅湖之会者亦未讲及。然考《朱子语类》有曰，“向在鹅湖见伯

恭欲释书。云自后面起解。今解至‘洛诰’，有印本是也。其文甚闹热。某尝问伯恭，书有难通处否？伯恭初云，亦无甚难通处。数日间却云，果有难通处”[75]。朱子又问有无阙文疑义。[76]此与朱陆辩论无关，然颇有意义者数处。一为唯一朱吕两人在鹅湖对话之纪录，二为鹅湖会谈数日。三为吕氏有余时注书，四则尤重要者，即鹅湖谈论范围之广也。

(4) 子寿新篇。朱子“祭陆子寿教授文”忆鹅湖曰，“兄命驾而鼎来，载季氏而与俱。书新篇以示我，意恳恳而无余”[77]。新篇不知所指为何。子寿原有文集。《宋元学案》卷五十七采若干条。明万历（一五七三——一六二〇）中文渊阁尚有。至十八世纪中叶，则已亡矣。[78]

(5) 称曹立之。朱子“曹立之墓表”云，“子寿兄弟于学者少所称许。间独为予道余干曹立之之为人。……后五年予守南康，立之果来。目其貌，耳其言，知其尝从事于为己之学，而信子寿昆弟之不予欺也”[79]。大概谈话之间必多品评学者。二陆不免傲气，于学者每多批评，然亦有称赞者。虽则评论何人，赞毁如何，无从而知。然决非如日后朱陆门人之两面对垒，全是门户之见也。

（五）“简易”之辨。上述严松所录象山回忆彼举诗“易简工夫终久大，支离事业竟浮沉”，元晦失色。翌日“二公商量数十折”，所说如何，不得而知。王懋竑云，“《象山语录》所云数十折议论者，不知是何议论，可惜也”[80]。今查《朱子语类》有云，“鹅湖之会，渠作诗云，‘易简工夫终久大’。彼所谓易简者，苟简容易耳。全看得不仔细。乾以易知者，乾是至健之物。至健者要做便做，直是易。坤是至顺之物。顺理而为，无所不能，故曰简”[81]。此为万人杰庚子（一一八〇）以后所闻，至少在鹅湖五年以后。严松所录象山之回忆，不知在何年。观其有学者荆门政[82]，即象山绍熙二年（一一九一）知荆门之政，必比万人杰所闻为较晚。朱子所忆必比象山所忆较为清楚。当时二公商量，必包括“简易”问题，而万人杰所闻之朱子意见，谅即当时所发表之意见也。此点虽不能确定，所谓剧烈辩论诗中之支离易简思想而不连及乾坤简易之义，宁有此理？简易讨论，子寿似未参加。大抵此时子寿对易未生兴趣。至淳熙十三年（一一八六），乃与朱子函辩太极。[83]

关于鹅湖讨论，《语类》无直接记载。然或亦有可添点滴者。《语类》载朱子云，“近世所见会说话，说得响，令人感动者，无如陆子静”[84]。大概此指上述在白鹿洞书院演讲而言。然象山声之响亮，在白鹿洞演讲六年以前鹅湖之会，必已如此。故《语类》此条可为鹅湖下一注脚。

《语类》又载朱子云，“某向与子静说话。子静以为意见。某曰，邪意见不可有，正意见不可无。子静说此闲议论。某曰，闲议论不可议论，合议论则不可不议论”[85]。此为甘节癸丑（一一九三）以后所闻。查朱陆会面不外鹅湖与南康两次，此对话可能在南康，亦可能在鹅湖。朱陆既在南康辩论《孟子》“告子不得于言，勿求于心”章[86]，则亦可辩论意见。南康会后数月朱子“致吕伯恭书”云，“子静旧日规模终在。其为论学之病，多说如此即只是意见，如此即只是议论”[87]。所谓“旧日”，即指鹅湖。则此对话亦可在鹅湖。果尔，则此为鹅湖唯一朱陆对话。其余所记，皆陆方一面之词耳。

［本文原载《中华文化复兴》月刊，第十一卷第十期（一九七八，十月），页四十一至四十六。］

附 注

1 《东莱吕太史文集》(续金华丛书本),《别集》, 卷八, 页二下。又《吕东莱文集》(丛书集成简编本), 卷三, 页六十二。

2 《朱子文集》, 卷三十三, "答吕伯恭第二十六书"。页十七上。

3 同上, 卷四十七, 页二十上。

4 钱穆:《朱子新学案》(台北, 三民书局, 一九七一年), 第三册, 页二九三至三五六。

5 牟宗三:《象山与朱子之争辩》,《民主评论》, 卷十六, 第八期, 一九六五, 页一七〇至二五〇。

6 程兆熊:《忆鹅湖》(台北, 木材出版社, 一九五四刊, 一九七五重刊)。"从鹅湖到鹅湖之会", 台北中央日报, 一九七七, 四月二十日。

7 《广信府志》(同治十二年癸酉, 一八七三年本), 卷四之二, 李光地《曲江书院记》, 页十三上。

8 《忆鹅湖》, 页十九。

9 《铅山县志》(同治十年辛未, 一八七一年本), 卷三, 页一上。又《广信府志》, 卷一之二, 页九上。

10 《广信府志》, 卷二之二, 页十九上。《铅山县志》, 卷七, 页一上至三上。

11 据程兆熊, 中央日报, 一九七七, 四月十九日, 程文第三节。

12 《广信府志》, 卷二之二, 页十九下。

13 《铅山县志》, 卷七, 页二下。

14 同上, 页四上。

15 《朱子文集), 卷三十三, "答吕伯恭第四十五书", 页三十一上。

16 据程兆熊, 中央日报, 一九七七, 四月十九日, 程文第三节。

17 《象山全集》, 卷三十六, 页九上。

18 《广信府志》, 卷四之二, 页二十九上。《铅山县志》, 卷九, 页六七上。《汉和大辞典》(第十二册, 页八三五)与《地名大辞典》均误作淳熙中赐额文宗。淳熙中为一一八〇, 象山等尚生, 断不为朱吕二陆四先生建生祠也。

19 程兆鸿:《忆鸦湖》, 页二十一至二十二, 二十九。

20 《象山全集》, 卷三十六, 页九上。

21 同上, 卷三十四, 面二十四下。

22 《东莱吕太史文集》,《别集》, 卷八, 页二十七上。《吕东莱文集》, 卷四, 页八十。《宋元学案》, 卷五十八, 页二十三。

23 《论语·里仁第四》, 第十六章。

24 《朱子文集》, 卷三十四, "答吕伯恭第九十二书", 页三十三上。

25 《朱子文集》, 卷四十九, "告王子合第一书", 页一上。

26 同上, 卷三十三, "答吕伯恭第四十书", 页二十七下。此庐山指建阳西北之芦山, 而非江西之庐山。

27 《东莱吕太史文集》,《别集》, 卷十, 页四十二上。《吕东莱文集》, 卷四, 页九十八《朱子年谱》, 页六十。

28 王懋竑:《朱子年谱》, 页五十七。

29 同上，页二二五。

30 《东莱吕太史文集》，《别集》，卷十，页四十二上。《吕东莱文集》，卷四，页九十八。

31 同上，《别集》，卷十，页十一下；《吕东莱文集》，卷五，页一一〇。

32 《朱子文集》，卷三七三，“答吕伯恭第四十书”，页二十七下。

33 《象山全集》，卷三十六，页九上。

34 同上，页八下至九上。

35 《朱子文集》，卷四十九，“告王子合第一书”，页一上。

36 同上，卷九十，页七上。

37 《东莱吕太史文集》，《别集》，卷十，页四十二上。《吕东莱文集》，卷四，页九十八。《朱子年谱》，页六十。

38 《宋元学案补遗》（世界书局复印四明丛书本），卷五十八，“象山学案补遗”，页三十三下。

39 《象山全集》，卷八，“与张春卿”，页一下。《宋元学案补遗》，卷五十八，页三十四下，误“景昭极贤”为“景明极贤”。

40 《象山全集》，卷九，页四下。

41 《朱子文集》，卷七十八，页十上，“拙斋记”。

42 同上，卷三十三，“答吕伯恭第二书”，页二上。

43 同上，“答吕伯恭第十四书”，页十上。

44 同上，卷七十八，页十上至十一上。

45 《宋元学案》，卷四十六，“玉山学案”，页七上。

46 《象山全集》，卷三十六，页九下。《宋元学案补遗》，卷五十八，页三十四上，误以为与景明相款。

47 《朱子文集》，卷三十四，“答吕伯恭第八十七书”，页三十上下。

48 《宋元学案》，卷五十九，“清江学案”，页二上。

49 并见《宋元学案》，卷五十八，“象山学案”，页二十五上；卷五十九，“清江学案”，页一上。

50 《朱子文集》，卷三十三，“答吕伯恭第二十，二十五，二十六书”，页十三上，十六上至十七上。

51 同上，页十七上。

52 同上，“答吕伯恭第二十七、三十书”，页二十下与十八上。

53 《宋元学案》，卷七十七，“槐堂诸儒学案”，页七上。

54 《象山文集》，卷三十六，页九下。

55 《宋元学案》，卷七十七，页七上。

56 同上，页十一上。

57 《朱子文集》，卷六十，页六下。

58 凌迪知，嘉靖三十六年（一五五六年，进士），万姓统谱（万历七年一五七九序），卷六十七，页十九上。

59 同上，卷五十九，页二十四上。

60 《象山全集》，卷三十六，页九下。

61 同上注16，第五节。

62 载《朱子文集》，卷五十九，页二十九下至三十三下。

63 据《宋元学案补遗》，卷六十九，“沧洲诸儒学案补遗”，页九十七下。

64 《朱子文集》，卷五十九，页三十三下至三十五下。

65 《朱子文集》，卷九十，页七上。

66 《象山全集》，卷三十四，页十二下至二十六下。

67 同上，页二十四上下。

68 《宋元学案》，卷五十七，“梭山复斋学案”，页十下。

69 《象山全集》，卷三十六，页九下。

70 《朱子文集》，卷三十一，“答张敬夫第二十七书”，页十五下至十六上。

71 《东莱吕太史文集》，《别集》，卷十，页四十二上。《吕东莱文集》，卷四，页九十八。《朱子年谱》，页六十。

72 《东莱吕太史文集》，《别集》，卷八，页十二下。《吕东莱文集》，卷四，页七十七。

73 《朱子文集》，卷八十七，“祭陆子寿教授文”，页十下至十一上。

74 牟宗三:《象山与朱子之争辩》,《民主评论》, 卷十六, 第八期, 一九六五, 页一七〇。

75 《语类》, 卷七十八, 第五十“向在”条, 页三一六〇(页十二上)。

76 《朱子文集》, 卷八十三, 页七上下。

77 《朱子文集》, 卷八十七, 页十一上, 见上注73。

78 《宋元学案》, 卷五十七, “梭山复斋学案”, 页七下。

79 《朱子文集》, 卷九十, 页七上下。

80 《朱子年谱》, 页二七六。

81 《语类》, 卷十六, 第五十二“问因”条, 页五一六(页九上)。参看卷一二四, 第二十“先生”条, 页四七五九(页四下)。

82 《象山全集》, 卷三十四, 页二十三上。

83 参看《华学》月刊, 第六十一期, 拙著《朱陆通讯详述》。此文采入为本书之第九篇, 即下篇。

84 《语类》, 卷九十五, 第一七七“昨夜”条, 页三九〇五(页四一二上)。

85 同上, 卷一二四, 第二十一“某问”条, 页四七五九(页四下)。

86 《象山全集》, 卷二, 页七, 指《孟子·公孙丑第二上》, 第二章。

87 《朱子文集》, 卷三十四, “答吕伯恭第九十三书”, 页三十四上。

朱陆通讯详述

朱熹与陆九渊生平不过会面两次。一为淳熙二年乙未（一一七五）鹅湖之会。因为学术异同，约朱陆等集于江西广信府铅山县之鹅湖寺，留止旬日，相与讨论。[1]一为淳熙八年辛丑（一一八一），南康之会。当时朱子知江西南康郡。二月象山率门人数人来访，请书其兄九韶（字子美，世称梭山先生）墓志铭。十日朱子率僚友诸生与俱，至庐山白鹿洞书院，请升讲席。象山以君子喻义，小人喻利[2]发论[3]。听者莫不竦然动心[4]，至有流涕者[5]。陆子此次访问，只留数日。[6]总计两人会面不出两星期。然自淳熙二年（一一七五）初面以至绍熙三年（一一九二）象山之死，两人通讯，几无年无之，或且一年数次。总共往来四十余通。关于朱陆通讯，学者每提《朱子文集》与《象山全集》所存之九书，即象山"与朱元晦"三书，两书辨太极，一书复朱子无复望意见之必同。[7]朱子"寄陆子静"一书，"答陆子静"五书。[8]两书辨太极，其余涉及两人学术思想之不同。学者除此九书外，对于其他通讯，甚少留意，大都不提，或且未觉者。其他书札所谈，虽或无关宏旨，然于两人心情友谊，均可略探其实。今不厌烦细，评考罗列如下：

淳熙二年乙未，一一七五

朱函一。鹅湖会散，朱子六月还福建崇安县后，移书象山云，"所恨匆匆别去。彼此之怀，皆若有未既者。然警切之诲，佩服不敢忘也"。此书《象山全集》引之[9]，但不载《朱子文集》。象山自记鹅湖之集，谓彼述其和兄（九龄，字子寿，世称复斋先生，一一三二—一一八〇），诗云"易简工夫终久大，支离事业竟浮沉"，元晦失色云云。[10]论者因此每谓此会不欢而散，朱子恼丧，是以《朱子语类》全然不提此事。然朱子性情率直。此函断非伪善之言。朱子心中，鹅湖之会，并非如后来学者以象山尊德性对朱子道问学之水火不容。只是初见，学术性少，故语类未及之。鹅湖会后朱子致友人书，所感尚好也。

淳熙三年丙申，一一七六

是年无书札往来，决非因鹅湖之不投机。《朱子语类》与《朱子文集》均无恶感痕迹。若云象山是年祭吕伯恭文云，“鹅湖之集，已后一岁。辄复妄发宛尔故态”[11]，是以发露当时之意气。是则恐未必然。如是云云，不过君子自讼而已。本年两人实无通讯之必要。

淳熙四年丁酉，一一七七

陆函一。朱子“答叶味道书”云，“所喻既祔之后，主不当复于寝，此恐不然。向见陆子静居母丧时，力主此说。其兄子寿疑之，皆以书来问”[12]。此书已佚。象山继母死于淳熙四年丁酉（一一七七）正月十四。兄弟书问丧礼。决不以朱子为过于支离，显有敬慕之意。

朱函二。朱子函复，自无待言。《朱子文集》有答子寿论丧礼两书[13]，无答子静论丧礼书。大概以其兄论礼已足，而复子静则通靠而已。但复之则可无疑。

淳熙五年戊戌，一一七八

陆函二。朱子“答吕伯恭书”云，“近两得子寿兄弟书，却自讼前日偏见之说，不知果如何”[14]。此书《年谱》系在戊戌。[15]所谓自讼，即陆子自责鹅湖发言之高傲，过于自信也。

淳熙六年己亥，一一七九

陆函三。《朱子语类》云，“向在铅山得他书，云看见佛之所以与儒异者，止是他底全是利，吾儒止是全是义”[16]。朱子是年差知南康军。正月赴任，至铅山候命。二月象山之兄子寿来访。[17]象山此书，大概由子寿带来。

朱函三。《语类》续云，“某答他云，公亦只见得第二著。看他意，只说儒者绝断得许多利欲，便是千了百当。……只我胸中流出底是天理，全不著得些工夫。看来这错处，只在不知有气禀之性”[18]。此书不知是否在铅山作复，托子寿带回。朱子三月离铅山赴任，待夏间方覆于南康，亦属可能。

陆函四。朱子“答吕伯恭书”云，“子静近得书”[19]。《年谱》系陆氏此书于是年十月。[20]陆书已佚，内容不详。想必接朱函三后，再来书也。然必未及儒佛义利之辨，否则朱子于“答吕伯恭书”中必提及之。陆书或是介绍其徒来访，因“答吕伯恭书”续云，“其徒曹立之[21]者来访”。

淳熙七年庚子，一一八〇

朱函四。陆与门人包显道书云，“得曹立之书，云晦庵报渠书云，包显道[22]犹有读书亲师友是充塞仁义之说。……故晦庵与某书(朱函四)亦云，包显道尚持初说，深所未喻。某答书云，此公平时好立虚论。须相聚时稍减其性。近却不曾通书，不知今如何也”[23]。陆与包书无年月。上年十月曹立之访朱子，访后必有函致朱子，故朱子答之。答函存《朱子文集》[24]，力辟包显扬以读书讲学为充塞仁义之非，并述及万正淳到访。[25]查万氏访朱子事，朱子于答吕伯恭曾述及之。此书《年谱》定为庚子。[26]故知朱子答曹立之为庚子，而同时致陆函四，亦为庚子也。

陆函五。复朱函四，如上“某答书云”所引。

陆函六。朱子“答吕伯恭书”云，“子寿兄弟得书。子静约秋凉来游庐阜。……但子静似犹有些旧来意思。……回思鹅湖讲论时，是甚气势。今何止什去七八耶”[27]？此书写在六月六日，《朱子年谱》系于庚子。[28]则陆函六约游之来，乃在六月之前。当时朱子尚知南康军。七日南康旱灾。朱子大修荒政，九月申请修筑沿江石堤。[29]朱子答吕伯恭另一书云，“二陆后来未再得信。救荒方急，未暇使人问之。子静欲来游山，闻此中火色如此，又未知能来否耳”[30]。两氏年谱无游山之事，亦不见游庐阜诗。九月子寿卒[31]，游山之事，当然取消。鹅湖会后，虽陆子自信甚高，朱子不能忘怀，而象山门人又多怪说，不无舞弄于朱陆之间。然子静约游，感情必笃。非如学者所谓鹅湖会后即两不相容也。

陆函七。朱子又答吕伯恭一书云，“近得子静书，云已求铭于门下，属熹书之。此不敢辞。但渠作得行状，殊不满人意。恐须别为抒思，始足有发明也。……雪寒、手冻，未能详悉”[32]。子静之书，附寄其所撰之“全州教授陆先生行状”[33]，自不待言。行状成于十一月既望，则陆函七必在此时之后，当在严冬，故朱子云雪寒手冻。陆氏母死，已向朱子问礼。今其兄死，又请朱子书铭。此断非普通友谊可比。

淳熙八年辛丑，一一八一

淳熙九年壬寅，一一八二

辛丑二月陆氏访朱子于南康，十日讲义利之辨于白鹿洞书院。三月朱子南康军任满，除举江南西路常平茶盐公事，待次。闰三月东归。八月后除提举两浙东路常平茶盐公事。十一月奏事延和殿。十二月赴任，至翌年壬寅（一一八二）九月去任归。其间视事巡阅，奏劾权贵，事忙已极。故《年谱》由辛丑三月至壬寅年末，只记答吕伯恭一书，与刘子澄一书，与答詹帅仪之一书。[34]此两年内，朱陆无通讯可考。

淳熙十年癸卯，一一八三

朱函五。《象山年谱》云，“朱元晦来书略云，比约诸葛诚之[35]在斋中相聚，极有益。浙中士人贤者，皆归席下。比来所得为多，幸甚”[36]。此书不见《朱子文集》。《象山全集》所载涉于朱陆关系者，只录其有利于己者。编《朱子文集》者恐亦不免偏见。岂因朱子此书有得于陆方学者之言而删之耶？

朱函六。《象山年谱》续云，“再书云，‘归来臂痛。病中绝学捐书，却觉得身心收管，似有少进处。向来泛滥，真是不济事。恨未得款曲承教，尽布此怀也’”[37]。所谓归来，指上年九月去任后归福建崇安县。此书采入《象山年谱》，意在暗示朱子自觉道问学与泛滥之非。然《陆谱》续引朱子答平甫书，分明以尊德性道问学两事为用力之要。朱陆各有所偏，自应去短集长。此处只呈朱子之失，其蔽甚矣。由庚子（一一八〇）至癸卯（一一八三）数年之间，朱陆感情颇有变坏。王懋竑云，“庚子五书（指朱子答伯恭与傅子渊五书）[38]，皆有招徕引诱之意。……子寿既卒，而子静之溃决益甚。朱子于是知其不可以挽回也”[39]。于是双方攻诋。陆谱乃抄出朱书云云，以示朱子之自悔。门户之见，至为显然。关于朱陆交游，钱穆考据详尽，至足参考。[40]

淳熙十一甲辰，一一八四

朱函七。《陆谱》载朱元晦书略云，“不知轮班何时。果得一见明主，就紧要处下得数句为佳。其余屑屑，不足言也。仲谦[41]甚不易得。……元善[42]爽快，极难得。更加磨琢沉浸之功乃佳。……立之墓表，今作一通。显道甚不以为然。不知尊意以为如何”[43]。是时陆任敕令所删定官，着意改正法令。朱子以为是第二义。鹅湖陆以朱子为支离而欠久大，而朱子今反劝陆从紧要处下手。然则所谓支离，所谓久大，非限于一方也。

陆函八。答朱函七，评论仲谦、元善等，并云“立之墓表亦好，但叙履历亦有未得实处”。全书载《象山全集》。[44]据《陆谱》，此书三月十三日启。[45]朱子“曹立之墓表”云，“立之……闻张敬夫（南轩）讲道湖湘，欲往见之，不能致。有告以沙随程氏[46]学古行高者。即往从之，得其指归。既又闻陆氏兄弟独以心之所得者为学。其说有非文字言语之所及者。则又往受其学。久而若有得焉。子寿盖深许之，而立之未敢以自足也。则又寓书以讲于张氏。……然敬夫寻没。立之竟不得见。后至南康，乃尽得其遗文。……而今而后，乃有定论而不疑矣”[47]。陆氏不满朱子叙述曹立之之弃陆就张，故云未得实处。朱子答诸葛诚之云，陆氏“以曹表之故”，“反有所激”[48]。其“答刘晦伯书”云，“立之墓文已为作矣。而为陆学者以为病己，颇不能平。鄙意则初无适莫，但据实直书耳”[49]。事实上陆氏本人反感，并非过激，但其门人则群起争端。钱穆云，此为引起波澜，实出朱子意外。[50]

朱函八。函索奏劄。《陆谱》云，“时有言奏劄差异者。元晦索之”[51]。朱函七曾希望轮对从紧要处说，故今索其劄子。此索当是函索。象山上殿轮对，在本年夏季以后。五劄载《象山全集》卷十八，又总撮卷三十五。[52]朱子谅系秋冬间函索，或在下年春间，亦属可能。

淳熙十二乙巳，一一八五

陆函九。《陆谱》云，“先生纳去一本”[53]。朱子七月九日“致刘子澄书”云，“子静寄得对语来。语意圆转，浑浩无凝滞处。亦是渠所得效验。但不免些禅底意思。昨答书戏之云，这些子恐是葱岭带来。渠定不伏。然实是如此，讳不得也”[54]。

朱函九。答陆书九赠对语。略云，“规模宏大而源流深远。……但向上一路，未曾拨转处，未免使人疑著，恐是葱岭带来耳。如何如何？一笑”[55]。所谓向上，即是未于正心诚意切实下工夫处有开导。[56]葱岭带来，即菩提达摩带来之禅也。钱穆云，此书在乙巳(一一八五)。朱子于是年四月差主管华州云台观，故函中“如希夷直下诸孙”之语也。[57]因此可知朱函九是在四月之后，七月九日“致刘子澄书”之前。《陆谱》节引此书，删去“恐是葱岭带来”之语。[58]盖编《陆谱》者以朱子所评向上一路未曾拨着，即指过于高远，尚有可容。至云葱岭带来，则万不可忍矣。

陆函十。《陆谱》载“答元晦书”略云，“奏劄独蒙长者褒扬。奖誉之厚，俱无以当之。……而兄尚有向上一路，未曾拨着之疑。岂待之太重，望之太过，未免金注之昏耶”[59]？既云略云，则全书不止此数行可知。观陆氏反应，尚非剧烈。不提葱岭，似非好辩也。

淳熙十三丙午，一一八六

陆函十一。此书无记载。但下面朱函十为答书，则陆先去函可知。又观朱函十内容，可必陆函涉及来往朱陆之间之学者。

朱函十。答子静评傅梦泉[60]之偏与其别求玄妙。又云，“迩来日用功夫，颇觉有力，无复向来支离之病。甚恨未得从容而论。未知异时相见，尚复有异同否耳”[61]。此函几全载《陆谱》。[62]

朱函十一。致子美函托子静转交。朱子与子美函辩太极数次书。“答陆子美书”云，“却托子静转致，但以来书半年方达推之，未知何时可到耳”[63]。《年谱》此书在丙午（一一八六）。[64]钱穆则以为似尚在朱子辛丑（一一八一）闰三月朱子去南康以前[65]，不知何据。

淳熙十四丁未，一一八七

陆函十二。五月前函朱子说利欲。参看下条便明。

朱函十二。五月二日“答陆子静书”云，“来书所谓利欲深痼者，已无可言。区区所忧，却在一种轻为高论，妄生内外精粗之别，以良心日用分为两截。……恨相去远，无由面论，徒增耿耿耳”。全书载《朱子文集》。[66]轻为高论，实指陆氏。

朱函十三。五月八日致陆书。参看下条。

陆函十三。初冬复朱函十二、十三云，“冬初许氏子来，始得五月八日书（朱函十三）。且闻令小娘竟不起，谅惟伤悼。前月来又得五月二日书（朱函十二）。……七月末丧一幼稚三岁。……比又丧一侄孙女。侄婿……长往。痛哉。……傅子渊前月到此间。闻其举动言论，类多狂肆。……刘定夫[67]气禀倔强。……大抵学者病痛，须得其实。徒以臆想……斯人必不心服”。全书载《象山全集》。[68]函内云冬初，故《陆谱》云初冬答朱元晦[69]。两人以家庭不幸，致意虔虔。不以意见相左与学徒狂肆而损其同情之感也。

陆函十四。七月朱子除江南西路提点刑狱公事。朱子辞。陆致书劝之云，“愿尊兄勉致医药，俯慰舆情”。全书见《象山全集》。[70]

陆函十五。谓朱子与子美书“辞费而理不明”，并将有所解说。见下函“所谕”云云。此当是指朱子与子美第二书。[71]

朱函十四。答陆子静云，“学者病痛诚如所谕。……所谕与令兄书辞费而理不明，今亦不记当时作何等语。或恐实有此病。承许条析见教，何幸如之”？此书全载《朱子文集》。[72]学者病痛，乃陆函十三话题。今函复之。陆书十三并未提及朱子致子美书。则所谓"所谕"必非陆函十三而另一函，即陆函十五也。

陆函十六。陆函十七云，"往岁览尊兄与梭山家兄书（朱子与子美第二书），尝因南丰便人僭易致区区"[73]。可知曾付一函。至其内容，除致区区外，不得而知。然陆函十五曾以条析。陆函十七又云"许以卒请"，则必读朱子致子美书后，即子美不欲再辩，仍抱不平。故自告奋勇。替其兄辩太极。

朱函十五。陆函十七续云，"蒙复书许以卒请，不胜幸甚"。朱子接子美不必再辩书后，答之云，"不可则止。正当谨如来教，不敢复有尘渎也"[74]。然子静挑战，安得不应之耶?

淳熙十五戊申，一一八八

朱函十六。陆函十七开首即云，"黄易二生归，奉正月十四日书"[75]。此书与朱函十五不同。盖此函正月，函十五则往岁也。内容不详，似只通候。《象山全集》卷二，页七上云夏中拜书，当指此函。

陆函十七。《陆谱》云，"夏四月望日与朱元晦书辩太极图说"[76]。首述象山景致与精舍之建筑。续忆"某昔年两得侍教。康庐之集，加款于鹅湖"。随述函致区区（陆函十六）与蒙许请（朱函十五）之经过，然后作长篇之辩论。辨"梭山兄谓《太极图说》与《通书》不类，疑非周子所为。不然或是其学未成时所作。不然则或是传他人之文。……《通书》……中即太极。……此言殆未可忽也。……自有大传至今几年？未闻有错认太极别为一物者。……何足上烦老先生，特地于太极上加无极二字以晓之乎？……《通书》终篇未尝一及无极字。二程言论至多，亦未尝一及无极字……梭山兄所以不复致辩者，盖以兄执己之意甚固，而视人之言甚忽。求胜不求益也。……今兄为时所用，进退殊路。合并未可期也”[77]。此书措词强烈。钱穆谓朱子答子美第二书在丙申（一一七六）丁酉（一一七七）间。今隔十年，象山“旧案重提，殆是积不快而借之一吐乎”[78]？钱先生或因朱子自云不复记忆，或因象山云往岁览朱子与子美书，故以为丙申丁酉间。然朱子致子美第二书内有云“近又尝作一小卜筮书”[79]。此指易学启蒙。钱先生亦云然。朱子序《易学启蒙》于丙午（一一八六）暮春，在丙申十年之后，岂序文有误耶？抑钱先生偶与朱子丁酉（一一七七）所著《周易本义》相混耶？《年谱》以朱子“答陆子美第二书”在丁未（一一八七）[80]，未为误也。查丙午（一一八六）朱函子美由子静转交。丁未（一一八七）朱子又与子美第二书，子静得与读之。致书朱子（陆函十五）谓其费辞，愿加条析，朱子许之（朱函十五）。故戊申（一一八八）乃长函（陆函十七）为热烈之辩论。此事进展，步步相承，非旧案也。全书凡二千字，全载《象山全集》。[81]据朱函十七，此函在玉山收到。盖朱子入都，路经江西玉山县。其后（一一九四）在此讲仁、性、道体与尊德性，道问学之功也。[82]

朱函十七。十一月八日答陆函十七。先言象山泉石之胜，并曾于此云决不应召兼崇政院说书。旋即痛论“伏羲……文王……皆未尝言太极也，而孔子言之。孔子……未尝言无极也，而周子言之。……至极无名可名，故特谓之太极。……初不以其中而命之也。……极者，至极而已。……所谓一者，乃为太极，而所谓中者，乃气禀之得中。……周子所以谓之无极，正以其无方所，无形状。……彼俗儒胶固，随语生解，不足深怪。老兄平日自视为如何，而亦为此言耶”？朱子辞亦严厉，不减子静。书长几二千字，载

《朱子文集》[83]，惟《象山全集》不载，是意中事。

陆函十八。答朱函十七。略云，“窃知召命，不容辞免。莫须更一出否？……近浙间有后生贻书见规，以为吾二人者所习，各已成熟，终不能以相为。莫若置之勿论。……鄙哉言乎！……今阅得书，但见文辞缴绕，气象褊迫。其致辩处，类皆迁就牵合。……若实见太极，上面必不更加无极字。……上面加无极字，正是叠床上之床。……若谓欲言其无方所，无形状……曰无声无臭可也。岂宜以无极字加之？……直将无字搭在上面，正是老氏之学。……极亦此理也，中亦此理也。……曰极、曰中、曰至，其实一也。……如所谓太极真体不传之秘。……不属有无，不落方体……等语，莫是曾得禅宗所得如此”？辞气之严，又高一度。朱子每病陆门为禅，今子静以朱子为禅，则真不能以相为矣。此书写于十二月十四。隔朱子十一月十八来函，不及一月。书长三千言，载《象山全集》。[84]朱子复书（朱函十八）有“来书云尾文止耶”一节，则可见《象山全集》所载，尚非完全。此书又有“别幅”，五百余字，载于《陆谱》，辩道器。略云，“器由道者也。一阴一阳之谓道，继之者善也。而谓其属于形，不得为道，其为昧于道器之分也甚矣”[85]。

淳熙十六己酉，一一八九

朱函十八。正月[86]答陆子静，逐段反驳。谓“凡辩论者亦须平心和气。……极是名此理之至极，中是状此理之不偏。……极字亦非指所受之中。……大传、洪范、诗、礼，皆言极而已，未尝谓极为中也。先儒以此极处常在物之中……因以中释之。……无极而太极，犹曰莫之为而为。……皆语势之当然，非谓别有一物也”。书末附别纸云，“子美尊兄……自信太过。……老兄却是先立一说，务要突过。……各尊所闻，各行所知，亦可矣。无复可望于必同也”。朱子至是表示决裂。文长几千字，别纸亦五百余字，均不及道器之论，载《朱子文集》。[87]《陆谱》撮为一百一十余字，只述无极之辨与无望必同，而不采朱子评陆氏兄弟之语。[88]

陆函十九。七月四日（据《象山全集》卷三十六，页二十）答朱函十八。文不满三百字，谓“某五月晦日拜（湖北）荆门之命。……愿有以教之。……惟其不度，稍献愚忠。未蒙省察，反成唐突。……别纸所谓……无复望其必同也。不谓尊兄遽作此语。愿依光末，以卒余教”。书载《象山全集》卷二，页十一。陆子勇气未阑，终不愿搁置不辩。

朱函十九。八月六日[89]答陆函十九云，“荆门之命，少慰人意。闻象山垦辟。……恨不得一至其间，观奇览积胜。某春首之书，词气粗率。既发即知悔之，然已不及矣。”此函《陆谱》述之[90]，但不见《朱子文集》。

绍熙元年庚戌，一一九〇

本年无通讯。陆在象山聚徒讲学。太极之辨亦已告下落。

绍熙二年辛亥，一一九一

陆函二十。致书朱子慰问。据《陆谱》绍熙三年[91]，“朱元晦来书（朱函二十一）云，“去岁辱惠书慰问”。此外有无他事，不得而知。

朱函二十。复陆函二十致谢。《陆谱》续引朱书云，“寻即附状致谢”。钱穆先生谓此即自悔词气粗率之一书。[92]然自悔词粗之书，即朱函十九，无致谢之语。故必另一函。此函写在九月之后，因函中云，“其后闻千骑西去，相望益远，无从致问”[93]。此指象山九月赴荆门任也。

陆函二十一。陆函告朱子自别架屋。《语类》云，“问陆子静家有百余人吃饭，曰，近得他书，已自别架屋。便也是许多人无顿着处”[94]。此书与陆函二十慰问朱子不同，因慰问书与朱子谢书（朱函二十）均不提架屋事。

绍熙三年壬子，一一九二

朱函二十一。四月十九函陆云，“去岁辱惠书慰问，寻即附状致谢。其后闻千骑西去。相望益远，无从致问。……昔时归来建阳[95]，失于计度。作一小屋，期年不成。……峡州郭文[96]著书颇多，悉见之否？其论易数颇详，不知尊意以为如何也”。书不见《朱子文集》，《陆谱》载之。[97]观此书词意，似朱子函谢慰问后，陆氏再无来书，则陆函二十一告及架屋之书，或即问候朱子之书（陆函二十）。然假如陆氏慰问函中带及建屋，则朱子辛亥（一一九一）五月已归建阳。归后即开始建屋。朱子谢函（二十），何不说及之，而待七个月之后方提及耶？想上年九月与本年四月之间，书札往来不止一次，但无可考矣。太极之辩结束以后，通问不辍。贤者于学术不肯苟同，但私人感情，绝不以直言指责而丝毫减削。前虽云无望必同，然讲求态度，并不稍弱。观朱子询其对于郭文论易可知。不幸十二月象山告终，而两人无第三次会面之望，而函翰亦永久终止矣。

以上朱函存于《朱子文集》者六（九，十，十二，十四，十七，十八），摘载于《陆谱》者七（一，五至七，十九至二十一）。此外不知内容者二（十二，十五），稍知内容者五（三，四，八，十一，十五）。陆函载于《象山全集》者六（八，十三，十四，十七，十八，十九）。《陆谱》略述者二（十，十二）。此外不知内容者一（十一），稍知内容者十二（一至七，九，十五，十六，二十，二十一）。每人函二十一通，数适相等，不亦奇乎？

［本文原载《华学》月刊，第八十一期（一九七七，一月），页十七至二十六。］

附 注

1 《象山全集》，卷三十四，页二十四上；卷三十六，页九上。

2 《论语·里仁第四》，第十六章。

3 王懋竑：《朱子年谱》，页九十六。

4 《朱子文集》，卷八十一，“跋金溪陆主簿白鹿洞书堂讲义后”，页二十五上。

5 《象山全集》，卷三十六，页十下。

6 《朱子文集》，卷三十四，页三十三上。

7 《象山全集》，卷二，页四下至十一下。

8 《朱子文集》，卷三十六，页六上至十六下。

9 《象山全集》，卷三十六，页九下。

10 同上，卷三十四，页二十四上下。

11 同上，卷二十六，“祭吕伯恭文”，页一下。

12 《朱子文集》，卷五十八，“答叶味道第一书”，页二十三上。

13 同上，卷三十六，页一上至三上。

14 同上，卷三十四，“答吕伯恭第五十六书”，页四下。

15 《朱子年谱》，页七十六。

16 《语类》，卷一二四，第三十八“禅学”条，页四七六八（页十上）。

17 《朱子年谱》，页七十四。

18 《语类》，卷一二四，第三十八“禅学”条，页四七六八至七六九（页十上）。

19 《朱子文集》，卷三十四，“答吕伯恭第七十七书”，页十七上。

20 《朱子年谱》，页七十六。

21 曹建，字立之（一一四七——一一八三）。初学于程迥，继从陆氏兄弟，卒转学于朱子。参看《宋元学案》，卷六十九，“沧洲诸儒学案”，页三十六上下。

22 包扬，字显道，象山门人。参看《宋元学案》，卷七十七，“槐堂诸儒学案”，页十二上下。

23 《象山全集》，卷六，“与包显道第二书”，页八下。

24 《朱子文集》，卷五十一，页二十九上下。

25 万人杰，字正淳，陆氏门人，后归朱子。参看《宋元学案》，卷六十九，“沧洲诸儒学案”，页三十六上。

26 《朱子年谱》，页七十六。

27 《朱子文集》，卷三十四，“答吕伯恭第八十三书”，页二十六上下。

28 《朱子年谱》，页七十六。

29 同上，页九十三，九十五。

30 《朱子文集》，卷三十四，“答吕伯恭第八十四书”，页二十八上。

31 《象山全集》，卷三十六，页十上。

32 《朱子文集》，卷三十四，“答吕伯恭第九十书”，页三十二上下。

33 《象山全集》，卷二十七，页一上至四下。

34 《朱子年谱》，页一〇一至一〇四。

35 诸葛诚之，字千能，陆氏门人。参考《宋元学案》，卷七十七，“槐堂诸儒学案”，页五上。

36 《象山全集》，卷三十六，页十一下。

37 《象山全集》，卷三十六，页十一下。

38 载《朱子年谱》，页七十六至七十八。

39 同上，页二八五。

40 钱穆：《朱子新学案》（台北，三民书局，一九七一），第三册，页二九三至三五八。

41 李大有，字仲谦，吕东莱私淑。参看《宋元学案》，卷五十一，“东莱学案”，页二十一上下。

42 詹体仁，字元善（一一四三—一二〇六），朱子门人。参看《宋元学案》，卷六十九，“沧洲诸儒学案”，页十上下。

43 《象山全集》，卷三十六，页十二下。

44 同上，卷七，“与朱元晦”，页三下至四上。

45 同上，卷三十六，页十二下。

46 程迥，字可久，号沙随。参看《宋元学案》，卷二十五，“龟山学案”，页二十二下。

47 《朱子文集》，卷九十，“曹立之墓表”，页八上。

48 同上，卷五十四，“答诸葛诚之第一书”，页四上。

49 同上，《续集》，卷四上，“答刘晦伯第七书”，页二上。

50 《朱子新学案》，第三册，页三三二。

51 《象山全集》，卷三十六，页十三上。

52 同上，卷十八，“删定官轮对札子”，页一上至三下；卷三十五，页十二下。

53 同上，卷三十六，页十三上。

54 《朱子文集》，卷三十五，“与刘子澄第十一书”，页二十四下。

55 同上，卷三十六，“寄陆子静第一书”，页六上。

56 钱穆语。《朱子新学案》，第三册，页三三五。

57 同上。

58 《象山全集》，卷二十六，页十三下。

59 同上。

60 傅梦泉，字子渊，陆氏门人。参看《宋元学案》，卷七十七，“槐堂诸儒学案”，页一上下。

61 《朱子文集》，卷三十六，“答陆子静第二书”，页六下。

62 《象山全集》，卷三十六，页十四下。

63 《朱子文集》，卷三十六，“答陆子美第一书”，页三上至四下。

64 《朱子年谱》，页一二八。

65 《朱子新学案》，第三册，页三四四。

66 《朱子文集》，卷三十六，“答陆子静第三书”，页六下至七上。

67 刘定夫，朱子门人。参看《宋元学案》，卷六十九，“沧洲诸儒学案”，页三十八下。

68 《象山全集》，卷十三，“与朱元晦第一书”，页七上下。

69 《象山全集》，卷三十六，页十六上。

70 《象山全集》，卷十三，“与朱元晦第一书”，页七上下。

71 《朱子文集》，卷三十六，页四下至五下。

72 同上，“答陆子静第四书”，页七上至十下。

73 《象山全集》，卷二，“与朱元晦第一书”，页五上。

74 《朱子文集》，卷三十六，“答陆子美第三书”，页六上。

75 《象山全集》，卷二，“与朱元晦第一书”，页四下。

76 《象山全集》，卷二，“与朱元晦第一书”，页十九上。

77 《象山全集》，卷二，“与朱元晦第一书”，页四上至七下。

78 《朱子新学案》，第三册，页三四四至三四五。

79 《朱子文集》，卷三十六，页五下。

80 《朱子年谱》，页一二八。

81 《象山全集》，卷二，“与朱元晦第一书”，页四上至七下。

82 “玉山讲义”，载《朱子文集》，卷七十四，页十八上至二十二上。

83 《朱子文集》，卷三十六，“答陆子静第五书”，页七下至十下。

84 《象山全集》，卷二，“与朱元晦第二书”，页七至十一下。

85 同上，卷三十六，页十九上至二十上。

86 据同上，页二十上。

87 《朱子文集》，卷三十六，“答陆子静第六书”，页十下至十六下。

88 《象山全集》，卷三十六，页二十上。

89 《象山全集》，卷三十六，页二十下。

90 同上。

91 同上，页二十三下。

92 《朱子新学案》，第三册，页三五四。

93 《象山全集》，卷三十六，页三十三下。

94 《语类》，卷九十，第六十四“古者”条，页三六六三（页二十上）。

95 朱子辛亥（一一九一）五月徙居福建建阳县。

96 《宋元学案》无此人。峡州即今湖北宜昌。

97 《象山全集》，卷三十六，页二十三下。

朱门之特色及其意义

朱子学系支配我国思想五六百年，而操纵朝鲜、日本思潮亦数百载。南宋之末固是朱子之哲学世界。元代亦因许衡（一二〇九—一二八一）之特崇朱子致使儒学超佛教、道教而代之。皇庆二年（一三一三）遂诏令考试皆自朱子所定《四书》出题，而诠释亦以朱子《四书章句集注》为主。于是以后数百年之文官考试不出朱学之界限。明初儒者曹端（一三七六——一四三四）、吴与弼（一三九一——一四六九）、薛瑄（一三八九——一四六四）、胡居仁（一四三四——一四八四）皆主朱学。永乐十三年（一四一五）有《性理大全》之编。此书以朱学为中心，而为以后中国思想之源泉。明初中国，仍是朱家天下。王阳明守仁崛起，以心即理代程朱子性即理，主格心而排朱子之格物。王学惊动全国，遍布东西南北。近年学者称之为心学，使与朱子理学对峙，且取而替之。其实从思想史之演进大体而言，王学仍是朱学之修正也。阳明著《朱子晚年定论》。没谕其里因为何，仍是要归入朱子范围之内。虽清代又一修正，重实用而反空谈。其实颜元（一六三五——一七〇四）、戴震（一七二四——一七七七）反朱者小，从朱者大。朱学仍然独尊。康熙五十四年（一七一五）有《性理精义》之编刊，作为思想之总汇，可为证也。《性理精义》乃《性理大全》之缩本。所谓精义，即理学之精义，亦即朱学之精义也。因元、明、清代政府之提倡与理学之操纵考试制度，学者遂谓朱学之盛，皆由统治者之利用，而理学成为政治之工具。然元代以《四书》与《集注》为明经课程，乃朱子死后一百余年之事。朱子晚年遭严禁伪学，褫职罢祠。虽以后帝王鼓励，诚是朱学发展之一因。然朱学之能支配中、日、韩思想数百年者，其中原因必多。而朱子门人，是其主因之一也。本文思以详考朱门弟子，试从其人数、地理关系、社会背景，其对政权之反应，与程门王门之比较，及其于朱学发展之贡献各方面，察其有何意义。希于研究朱门，别开生面也。

关于此题之材料，并不算多。学者研究，每依《宋元学案》，略述其派别源流。其他方面则未注意。盖亦以文案缺乏之故。其为朱子门人有系统之记载者首为明人戴铣（弘治九年，一四九六，进士）之《朱子实纪》十二卷。卷八叙列朱子门人。中日研究朱子学者均重用之。次有《考亭渊源录》二十四卷，为明人宋端仪（成化十七年，一四八一，进士）所著。参考史传方志，并引《朱子语类》。其成书可能在《朱子实纪》之先，然问世则在其后。此为本书以前之惟一记载朱子门人之专著。依朱子《伊洛渊源录》之例，以师承、朱子同时友人及门人为次。卷六以下皆朱子门人。用之者少，《宋元学案》与《宋元学案补遗》偶尔提及而已。略与《考亭渊源录》同时者有朝鲜李滉（称退溪先生，一五〇二—一五六七）之《宋季元明理学通录》九卷。卷一至卷八为朱门诸子。此书似未经中日研究朱门者所采用。恐韩国以外尚少有知有此书之存在也。清代经学大师朱彝尊（一六二九—一七〇九）著《经义考》三百卷。以卷二八三至二八五表列朱子授易、传诗、传礼弟子。只举职衔、姓名、字里。限于传经。既无事迹，亦非朱门全貌。然大为《宋元学案补遗》所倚重。稍后有张伯行（一六五一—一七二五）改订明人朱衡（一五一二—一五八四）之《道南源委》六卷。卷三与卷四包括朱子门人若干，又附朱子弟子无事实可考者十九人。然限于闽，非全面也。前此万斯同（一六三八—一七〇二）已著《儒林宗派》，然至乾隆三十八年（一七七三）乃重刻。此书由周至明，专列各代儒林派别。第九卷为朱门建安建阳两派数代传授表。第十卷表列朱门不属可学派之人，单举姓、名、字、号、谥号。马叙伦（一八八五—一九七〇）宣统三年（一九一一）《儒林宗派 · 后序》云，“是书于二千余年师儒之传，皆有本末条贯。与历代史表同为有益之作”。无怪为《宋元学案》与其补遗所并重也。《宋元学案》，如众所知，乃研究宋学之最上权威。黄宗羲（一六一〇—一六九五）撰，其子百家（壮年一六九五）续编。全祖望（号谢山，一七〇五—一七五五）修补十居六七。王梓材（一七九二—一八五一）与冯云濠（道光十四年，一八三四，举人）校刊，共一百卷。道光十八年（一八三八）始刊行。卷四十九为“晦翁学案”。末有晦翁门人表，只举官职、姓名、字号。卷六十九为“沧洲诸儒学案”，皆朱子直传弟子。各具一传，并摘语文录，或详或略。全、王、冯三氏均有按语。取材则广采史传，《朱子实纪》《道南源委》《万姓统谱》《经义考》《儒林宗派》，各地方志与各家文集。间或书明出处，多数从略。取舍颇严，态度足称客观。全祖望按语特重源流，精审公正。王梓材与冯云濠又编《宋元学案补遗》一百卷。卷四十九为“晦翁学案补遗”，除增补讲友、学侣、家学与私淑外，增补朱子门人表，与《学案》卷四十九同例。卷六十九“沧洲诸儒学案补遗”增补朱子门人，各备传记与言说。亦如学案，采用史传、方志、文集等等。惟信赖《经义考》与《儒林宗派》太过，似乏批评态度。最近日本学者田中谦二著“朱门弟子师事年考”。一九七三年与一九七五年发表于《东方学报》。目的在考定弟子师事朱子次数与年期。详考《朱子语类》与《朱子文集》，洵为澈底之作。

《四库全书总目提要》评《朱子实纪》云，“是书则主以推崇褒赠夸耀世俗为荣”[1]。其实此语亦可加诸《渊源录》《理学通录》《经义考》《宗派》《补遗》等书。朱子赞周介（公瑾）懿实谨厚[2]，《渊源录》采之。朱子评周介不解事，直谓其“说得太多”[3]，则《渊源录》不取也。其去取之意，可见一斑。《实纪》断章取义，只录朱子称许之语，且有与原文不符者。朱子谓陈齐仲之诗“用意太深”[4]，《实纪》不采此语而只采朱子“用意甚深”[5]。朱子称石洪庆“强毅方正”[6]，《实纪》取之[7]。洪庆将归，朱子谓其“源头处元不曾用工夫”[8]，《实纪》不取焉。《实纪》谓朱子称吕道一天资明敏[9]，然查《文集》与《语类》均无此语。反之，朱子答吕之书谓其“未尝举足而坐谈远想，徒长浮薄之气”[10]。诸书又延揽名贵，以增朱门之光。全祖望评《渊源录》云，“若罗文恭公点，刘少保伯正，李参政性传，杨漕使楫，俱以集中偶有过从，而遽为著录。并列文恭之子为再传之徒。愚皆未敢以为然。盖此乃作《考亭渊源录》者之失。凡系朱子同时讲学之人，行辈稍次，辄称为弟子。其意欲以夸其门墙之盛，而不知此诸儒所不受，亦朱子所不敢居也”[11]。杨楫实为朱子弟子，然《渊源录》之夸张，无可否认。其实《理学通录》与《补遗》亦犯滥收之病。《通录》卷八录其名见诸《大全》(《朱子文集》)者五十四，皆作门人。其中过半只与朱子书柬往来论学，未入门也。《补遗》不问《经义考》与《宗派》所录是否属实，广罗杂收。依《经义考》便增三十六人，依《宗派》又增七十七人，无非欲以炫耀朱门之盛而已。实非弟子而各书滥作弟子者达一百四十余人。其尤著者莫若《补遗》之以熊恪经彭龟年一荐，便为弟子。又凡陪朱子游览如王仲杰、熊洪等，均采入朱门。陈利用只收朱子诗入其《大同集》，而《实纪》即列其名。柯翰比朱子年长约二十。朱子只言与之游相乐，而《渊源录》与《宗派》乃以门人待之。李义山生于朱子死前数年，《宗派》与《万姓统谱》以为从学。《学案》已正之矣。若胡斗元生于朱子没后二十余年，《经义考》竟以为授易弟子。可谓谬极矣。

比较而言，《学案》最称严谨。此足证黄宗羲与全祖望治学之精。诸书之又逊于《学案》者，则朱子门人之姓名里籍之亟待整理。此处《学案》亦非无瑕。关于里籍，诸书多不一致。有用雅名者，如闽县之作三山，漳州之作临漳。[12]有用旧名者，如以隋之括苍代宋之丽水，以汉之南平代剑浦，以吴之昭武代邵武，以晋之新安代徽州，以晋之延平代剑浦是也。[13]有用后名者，如以元之福宁代长溪，以明之太平代黄岩，九江代德安，安义代建昌，福宁代霞浦，兴化代莆田，与以清之南城代建昌是也。[14]有或用县名或用其所属之州郡名者，如甲用新淦县而乙用泉州，甲用建昌县而乙用南康军。诸如此类，不可胜数。[15]凡此仍只是未臻划一，徒引读者误会耳。又有一名异用，如袁州宜春郡，甲用袁州，乙用宜春[16]，亦增读者疑惑。至其错误者，各书更多。有因形音相近而误者，如长溪之误为长卿，建阳之误为建昌，合州之误为台州，瑞安之误为瑞州，永嘉之误为永丰，建昌之误为建安与南昌，均待校正。[17]甚有一书自相矛盾，尤以《经义考》为然。《经义考》不特前后用雅名、旧名、后名，多不一致，且每一人而有两县籍，不问其是否一县为两县，或先代后代所居，或迁居也。其中有两县相隔甚远者[18]，恐不只矛盾之误耳。其或甲书作甲县而乙书作乙县[19]，甚至丙书作丙县，以至一人而有三处不同之籍贯（如度正）者。凡此均待考正。其已正误者固不少，[20]然未竟之工作，则大有待于学者之继续努力也。

姓名问题，比里籍更为严重。盖里居为人生之一事耳，而姓名苟不证实，则其人为谁？思想如何？事功何若？皆不可决。此处错误不少，混乱更多。有形音相近而误者，如以黄达才为黄达子，黄寅为叶寅，祝癸为祝丙，黄显子为王显子，李克宗为李亢宗，李文为李子，不难校正。此外或姓甚名谁？是名抑或字？大有问题。又有因音形之误而析一人为二人者，如徐子显与徐子颜，黄立之与曹立之，李德与李德之，李德之与李从之是也。至于同名或同姓者何以区分？同一姓名者果为一人抑是二人？如郭浩是否邵浩？丁尧是否丁克？林允之是否林充之？又是否林克之？刘学古是否叶学古？董寿昌是否吴寿昌？许子春与潘时举究竟是名是字？诸书并无答案。王梓材谓《宗派》朱子门人有三十一人不知其为名为字。[21]梓材之难关与诸书之所以不能解决为名为字，或一人二人者，一言以蔽之，缺乏有效之方法。此方法即详究与充分利用《朱子语类》是也。《语类》浩大，一百四十卷，不易检查。诸书著者除略参考卷一一三至一二一训门人各卷外，大都忽略其他一百余卷，遂至无从辨别名字，与一人或两人，及是否朱子弟子。苟能遍查《语类》，则此等问题大部可得答案。然能读全书者，曾有几人？此以前著者未能利用《语类》之故。幸日本九州大学近有《语类》人名、地名、书名索引。一九七〇年台北正中书局版《朱子语类》附刊之。虽错漏尚多，然亦是从事朱学者之一大臂助也。

今一先决问题，则是谁为弟子。《语类》用例，凡记录者用本人之名。问答中自称亦然。称他人如“某某问”则用字，以示敬意。苟检《语类》问答，则有王梓材所举陈公直等二十二人[22]之间，则可知“公直”等是字而非名也。如《语类》记录者自称“时举”，则“时举”是名。[23]其他记录者自称用名，亦同此例。《语类》卷首记录姓氏表，皆用名也。《语类》有两彦忠，两谦之，两一之，三光祖，三性之，三德之，四敬之。骤视之，亦不知是名是字，又不知是谁。

然细察《语类》，以其通例度之，不难迎刃而解。如记录癸丑所闻者用“谦之”，记录癸卯所闻者用“柄”。可知“谦之”乃欧阳谦之之名，因其用名而不用其字希孙也。“柄”亦是名，盖潘柄自称，而不用其字谦之也。援《语类》问答用字之例，则《语类》之光祖指曾宗兴，字光祖，而非指欧阳光祖字庆嗣也。道夫可指杨道夫字仲思，亦可指黄樵仲字道夫。然《语类》训道夫之“道夫”是名，故必指杨道夫也。三性之，郑自诚与谢梦生均字性之，可无问题。至林性之是名是字？则《语类》无其记录，亦无其问答。无从断其是名是字。《源委》称其与曾逢震俱从朱子。“逢震”是名，则亦可谓“性之”是名。然此是推测，并无实证。此可见如无《语类》之实据，无解决也。张敬之《语类》有七条指明其为张显父敬之，故知为字。此外五六十条只言“敬之”，不明指为黄显子敬之，张显父敬之，陈敬之，抑许敬之。朱子之季子在亦字敬之，然问答不见《语类》。故敬之即从《语类》问答用字之例，可指黄、指许、指张。盖从《文集》得知许敬之之敬之亦字也。此案虽不能从《语类》同例解决，然《语类》仍有解决之路，即问答内容是也。许生强辨，显父肃听，故可知问者是谁。林易简林揆均字一之。一之之问亦可以《语类》内容解决。盖一之之问内容如一，皆为陈淳所录。陈淳与林易简同学。故知陈淳所称之一之乃指易简而非指揆也。简言之，以前著者未详考《语类》，故疑误尚多，以后著者如尽用《语类》，则朱门研究，当得大进步也。

至于一人两人问题，亦须细究《语类》而定。如杨与立字子权与杨黼字与立，诸书混为一人。细考《语类》则实为两人，且同时事师朱子。诸书又分刘淮与刘叔通为两人。证以《语类》，则刘淮字叔通耳。《语类》有两黄谦，一则指明南安黄谦，一则用黄德柄谦，不相混也。南安黄谦字德之，廖谦亦字德之。又有李德之，名未考。《语类》德之诸条，虽只注“训谦”，然条中明言“廖兄”，可知是廖谦德之。李德之则云“李德之”，亦不相混。总之，《语类》为研究朱门不可或缺之工具，不可不特别注意。至若《补遗》分黄杲与黄升卿为二人，《宗派》分李叔谨与李公瑾为二人，只一高松字国楹而《宗派》又有高松字子合，则皆不考耳。但黄榦与黄幹不同，两王子充亦异，则不可不划分清楚。

忽略《语类》，结果竟有许多门人，未为诸书所收录。然诸书志在夸大朱门，便从文集方志等处，大量收罗，多多益盛。于是朱子门人人数，逐渐膨胀。《实纪》首载其高弟有著述者六十八人，次有问答记录者七十人，次见称许及有事功者八十人，次仅存姓字邑爵者一百人，共三百一十八人。《渊源录》据《四库全书总目提要》[24]谓叙述二百九十三人，此只指有记述者而言。此外尚有卷二十三无记述文字者八十八人，重五人，实八十三人。又卷二十四考亭判徒三人。共得三百七十九人，已出乎《实纪》之上。《理学通录》叙录其见诸《宋史》“本传”、《实纪》、《语类》、《大全》（即《朱子文集》）者六人，见《实纪》《语类》《大全》者六十八人，见《实纪》《语类》，而出于与他人书者十一人，见《实纪》与《语类》者六十二人，见《实纪》与《大全》者六十四人，见《语类》与《大全》者十六人，见《实纪》与史传者二人，见《实纪》而又见与他人书者五人，只见《语类》者三十一人，只见《大全》者五十四人，只见《实纪》者八十三人，杂出他书或史者九人，共四百一十一人，又比《实纪》与《渊源录》两书为多。《经义考》卷二八三传易弟子一百零六人，卷二八四授诗弟子七十五人，卷二八五授礼弟子六十一人，共二百四十二人。重一百零三人，实共一百三十九人。若传经者已有如是之多，则未能传经者必在数倍以上。《宗派》卷九有学派者三十七人，卷十不入学派者四百零五人，重九人，实三百九十六人，二共四百三十三人。又比《理学通录》多二十二人。《朱子文集》《大全》类编卷三“及门姓氏”所列，在门受业四百四十二人。《宋元学案》取舍较慎，不事虚张，故人数较少。卷四十九“晦翁学案”叙述家学四人，表列门人五十四人，私淑十二人，共七十人。重沧洲诸儒四人，实六十六人。卷六十九沧洲诸儒一百五十八人。两卷门人共二百零八人，另家学四人，私淑十二人，总共二百二十四人。只得《理学通录》之半而有奇。然《学案》未考《通录》，两书实无关系也。《学案补遗》则大事增补，卷四十九“晦翁学案补遗”增家学六人，增门人表三十四人，卷六十九“沧洲诸儒学案补遗”增门人二百一十八人，又私淑四十人，总共增二百九十八人。连《学案》之二百二十四人，则成五百二十二人。卷六十九，页二一〇，注内所举三十一人，尚未在内。比《实纪》多十分之六，比《渊源录》多十分之四，比《理学通录》多十分之三。可谓诸书朱子门人人数迭增，有进无已。凡此并非史料有所发见，或方法有新采用，只滥收博揽，以光大朱子之门墙而已。

诸书所以滥收之故，则以其门人之定义不严。谁是弟子，难下定义。其有正式表示，如奉贽求教，执弟子礼，或以面书求进，或明言奉侍，或自称弟子者，当然是正式门人。严格而论，凡亲面请教，只发一问者，亦为弟子。《语类》语录姓氏凡九十三人，附同录者三人，另不知名者五六人，皆是弟子，可无疑义。《语类》

卷一一三至一二一为训门人共八十人。其中卷一一三至一一九训一人者五十二人，皆在《语类》语录姓氏之内，其次序亦同。卷一二〇至一二一则杂训诸人。凡于训门人各卷发问或受训者，当然皆为弟子。此外史传墓志与各地方志记其曾从学于朱子者，大概可信。难免少数府县，以参加朱门为荣，故偶与朱子过从者，亦言其从学。此则又不可以不慎读耳。本书叙述六百二十九人，其中依上述标准得足称门人（连家学）者四百六十七人，又未及门而私淑者二十一人，共弟子四百八十八人。诸书以为弟子而实只是讲友者六十九人，诸书作为弟子而实既非弟子亦非讲友者七十二人，诸书重误者十四人。换言之，诸书以为弟子而今证实其只是讲友或直与朱子学术无关者一百四十二人。从《语类》考究，确证其曾请教故是弟子而为诸书所未载而今乃增入者五十二人。[25]

此四五百之数，乃指知名者而言。其不知名而未考者，即不倍此数，亦必相若。长沙一夕已有七十余人请教。[26]今湖南知名者仅十五人，只五分之一耳。苟以此比例，则朱子弟子总数，可达数千。陆游谓"朱文公之徒数千百人"[27]，不为过也。然只以知名之四百八十余人而论，数目之大，孔子而后实所罕见。孔子门人三千，盖言其多。知名者共一百一十二名。[28]年代久远，人数当必数倍于此。孔子学徒之众，比当时及以后几百年任何一人为多，显是事实。[29]孟子谓杨墨之徒盈天下。[30]墨氏号称显学，然《墨子·公输篇》说"弟子三百人"[31]而知名者不过二十四耳。[32]《后汉书·儒林传》记载经师学生由三千人至著录者一万六千人[33]，诚是一时之盛。然过去一千七八百年之间，则朱子门徒之盛，当居第一。佛学大师讲经，座众每每数千。日本朱子学派巨儒山崎暗斋（一六一八—

一六八二)号称门徒六千，此皆指讲座听众。谓之广义门徒则可，谓之正式门人则不可。朱子绍熙五年(一一九四)以上疏得罪权柄韩侂胄(一一五一—一二〇二)，解侍讲职东归，经江西玉山县，讲学于县庠。听众若干人。程珙座中两问，偶尔发言，实非特自求教，故非弟子。《宗派》与《学案》以为门人非是。[34]

朱子门庭人数之众，又可与前之二程门人与后之阳明门人相比。程颢程颐兄弟门人见于《伊洛渊源录》者四十二人。《宗派》卷八有程氏学派数代传授表，其直传弟子六十六人。姚名达列程门弟子籍八十七人。[35]王门据《明儒学案》目录卷十一至十五浙中王门十八人，卷十六至二十四江右王门二十七人，附六人，卷二十五至二十八南中王门十一人，卷二十八楚中王门二人，卷二十九北方王门七人，卷三十闽越王门二人，卷三十一止修一人，卷三十二至三十六泰州十八人，共九十三人。此外每区学案叙论中尚举若干人。计浙中王门十二人，南中十六人，楚中七人，闽越六人，泰州六人。叙论增四十七人。总共一百四十人。毛奇龄(一六二三—一七一六)《王阳明传本》卷二录其所知者九十四人，并云“余执贽弟子甚众，不可考”[36]。余重耀《阳明弟子传纂》三卷，依目录浙中四十八人，江右三十二人，南中十三人，楚中五人，北方三人，闽粤十人，泰州(连再传)三十五人。又见《年谱》《宗派》《传本》，贵州及见诸书牍者一百六十一人，共三百零七人。王学遍布满天下，盛极空前。然以门人计之，则朱门与王门为五与三之比。故谓汉后朱门人数居首，并非过言。

朱门人数之盛，当然与地理有关。朱子门徒(连私淑)之分配，计福建一百六十四人，浙江八十人，江西七十九人，湖南、安徽各十五人，江苏、四川各七人，湖北五人，广东四人，河南、山西各一人。此为里居可知者共三百七十八人，可谓来自全国。朱子整生十九住在福建，生徒自然以福建为最。朱子年十四（绍兴十三年，一一四三）由尤溪县迁崇安县五夫里。淳熙十年（一一八三）建武夷精舍于崇安武夷山五曲之太隐屏下。绍熙二年（一一九一）迁居建阳县。五年（一一九四）于所居之旁建竹林精舍，后改名沧洲精舍。黄榦（一一五二——一二二一）《朱子行状》云，“五十年间历事四朝。仕于外者仅九考，立于朝者四十日”[37]。此以整数言之。实数则立朝四十六日，任职者七年又六个月余，而此七年半之中，三年在福建同安，一年在福建漳州。除短期旅行安徽、江西、湖南数次外，皆往在福建也。如此住在一隅，其吸引四方学者之机会，前不及二程，后不及阳明。二程居洛阳数十年，洛阳为西京，学人云集。故程氏门人来自各方。阳明先后在京师与南京任职六年有余，故得招引四方学人。然与程子王子比较，朱子远居僻地，而其吸引之力，反比程子王子为大，此不能不谓为一奇观。当时福建并非政治中心，亦非文化重地。交通更属困难，而来自外境者竟超半数。有不远千里而来者，有来居数月以至数年者，有先后前来多次者。以福建海隅边区而成一思想中心，中国历史以来未有如此现象。朱子早于二十余岁同安任内（一一五三——一一五六）吸引学者多人。朱子云，“我官同安，诸生相从者多矣”[38]。漳州任内（一一九〇——一一九一），从者更多。此后十年在福建之考亭，从游者云集。《语类》记录，大部分在此时期。人多难容，此考亭精舍与竹林精舍之先后所由筑也。

福建之另一召引猛力，则其为图书重心也。南宋印书事业，甚为发达，尤以沿海浙江、福建两省为盛。浙之杭州与建之建阳，书坊林立，家刻坊刻甚多。与朱子同时建阳余氏刻本，至今犹享盛名。然家刻皆诗文集以赠亲友，而坊刻多备场屋之用，理学气味甚微。朱子校定《上蔡语录》（绍兴二十九年，一一五九），编《二程遗书》（乾道四年，一一六八）、《外书》（乾道九年，一一七三），辑《近思录》（淳熙二年，一一七五），刊“四子书”（绍熙元年，一一九〇）。其本人注释著作数十种，更无论矣。传写刊行，遂使福建成为一图书印刷与分发之中心。《文集》载周纯仁托朱子印《汉书》，朱子问要何等纸？版样大小如何？[39]《文集》《别集》所记亦详。朱子云有纸万张，欲印经子《近思》《小学》等书。观此可知当时规模必大。[40]事务交其子管理，然本人亦详细注意，盖在理学典籍之流通也。《宋元学案·彭兴宗传》云彼丙辰（一一九六）访朱子为江西象山书院购书。朱子问其何故而来。兴宗以象山书院颇少书籍，因购书故至此。[41]兴宗不至别处而至建阳，可知福建为图书中心之一。朱子刊书，或亦因贫以自助，然其志在流通理学经典，则至为显然。

次于福建者为浙江，人数亦多。其一主因乃朱子提举浙东常平茶盐公事（一一八一—一一八二），巡察各属，所至必有学者来归。且有至交吕东莱先为之招扬。东莱思想虽与朱子不尽同，然两人相契甚厚，互相恭敬。朱子遣子受业于东莱。东莱亲访朱子于建阳之寒泉精舍，同编《近思录》及与陆象山为江西信州鹅湖寺之会。学者不少往来于朱吕之间。盖二人胸襟广大，各取所长。故朱门浙江人数之众，固不止以其邻近而已也。又次为江西，福建邻邑。朱子外任南康军（一一七九—一一八一），重建白鹿洞书院（一一七九）。讲学于玉山（一一九四）。其江西声名，当不下于福建。结果江西人之从事朱子者，远超乎福建人从事江西象山之上。江西虽为陆门之本营，许多学者游于朱陆之间。然弃陆就朱者不少，弃朱就陆，则未之闻。南宋思想由江西倾福建，而不由福建倾江西也。

淳熙三年（一一七六）三月十二朱子抵其祖居徽州婺源省墓，六月初返福建，此三月间学徒拥至。于是安徽人数亦不少。绍熙五年（一一九四）五月，朱子出任潭州（长沙），八月离任赴行在（杭州）。虽在潭州止四月，而来学者众。《宋史》“本传”所谓“四方学者毕至”是也。[42]朱子早于乾道三年（一一六七）访张南轩于长沙，以后通讯不绝。湖南学者多趋朱子。及朱子任潭，声名已大，南轩亦没，故朱子独尊，如皎日当空，无怪一晚请教者数十人。[43]至于四川黔粤，朱子足迹未经其地，交通亦极困难，故人数不多。不若王学之由浙中江右而扩张至南中、楚中、北方、闽粤也。然仍有过山越岭而来。诚如《行状》所云，“抠衣而来，远自川蜀”[44]。

生徒不特多人来学，且集体来学。此又朱门一特殊现象，为亘古无者。《新安学会录》载朱子庆元二年丙辰（一一九六）至徽州婺源省墓，会于郡城天宁寺。乡先正受学者几三十人。朱门学者以为盛事。然经江永（一六八一—一七六二）考证，绝无其事。朱子是年未尝归婺源。学会录谓出《朱子实纪》，亦是妄作。[45]江永考订详确，无可置疑。然其所辨乃天宁会讲之事，而非三十余人受学之事也。朱子淳熙三年丙申（一一七六）曾返婺源，已如上述。《年谱》云，“蔡元定从。邑宰请讲书于学。许之。乡人子弟日执经请问。随其资禀，诲诱不倦，至六月初旬乃归”[46]。《补遗》引汪佑记云，“朱子自闽归徽，省墓星源（婺源）。绍兴庚午（一一五〇）一至，淳熙丙申再至。其时思返故庐，迟留数月。执弟子礼者三十人”[47]。此三十人未必同时，然滕璘于徽执弟子礼。程端蒙见朱子于婺源，慨然发奋。赵师端兄弟咸至。《学案》云，“淳熙丙申文公以扫墓归婺源，先生（吴昶）率先执经馆下”[48]。同时从学，非无左证也。《语类》载袭盖卿记“甲寅（一一九四）八月三日以书见先生（朱子）于长沙郡斋，请随诸生遇晚听讲。是晚请教者七十余人”[49]。此七十人未必皆初次请教，然其同来如赵氏兄弟者，必大有其人。《语类》又载“包显道（扬）领生徒十四人来（考亭，一一九三）。四日皆无课程。先生（朱子）令（黄）义刚问显道所以来故。于是次日皆依精舍规矩，说《论语》”[50]。此不特十余人同时上课，且有令其补习之意。盖包扬为象山门人。《学案》云，“虽同从朱陆游，而实以象山成份多也”[51]。《学案》又云，“先生（包扬）在南丰（江西）时尝诋朱子，有读书讲学充塞仁义之语。朱子以告象山。象山亦大骇。答以此公好立虚论。及象山卒（绍兴三年十二月，即一一九三年一月），先生率其生徒诣朱子精舍中，执弟子礼”。此为集体从学之最显著者。

与集体相似者，则有父子兄弟同事朱子。父子同事朱子者有十宗[52]，兄弟二人同事者有二三十宗[53]，三人（连从兄弟）同事者十宗[54]。甚至三世受业者所知有三宗[55]。至师事至五、六、七次者。[56]有从游四五十年者。[57]有童年师侍者。[58]有比朱子年长者。[59]有年老不能从游乃遣子往学者。[60]有老病不能卒业，遣子受学者。[61]有乏资年老不能时见，闻乡有从辄问者。[62]有裹粮千里而来者。[63]有无财不能进拜者。[64]亦有大富大贵者。五光十色，与孔子门庭前后相辉。

论及权贵，不可不详加讨论。近年学者有谓中国士人同是官僚阶级。理学乃其路线，考试乃其工具。诸书欲增朱子声势，高级官吏之偶与朱子交游者，辄以为弟子。如司理参军赵蕃，只《语类》一处载其与朱子论兵，两处载门人问赵蕃之诗。如此并非从学，而《实纪》《渊源录》《宗派》《学案》皆以为弟子。尚书赵汝谈只尝从朱子订疑义十数条耳，而《学案》与《补遗》便作门人。侍郎赵崇度于理学无大兴趣，而诸书拖入朱门。侍讲陈胜私只与朱子咏诗酬赠，而《实纪》遂以为弟子。如此之类，皆援引高贵，以为朱门生色，遂增学者朱门与统治阶级关系密切之疑。然从事实考察，则朱子门人四百六十七人之中，有官职者只一百三十三人，占百分之二十八。私淑二十一之中有官职者十一人，占百分之五十二。合共四百八十八人，有官职者一百四十二人，占百分之二十九，显属少数。即其讲友七十二人，亦只三十四人有职，占百分之四十六而已。若谓弟子之中，有许多名里不详。其中应以一半有爵禄计者。予应之曰，其名里之缺，正因其无职无衔，无爵无禄之故。是以墓志不闻，方志不载。全世界任何文化，任何社会，其知识阶级，恐未有如是之平民化者。

欲知朱子与其门人是否与官僚同道，可看所谓伪学之严禁与其门徒反应如何。绍熙五年（一一九四）七月宁宗即位，召朱子赴行在（杭州），任侍讲，进讲《大学》。时太皇太后亲属韩侂胄专权。朱子上疏极言左右柄权之失，以是忤侂胄。宁宗以朱子有足疾，隆冬恐难立讲为辞，改任道教宫观（绍熙五年，一一九四）。自是大权一归侂胄。有教以除去异己，更道学之名为伪学，于是攻击伪学日急。林栗（绍兴十二年，一一四二，进士）与朱子论《易》《西铭》不合，乃劾朱子。胡纮（一一七四—一一八九）尝诣朱子于崇安（每误作建安），恨朱子不待以鸡以酒。及为监察御史，遂劾丞相赵汝愚（一一四〇—一一九六），诋其引用朱子。及攻伪学益严，选人余嘉上书乞斩朱子。故朱子有曰“某今头常如黏在头上"[65]。纮草书将上，攻击朱子。会迁去，乃以稿给沈继祖。继祖以追论程伊川得为监察官。今乘机谋富贵，乃以纮藁论朱子六罪（亦作十罪），奏乞罢朱子。于是庆元二年（一一九六）十二月，遂褫职罢祠。蔡元定（一一三五—一一九八）亦被贬道州。朱子云，"而今却是平地起这件事出"[66]。州县捕索元定甚急。朱子曰，"不晓何以得罪"[67]。

门人不特元定备受迫害。其被排斥者，前后不止一人。叶味道对学制策。胡纮以为伪徒黜之，因以下第。杨方坐朱子党，罢官而归。此外尚必有多宗。情势日见危险。有劝朱子散分学徒，闭户省事以避祸者。朱子曰，"祸福之来命也"[68]。泰然处之。然门徒难免畏祸回避，托辞去归者。《行状》云，"从游之士，特立不顾者，屏伏丘壑。依阿巽儒者，更名他师，过门不入。甚至变易衣冠，狎游市肆，以自别其非党"[69]。朱子谓徐文卿，"经年不得渠书。想亦畏伪学污染也"[70]。其甚者，则朱子没，竟不往吊。

如上所述，究属少数。学徒避去，而辅广不为所动。朱子赞之曰，"当此时立得脚定者甚难。惟汉卿（广）风力稍劲"[71]。其为远害思归者，董铢正色责之，喻以理义。诸生亦翕然以定。畏避者固有其人，而奋勇向前者更多。朱子去国（绍熙五年，一一九四），寓西湖灵芝寺。送者少而李杞独从之。张宗说率僚友送诸武夷，会于精舍。吴昶、黄士毅、刘爚、傅修，走谒精舍，就正所学。郑可学、曾兴宗、林梦得、傅定等执礼益勤，讲学不辍。又有宁绝仕途，不屈于权威者，如滕璘等是也。侂胄当国，或劝璘一见可得高官。璘曰，"彼以伪学诬一世儒宗，以邪党锢天下善士，顾可干进乎"？其在官者，则正面对抗，冒险护道。吴必大因属权指朱子为伪学，遂致仕。崇政院说书柴中行，移檄令自言非伪学。中行不允，宁不考校。金朋说应荐上状，敢言素师朱熹，不知为伪，遂解职归。傅伯成为太常丞，力言朱熹不可目以伪学。朱子落职罢祠，监察御史吴猎且奏曰，"陛下(宁宗)临御未数月，今日出一纸去宰相，明日出一纸去谏臣。昨又闻侍讲朱熹遽以御批畀祠。中外惶骇。谓事不出于中书。是谓乱政"。其大胆抗议，有如此者。元定之贬也，詹元善调护之。刘砥兄弟馈赆特厚。朱子没，正当严禁伪学之际，而会葬者几千人。周谟冒隆寒戴星徒步，偕乡人受业者往会葬。李燔亦率同门前往。林得遇、黄灏均不远千里而来会。范念德为铸钱司主管，亦便道与焉，不顾犯上也。由此观之，威武不屈之精神，朱子如是，门人亦如是。

论及朱门之精神，则朱彝尊朱门传经之论，非急破不可。朱门尊师重道，而传经则如传衣钵。根本不同，故不可不辨。

朱氏《经义考》分列"授易""传经""传礼"弟子。"传易"者一百零六人，"授诗"者七十五人，"授礼"者六十一人。去其重复，实一百三十九人。其中传三经者三十余人，授二经者七十余人，单授一经者三十余人。朱氏云，"兹就其作易传五经及以易义问答见于语录者则书之"。何以无传《书》传《春秋》，则无说也。选择毫无标准。如赵师珙只一问艮卦，便以为"授易"。陈文蔚只说诗，便以为"授诗"。朱子评其以右手拽凉衫左袖口偏于一边，便以为"授礼"。江畴问诗乃以为"授诗"，而其问"洪范"又何以不作"授书"耶？赵师渊有问礼而"授礼"表无其名。陈淳以为"授易""传诗""传礼"，然其《北溪大全集》只有"易本义"两页余，其他皆理学观念，与《易》《礼》《诗》无特殊关系也。余正父助朱子修《礼》书。《语类》问答与《文集》答书均言礼，明是礼学专家，而"授礼"

弟子表竟无其名。如此之类，不一而足。

以上只是事实不符，问题狭小。至于传经之旨，则关系甚大。传经之说，起自汉代，谓孔子授某经于某某门人。二百年后陶潜(三七二—四二七)乃整化之，谓颜氏传《诗》，孟氏传《书》，漆雕开传《礼》，仲良氏传《乐》，乐正氏传《春秋》，公孙氏传《易》。[72]《经义考》传经之说，盖由此传统演变而来。其勉强附会，昭然若睹。

朱子对于历史上传经之事，绝不留意。其论学书札与弟子问答，并未提及。《语类》谈《易》，几全集中于卜筮，以《易》原为卜筮而作。偶及汉儒，亦论其卜筮之法。诸家之《易》，只论邵雍、程颐。门人问可否只从伊川之说。朱子答谓若如此看文字有甚精神？[73]朱子以《尚书》难读，又非孔子直接之言。《书序》疑非孔安国(壮年纪元前一三〇)所作。[74]《诗大序》乃后人作品。[75]《小序》亦不可信。[76]《礼记》诸篇乃战国人士及汉儒所搜集。[77]朱子对于古经，根本怀疑。更有何传授？以朱子观之，经之价值，全在义理。朱子云，“借经以通乎理耳。理得则无俟于经”[78]。朱子之定《大学》《论语》《孟子》《中庸》为《四书》，非为传授，乃为求学之方。盖朱子“要人先读《大学》以定其规模，次读《论语》以立其根本，次读《孟子》以观其发越，次读《中庸》以求古人之微妙处也”[79]。实则朱子于传经传统，真如水火不容。今谓朱子有传经之事，可谓厚诬朱子矣。朱子传道，非传经也。

或者曰，朱子传道，似乎后继无人，不若程氏之由杨时(一〇五三—一一三五)而罗从彦(一〇七二—一一三五)而李侗(一〇九三—一一六三)而朱子者。于此引起程门朱门比较问题，不可不论。孙奇逢(一五八四—一六七五)云，“往闻程门弟子多贤，朱门似为少让。以今观之，季通

(蔡元定)仲默(蔡沈)，若桥若梓。殆所称千人之英，万人之杰者乎。直卿(黄榦)历叙道统。……其余诸子，各能自立，以发明师说，尽无逊于程门。说者谓程门作师者二人，其力自倍，亦若所谓唐虞之际，于斯为盛云尔”[80]。孙氏之书为《理学宗传》，着眼传统。故重道统而不提较重哲学思想之辅广陈淳。从此角度观之，即谓朱门胜于程门，亦无不可。朱子确定道统，垂绪井然，不若程门之意见分歧也。若从其他角度观之，恐朱门之有逊程门，无可否认也。程门谢良佐(字上蔡，一〇五〇——一〇三)、杨时、游酢(一〇五三——一二三)、尹焞(一〇七一——一四二)称程门四先生。朱门未有同其著名称四先生者。谢良佐之《上蔡语录》为理学一主要之书。朱门无其比也。陈淳之《性理字义》乃训释朱子之主要观念，非若《上蔡》之新辟园地也。以人数言，当然朱门较大，然以地理言，则程氏胜。朱门十九人数在福建、浙江、江西。程门则东西南北皆是。谢良佐来自安徽，杨时、游酢来自福建，吕大临兄弟来自陕西。宋室南渡，版图减半，亦时势不同也。

朱门之所以逊色之原因不一。其显然者则朱子之理学统系完成，难有发展之余地。二程理学尚在初期，理气之思想未完成，仁之观念尚在发展中。理学在二程为一新世界，于是上蔡、龟山各能以觉或以天地一体言仁，别辟新境。在朱门则盛极难继，只得守成。同门以黄榦为最得师传有体有用之儒，尊为领袖。全祖望引袁桷(一二六六——三二七)云，“朱子门人当宝庆(一二二五——二二七)绍定(一二二八——一二三二)间不敢以师之所传为别录，以黄公勉斋在也”[81]。此为朱门比程门逊色之最大原因。孙奇逢谓二人为师，其力自倍。此是当然之理。程氏兄弟思想，大致相同。故朱子每只云程先生，非若近人之程颐为理学程颢为心学之黑白分明也。然兄弟方向终有不同。故门人不免斟酌比较，而能自找路线。如程颐以仁如谷种，生之性便是仁。[82]明道则以仁者浑然与物同体[83]，观鸡雏可以观仁。[84]二者思想并无冲突，且可相长相成。毕竟方向不同，于是上蔡与龟山之开展亦异。且北宋异端之说，尚未及南宋之烈。二程虽批评佛老，以其只直内而不能方外，但程氏仍以佛老略见道体。[85]又与僧人往来。[86]明道尝至禅寺方饭，见趋进揖游之盛，叹曰“三代威仪，尽在是矣”[87]。正叔（伊川）不排释老。[88]其门游杨学禅[89]，结果乃使异学之思想，发生刺激之效用。故程门有新思潮。至朱子时，儒门垒壁坚固。门人如吴寿昌、李宗思之学禅者，在朱门虽未鸣鼓而攻，然朱子始终以禅为妄。朱子门中只有吴雄一道人。其儒门乃清一色之儒家，且又程朱学派清一色之儒家也。朱门有从陆象山游者不少，如刘尧夫、傅梦泉、符初、刘孟容、刘思忠、项世父、包扬兄弟、孙应时、曹建、万人杰辈，不少心学色彩。然其人非朱门中坚，亦少发挥。在此情况之下，朱门守成，亦自然之势。程门如游杨辈，入太学时，不惟议论奇异，且动作亦稍怪。[90]换言之，个性尚强，观点各异。

朱门则皆敬肃循礼。此亦是思想无新发展之一因。观伊川与吕大临（一〇四六—一〇九二）论中书[91]与答杨时论《西铭》书[92]，程门辩论之风，远胜朱门。此于思想进展，非无关也。尹焞见伊川后半年方得《大学》《西铭》看。[93]程子谓《易传》“只说得七分。后人更须自体究”[94]。皆所以勉学者之自得。恐此风亦程门胜于朱门也。

论者谓朱门思想不特无程门四子，且乏陆门之杨简（一一四一—一二二六）。话虽如此，然杨简有何承继？象山死后陆门逐渐消沉，至元代几至绝迹。朱门在厉禁伪学之初，未尝不冷淡。黄榦云，“向来从学之士，今凋零殆尽。闽中则潘谦之（柄）、杨志仁（复）、林正卿（学蒙）、林子武（夔孙）、李守约（闳祖）、李公晦（方子）。江西则甘吉父（节）、黄去私（义勇）、张元德（洽）。江东则李敬子（燔）、胡伯量（泳）、蔡元思（念诚）。浙中则叶味道（贺孙）、潘子善（时举）、黄子洪（士毅）。大约不过此数人而已”[95]。然嘉泰（一二〇一——二〇五）之初，学禁渐弛。朱子虽已没，而弟子郡守傅伯寿恨不荐己，竟不以报。嘉泰二年（一二〇二）朝廷以朱子尚存，派任华文阁待制并赐致仕恩泽。五年后（一二〇七）侂胄伏诛。嘉元元年（一二〇八）赐谥曰文。绍定三年（一二三〇年）追封徽国公。从此朱子幸遇日旺，有不可遏止之势矣。

然朱子学系之能在元、明、清大树旗帜者，固非幸运而实有其因素也。因素不一，而门人乃其极重要者。历来谈朱子学系者，大都以地域言。或以黄榦上述凋零人士分别为派。或亦以区域为系，如福建系、浙江系、江西系等，而又以籍贯再分者，如福建建阳之蔡元定、龙溪之陈淳、浦城之詹元善、浙江永嘉之陈埴、义乌之徐侨、崇德之辅广是也。此皆非思想之分野与传授之线索，故于学术史上无意义也。最有意义者为黄百家之言。百家云，“黄勉斋榦得朱子之正统。其门人一传于金华何北山基（一一八八——二六八），以递传于王鲁斋柏（一一九七——二七四）、金仁山履祥（一二三二——三〇三）、许白云谦（一二七〇——三三七），又于江右传饶双峰鲁（壮年一二五六）。其后遂有吴草庐澄（一二四九——三三三）上接朱子之经学。可谓盛矣”[96]。此叙朱学之由宋而元，路线分明。此外尚有辅广递传至黄震（一三一三——二八〇），詹体仁传至真德秀（一一七八——二三五）以至王应麟（一二二三——二九六）。黄榦曾知浙江临川（杭州），何基从之学。王柏金履祥均学于何基，而许谦学于金履祥。此金华四君子乃黄榦之四传。朱学之盛于浙，黄榦之力也。黄榦又曾知德安（今湖北汉阳），于朱学之流入北方，决有关系。窦默（一一九六—一二八〇）避元兵逃至德安，县守以程朱性理之书与之。[97]可知理学已传播于德安，此谅亦黄榦之力也。元帅伐宋，屠德安。姚枢（一二〇三—一二八〇）得俘虏赵复，知为儒者，携之归燕（北京），为之建太极书院。请复讲学，学子从者百余人。程朱之学传入北方自复始。姚枢并刊行朱子之《小学》与《论孟或问》等书。其后姚枢居辉州（今河南辉县）苏门。许衡至，尽录程朱传注以归。许衡以传布朱子之学为己任，而朱学独尊之势遂成。[98]

如上所述，似是朱学之隆，全是黄榦一人之功，最多亦有辅广、詹体仁助之而已。然儒林宗派有朱子学五代传授表甚详。门人传之者众，皆其尤者。而能满播全国，则无数门人之力也。门人大都以传道为职志。继朱子而教学者大有其人。且从游以数百计者有柴中行、陈埴、杨履正。其他门徒之众，可以想见。彼等或筑书院，或掌教，或会讲。当时书院林立，只《朱子实纪》所述与朱子有关之书院已有二十有七。[99]《大明一统志》几每县有之。朱子之徒，实专其利，结果朱子之徒盈天下。于是在上有经筵之设，在中有考试之制度，在下有书院之宣教，皆以朱子所定《四书》及其集注为基础。朱子之学，完整齐全。体用兼顾，诚明并重。由太极而阴阳理气而至于中正仁义修齐治平。学子一人，未必能传其全面。故蔡元定专吕律象数，陈淳专字义，黄榦则重道统与居敬穷理。朱子之学，独手难继。故非全体之力不可。没论守成与乏特出英俊，乃全体运动之现象。然则朱门之弱点，亦即朱门之优点也。

［本文原在一九八〇国际汉学会议宣读，载会议思想与哲学组论文。转载《中国文化》月刊，第十一期（一九八〇，九月），页一〇九至一二九。］

附　注

1　《四库全书总目提要》，页一三一八。

2　《朱子文集》，卷四十七，“致吕子约第二十五书”，页二十六下。

3　同上，卷五十九“答窦文卿第一书”，页十二下，与卷五十四“答周叔瑾第三书”，页十三上下。

4　同上，卷三十九，“答陈齐仲书”，页二十三上下。

5　戴铣：《朱子实纪》（台北，广文书局印，一九七九年），卷八，页十二。以下简称《实纪》。

6　《朱子文集》，《别集》，卷九，“漳州延郡士入学牒”，页一上下。

7　《实纪》，卷八，页十一。

8　《语类》，卷一一五，第四十“洪庆”条，页四四三三（页十三下）。

9　《实纪》，卷八，页十七。

10　《文集》，卷四十六，“答吕道一书”，页六上下。

11　《宋元学案》，卷六十九，“沧洲诸儒学案”，页二十二下。

12　参看拙著《朱子门人》，黄榦、石洪庆、施允寿等条。

13　见同上，周介、闾丘次孟、应恕、黄卓、饶学敏、祝穆、滕璘、游儆、辅广等条。

14　参看同上，孙调、高松、龚郯、林鼐、蔡念成、熊兆、林湜、黄士毅、包扬等条。

15　参看同上，周谟、吕焘、吕焕、曾三异、杨至、李儒用、吴昶、杨方等条。

16　参看同上，钟唐杰、胡安之两条。

17　参看同上，杨楫、吴雉、度正、曹叔远、沈僩、熊兆、李燔等条。

18　参看同上，李方子、杨复、叶味道、潘时举、林学蒙、林夔孙、刘砥等条。

19　参看同上，潘时举、詹体仁、张扬卿、黄灏、柴中行、方有用、萧佐、刘砺等条。

20　参看郑师孟、周谟、余大雅、刘砺、张显父等条。

21　《宋元学案补遗》，卷六十九，“沧洲诸儒学案补遗”，页二一〇。

22　陈公直、徐彦章、陈希周、闾丘次孟、黄达才、江元益、冯德英、林仲参、许敬之、陈齐仲、戴明伯、徐子颜、林士谦、林恭甫、符国瑞、叶永卿、李德之、周庄仲、吴纪父、陈仲亨、张仁叟、陶安国。

23　以下可参看所举姓名各条。

24　《四库全书总目提要》，页一三四二。

25　即方毅父、王子充、王子周、王壬、王景仁、吴伯游、吴知先、吴浩、李仲实、李约之、李维申、李梦先、汪正甫、汪季良、辛适正、周季俨、周震亨、林子渊、季容甫、邵汉臣、胡□、徐元震、徐孟宝、袁子节、马节之、梁谦、陈子安、陈日善、陈仲卿、陈希真、陈寅伯、陈华、陈敬之、陆伯振、陆濬、黄子功、黄景申、赵唯夫、刘居之、刘源、德先、蒋元进、蒋明之、蒋端夫、郑大锡、邓子礼、萧景昭、萧增光、谢教、戴智老、谭兄、苏实。

26 《语类》, 卷一一六, 第十五“甲寅”条, 页四四四七(页四下)。

27 《渭南文集》, 卷三十六, “方伯谟墓志铭”。

28 拙文“初期儒家”,《“中央”研究院历史语言研究所集刊》, 第四十七本, 第四分(一九七六), 页一至十三。

29 同上, 页十五。

30 《孟子·滕文公第三下》, 第九章。

31 《墨子·公输第五十》(四部丛刊本), 卷十三, 页十四上下。

32 据谢湘:《墨子学说研究》(香港, 上海印书馆, 一九六七年), 页一二一至一二二。

33 参看《后汉书》, 卷一〇九上, “儒林传”、曹曾传(欧阳歙传内)、牟长传、守登传, 及卷一〇九下, 魏应传、楼望传、蔡玄传。

34 《朱子年谱》, 绍熙五年(一一九四), 十一月, 页二一三。“玉山讲义”载《朱子文集》卷七十四, 页十八上至二十二上。

35 姚明达:《程伊川年谱》(上海, 商务印书馆, 一九三七年), 页二九一至三〇二。

36 毛奇龄(一六二三—一七一六):《王阳明传本》(西河合集本), 卷二, 页十六至十七。

37 《勉斋集》, 卷三十六, 页三十八下。

38 《朱子文集》, 卷八十七, “祭许顺之”, 页十四下。

39 《朱子文集》, 卷六十, 页一下。

40 同上,《别集》, 卷五, 页四上。

41 《宋元学案》, 卷七十七, “槐堂诸儒学案”, 页三下。参看《语类》, 卷一二四, 第六八“彭世昌”条, 页四七八三(页十八下)。

42 《宋史》, 卷四二九, “朱熹传”, 页十三下。

43 《语类》, 卷一一六, 第十五“甲寅”条, 页四四四七(页四下)。

44 《勉斋集》, 卷三十六, 页四十五上。

45 江永:《近思录集注》, 卷末“考订朱子世家”附“天宁寺会讲辨”。

46 《朱子年谱》, 淳熙三年(一一七六)三月, 页六十一。

47 《宋元学案补遗》, 卷六十九, “沧洲诸儒学案补遗”, 页一六九, 引汪佑“紫阳书院建迁源流记”。

48 《宋元学案》, 卷六十九, “沧洲诸儒学案”, 页三十五上。

49 《语类》, 卷一一六, 第十五“甲寅”条, 页四四四七(页四下)。

50 同上, 卷一一九, 第七“包显道”条, 页四五七八(页三上)。

51 《宋元学案》, 卷七十七, “槐堂诸儒学案”, 页十二。

52 吴寿昌, 浩。李吕子孙。吕祖俭父子。杨道夫, 黄海。潘友恭, 履孙。周谟, 方。范念德, 元裕。李燔, 孝述。李修己, 义山。彭寻, 方。

53 杜煜, 知仁, 叶味道, 任道。余大雅, 大猷。潘友端, 友恭。包扬, 逊。石斗文, 宗昭。邓邦老, 絅。滕璘，珙。窦从周，澄。林大春，充之。林学蒙，学履。林鼐，鼐。林用中，允中。林𤆬，炯。刘黻，黼。刘砥，砺。潘植，柄。徐寓，容。李燔，辉。傅伯寿，伯成。黄义勇，义刚。辅广，万。胡泳兄弟。李大有，大同。陈孔夙，孔硕。周谟，亨仲。方大壮，符。郭津，浩。陈邦衡，邦钥。祝穆，癸。

54 杨骧，黻，道天。吕炎，焘，焕。孙自修，自新，自任。黄榦，东，杲。东方来，禾，壬。宋之源，之洞，之深。王瀚汉，洽。陈守，定，宓。应谦之，茂之，纯之。

55 蔡元定，沈，抗。蔡家有沆，渊，模，七人。燕王后七人（赵师渊等）。

56 黄榦，廖德明，万人杰。

57 刘渝，杨方，蔡元定。

58 吴浩（童年），许升（年十三），潘履孙（年十三）。

59 杨方。

60 蔡和，唐晔。

61 程先。

62 林謍。

63 郑可学，周谟，曾宗兴。

64 林补。

65 《语类》，卷一〇七，第三十三"时伪学"条，页四二四八（页十四下）。关于崇安，参看二一六页注113。

66 同上，第二十五"论及"条，页四二四六（页十三上）。关于六罪抑十罪，参看二一六页注114。

67 同上，第二十二"季通"条，页四二四五（页十二下）。禁伪学始末，可参考《朱子年谱》，庆元元年（一一九五）五月，与二年（一一九六）十二月，页二一五至二一六，二一八至二二〇。

68 《语类》，卷一〇七，第二十七"或劝"条，页四二四六（页十三下）。

69 《勉斋集》，卷三十六，页三十七下。

70 《朱子文集》，《续集》，卷六，"与赵昌甫书"，页一下。

71 以下参看所举人姓名条。

72 陶潜：《群辅录》（艺苑捃华本，光绪壬辰，一八六八年），页二十五，"八儒"条。

73 《语类》，卷六十七，第七十六"问读易"条，页二六四七（页十八上）。

74 同上，卷七十八，第二十五"书序"条，页三一五三（页八上下）。

75 同上，卷八十，第二十六"诗大序"条，页三二九〇（页七下）。

76 同上，第三十七“诗小序”条，页三二九五（页十下）。

77 同上，卷八十四，第二十九“约礼书”条，页三四七〇（页十一上）。

78 同上，卷十一，第一〇九“经之”条，页三〇五（页十六上）。

79 同上，卷十四，第三“某要”条，页三九七（页一上）。

80 孙奇逢（一五八四—一六七五）：《理学宗传》（康熙六年本，一六六七），卷十六，页二十一下。

81 《宋元学案》，卷六十三，“勉斋学案”，页十二下。

82 《遗书》，卷十八，页二上。

83 同上，卷二上，页三上。

84 同上，卷三，页一上。

85 同上，卷十五，页十下。

86 同上，卷二十二上，页一下，页十一下。

87 《外书》，卷十二，页十八上。

88 《遗书》，卷六，页一上。

89 同上，卷二上，页十八下。

90 同上，页二十四上。

91 《伊川文集》，卷五，页九下至十二上。

92 同上，页十二下。

93 《外书》，卷十二，页十三下。

94 同上，卷十一，页六上。

95 《勉斋集》，卷十六，“复李贯之兵部书”，页七上下。

96 《宋元学案》，卷八十三，“双峰学案”，页一下。

97 《元史》（百衲本），卷一五八，页二十二上。

98 同上，卷一五八。“姚枢传”；卷一八九，“赵复传”。

99 《实纪》，卷七，页一至十。

元代之朱子学

万先法 译

元代（一二七一—一三六八）新儒学，实际上即朱子之新儒学。朱子学自始至终即统驭有元一代。朱子学之成长与分布，其过程主要者有二，次要者一。主要过程之一，为历史之偶然，另一为朱子本身道统之直接传承。

此一历史偶然，乃由于一生卒年无所考以及姓名都少见于中国经传的儒者。于端平二年（一二三五）太宗命其子攻宋。元军十月入侵德安（现湖北安陆县），虏人民数万而还。[1]时大将杨惟中（一二〇五—一二五九）为元帝所重，于军中掌理政务。惟中之主要幕客姚枢（一二〇三—一二八〇），即受诏自军中虏者求儒释医卜者带至燕京（北京）。得名儒数十人[2]，中有赵复。

依复传所载[3]，复以九族俱残，不欲北上。枢恐其自裁，留复帐中共宿，便以察视。既觉，月色皓然，惟寝衣在。枢遽驰马，行及水际，则见复，欲投水而未入。枢晓以徒死无益，不若改换心意，随之而燕。复以所记程朱所著与其诸经传注，尽录以付枢。自复至燕，学人从者百余人，惟中闻复论议，始嗜其学。一二三八年乃与枢建太极书院，立周子祠。以二程、张载、二程弟子杨时（一〇五三—一一三五）、游酢（一〇五三—一一二三）与朱熹六君子配祀。选取“遗书”逾八千卷。儒士赵复等讲授其间。[4]

赵复为使学者晓然于周程（颐）之学，乃画一传道图以明自羲农尧舜继自孔颜孟以至周程朱子此一道统之传承。图后并附列彼等书目。复又著《伊洛发挥》，以阐扬新儒家学说。其时，朱门学者遍国内。复以所学与所闻，得五十三人，为之制图，名为师友图。是不啻以朱子为师，以五十三人为同门。换言之，复自谓为朱子之私淑弟子。赵复进而集伊尹颜回之言行，撰为《希贤录》，以开示学者求端用力之方。[5]

其时，枢因不肯受贿，弃官而去。[6]乃居辉州（今河南辉县）之苏门山，作家庙，别为室，奉孔子及宋六君子周敦颐、程颢、程颐、张载、邵雍（一〇一一—一〇七七）及司马光（一〇一九—一〇八六）像。[7]据《宋元学案》所载，枢作家庙，别为室，奉孔子及宋六君子像。[8]枢在燕并自刊朱子所著《小学》《论语或问》《孟子或问》《家礼》诸书。杨惟中亦刊《四书》。其他人如田和卿则刊程颐《易传》、蔡沈（一一六七—一二三〇）《书传》与胡安国（一〇七四—一一三八）《春秋传》诸书。[9]时许衡（一二〇九—一二八一）由魏（今河北魏县）至辉，就录程朱所注书以归。谓其徒曰曩所授受皆非，今始闻进学之序。[10]依许衡《神道碑》所载，除程颐及朱子性理之书外，尚有颐《易传》、朱子《四书章句集注》《学庸或问》以及《小学》之书。[11]《宋元学案补遗》并增“春秋胡安国传”“书蔡沈传”以及“诗朱集传”。此或属臆测，但亦属合理。[12]不惟许衡，即郝经（一二二三—一二七五）与刘因（一二四九—一二九三）亦从姚枢得理学之书。有如《元史》所述，北方知有程朱之学自复始。[13]朱子学之传于北方、其非常情况，有如此者。《元史》此一观点，饶宗颐教授等则微有争议。依饶意，金儒李纯甫（一一八五—一二三一）即严斥程颐、朱子及其他新儒家排佛之非。[14]饶亦以元代新儒家著作之流布以及新儒家基础之建立而远于佛老，其功厥为赵复。Jing-Shen Tao（陶晋生）氏亦曾指出金儒王若虚（一一七四—一二四三）批评宋之理学家，尤其是朱子之《四书章句集注》。[15]就朱子之名闻于金代而言，饶教授固亦甚确，但《元史》所重者在“程朱之学”。所谓程朱之学乃在思想之体系与知识之传统，此则为有金一代从未存有者。元代兴起于此一思想空虚之中，殆由赵复充实之。

朱子学之另一发展方向，虽不剧烈，但甚直接。即朱学全集中于东南部之金华（浙江）区域而直溯自朱子。朱学之最初传人为其高第黄榦（一一五二—一二二一），继而陆续至何基（一一八八—一二六八）与宋末王柏（一一九七—一二七四）及元代金履祥（一二三二—一三〇三）与许谦（一二七〇—一三三七）。

何基，金华人。当黄榦为临川县事时，其父为主簿，使基师事黄榦。榦告以必有真实心地刻苦工夫而后可。[16]王柏之祖为程颐弟子杨时之及门，亦为朱子与吕祖谦之讲友。其父及叔俱从朱吕学。柏闻何基受学于黄榦，得朱子之传，乃往学于何基。基举胡五峰（胡宏，一一〇五—一一五五）之言曰，“立志以定其本，居敬以持其志”[17]。金履祥亦来自王柏之同郡金华。当其往事王柏，履祥已向濂洛之学，并从登何基之门。[18]履祥既见王柏，首问为学之方。王即举上述胡宏之语以告。及见何基，基告以天理人欲之分。[19]许谦受学于金履祥，亦金华人。[20]以故黄榦所传朱学，在金华门人已历四传，史家习称金华四先生。《元史》称先是何基、王柏及金履祥殁，其学犹未大显，至谦而其道乃著。故《元史》继称“学者推源统绪，以为朱熹之世适”[21]。

朱子学在元代发展来源之三，有如金华传承，亦发源于黄榦。江西饶鲁（壮年一二五六）亦为榦弟子。其学脉为程若庸（壮年一二七〇）以及最后为吴澄（一二四九—一三三三）所继承。就哲学意义言之，此一学脉虽不如前述两者地位之高，但黄榦所加于元代思想之影响殊大，则于此益为明显。

由前所述，显证北方之新儒学与南方之新儒学，俱辐辏于朱子。更为精简言之，亦即辐辏于黄榦所传之朱子之学。浙之金华一线与江西一线俱源自黄榦。赵复传于北方之新儒学，即程朱新儒学。虽未言及黄榦，但程朱之学实即朱子之学，而在元代流行之朱子学，其阐扬者厥为黄榦，此俱属显然。吾人试审黄榦之学之如何反映其师朱子之教，实有其必要。

自朱子梦奠后，其门徒遍及闽、赣、浙、苏各省。向日从游之士，于师门之学议论纷呈。惟咸认黄榦最得朱子之学髓，而递传其后之门人。诚如《宋元学案》所称“黄勉斋榦得朱子之正统”[22]。门人之中，榦最为朱子所爱戴与信赖。榦为朱子婿。朱子造一室与之居，促其服官，饬其代为部分讲授。及朱子编《家礼》，独以丧、祭二篇属榦。此在朱子，无疑以为最重要之两篇。朱子易箦前手书与诀曰，“吾道之托在此，吾无憾矣”[23]。当榦之存，门人莫敢纷传其所书之朱子语录，盖恐其未足以确切衍述其师说也。

黄榦未撰述任何重要之哲学专书。其思想义蕴，仅见之于函札与论著。[24]榦之思想义蕴，尚不能谓为已形成任何系统。但若干学说固仍可独步，足以反映朱子之中心学说，而大为影响元代新儒学之发展。吾人可试论是类中心学说之若干部分，以显示其如何可作为朱子与元代新儒学之桥梁。兹先就道统思想言之。

黄榦在《朱先生行状》末节有谓“窃闻道之正统，待人而后传。自周以来，任传道之责，得统之正者不过数人，而能使斯道章章较著者一二人而止耳。由孔子而后，曾子、子思继其微，至孟子而始著。由孟子而后，周、程、张子继其绝，至先生而始著。……先生出，而自周以来，圣贤相传之道，一旦豁然，如大明中天，昭晰呈露”[25]。

在黄榦意，朱子最大成就之一，即为其道统之传承。数十载来，朱子即关意于道统之传承。朱子为创用“道统”一词之第一人，见之于淳熙十六年（一一八九）《中庸章句序》。其中有谓，道统之传，有自来者，尧以授舜，舜以授禹。圣圣相传，以至孔子。孔子之门人再传以得孟子，夫而后程氏兄弟继之。早于乾道八年（一一七二），朱学者李元纲即在其圣门事业图中制传道正统图，由尧、舜、禹、汤、文、武、周、孔、颜、曾、思、孟，以至二程，以示道统之以后相传，大概始于伏羲神农，继以尧舜诸圣，周公、孔子、孟轲以至宋之新儒家，殿以朱子。在余以前之论著中，余曾追寻道统之发展自孟子至韩愈（七六八—八二四）、李翱（壮年七九八）再至程颢、程颐以迄朱子。[26]余亦曾阐述朱子为何摒弃汉唐诸儒于道统之外之哲学意义，朱子为何选取程氏兄弟为主要道统之一脉，用以替代有宋一代其他新儒家之原因，以及朱子为何置周敦颐于两程夫子之首。在黄榦之圣贤道统传授总叙说一篇中，榦探求代代相传，垂世立教之哲学意义，阐明每一新儒家，其学说之足以有助于道统之相继。其于朱子，榦谓“先师文公之学，见之四书，而其要则尤以大学为入道之序”[27]。吾人将知余兹所述三因素——道统、《四书》、《大学》——实予元代学者极大之冲击。在晚宋，道统观念，已极被护持，有如王柏所说，在圣人道统以前，固已有天地之道统，而为万物之生生不已所昭示。[28]

新儒学之发轫于北方，实始于对道统之再确认。吾人可知赵复制传道图。其序为：伏羲、神农、亮、舜、孔子、颜回、孟子、周敦颐、程氏兄弟、张载与朱子。此诚为朱子与朱门学者所严守之统绪。赵复释之曰，羲农尧舜，所以继天之极。孔子颜孟，所以垂世之教。周程张朱，所以发明绍续。故复以为道统之传可分此三连续阶段。此说虽不具有重大之哲学意义，但足示道统之说已广被接受。此乃朱子极致之道统说，自为朱门所欣然接受。但殊为惊异者，自朱子殁后，此一传统在湖北所能护持者仅及三四十载，现已传至北方。赵复之传道图，虽为至燕后所制，但赵复浸润于道统之说，固已年久。显然朱子道统说，在元军侵入德安前，早已盛行。而黄榦之为德安知县，亦早在二十年前。当北方学者窦默（一一九六—一二八〇）恐元兵至，走至德安时，县令即以伊洛性理之书授之，即可知矣。[29]

元代诸儒，全遵道统，并不置疑。吾人仅举三例，即足证明。在排佛方面，许谦谓周、程、张、朱诸子世出，而后秦汉以来千五百年之佛学恶风乃可消除。[30]许衡本人固未尝论及道统，此或由于元代新主不喜好新儒学，故避而不论。但欧阳玄之许衡神道碑，有谓先生乃上接周公、孔子、曾、思、孟轲以来数君子之道统。[31]又谓天以道统属之先生。又谓善言先生，必以道统为先。又谓先生之在元，其集厥大成，有如朱子之在宋。[32]又谓新安朱子殁，而其传及于先生，此历代道统之源委。[33]吴澄论及思之重要，谓孔子如何传之子思，子思传之孟子，复传之汝南周氏、关西之张与河南之程。[34]吴澄论及心，又有谓此一心也，自尧、舜、周公传之以至孔子、孟子而逮周、程、张、邵。[35]以上两论，虽未及朱子，但澄于都昌县学先贤祠记中则论及之。[36]吾人姑无论吴澄于前说，对朱子之取舍与轩轾如何。但吴澄之接受朱子道统之说，则殊值一提。

前述三例，足以代表元代新儒学发展之三线——许谦代表南方金华一线，许衡代表北方赵复一线，以及吴澄代表江西饶鲁一线。吾人亦应知吴澄之不及朱子，以澄既倾向于陆象山之心学，故在澄或以陆之较朱益能代表正统。但吾人于此所关涉者，乃在朱子所发展之道统，而此道统则确为吴澄所涵盖。

论及道统，周敦颐之说，殊特予重视。建祠以崇祀周敦颐之事实，实令人惊异，不易解答。周子学之在德安区域以及在南方，终宋之世，迄无广大之流传。周子原籍道州（今河南道县），远离德安所在。但吾人已知姚枢筑一祠以祀周子，并建太极书院。赵复则著《希贤录》以为入德之方。周子《通书》有谓“圣希天，贤希圣，士希贤、伊尹、颜渊大贤也。……志伊尹之志。学颜子之所学”[37]。此一教义所影响于程颐颇为深切。当颐始冠，游太学，撰《颜子所好何学论》一名篇。[38]伊颜始终为元代学者崇拜之对象。例如许衡在论及伊尹之志与颜渊之学，即谓有志之士，俱应效法。[39]《通书》亦未为元儒所轻忽。何基撰《通书发挥》[40]。王柏教人应读《通书发挥》，并自撰《周子发遣三昧》一书。[41]柏复撰《太极通书讲》。[42]金履祥在受业于王柏之前，即知向濂洛之学。[43]

周子著述，自有其本身价值，但周子并无多传人。两程兄弟提及周子思想者殊少。唯朱子在道统一脉上始将周子置于所有宋新儒家之前。吾人深信，在元代，周敦颐之深被推重者，即由于周在道统中之地位。亦即两程兄弟、张载及邵雍之所以不见重于元代诸儒。

在朱子道统观念中，太极实为新儒家之主要观念。朱子于《通书》中选周子之《太极图说》，以之置于新儒家学说系统之首。周子说太极图，有谓无极而太极。太极因动静而生阳阴两气，两气交感，化生万物而变化无穷。[44]此一学说，于周之门人及当时诸儒影响俱微。两程兄弟从未说及太极。[45]两程训理为存在之源，为存在之基本法则与原由。但两程言气殊少。即阴阳之气乃用以实现理并以之生起于物质界中。朱子必须厘清此类理气关系并为之化解此类表面之矛盾。如此，朱子乃将理同于太极，气同于阴阳。余在近一篇论著中，曾将朱子如何完成此类理气之关系，详予阐述，而使周子太极观念得有充分之了解。[46]吾人兹试检讨元儒对太极说之反应如何？如此，吾人又须回溯至黄榦。

黄榦于太极论题，撰述不多。即有之，榦亦严守朱子之说，尤其有关体用说。榦谓“道之在天下，一体一用而已。体则一本，用则万殊。……语大莫能载。[47]是万物统体，一太极也。语小莫能破。[48]是一物各具一太极也。万物统体一太极，此天下无性外之物也。一物各具一太极，此性无不在也。……太极则兼体用。毕竟统体底又是体，各具底又是用。有统体底太极，则做出各具底太极”[49]。榦之《中庸总论》有谓“太极者道之体也。……此又体用之未尝相离也”[50]。所有此类言论，榦不过复述朱子而已。[51]

黄榦虽于太极观念，比之朱子无进一步之发挥，但榦始终置此一观念于中心地位，因而得以激发元儒强烈之兴趣。此则于宋代晚期及元代之主要儒家有关太极说之重要著述中，可以窥见。德安一脉，除建太极书院外，郝经著《太极演源》[52]。在金华一脉中，何基之《通书发挥》，显然即涵有太极之讨论，以《太极图说》原即为《通书》之一部分。王柏撰《太极通书讲》与《太极衍义》。[53]许谦在答或人问书中[54]，亦论及太极。在江西一脉中，无论饶鲁、程若庸与吴澄，无不阐论及之。饶鲁画太极三图。[55]其答或人无极之问，几全引述朱子之言，谓无极无体，只太极之无形无声而已。[56]程若庸著《太极洪范图说》。[57]吴澄著《无极太极说》。[58]于前述三大学脉外，尚有刘因之著《太极图说后》。[59]在《宋元学案》

卷十二“濂溪学案”，于记载朱陆太极争辩后，尚选取四篇，俱论及太极说。晚宋王柏所论甚短，但其余三篇俱为元儒，即刘因、吴澄与许谦所撰。

简略以论元儒有关太极三篇，即可对元代太极之观念，有一饶有兴趣之认识。刘因论及周子太极图是否得之于道士。刘因所强调者，不论图之传授如何，而其理未尝不同于儒。依刘意，所谓太极，即道与心也。[60]吴澄答田君泽书，亦以太极与道同，而非有一物在一处，可得指名，但其无声无臭，故曰无极。[61]澄著《无极太极说》，自谓所以发明朱子之义。[62]许谦基本上维护朱说以攻陆说。陆谓无极一词可去，而朱子辩称在阴阳未成前即有此理。[63]以故刘因所论，主要在图之传授历史渊源，吴澄在太极，许谦则在无极。但三人于太极说俱无新义。

上述数篇，载于黄宗羲（一六一〇—一六九五）《宋元学案》原稿[64]。但随后王梓材（一七五二—一八五一）校补则移于卷十二“濂溪学案”。实际上梓材亦可将程若庸所论太极之说转移于此。程若庸谓“道为太极。造化之枢纽。万物统体，一太极也。心为太极，品汇之根柢。一物各统体，一太极也。……有人心之全体，而后天地之全体，始于是而立焉”[65]。在思想史方面，程若庸之说较之其他三家更具重要，良以其他三家殊无创义。若庸则确以太极与心为一。吾人须知若庸来自饶鲁之江西一脉，若庸之说至吴澄造其极。吴澄固偏向于象山之心学者。

不幸者，太极为心之说未获发展。太极图传授源流问题亦未作深入之探讨。直至数百年后，黄宗羲之从弟宗炎（一六一六—一六八六）出，始作《图说辩惑》一卷，详述图之如何递传。[66]但元代诸儒于太极或无极，或两者间关联之真实性质，俱无新境界。

对太极最富有意义之讨论者为吴澄。有如前述，吴澄视太极为道。澄于新儒家之太极与早期道家所言之太极，两者严予判分。以道家之宇宙论言，道为一，后判为阴阳。以与新儒家相较，新儒家言道则不可言分。[67]以故太极涵阴阳或动静。就此义言，太极即体即用。吴澄亦强烈批判持冲漠无朕，声臭泯然之静为太极之体，而流行变化，各正性命之动为太极之用之说。谓为此言有病。因如此，是分太极或体用为二物，故澄坚谓动静互根，固不可分。[68]吾人不能于此忽于黄榦所习见之论调。黄榦遵朱子说，吴澄则朱与黄俱遵。[69]至若太极动静而生阴阳之说，吴澄则在“答王仪伯问”一书中，引朱子动静所乘之机，机犹弩弓弩弦之喻[70]。吴澄此节，在《性理大全》[71]与《性理精义》[72]两书中俱予转录，可见其重要。朱子喻太极与阴阳，有如弩牙与弩弦，亦如人马。弩动则弓发，马之一出一入，人亦与之一出一入。[73]此一引喻，易起误解有二：其一，为将太极与气分为二物，有如弩之与弓。其二，为误以太极为被动，乃待气而动，亦有如所述人之待马之出入而出入。吴澄起而厘清之，以太极为体，气为用，而两者实未尝可分。此即对朱子太极与气两者不可分之说再确认。但吴澄以为造化之动静体用与人心之体用又不同。澄谓人心非如天地之动静有常度，因之静体而动用。[74]此一论点虽无发展，但终有助于廓清关于体用说之曚昧处。但如持朱子弩弓与马之喻，则易起死人乘马之嫌，若如曹端（一三七六—一四三四）之示吾人，则是活人乘马，其行此出入疾徐，一由人之所驭如何。[75]朱子自始即谓太极自是涵动静之理。与其谓理为被动而乘气，毋宁谓太极有动之理，而此理为二气生力之源。[76]

余深信太极此一论题，在元代之未获发展，与许衡之思想同一路线而受其影响。许衡几于此论题毫无兴致。许衡接受太极化生万物之传统说法[77]，论及体用，衡亦提及周敦颐之《太极图说》。但衡主要之点，则在孔孟虽未尝言此，每言无非有体有用，涵蕴道德之教者。[78]衡云一物各具一太极，但旋又移其意于道德之自我，而云此孟子所谓“万物皆备于我”[79]是也。换言之，太极在我。[80]

元儒既偏重于经世实务，因而不欲从事于玄思，形而上，或上达之学。孔子曾教人“下学而上达”[81]。朱子则颇致力于两者之均衡兼顾。故朱子于修身与明伦关系外，而于微奥问题如理、气、性、心、鬼、神、形而下、形而上、理一分殊以及格物等等，其阐发亦不厌其详。黄榦竭其力以维护其均衡，如对《中庸》之讨论。吾人前所引黄榦之《中庸总说》，榦论及体与用之形而上方面。继于《中庸续说》，复以智仁勇等词以说明体用之德性方面。[82]但榦之于道德修养较之哲学上之探求，更有兴趣。榦于上达之学如理、气或穷理等等，几未予阐说。榦谓“古人为学，大抵先于身心上用功”。此在黄榦亦即“无非欲人检点身心，存天理，去人欲而已”[83]。在榦之影响下，何基所教，乃特重道德之效。[84]此位晚宋儒家所影响于元儒者显然可见。吾人前述及金履祥受立志居敬之教于何基之门人王柏。吾人亦知王柏之教，每始于《大学》，以《大学》示人以修齐治平之序则。[85]金履祥亦坚主持敬笃行。[86]

其以下达之教悬为治学之主要鹄的者厥为许衡。衡既统御元代理学思想，以故许衡实已决定元代思想之景观。许衡之议论与著作，几全部重在德性教养与人伦关系，其间固亦稍论格物穷理[87]，形上形下[88]，以及理一分殊之说[89]。许衡理一分殊之语有附注云此或有误。是则许衡关于此点，或未清晰。但衡之主要旨趣则明确落实于下达之学。

许衡云，“古昔治平之兴，必本于小学与大学之教也”[90]。所谓小学之教，意指日常洒扫进退之节。所谓大学之教，即载之于《大学》一书。神道碑称衡“其为学也，以明体用为主。其修己也，以存心养性为要。其事君也，以责难陈善为务。其教人也，以洒洒应对进退为始，精义入神为终”[91]。

初学修己治人之方，莫备于朱子于淳熙十六年（一一八九）所辑之《小学》一书。其序文有谓古者以道德为教，为修齐治平之本。因而采摭孔孟《礼记》以及其他廿八种经籍之言，包括小说、历史与宋儒名著。书分六篇，内篇有立教、明伦[92]、敬身及稽古等四卷；外篇有嘉言、善行二卷。在每一例证上，训言与例证并列，但少论伦理思想。[93]朱子谓“修身大法，《小学》备矣”[94]。此书尚非朱子主要著述。此一著述，大部为门弟子所辑，且亦不无疏略。有问《小学》第六卷，实明伦篇，何以无朋友一条？答以当时众编类来，偶无此尔。[95]但以其重下达之学如此，故元儒于明明德之教，每以《小学》居先。

此种重视下达之学之显著发展，有三儒须关重要。一为姚枢。吾人已知枢刊朱子所著书，《小学》亦在内。枢以《小学》书流布未广，教弟子杨古为沈氏括版，散之四方。[96]其后刘因撰《小学语录》。由此可见其经常讨论此初学之书。[97]但贡献最多，声望最大者为许衡。衡既为在元代思想上之宗主，则《小学》之冲击影响，自可想象。吾人已知当许衡之与姚枢，曾抄录朱子所著书，及其归魏，曾告门弟子，吾前所学，殊孟浪，今始闻进学之序。苟必相从，当悉弃前日所学章句之习，转而从事于小学洒扫进退之教，不然可求他师。据记载，门人尽毁前之所记，而尽其心于小学之教。衡亦旦夕精读不辍，笃志力行以身之。[98]

许衡年四十七，撰《小学大义》，以说明此书之旨与其结构。其教人也，必先之以《小学》。[99]每当学者来问，则必从事于《小学》，而不与《书》与《易》。[100]衡召为国子监丞，以《小学》授弟子为先。[101]虞集在“送李扩序”中云，“文正故表章朱子《小学》一书以先之。……号称名卿材大夫者皆其门人矣”[102]。衡尊《小学》为入德之门。[103]衡谓“文公《小学》《四书》，次第末本俱备。有王者起，必须取法”[104]。其致儿家书有谓“《小学》《四书》，吾敬信如神明”。又谓“自汝孩提，便令讲习，望于此有得。他书虽不治，无憾也”[105]。由此可见许衡确信《小学》对于修德日用之重要。此或因其教徒为蒙古与中亚之人，《小学》简浅易入。或因其不欲高谈设论，以致纠纷而卷入政治争辩。或因其思以《小学》以建其本人道统。无论如何，其于其本人、其子与其门人，要旨皆以《小学》为德性修养之基本经典。如吴澄谓依《小学》习敬身明伦之事，以封培《大学》根基，此又在读书穷理之先者。[106]

许衡每先提《小学》，再及《四书》。此一次第殊数见于吾人今所引述者，《大学》则与《小学》并举。其理至简，良以《小学》示吾人以特殊而具体之教义与例证，《四书》则阐发其中所涵之道德义蕴。因之许衡乃谓入德之门，始惟由《小学》而继以《四书》。[107]

绍熙元年（一一九〇），朱子刊四子书。以《论》《孟》《学》《庸》合辑成书，此为第一次。此种安排或视为无关宏旨，但实代表若干重要之发展。首先即意谓以五经[108]代表儒学之权威于此扫除。再者，即显指直返孔孟之教。最后，尤其《大学》一书，提供进德治学之新方法。[109]朱子一生尽瘁于《四书章句集注》工作，约三十年。隆兴元年（一一六三），朱子时年三十四，撰《论语要义》。于乾道八年（一一七二），显以《要义》为未足，另撰《论语正义》一书。越五年，又撰《论语集注》与《孟子集注》，于集注中选取宋新儒学名家之注释附入集注并增以己意。淳熙十六年（一一八九），朱子年六十，完成《大学章句》与《中庸章句》。有进于此者，朱子特写《四书或问》，用以阐明集注中之取舍义旨。病革三日前，朱子尚在修改《大学·诚意章》。

迨至晚宋，《四书》及朱子《集注》，殆为治儒学最基本之资料。何基视《四书》最为重要。彼以《四书》之诠释当以《集注》为主，随辅以《朱子语录》。[110]何基撰《大学发挥》与《中庸发挥》。[111]何基对《四书》之重视如此，以故黄宗羲谓为北山宗旨，“熟读《四书》而已”[112]。王柏与其友汪开之同读《四书》，取朱子《论孟集义》，别以铅黄朱墨，以求朱子去取之意。[113]吾人前已指陈，赵复将新儒家著作带至北方，其中必有《四书》无疑。吾人亦曾指陈姚枢因杨惟中而刊儒书，散之四方。金履祥与刘因有关《四书》之撰述更为广泛。[114]许谦撰《读四书章句集注》[115]，谦谓“圣贤之心，具在《四书》”[116]。其对《四书》之宗仰，即可于此热诚之语句中见之。

唯许衡乃使《四书》蔚为元代思想之主流。[117]诚如吾人前所指陈，许衡于姚枢处尽手钞朱子所注书，并奉《四书》若神明。衡自撰《大学直解》[118]《大学要略》[119]《中庸直解》[120]《中庸说》与《孟子标题》（均佚）。其教人也专以《小学》《四书》[121]。依衡意，此等书乃入德之门[122]，亦为自修与教人之方[123]。自得此书之后，彼变换其旧习。[124]因许衡掌国子监，《四书》乃盛行于世。

此无庸疑义，即《四书》之通行，促成仁宗皇庆二年（一三一三）下诏以四书五经为国家取士之规定课本。次年，复颁示以朱子章句集注为钦定之疏释。[125]因而乃有永乐十二年（一四一四）诏令《四书大全》之辑纂，实不待言。数百年来，《四书》为初学所必读，而朱注则为大学所必读。

《四书》中，《大学》为先。朱子云，“人之为学，先读《大学》”[126]。王柏撰《大学沿革论》及《大学沿革后论》。[127]吾人已知许衡亦属如此。王柏教人必先以《大学》。[128]吴澄亦谓“读圣经者先《四书》，读《四书》者，先《大学》”[129]。许衡亦谓“《大学》的是根脚起处”[130]。

据《新元史》所载，不仅朱子之《四书章句集注》与《小学》，即《近思录》亦通行于海内。[131]此事尚无左证。然此或亦可能，因朱子已视“《近思录》为四子之阶梯”[132]。在朱子及中国学者心目中，《近思录》一书之重要，远过于《小学》。《近思录》乃朱子与吕祖谦合纂，采摭周敦颐、两程与张载四先生之书。其中论及道体、存养、家道、教学、治法、辨异端等语总六百二十二条，分十四卷。[133]朱子与祖谦相与敬谨从事，反复沉潜。朱子并与其门人讨论至再。朱子门人二人与再传弟子二人俱为之注。[134]吾人已知何基著《近思录发挥》[135]，但此亦不足证说《近思录》之流行有如《小学》之广。诚然姚枢并刻《近思录》与《小学》以使流通。[136]但元代亦有《近思录注》一种，为柳贯所著[137]，已散佚不传。茅星来（一六七八—一七四八）固言及黄溍（一二七七—一三五七）为《近思录注》之作者，载于《元史》卷一八一。此卷为黄溍传，其中亦列入此注。[138]但茅氏实轻忽一事实，即附于黄溍之后为柳贯传。吾人此处所说之注，乃柳贯所著者也。[139]元代重要儒者中，几无人撰述《近思录》或予以详细之讨论。吾人实无从研判此两篇元代注疏之特质。再就数量言之，较之宋清两代微不足道。在宋代《近思录》之注释有七种，清代则有八种。[140]以之与明代相较则略相似。就吾人所知，明代仅有两注，周公恕（壮年一四二〇）与汪道昆（一五二五—一五九三）所著是也。但前者甚劣，后者多半为伪作。[141]此种明代贫乏之表现，当由于程朱传统为阳明学派所掩盖而形拙。但元代于《近思录》之缺乏兴趣，或亦大有关联。

《四书》与《小学》之足以使《近思录》逊色之主要原因，至易觉察。朱子谓“义理精微。《近思录》详之”[142]。大体言之，元代儒者不倾好于精微之义理。前已指出，太极学说，即不发展。比较重要者，《近思录》之黯然无光，乃由于《小学》与《四书集注》乃朱子自著，而《近思录》不过辑录北宋诸子之语录。而且元儒所宗仰者为朱子而非宋代诸儒。元代大儒为许衡，衡最慕仰者厥为朱子。在许衡著述中无一语及于《近思录》。

曾知赵复以朱子为师又与朱子之著作授予姚枢，姚枢予以刊布。吾人亦知元儒如何向往朱门学者，以及如何尊重朱子之著作。但尊仰朱子之地位，使冠于宋代诸儒者为许衡。若许衡对朱子著作视若神明，则其视朱子本人当如何？但甚可异者，许衡在其谈论或著作中，几未提及朱子。勿宁以朱子之精神浸润于其行事与所教。有如《年谱》所论“公生平嗜朱子学不啻饥渴。凡指示学者一以朱子为主。或质以他书，则曰贤且专主一家”，其意即指朱子[143]，又有谓“许鲁斋始终尊信朱子”（罗整庵赞语）[144]。又有谓“先生之学，一以朱子之言为师”（姚牧庵语）[145]。故其立身行己，立朝事君，及启迪后进，莫不以朱子为依归。[146]许衡之学，实由尊信朱子而有所开发。[147]自朱子殁，得朱子之心学者，许鲁斋一人而已（薛瑄语）。[148]换言之，即道学之真传，朱子之后，许衡继之（王盛语）。[149]亦即有如继两程之统者为朱子，继朱子之统者为许衡也（薛瑄语）。[150]“自许文正公（许衡）起，学者宗之而莫贰。其学尊信朱子，而濂洛之道益明。使天下之人皆知诵习程朱之书，以至今日，公之力也”（陈刚语）。[151]许病革，仍诵吟朱子所作一首短诗以终。[152]

许衡既将朱子置于一极具权威之地位，故继续引述衡以后之新儒家所论朱子之言或为朱子而作之事，实无意义。然亦有可记者。黄震（一二一三——二八〇）受业于朱子门人辅广（壮年一二〇八）而非黄榦，修复朱熹祠。[153]刘因则云，“邵，至大也。周，至精也。程，至正也。朱子极其大，尽其精而贯之以正也”[154]。许谦亦云，“圣人之心，具在《四书》。而《四书》之义，备于朱子”[155]。当吴澄年十九时，论及道，有谓“周子其元也。程张其亨也。朱子其利也。孰为今日之贞乎？然则可以终无所归哉”[156]？澄所说为乾卦之四德。[157]无疑地，澄殆以今日之贞自任。澄之宗朱，自无可疑。《新元史》于“元儒之宗朱”，有如下轮廓之描述：

> 自赵复至中原，北方学者始读朱子之书。许衡、萧𣂏（一二四一——三一八）讲学为大师，皆诵法朱子者也。金履祥私淑于朱子之门，许谦又受业于履祥。朱子之学，得履祥与谦而益尊。迨南北混一，衡为国子祭酒。谦虽屡聘不起，为朝廷所礼敬。承学之士，闻而兴起，《四书章句集注》及《近思录》《小

> 学》通行于海内矣。延祐(一三一四——三二〇)开科，遂以朱子为取士之规程。终元之世，莫之改易焉。[158]

此处叙说有两点可疑。一为谓赵复到后北方学者乃读朱子之书。如前所述，金之学者已有数人论及朱子之书矣。若谓程朱之学，以学术之流布言，则诚赵复到后之事也。次谓南北混一许衡乃为祭酒。然据其史传，则一二九八元人平定南方八年之前已为祭酒矣。

元代思想，虽以朱学为宗，但亦有朱子敌对派象山思想之侵入。学者尝谓元代最重要之学术发展，厥为朱与陆学之调和。或谓会同归一。吾人咸认，吴澄与郑玉(一二九八——三五八)皆然。此诚为最富有意义之发展。此不仅显示朱学中已有若干歧出，抑且为新儒学展开一新方向之机会。此一运动，究何所获？

自陆子之殁，其学说东向，流布浙江。不久其原籍江西入于朱子门人影响之下。驯致陆学衰落。此亦有因缘多种。陆学门人之僻行，不足以诱致学者以归陆。陆子并无任何专书，可以为此一运动之鼓舞或笼络作用。陆子“宇宙即吾心，吾心即宇宙”之思想[159]，近似佛学之禅，难以契合于儒家。最重要者，朱子著作，已成为国家取士之规程，而朱子之学，已为当时正统之学。许衡既表扬朱子，学者乃群而之朱，而不之陆。因之，在元代实无陆门一派。有关中国哲学之史家，尝谓赵偕(壮年一二七一)与陈苑(一二五六——三三〇)为元代之陆学者，但两人亦不过元代思潮中之细流而已。

陆派虽无树立，但象山心学，在江西仍有本籍之尊奉，尤其在广信一地。此乃淳熙二年(一一七五)朱陆两人最有名鹅湖之会，辩论之所在地。史学家过于简化此一辩论，仅谓陆主尊德性，朱主道问学。[160]实则朱亦尊德性，不过两人取径实有所不同。早于第十三世纪，广信已为朱学之范围。陆学仅居次要。江西鄱阳有三汤兄弟，汤中、汤巾与汤千（一一七二—一二二六）。汤巾宗陆，其兄与弟宗朱。其时朱陆两家门人，辩论之风，门户党伐。在广信不求对峙而思有以调停其间。大概汤中或先为之。[161]其友程绍开（一二八〇年卒）尝筑道一书院，思和会两家。[162]程氏和会之意，尤为其弟子吴澄阐发无遗。[163]

吴澄坚谓此一心也，自尧、舜、禹、汤、文、武、周公以至孔孟，此陆子之学所从出。以心为学，非特陆学为然，邵、周、张、程诸子俱以此为教，故独指陆子之学为本心之学者，非知圣人之道者也。[164]于此处未提朱子，殊属显著。在“答田君泽第三书”中，吴澄力主尊德性为先务，然亦谓应即继以道问学。[165]又如送陈洪范序，有谓“夫朱子之教人也，必先之以读书讲学。陆子之教人也，必使之真知实践。读书讲学者，固以为真知实践之地。真知实践者，亦必自读书讲学而入。二师之为教一也。而两家庸劣之门人，各立标榜，互相诋訾”。“……为子之计，当以朱子所训释之《四书》，朝暮昼夜，不懈不辍”[166]。澄复在“尊德性道问学斋记”一文中，严斥朱子门人过重于言语文字之末。[167]吴澄确趋近于陆子之心学，但其关切则在两家门户精神。有如吴澄之高第虞集（一二七二—一三四八）所了解，“澄门弟子甚众，秉赋各异。其求学也，各依其志。其受教也，各依其能。澄撰学基，使学者知尊德性，撰学统，使人知为学之序”[168]。换言之，依澄意，朱陆不同之教，皆所以因人材质而施设。但其总定向，终在朱子。全祖望（一七〇五—一七五五）之言甚切，谓“草庐（吴澄）出于双峰（饶鲁），固朱学也。其后亦兼主陆学。……然草庐之著书，则终近乎朱”[169]。吴澄于太极、性、理诸端，固纯乎程朱之统也。[170]

至若郑玉之尊朱，尤为明确。郑玉谓“陆子之高明，故好简易。朱子之质笃实，故好邃密。各因其质之所近，故所入之途不同。及其至也，仁义道德，岂有不同者？同尊周孔，同排佛老。……江东（浙江）之指江西，则曰此怪说之行也。江西之指江东，则曰支离之说也。此岂善学者哉？朱子之说，教人为学之常也。陆子之说，才高独得之妙也。二家之说，又各不能无弊。陆氏之学，其流弊也，如释氏之说空说妙，工于卤莽灭裂，而不能尽夫致知之功。朱子之学，其流弊也，如俗儒之寻行数墨，至于颓惰委靡，而无以收其力行之效。然岂二先生垂教之罪哉？盖学者之流弊耳”[171]。郑玉亦以陆学之为教，尽是略下工夫，而无先后之序。故以之自修虽有余，而学之者有弊。故学者自当学朱子之学，然亦不应谤象山。[172]

吴澄与郑玉俱有意调和两家道问学与尊德性所从入之途径与态度，但在哲学意义上之调和，则未尝努力。举例言之，于朱子之性即理与陆子之心即理，并无调和之尝试。于尊德性与道问学之两方法，亦无调和之尝试。甚者，于朱陆彼此有关太极说所持之立场之调和性，亦几无探究。吾人对于此一会和两家学说最佳机会之丧失，殊觉可惜。

其最能表达教养两边之会和意义者，仍莫过于朱子之名句，“居敬穷理”。此为希圣之准则。此一义蕴，可溯自程颐。颐谓“涵养须用敬，进学则在致知”[173]。朱子进而发挥之，曰“抑又闻之，主敬者存心之要，而致知者进学之功。二者交相发焉”[174]。就朱子意，“居敬穷理，二者不可偏废”[175]。又谓“主敬穷理虽二端，其实一本"[176]。

黄榦之书，此义贯乎首尾。[177]尝述朱子之言曰，"居敬以立其本，穷理以致其知"[178]。自后此两语句，尝见于新儒家著作中。但颇值惊异者，元儒虽宗朱，但于此最主要学说，殊未予重视。金履祥之"敬以持之，学以广之"[179]与许谦之引述程颐"吾儒之学，理一而分殊，理不患其不一，所难者分殊耳"之句[180]，但谦乃重在理一分殊之说。就许衡之教人笃行与熟读《小学》《四书》言，衡当坚信居敬穷理之说。故人多称先生之学，一以朱子言为师，穷理以致其知，反躬以践其实。[181]吾人亦可以为居敬穷理之精神，已贯注于其所行所教而无间。许衡数次论及格物[182]，但衡格物之意即为道德之抉择。[183]许衡于敬之思想，默然未予阐论。吾人实未见此一元代思想之首人物对于程朱居敬穷理之教，有何尽其心力之努力。

即在另一大儒吴澄方面，吾人亦寻不出此一用力。可堪惊异者，当吴澄论及邵雍象数之学时，实应说及。然澄则谓"象数皆备于我"[184]。其在澄，穷理之意义为慎独。[185]澄谓"至若平日读书穷理，皆以敬为主也"[186]。澄确实偏以居敬为主。在澄之意，"敬者，圣学之要"[187]。"敬之一字，作圣之梯阶"[188]。"夫敬者人心之宰，圣学之基"[189]。因之，人之职责，在"敬以存其心"，亦即"以存吾心之仁"[190]。吴澄对于敬与心两者之强调，正为明代心学导夫先路。居敬穷理之说之复兴与发扬，已由明儒如胡居仁（一四三四——一四八四）踵其武，而由阳明之心学造其极。就此一意义言之，元代诸儒，自有缔造之功焉。

[本文原为一九七八年正月美国学会联会所举办之国际元代思想会议中之英文献文。会议论文现由

陈学林与狄培瑞合编，将由纽约哥伦比亚大学出版部刊行。万先法译文登于《中华文化复兴》月刊，第十四卷，第四期（一九八一，四月），页九至十九。]

附 注

1 宋濂等修《元史》（百衲本），卷二，“太宗本纪”，页六下。

2 姚燧：《牧庵集》（四部丛刊本），卷十五，“姚文献公神道碑”，页三上下。《元史》，卷一四六，“杨惟中传”，页十四上。

3 《元史》，卷一八九，“赵复传”，页一下至三上。

4 《牧庵集》，卷十五，“神道碑”，页四上；《元史》，卷一四六，页十四。

5 《元史》，卷一八九，页二下。

6 《元史》，卷一五八，“姚枢传”，页一下。

7 《牧庵集》，卷十五，页四下。柯劭忞编：《新元史》（北京大学研究所刊本），卷一五七，页一三六，“儒林传”。《元史》，卷一八九页二上。朱子“六先生赞”，见《朱子文集》，卷八十五，页九上下。

8 《宋元学案》，卷九十，“鲁斋学案”，页七上。

9 《牧庵集》，卷十五，“神道碑”，页四下。

10 《元史》，卷一五八，“姚枢传”，页三七二。

11 欧阳玄：《圭斋文集》（四部丛刊本），卷九，“神道碑”，页二下。《许文正公遗书》（乾隆五十五年，一七九〇，镌本），卷末，“神道碑”，页八上。以下简称《许遗书》。

12 《宋元学案补遗》，卷九十，“鲁斋学案补遗”，页二十八上。彼等误解遗书卷首，页八上，“姚枢传赵复程朱之学”为“姚枢传程朱之学于赵复”。关于许衡，参看《宋元学案》，卷九十，“鲁斋学案”，页一下。

13 《元史》，卷一八九，“赵复传”，页二下。

14 饶宗颐：《三教论与宋金学术》，《东西文化》，第十一期（一九六八，五月），页二十八、页三十二。李氏之评宋儒，见其《鸣道集说》（北平图书馆明手抄显微胶片第一七八号），卷五，页四下至五下，页十二下至十三下。

15 Jing-Shen Tao. *The Jurchen in Twelfth Century China: A Study of Sinicization*（西雅图，华盛顿大学版，一九七六年），页一〇五，一〇九，一五一，注三〇。关于王若虚，可参看其《滹南遗老集》（丛书集成本），卷六，页四下；卷十二，页五下。作者因陈学林教授而得以拜读饶宗颐教授有关大作，深为感谢。

16 《宋史》，卷四三八，“何基传”，页五上下。有关金华学派之富有资料性之详细描述，可参考John D.Langlois, Jr., “The Chin-hua Tradition and the Mongol Conquest”（尚未发表），页十四至十六。关于何基，参看《宋元学案》，卷八十二，“北山四先生学案”，页一上。

17 《宋史》，卷四三八，“王柏传”，页八上，“王柏，字会之……从熹门人游。或语以何基尝从黄榦得熹之传，即往从之，授以立志居敬之旨”。胡语见《五峰集》（四库全书珍本），卷三，页四下。

18 《元史》，卷一八九，页四上。

19 《元史》，卷一八九，页六上，“及见何基，基谓之曰：会之（王柏字）屡言贤者之贤，理欲之分，便当自今日始”。《宋元学案》，卷八十二，“北山四先生学案”，页一上。

20 《元史》，卷一八九，“金履祥传”，页六上。关于许谦，参看《宋元学案》，卷八十二，“北山四先生学案”，页十八上。

21 《元史》，卷一八九，“许谦传”，页九上。

22 《宋元学案》，卷八十三，“双峰学案”，页一下。

23 《宋史》，卷四三〇，页一下至二上。

24 参看《勉斋集》，卷一至十八。又《宋元学案》，卷六十三，“勉斋学案”，页一上。

25 《勉斋集》，卷三十六，“朱子行状”，页八上下。《黄勉斋集》，卷八，“行状”，页三十七上下。参看《宋史》，卷四二九，“朱熹传”，页二十下。

26 参看拙著*Chu Hsi's Completion of Neo-Confucianism*，in Francoise Aubin ed, *Etude Song-Sung Studies*, in memoriom. Etienne Balaz, Paris, Ser.2 No.1(1973), 73-81。并见本书第一篇。

27 《勉斋集》，卷三，“圣贤道统传授总叙说”，页十九上。《宋元学案》，“勉斋学案”，卷六十三，页二上至三下。

28 《鲁斋集》，卷十一，“跋道统录”，页一上。

29 《元史》，卷一五八，“窦默传”，面二十二上。关于窦默，参看《宋元学案》，卷九十，“鲁齐学案”，页七上。

30 《宋元学案》，卷八十二，“北山四先生学案”，页十九下。

31 《圭斋文集》，卷九，页一上，页六上。《许遗书》，卷末，“神道碑”，页六上。

32 《许遗书》，卷末，“附录”，页三下，有谓“伊川殁，二十余年而文公生焉。继程氏之学，集厥大成，未能遍中州也。文公殁十年，而鲁斋先生出焉”。

33 同上，页三下。

34 《吴文正集》(四库全书珍本)，卷八，“孔得之字说”，页一下。

35 同上，卷四十八，“仙城本心楼记”，页十三下。

36 同上，卷三十七，“都昌县学先贤祠记”，页十二下，“孔道之传不续，历千数百年，乃得宋河南程子，远承孟子之绪。……徽国公又集成于其后”；页十三下，又谓“邑士精熟朱子所释诸经诸传。……反求于己，而真诚实践可也”。

37 同上，卷十。又参看拙译英文，*A Source Book in Chinese Philosiphy*(普林斯顿大学版，一九六四年)，页四十七。

38 《伊川文集》，卷四，页一上至二下。又参看拙译Source Book，页五四七至五五〇。

39 《许遗书》，卷一，“语录上”，页二十上。

40 《宋史》，卷四三八，“何基传”，页六下。

41 《宋史》，卷四三八，“何基传”，页八下。

42 载《周子全书》，卷五，页七十四至七十六。

43 《元史》，卷一八九，“金履祥传”，四上。

44 《周子全书》，卷一，页五至十四。

45 “太极”一词，在程颐“易传序”文中提及。但大多学者以为此序为伪作。

46 参看拙著*Chu Hsi's Completion of Neo-Confucianism*，见附注26，页六十七至七十二。即本书第一篇。

47 《中庸》，第十二章。

48 同上。

49 《勉斋集》，卷一，“复叶味道”，页二十七上至二十八下。

50 《勉斋集》，卷三，页三十一上。《宋元学案》，卷六十三，“勉斋学案”，页三上至四上。

51 关于太极及体用说，可参看《朱子语类》，卷九十。

52 《元史》，卷一五七，“郝经传”，页二十下，“经（郝经）……及被留，思托言垂后，撰……太极演”。

53 《鲁斋集》，卷八，页六上至七下。《宋史》，卷四三八，“王柏传”，页八上。

54 《宋元学案》，卷十二，“濂溪学案”，页十下至十二上。

55 同上，卷八十三，“双峰学案”，页一上。

56 胡广（一三七〇—一四一八）辑《性理大全》（四库全书珍本），卷一，《太极图说》，页二十二下所引述。

57 《宋元学案》，卷八十三，“双峰学案”，页四上。

58 《吴文正集》，卷四，页一上至三上。

59 《宋元学案》，卷十二，“濂溪学案”下，页九上至十上。

60 同上，页十上。

61 《吴文正集》，卷四，页一上至三下。

62 同上，卷三，页二下，有谓“世儒读太极图，分无极太极为二，则周子之空有病。故朱子合无极太极为一，而曰非太极之外，别有无极也。又曰，无极即是太极，澄之说是发明朱子此义”。页六下至七上，又谓“无极太极说，因朱子太极图解云，‘上天之载，无声无臭，而实造化之枢纽，品汇之根柢，故曰无极而太极，非太极之外，复有无极也’。学者多不晓朱子之说，故作此说为之疏义，以发明朱子之意而已。愚意亦有与朱子微有不同者，当别言也”。
以上俱见“答海南海北道廉访副使田君泽问”。朱子部分参考《朱子语类》，卷九四，页三七五五至三七五六（页一上下）诸条。

63 《朱陆太极之辩》，参看《象山全集》，卷二，页四下至十一下。《朱子文集》，卷三十六，页七上至十六下。《宋元学案》，卷十二，“濂溪学案”下，页三上至八下为“朱陆太极图说辨”。

64 《宋元学案》，卷九十一，“静修学案”，页二上；卷八十二，“北山四先生学案”，页二十下；卷九十二，“草庐学案”，页八上。

65 同上，卷八十三，“双峰学案”，页五上。

66 同上，卷十二，“濂溪学案”下，页十二下至十五上，“祖望谨案，晦木先生，梨洲先生之仲弟也。先生雅不喜先天太极之说，因作图学辩惑一卷”。

67 《吴文正集》，卷三，页一下至二上。如谓“大概古今言太极者有二，当分别而言。混同为一，则不可也”。“答海南海北道廉访副使田君泽问”。

68 同上，卷二，页十二下至十四下，“答王参政仪伯问”。英译见David Gedalecia, *Wu Ch'eng: A Neo-Confucian of the Yüan*（University Microfilms，一九七五），页九八至一〇三。

69 《语类》，卷九十四，第二十，二十七，二十九“因问”“自太极”“太极”等条，页三七六六（页七下至八上）。朱子于此页一曰，“动则此理行，此动中之太极也。静则此理存，此静中之太极也”。二曰，“自太极至万物化生，只是一个道理包括。非是先有此，而后有彼。但统是一个大源，由体而达用，从微而至著耳”。三曰，“太极自是涵动静之理。却不可以动静分体用。盖静即太极之体也，动即太极之用也”。译者不惮烦而引录于此，意在有助读者于朱子太极、动静、体用诸义蕴之大体了解。

70 《吴文正集》，卷二，页十二下页十四下，“答王参政仪伯问”。英译见David Gedalecia, *Wu CH'eng*

A Neo-Confucian of the Yüan（University Microfilms，一九七五），页九八至一〇三。

71 《性理大全》，卷一，《太极图说》，页六下至四七上，引吴澄云，“太极无动静。动静者，气机也。气机一动，则太极亦动；气机一静，则太极亦静。故朱子释太极图曰，‘太极之有动静，是天命之流行也’……又曰，‘太极者，本然之妙也。动静者，所乘之机也。机犹弩牙弩弦，乘此机，机动则弦发，机静则弦不发。气动则太极亦动，气静则太极亦静。太极之乘此气，犹弦弩之乘机也’。……机字是借物为喻，不可以辞害意”。

72 李光地（一六四二——一七一八）辑《性理精义》（四库备要本），卷一，《太极图说》，页四下，亦引录前注吴澄说。

73 《语类》，卷九十四，第五十“问动静”条，页三七七三（页十一下），朱子曰“太极犹人，动静犹马。马所以载人，人所以乘马。马之一出一入，人亦与之一出一入”。

74 《吴文正集》，卷二，“答王参政仪伯问”，页十三下，有谓“至若人心之或与物接，或不与物接，初无定时，或动多而静少，或静多而动少，非如天地之动静有常度也”。

75 《月川遗书》（道光十二年，一八三二本），卷一，《太极图说述解》，页十七下至十八上。《周子全书》，卷五，页八十六。

76 参看《语类》，卷一，第一“开太极”条，页一（页一上）。

77 《许遗书》，卷十“稽古千文”，页一上，有谓“道生太极，函三为一。一气既分，天地定位。万物之灵，惟人为贵”。

78 同上，卷一，《语录上》，页四下，有谓“先儒说出体用，尝谓孔孟未尝言此。及仔细读之，每言无非有体有用者”。

79 《孟了 · 尽心第七上》，第四章。

80 《许遗书》，卷六，“阴阳消长论”，页十二下。

81 《论语 · 宪问第十四》，第三十七章。

82 《宋元学案》，卷六十三，“勉斋学案”，页四下至五上。《勉斋集》，卷三，页十四下至十七上。

83 《勉斋集》，卷十七，“复饶伯舆书”，页十下至十一上。《黄勉斋集》，卷四，页二十下。

84 《宋元学案》，卷八十二，“北山四先生学案”。

85 《宋史》，卷四三八，“王柏传”，页七上，“来学者众，其教必先之以大学”。

86 《宋元学案》，卷八十二，“北山四先生学案”，页九下。

87 《许遗书》，卷一，“语录上”，页六上下，“穷理至于天下之物，必有所以然之故与其所当然之则，所谓理也”；卷二语录下”，页十六下，“知其性，是物格”。

88 同上，卷二，页十二下，“性者即形而上者谓之道，气者即形而下者谓之器”。

89 同上，卷二，页十三上，“此说是理一也……此说分殊也”；卷二，页十六上，“心之所以存者理一，身之所行者分殊”。

90 同上，卷三，“大学要略”，页十七上。

91 《圭斋文集》，卷九，“神道碑”，页五下。《许遗书》，卷末，“神道碑”，页十一上。

92 君臣，父子，兄弟，夫妇，朋友。

93 《小学》于一八三六与一八三七年译成英文，八九译成法文。

94 《语类》，卷一〇五，第二十二“修身”条，页四一七九（页四下）。

95 同上，第二十“问小”条，页四一七八（页四上）。

96《牧庵集》，卷十五，“神道碑”，页四下。

97《元史》，卷一七一，“刘因传”，页五上。

98《许遗书》，卷首，“考岁略”，页八上下。《牧庵集》，卷十五，“神道碑”页四下至五。《新元史》，卷一七〇，“许冲传”，页一下。

99 同上，卷末，页十三上，页十七下。

100 同上，卷首，“考岁略”，页八下至九上。《新元史》，卷一七〇，“许衡传”，页一下至二上。

101《元史》，卷一七一，“吴澄传”，页六上。《新元史》，卷一七〇，“许衡传”，页十五上。

102 虞集：《道园学古录》（四库备要本），卷五，“送李扩序”，页十上，

103《许遗书》，卷末，“附录”，页五下。

104 同上，卷二，“语录下”，页八上。

105《许遗书》，卷九，“与子师可”，页六下。

106《吴文正集》，卷二，“答王参政仪伯问”，页十一下至十二上。

107《许遗书》，卷末，“附录”，页二上。

108《诗经》《书经》《易经》《礼记》与《春秋》。

109 同附注26，拙著页八二至八七。

110《宋元学案》，卷八十二，“北山四先生学案”，页二上。

111《宋史》，卷四三八，“何基传”，页六下。

112《宋元学案》，卷八十二，页二下。

113 同上，页三上。

114《元史》，卷一八九，“金履祥传”，页五下。金履祥著有《大学章句疏义》二卷，《论语孟子集注考证》十七卷，《书表注》四卷；卷一七一“刘因传”，页五上。刘因著有《四书精要》三十卷，诗五卷，号《丁亥集》。

115《元史》，卷一八九，“许谦传”，页七上。

116 同上。

117 参看清水信良《近世中国思想史》（东京，明治书店，一九五〇年），页二七二至二七三；诸桥撤次《儒教の诸问题》，（东京，清水书店，一九四八年），页一九七。

118《许遗书》，卷四，“大学直解”。

119 同上，卷三，“大学要略”，页四上至十七上。

120 同上，卷五，“中庸直解”。

121 同上，序，页九上。

122 同上，卷末，“附录”，页二上。

123 同上，页四上。

124 同上，页十三下。

125《元史》，卷八十一，“选举志一”，页五上。

126《语类》，卷十四，第一“学问”条，页三九七（页一上）。

127《鲁斋集》，卷九，页十下至十三下；卷十，页一上至四下。

128《宋史》，卷五三八，页七上。

129《吴文正集》，卷九，“何自明仲德学说”，页十九上。

130《许遗书》，卷三，“大学要略”，页四下。

131《新元史》，卷二三四，“儒林传”，页一上。

132《语类》，卷一〇五，第二十三“近思录学”条，页四一七九（页四下）。

133 参看朱熹与吕祖谦合辑《近思录》，英文拙译为*Reflections on Things at Hand*（纽约，哥伦比亚大学一九六七年刊）。又Olaf Graf德译，Djin-si lu共三卷（东京，Sophia University，一八五三年刊）。

134 英文拙译《近思录》，页三三八，附注一至四。

135《宋史》，卷四三八，“何基传”，页六上。

136《牧庵集》，卷十五，“神道碑”，页四下。

137《元史》，卷一八一，“柳贯传”，页十一上，载“柳贯尝受性理之学于兰溪金履祥。……所著书……有《近思录广辑》三卷”。并见拙译《近思录》，页三四〇，附注七。

138《近思录集注》（四库全书珍本），页六十六上。

139 同上。

140 分见拙译《近思录》，页三三八至三三九，及三四一至三四五。参看本书“朱学之近思录”篇，附录四，（一）我国注释十八种。

141 同上，页三四〇至三四一。并见本书“朱子之近思录”篇，附录四，（一）。

142《语类》，卷一〇五，第二十二“修身”条，页四一七九（页四下）。

143《许遗书》，卷首，“考岁略”，页八下。

144 同上，卷末，“神道碑”，页五下。

145 同上，页二上。

146 同上，页十三下。

147 同页，旧序，页二下。

148 同上，卷末，“附录”，页四下。

149 同上，页五下。

150 同上，页四上。

151 同上，页三上。

152 同上，卷首，“考岁略”，页十九上，谨按：朱子短诗，捷曾遍寻于《朱子文集》而未得。

153《宋史》，卷四三八，“黄震传”，页十九下。

154《元史》，卷一七一，“刘因传"，页一下至二上。

155《宋元学案》，卷八十二，“北山四先生学案”，页十九上。

156 见虞集《道园学古录》，卷四十，“四临川先生吴公（澄）行状”，页三上。《元史》，卷一七一，“吴澄传”，页八上。《新元史》，卷一七〇，页十四下。

157《易经·乾卦》卦辞。

158《元史》，卷二三四，“儒林传序言”。

159《象山全集》，卷二十二，页五上。

160《中庸》，第二十七章。

161《宋元学案》，卷八十四，存斋（千）晦静“巾”息庵（中）学案，页一上至二下，“汤千……尝从真西山论洙泗伊洛之源流与朱陆之所以同异，融会贯通，卓然自有见处”。参看袁桷《清客居士集》（四部备要本），卷二十一，“龚氏四书朱陆会同序”，页四下。又全祖望《鲒琦亭集》，外编四十四，“奉临川先生帖子一”，有谓“袁清容（桷）云，陆子与朱子同时，仕同朝。其辩争也，朋友丽泽之益，书牍俱在。不百余年，异党之徒，深文巧辟。淳祐中，番阳汤中氏合朱陆之说。……是会同朱陆之最先者”。同时参考Gedalecia，见附注68，页九三至九七。

162《宋元学案》，卷八十四，页六上下；卷九十二，“草庐学案”，页一上。

163 同前注，卷九十二，“草庐学案”，页一上。

164《吴文正集》，卷四十八，“见仙城本心楼记”，页十二下至十四上，同时参考Gedaleda（见附注68），页二三五至二三八。

165 同上，卷三，页二十八上。

166 同上，卷二十七，页十八下至十九上，并见Gedalecia，页二五四至二五六。

167 同上，卷四十，“尊德性道问学斋记”，页一下至二上，有云，“夫既以世儒记诵辞章为俗学矣，而其为学，亦未离乎言语文字之末。此则嘉定以后，朱门末学之弊，而未有能救之者也”。并见Gedalecia，页二〇三至二〇七。

168《道园学古录》，卷四十九，页九下。《吴文正集》，“附录”页四二下。《吴文正集》无“学基”“学统”两篇，惟乾隆二十一年（一七五六）本附录有之。

169《宋元学案》，卷九十二，“草庐学案”，页一上。

170《吴文正集》，卷二，“答人问性理”，页十八上至二十下。并见Gedalecia译，页一三七至一四五。

171《师山集》(四库全书珍本), 卷三, "送葛子熙序", 页十九上至二十下。

172 同上, 卷三, "与汪真卿", 页八上。

173《遗书》, 卷十八, 页五下。

174《朱子文集》, 卷三十八, "答徐元敏", 页四十九上。

175 同上, 卷四十一, "答冯作肃", 页一下。

176《语类》, 卷九, 第二十"主敬"条, 页二三九(页三下)。

177 居敬穷理之言, 遍见《勉斋集》中, 如卷五, "与李敬子", 页二十四上, "须是如中庸之旨, 戒惧谨独, 为终身事业, 不可须臾废。而讲学穷理, 所以求其明且正耳"; 卷十七, "答王主簿"; 页五上, "人之道, 莫切于学, 学之道, 莫切于居敬穷理"; 卷十七, "答饶伯舆", 页十二上, "盖欲知为学之方, 求义理之正, 使知所以居敬集义, 而无毫厘之差"。

178 同上, 卷十八, "与李公晦", 页十九上, 又见《黄勉斋集》, 卷二页三上。

179《宋元学案》, 卷八十二, "北山四先生学案", 页十上。

180 同上, 卷八十二, 页二十上, "先生由是致其辨于分殊, 而要其归于理之一"。

181《许遗书》, 卷末, "附录", 而二上, 引《勉斋集》, 卷三十六, "朱子行状", 页三十九下。又见《黄勉斋集》, 卷八, 页三十下。

182《许遗书》, 分见卷一, 五页上; 卷二, 页六上下; 卷二, 页十六下。

183 同上, 卷三, "大学要略", 页七下, "思量合做不合做的, 这几般一件件分拣得是呵, 便是格物"。

184《吴文正集》, 卷一, "邵子叙录", 页三十下至三十一上。

185 同上, 卷三十, "赠成用大序", 页十七上。

186 同上, 卷四, "敬斋说", 页四下。又卷五, "主敬堂说", 页二下。

187 同上。

188 同上, 卷五, 页二下。

189 同上, 卷五, 页五上。

190 同上, 卷四五, "静虚精舍记", 页十八上下。

早期明代之程朱学派

万先法 译

本文乃一尝试，用以说明早期明代之程朱学派，不仅是程颢、程颐以及朱子新儒学之一种微弱回响，但在经历着显著变迁之下，亦假设其变迁有一指定之方向。此即预期心学一派之崛起，此心学至王阳明而造其极。

学者咸认明代思想之生长与发展，早期明代新儒学与宋代新儒学几无差异，而心学一派之兴起，乃出自力，不假依傍。在明史官方记载中，即有如此之论调。有谓：

> 原夫明初诸儒，皆朱子门人之支流余裔。师承有自，矩获秩然。曹端（月川，一三七六—一四三四）、胡居仁（敬斋，一四三四—一四八四），笃践履，谨绳墨。守儒宗之正传，无敢改错。学术之分，则自陈献章（白沙，一四二八—一五〇〇）、王守仁始。[1]

此处虽仅提及曹端及胡居仁，实则即意涵在早期明代整个新儒学运动，不过宋新儒学之反应，而于心学派之兴起，殊无关联。此一特性著用之于北方河东学派之曹端与薛瑄（敬轩，一三八九—一四六四），称河东学派，以瑄来自陕西之河东区域，在黄河之东，以及在南方崇仁学派之吴与弼（康斋，一三九一—一四六九）与其弟子胡居仁，称崇仁学派，以吴原籍江西崇仁。[2]此四儒乃吾人之主要关涉者。

《明史》作者之论调，或有所得于黄宗羲（一六一〇—一六九五）。宗羲在其《明儒学案》“姚江学案序言”中，曾谓“有明学术，白沙开其端，至姚江（王阳明）而大明。盖从前习熟先儒之成说，未尝反身理会，推见至隐。所谓此亦一述朱耳，彼亦一述朱耳”[3]。宗羲如此阐明明代思想之发展，大体上可能有所得于王畿（龙溪，一四九八—一五八三）。

畿谓“我朝理学，开端还是白沙，至先师而大明”[4]。

有谓明学至阳明已极臻光明，如日中天，此说极为确切。盖阳明哲学在中国思想上，展开一新页，遍传于中国，支配中国思想领域者约一百五十年。王畿与黄宗羲俱认陈献章为此学派之先驱，适显示彼等恢宏无私之精神。良以二者俱为王阳明之忠实信徒。而阳明本人，则未论及其学脉与陈献章有关。在其论学书录中，亦未提及陈献章也。在《传习录》一书中，未见陈献章之名，乃属显然。

王畿与黄宗羲之意愿，无疑在强调心学一派思想之独立起源。在此方面，宗羲颇受乃师刘宗周（蕺山，一五七八—一六四五）之影响。宗周深以此种独立精神，见之于明初诸儒之中。论及曹端，刘谓先生之学，不由师傅，特从古籍中翻出古人公案，深有悟于造化之理。于吴与弼，刘谓先生之学，刻苦奋励，多从五更枕上，汗流泪下得来。又谓陈献章独开门户，阳明则承绝学于词章训诂之后。[5]

此种思想独立发源之意念，特为黄宗羲所强调，引以为豪。黄谓儒者之学，不同于释氏，必贯串于传灯，附会源流。而吾儒则“夫子既焉不学[6]，濂溪无待而兴，象山不闻所受”[7]。儒者虽尊传统之权威，吾人于此，殊见在明代思想中，有一种新精神，姑无论此种觉识，是否可求证于历史事实。蕺山观察曹端与吴与弼之独立为学，可称卓识，以其言与一般以为曹吴两儒无非紧随朱子者，迥然不同。但在称赞诸儒独立思想特质之际，而于诸儒对后来思想之影响，竟全然淡忘。

此种轻忽之结果，以致大多数明代思想之史家，竟抹煞此四位早期明代之新儒家或其与心学一派之关系。诚然，黄宗羲之《明儒学案》，其首卷即为“吴与弼传”。但其列卷首之故，并不以吴为明代思想之发轫。宗羲于此点，毫未论及。亦不由于年代上之顺序，良以方孝孺（一三五七——四〇二）、曹端及薛瑄俱早于吴。有如容肇祖所说，宗羲所以置吴于首卷者，或因王阳明出于陈献章，而献章出于与弼之故。[8]宗羲对明儒之评价大体公正，但亦不免于门户之见。莫晋（一七六一——八二六）于《明儒学案》重订版自序中谓黎洲（宗羲）先生之微意，实以大宗属姚江，而以崇仁为启明。此于黎洲之论及胡居仁者，实未有何说，可能致此结论。或者莫晋不过委婉道出黎洲应叙述心学之兴起与早期明代新儒学之关系也。

至若有关中国思想之近代学者，如冯友兰在其冗长之《中国哲学史》一书中，于此早期明代四位新儒学家全予略除。[9]侯外庐在其著作中亦复如是。[10]容肇祖以较长章节，论及四人中之三人，但又谓薛瑄只是宋儒理学之注脚，而吴与弼乃是朱学之谨肃信徒。容氏固谓胡居仁批判朱子与陈献章，但胡居仁之能否影响于献章，并未阐及。[11]钱穆以相当篇幅叙及三位早期明儒，但亦如上述诸人，钱氏视明儒，尤其是薛瑄，不过恪守宋儒矩矱。[12]楠本正继在其宋明新儒家近著中，以专章专论吴与弼，但未及其他三儒。楠本正继主张陈献章自然之观念有如吴与弼之“虚明”。[13]此种寻求两儒间若干关系之企图，诚属可贵。但此两儒相同之点，不过偶然而已。因在与弼诗中所表达虚明之观念，决非其整个思想系统中之重要成分。吴康在其《宋明理学》一书中，有两节论吴与弼及胡居仁。但于此两儒对心学之兴起有何可能之贡献，吴氏亦默然未论。[14]Forke在其大著，含有胡居仁在内。但Forke并不晓然明代新儒家间之关系，因Forke不仅以胡居仁而亦以东林学派之顾宪成

（一五五〇—一六一二）为阳明学派中人。[15]

此诚显然。在大半学者之意见中，无论就程朱学说本身之历史言，或就心学之发展言，早期明代之新儒学，殊微不足道。但吾人若检视四儒之学说，吾人将知此四儒正驾驭程朱学说，驶往一新方向，预为铺设一种理智气氛，以有助于陈献章与王阳明思想之兴起。

有若干方式，此辈程朱后学，改变其学说之原有方向。举一而言，为若干极重要之论题，诸如太极、阴阳以及理气关系，在四儒讲学讨论中，即不重要或者经已消失。而此类论题，在朱子系统中之重要，曾成为《朱子语类》一书中之首卷。[16]但此论题，已难获早期明代诸儒之重视。诚然，曹端曾撰《周敦颐太极图说》一短著。但于朱子理气关系之说，力持异议。在朱子说，“太极理也。动静气也。气行则理亦行。二者常相依而未尝相离也。太极犹人，动静犹马。马所以载人，人所以乘马。马之一出一入，人亦与之一出一入”[17]。曹端以为非是，若然，“则人为死人，而不足以为万物之灵。理为死理，而不足以为万物之原”[18]。附带言之，此足见曹端至少非盲从朱子。除此篇之外，曹端于太极、阴阳以及理气，俱无讨论。薛瑄在其《读书录》，固于上述诸论题，亦曾作有系统之评论。在此方面，紧依朱子，罔有违离。[19]但此不过其读书劄记而已。至在其著作中，关于上述诸论题，殊无讨论。

与理最有密切关连之论题为格物。在朱子学说中，格物即穷物之内在于物之理。此诚令人惊异，曹端于格物一项，全未论及。薛瑄在《读书录》“劄记大学”一节，则有较长之讨论。但于此须指陈者，瑄之学说范型殊远离于程朱子范型。程颐曾谓“穷理亦多端，或读书讲明义理，或论古今人物，别其是非，或应事接物而处其当”[20]。朱子亦谓“穷理亦无它法，只日间读书应事处，每事理会便是。虽若无大头段增益，然亦是积累久后不觉自浃洽贯通，正欲速不得也”[21]。薛瑄在其《读书录》“大学劄记”中，亦泛述程朱之言。有如程朱，瑄亦强调读书与应事。有谓“格物所包者自一身……以至草木鸟兽昆虫，则当格其各具之理。又推而至于圣贤之书，六艺之文，历代之政治，皆所谓物也。又当各求其义理”[22]。但瑄在两精微而极为重要之方面，却远离于朱子之学。其一即知识成份，成为次要。依朱子，其穷理之历程，“即凡天下之物，莫不因其已知之理而益穷之，以求至乎其极”[23]。朱子又谓“穷理者欲知事物之所以然，与其所当然者而已矣”[24]。德性之重要性固经常存在，而知识之兴趣则最重要。

但在薛瑄，此种因素，并不再如此。在朱子，欲致吾之知，在即物而穷其理，至于用力之久，而一旦豁然贯通。但薛瑄则谓“理虽在物，而吾心之理，则与之潜会而无不通。始之通也，见一物各一理。通之极也，则见千万物为一理”[25]。此则并非由知识心以见理，而是由内具于心之理，以形成与物理之结合。薛瑄几于心与理，尚不及陆象山之“此心此理，实不容有二”，“万物森然于方寸之间，满心而发，充塞宇宙，无非此理”[26]之主张之激烈。但在薛瑄，理不仅在物，亦在心。

河东学派，为一般学者视为早期明代最忠实之正统学派。但吾人已知曹端与薛瑄已毅然不同于先师之教。此种远离师教之趋势，在崇仁学派而益确切而显著。良以吴与弼与胡居仁几于太极、阴阳、理气之说毫无兴趣。与弼不谈格物穷理。胡居仁虽谈之，而另有新重点，吾人随后将予叙及。

关于理，吴与弼宣称内在于心。吴谓“五伦各有其理，而理具于吾心。与生俱生。人之所以为人，以其有此理也。必不失乎此心之理，而各尽乎五伦之道，庶无忝于所生”[27]。朱子固亦谓“心之理是太极”“心与理一”，以及“心之为物，众理具足”[28]。但依朱子意，心与在物之理，两者相等重要，而在与弼，则心占有中心之地位。

心之全然重要性，尤显见于胡居仁之论穷理。其论著中论及格致之中心点，要在践五伦而辅政教。[29]居仁谓“天地万物之理，即吾心所具者”，“只在吾身上穷理”[30]。居仁将穷理与存养密接一起，亦即人心万理咸备，无所不有。修省得到，即勿失本心。[31]居仁又谓“先须存养此心，方能致知”[32]。又谓“心理不相离，存心穷理交致，其功方是”[33]。“古昔圣贤之学，以存心穷理为本”[34]。又谓“存心穷理之功，可须臾间乎？必也庄敬涵养”[35]。

综前所述，早期明代新儒家，虽仍守程朱旧统，但已趋于新方向，颇为显著。诸儒为中国哲学开拓新视野。当吾人检视此四儒之基本思想，此种情况，将自显著。

曹端家贫，讲学于乡以为生。撰有古经及宋新儒家著作之注疏多种，但俱无特色。曹端之学，重于躬行实践。但其生平哲学，却形成一典型，足以范围明代思想以后之发展。黄宗羲描述曹端，即为此谓“先生以力行为主，守之甚确。……盖立基于敬，体验于无欲。其言‘事事都于心上做工夫，是入孔门之大路’[36]。诚哉谓有本之学也”[37]。

曹端思想中所强调者为敬与心。两者当然有密切之关联。曹谓“人之所以可与天地参为三才者，惟在此心”，“人能恭敬，则心便开明”，“学者当自谨言语，以操存此心”[38]。又谓“一诚足以消万伪，一敬足以儆千邪。所谓‘先立乎其大者’[39]，莫切于此”[40]。

由前所摘录，曹端之重点在心，无可致疑。刘宗周述及曹端思想，谓为“先生之学……反而求之吾心。即心即极。即心之动静，是阴阳。即心之日用酬酢是五行变合而一以事”[41]。自非夸大。

有如曹端，薛瑄传承程朱传统，且加用力。瑄手抄《性理大全》全书。其《读书录》之忠于宋代新儒，几同复制。黄宗羲所称“河东之学，悃愊无华。恪守宋学矩矱”[42]，非妄言也。但宗羲与《明史》俱认瑄之学以复性为宗。[43]薛瑄自谓“为学只是要知性，复性而已”[44]。

复性之说，来自张载。依张载变化气质之论，谓“形而后有气质之性。善反之，则天地之性存焉”[45]。此意谓人之所秉赋之气质之性有所偏倚，因而给予德性上之缺失。但透过德性工夫，人可重获其中和而复其初。薛瑄于引述张载前言后，继谓此言气质昏浊，则天地之性为其所蔽，故为气质之性。善反之，而变其昏浊，则天地之性复清。[46]薛瑄此言，自非原义。但以之为其学说之根本，自具有新意味。

薛瑄对于敬之重视，亦复如此。敬之受重视，并非新义，此乃宋代新儒学构成整体之主干。程颢、程颐以及朱子，无不以敬为教。[47]但在程朱，敬为德性修养诸德目之一目，而在薛瑄，则属唯一之目。敬之于薛瑄，其意义之重大，以致自号为敬轩。瑄之言论，虽无以逾乎宋新儒家之所言，但由于瑄之专注于敬，因而有其新面貌与特殊意义。瑄谓“人不主敬，则此心一息之间，驰骛出入，莫知所止也”，“千古为学要法，无过于敬。敬则心有主，而诸事可为”，“心为镜，故为磨镜。镜才磨，则尘垢去而光彩发。心才敬，则人欲消而天理明”，“常主敬，则心便存。心存则应事不错”[48]。(译者按：以上引句，俱在《读书录》卷五。本卷有“论敬”专章。）吾人尚可引述更多此类语句，但仅此已足说明其精神。其殊有意义之点，即为敬提供其特别之份量。敬既属心之一种质性，敬愈重要，则心自亦愈重要。

吾人转而以观崇仁学派，吾人更可知敬与心，不仅占一重要地位，而实际上占有独一地位。有如刘宗周称吴与弼云，“先生之学，刻苦奋励。多从五更枕上汗流泪下得来。及夫得之而有以自乐，则又不知足之蹈之手之舞之。盖七十年如一日。愤乐相生。可谓独得圣人之心精者。至于学之之道，大要在涵养性情，而以克己安贫为实地。此正是孔颜寻向上工夫。故不事著述，而契道真”[49]。弼躬耕食力，不事政途。故其哲学，以身教重于知性探究。个人所服膺者为恬静淡澹，旷然自足。至若自成一家之言，非所措意。但胡居仁、陈献章以及娄谅（一四二二—一四九一）皆出其门。此门弟子中，至少两人于阳明学之发展，有其直接贡献。弘治二年（一四八九），守仁谒娄谅。谅授之以习儒学之新途径。与弼之日录，皆其简朴与安静生活经历之反映与诤言。[50]

与弼中心思想，其显著者有二，即敬与心之存养。弼之言曰，“大抵圣贤授受紧要，惟在一敬字。人能衣冠整肃，言动端严，以礼自持，则此心自然收敛。虽不读书，亦渐有长进。但读书明理以涵养之，则尤佳耳”[51]，“身心须有安顿处”[52]，“人须整理心下，使教莹净，常惺惺地方好。此敬以直内工夫也。嗟夫，不敬则不直，不直便昏昏倒了，万事从此隳，可不惧哉”[53]？

由于以上所引简单之言，但更由于与弼个人生活之自励，其门人深受其薰沐。正如《四库全书总目提要》所称，其门弟子陈献章得其静观涵养，胡居仁得其笃志力行。[54]

亦如与弼，胡居仁亦弃举子业。窭甚，而萧然自得，以讲学为业。黄宗羲称“先生一生得力于敬，故其持守可观”[55]。《明史》亦称“其学以主忠信为先[56]，以求放心为要。[57]操而勿失，莫大乎敬。因以敬名其斋”[58]。故由前述所言，吾人可知敬之与居仁，已为修养之主要因素。居仁谓“圣人教人，只教以忠信笃敬[59]，使学者便立得个根基本领，学问可次序进”[60]。其所以为此，因“敬为存养之道”[61]。居仁谓“心具众理，所患者纷乱放逸惰慢。故须主敬。主一无适(程颐论敬语)[62]，所以整其纷乱放逸。整齐严肃(亦颐论敬语)[63]，所以救其惰慢。此存心之法也”[64]。人之心因敬而精明。“心精明是敬之效。才主一，则精明。二三，则昏乱矣”[65]。又谓“敬则心专一。专一则精明。故聪明生。敬则内直，内直则无私，故无已不克”[66]，“敬可以去昏惰，正邪僻，除杂乱，立大本”[67]。人苟能居敬以为本，以敬为存养，则将知“天理本原在内，聪明自生，义理自明”[68]。有人疑朱子言敬者一心之主宰为非，以为心能主敬，岂敬能主心，以问居仁。居仁答以“心若不敬，即放。能敬即存。非心之主而何”[69]？“心有存主，即能宰制万物。孟子求放心，是本原工夫”[70]。在另一方面，“心无主宰，静也不是工夫，动也不是工夫。静而无主，不是空了天性，便是昏了天性。此大本所以不立也。动而无主，若不猖狂妄动，便是逐物徇私。此达道所以不行也”[71]。

依居仁意，敬之重要如此，当比致知为先。在其《居业录》篇目中，敬之一项紧接于道体与为学之后，而置于致知之前。[72]此与朱子为学与存养之顺序，有剧烈之更动。在朱子之《近思录》，此宋代新儒学思想第一部与最具权威之辑录，存养与省察克治在致知之后。[73]故居仁主要学旨之在心，以及存养之倚重于敬，已确切远离正统程朱之所守。此一传统之经典程式为程颐之言“涵养须用敬，进学则在致知”[74]。坚主致知与涵养之均衡并重。朱子则引申颐说，有谓“二者偏废不得。致知须用涵养，涵养必用致知”[75]。有人问涵养又在致知之先？朱子答以“涵养是合下在先。古人从小以敬涵养。父兄渐渐教之读书识义理。今若说待涵养了，方去理会，致知也无期限。须是两下用工。也着涵养，也着致知”[76]。

胡居仁亦非轻忽致知，但确实以之置于次要地位。至少以敬为先，与朱子之立场相反。居仁论及程颐之名句云“既谓‘涵养须用敬，进学则在致知’，是未知之前，先须存养此心，方能致知。又谓‘识得此理，以诚敬存之’[77]，则致知之后，又须存养，方能不失。盖致知之功有时，存养之功不息”[78]。换言之，涵养在时间为先，含有致知，而非致知在先，含有涵养。涵养终身以之，而非如致知之有时。

从以上四儒之论，虽属简短，吾人已确切觉察早期时代新儒学已对形而上学及格物穷理诸论题之知性方面较少兴趣，而于心之存养与居敬诸工夫，则较多关注。当吾人沿此线索而探究，吾人可经常聆到诸多“复性”，“求放心”，“复其本心”，“存养”，“先立乎其大者”，“心为之主”，此类语句。此实使吾人联想到宋代心学大儒陆象山。[79]此类观念，源于孟子[80]，但由象山于心学建立坚实之基础。

但吾人若谓早期明代新儒家，多受象山之影响，将属谬误。诸儒无所得于象山。陆朱主要之争，一为心与理，另一为太极说。在朱子，心为性之用，性即理。在陆，则心即理。朱子视太极为形而上，阴阳为形而下，但陆则力拒两者之区分。[81]早期明代新儒家，既未续作争辩，且亦未讨论此类论题。陆于敬字，所论殊少。总之，在其尚弟杨简（慈湖，一一四〇——一二二八）以后，陆学无传人。在元代，吴澄（草庐，一二四九——一三三三）与郑玉（师山，一二九八——一三五八）试为朱陆两家作调停。但终元之世，陆学影响力，已告终结。

象山心学，在知识景观上之消失，主要由于其思想过于近禅，而不易契合儒家。再者，陆氏无著作，可以之为基础，使其后学声气相求。在程朱之唯理学派中，则有周敦颐之《太极图说》与《通书》[82]，有张载之《正蒙》[83]，有两程兄弟之《遗书》[84]，以及朱子之《近思录》与《四书章句集注》。但象山殊无著作，可作为其心学之中心点。

当然亦与朝廷之奖进程朱学之因素有关，在皇庆二年（一三一三），朝廷颁令周敦颐、两程兄弟、张载、朱熹以及其他宋新儒家（但无象山）配祀孔庙，程朱之儒门经籍之注释，列为科举取士必用之书。程朱新儒学地位之崇高，可称完整无缺。明代初起，所有新儒家，俱为程朱学派之后学。

程朱学派特别在明代之盛行，亦尚有故。由于蒙古王朝覆亡，乃有一种振兴民族主义之声浪与一种中国宗教与哲学之回向。程朱之新儒学，适足以代表其最上乘。天文学、算学、医学、工程学以及其他实学，在元代已经发展。在明代则续在成长中。程颐及朱子之唯理哲学，极其投合此种实务气氛。新朝代在多方面俱须建设，而程朱系统，于此正可大有奉献，尤其在社会与政府方面。明代开国之主太祖，未尝学问。其时极为倚傍儒者，因而罗致新儒家。有为《明史》所称“大臣以文学登用者林立朝右”[85]。其中以宋濂（一三一〇—一三八一）最为显赫，负盛名。濂受知于太祖，恒侍左右，备顾问，为大儒，为开国文臣之首。据《明史》记载，帝重要国事，悉以委濂。濂且为新朝一代礼乐制作，多所裁定。[86]宋濂即热信朱子。其门弟子方孝孺为大儒并任高官，更进一步增强程朱传统之影响。总之，程朱学派，在有明开国时，即已统领中国思想。换言之，此一学派变迁之来，非来自象山，而实由于学派本身力量之运作与演变以及历史本身因缘之结果。《四库全书总目提要》，有谓与弼之学，在朱子与象山之间[87]，此就与弼思想结果之偶合于朱陆而论。提要之说固无误，但亦不必误解以为与弼之思想，直接承继象山，或与陆派有任何历史上之关联。

所谓程朱学派本身力量之运作，以及历史本身因缘各为何？第一，宋代新儒家之所以发展一种新形而上学，主要为佛老思想之批拨。为应付佛氏之空与老氏之无为。新儒家必须创建自身之宇宙论与形而上学。以是新儒家造作太极、理与气等名词，在早期明代，已不再遭受此种挑战。因而明新儒家不再为理气一类问题所激奋。

第二，正因新儒学之新形而上学，儒学领域已伸展于俗务之外。于是天人关系成为主要关怀。此种领域，现已共喻，新领域势须发掘。于是明代新儒家乃于自身之关系中寻求此新境界。

第三，格物穷理问题，进至明代，反复探究者已达数百年。苟吾国有纯科学之传统，此种探究，或早被导引至一新知识领域。唯缺乏此一传统，故格物穷理之说，不能寻出新疆土以求伸展，乃致僵滞。格物穷理丧失其诱引，渐而衰退。

第四，吾人前已谓元代重实务精神之兴起，致有若干科学性项目之发展。随着此新兴趣所关怀者，有一极其自然而不可避免之情况，即此种实务精神乃以日用，力行，实践与德性为归向。

前述诸因，乃内具于新儒学派本身。尚有若干历史因素，用以促成趋向于心学。在永乐十三年（一四一五），胡广（一三七〇——一四一八）等奉诏辑录《性理大全》。此一巨制，含有程朱学派之主要著作以及宋元新儒家之语录。此书之辑，主要并非为新儒家学说之发扬，而只是将钦定之外衣套于新儒学之上。程朱思想，早已成为国家意识形态以及学问与真理之严谨配方。其目的非为新知之发现，但求在许多特殊项目上，与新儒学之教一致。更劣者，其目标非为社会进步与个人修养，而只是仕禄之途之成功。于是具有创意性及自尊之儒者，乃群而拒戴此类钦定外衣，弃举子业，在德养方面寻求独立与自由。

最后，最为有明一代属望之大儒方孝孺殉难之可怕影响。当亲王叛变，侵陷都城，惠帝自焚。亲王召使方孝孺草诏，俾以合法化其篡位。孝孺鲠介忠贞，不欲妥协，拒草伪诏，自知必死。孝孺之殉难，使诸儒不得不寻求精神上之自检。孝孺之正义精神，亦使诸儒感动。诸儒深以为，此其时不宜再作干枯与高远之理性探讨，而应作道德之抉择与个人之果断。在如此气氛之下，心学实为一不可抗拒之发展。当日本于十九世纪中叶明治维新时，需要决断与奉献，其事例即如此。当今日之中国，国家危难，迫使操心危虑患深之学者，其本身须探求其解释与答案，其事例亦属如此。在此两例中，心学地位，自属显著。此在早期明代，事例亦正如此。

在着重早期明代新儒学与陈献章、王阳明之心学之兴起两者关系之际，吾人亦非谓其间若干主要观点，源自前述四儒之任何一人。事实上，早期明儒最重要思想成分如敬，即在献章及阳明学说中未获重视。不仅此也，即献章与阳明之其他若干重要观念，亦毫不能从前述四儒中寻其线索。献章教人静坐，养出个端倪，以尽生生化化之妙，以获鱼跃鸢飞之乐。[88]阳明坚主致良知及“必有事焉”[89]。此类观念，无一由初期明代新儒家所提示。阳明知行合一之学说，决然自创。虽则并无特殊观念，来自初期明儒。但其时趋于存养之一般趋势，已必为后期明代新儒学之发展确定其方向而预为之所。献章之静养与阳明之“必有事焉”，不即为两儒自家之居敬工夫耶？无论如何，亦如初期明新儒家，献章与阳明俱献身于存养与义理之性之实践。

[本文英文原题为*The Ch'eng-Chu School in Early Ming*，在一九六六年美国学会联会所举办之国际明代思想会议中宣读。原文载Wm. Theodore de Bary主编，*Self and Society in Ming Thought*（纽约，哥伦比亚大学，一九七〇年），页二十九至五十一。万先法译文载《中国文化》月刊，第十七期（一九八一，三月），页四十七至六十五。]

附　注

1　《明史》(百衲本)，卷二八二，“儒林传”，页一下。

2　江西省之一县。

3　《明儒学案》，卷十，“姚江学案”。

4　《龙溪先生全集》(万历四十三年，一六一五本)，卷十，页三十五上。

5　《明儒学案》，“师说”，页一下，二上，三上，四上。

6　《论语·子张第十九》，第二十二章。

7　《明儒学案》，“凡例”，页一上。

8　《明代思想史》(台湾，开明书局)，页十九。

9 《中国哲学史》, Derk Bodde英译（普林斯敦大学版，第二册，一九五三年），第十四至十五章。

10 《中国思想通史》（北京，人民书店，一九六〇年），第四卷，下。

11 《明代思想史》，页十四，十九，二十三，三十一。

12 《宋明理学概述》（台北，中华文化出版事业委员会，一九五三年），第三十八章至四十章。

13 《宋明时代儒教思想の研究》（千叶，柏市，广池学园，一九六二年），页三九八。

14 《宋明理学》（台北，华国出版社，一九五五年），页二八九至二九〇。

15 见Alfred Forke, *Geschichte der neueren chinesischen Philosophic* (Hamburg, Friederischsen, de Gruyter & Co., 1938), pp.371-428。

16 《语类》，卷一，"论理气"。

17 《语类》，卷九十四，第五十"问动"条，页三七七三（页十一下至十二上）。

18 《曹月川先生遗书》，"太极图说述解"，页十七下至十八上。

19 《读书录》（正谊堂全书本），卷四，页十一下至十六下。

20 《遗书》，卷十八，页五下。

21 《朱子文集》，卷六十一，"答林德久"第三书，页二上。

22 《读书录》，卷二，页二下至三上。

23 《大学》第五章，"朱子格物致知补传"。

24 《朱子文集》，卷六十四，"答或人第七书"，页三十三上。

25 《读书录》，卷二，页三上。

26 《象山全集》，卷一，"与曾宅之"，页三下；卷三十四，页二十一上。

27 《吴康斋集》（嘉靖五年，一五二六年本。又四库全书珍本），卷八，"吴节妇传"，页二十七上。五伦为君臣、父子、夫妇、兄弟、朋友。

28 《语类》，卷五，第二十四"心之理"条，第三十二"心与"条，第三十三"问心"条，页一三七至一三八（页三下至四上）。

29 《胡文敬公集》（弘治十七年，一五〇四年本），卷二，"穷理论"，页二十一上。

30 《居业录》（正谊堂全书本），卷二，学问第二，页九上下。

31 同上，卷一，"心性第一"，页一下。

32 同上，卷八，"经传第八"，页二十一下。

33 同上，卷一，页二下。

34 《胡文敬公集》，卷一，"奉于先生"，页四下。

35 同上，卷二，"芸阁记"，页十下。

36 《曹月川先生遗书》，"录萃"，页一下。

37 《明儒学案》，卷四十四，"诸儒学案"，页一下。

38 《录萃》，页八下，五上。

39 《孟子·告子第六上》，第十五章。

40 《录萃》，页二上。

41 《明儒学案》，“师说”，页一下。五行为水、火、木、金、土。

42 同上，卷七，“河东学案”，页一上。

43 同上，卷七，页三上。《明史》，卷二八二，“薛瑄传”，页五上，“瑄学一本程朱，其修己教人，以复性为主”。

44 《读书录》，卷五，页十下。

45 《正蒙·太和篇第一》，第四十一节。

46 《读书录》，卷五，“古今第五”，页三下。

47 有关敬之思想：

程颢部分：

“学者须敬守此心，不可急迫”。参看《遗书》，卷二上，页二上。

“有差者，皆由不敬不正也”。卷二上，页五下至六上。

“为天理底意思，敬只是敬此者也”。卷二上，页十三下。

“理则天下只是一个理。……故敬只是敬此者也”。卷二上，页十九上。

“某写字时甚敬”。卷三，页二上。

“彼释氏之学，于敬以直内，则有之矣。义以方外，则未之有也”。卷四，页四下。

“敬以直内，义以方外，合内外之道也”。“夫能敬以直内，义以方外，则与物同矣。故曰敬义立而德不孤”。卷十一，页二上至三上。

“操约者，敬而已矣”。卷十一，页七下。

“唯敬而无失最尽”。卷十一，页十一上。

程颐部分：

“敬而勿失，便是喜怒哀乐未发之谓中也”。卷二上，页二十三下。

“入道莫为敬，未有能致知而不在敬者”。卷三，页五下。

“主一无适，敬以直内”。卷十五，页一上。

“切要之道，无如敬以直内”。卷十五，页八上。

“敬则自虚静。……居敬则自然行简”。卷十五，页十一上。

“敬是闲邪之道”。卷十八，页三上。

“涵养须用敬”。卷十八，页五下。

“又问敬莫是余否？曰，才说静，便入于释氏之说也。不用静字，只用敬字”。卷十八，页六下。

朱子部分：

《语类》，卷九，第十八“学者”条至第二十六“致知”条，页二三八至二四〇（页三上至四上），如第十八条，“学者工夫唯在居敬穷理二事，此二事互相发，能穷理，则居敬工夫日益进；能居敬，则穷理工夫日益密”。

卷十二，第七十一“孔子”条，第一三六“敬义”条，页三二九至三四五（页八上至十七下），如第五十三与第七十五两条：

“学者须敬守此心，不可急迫”。页三二六（页六上）。

“因叹敬字工夫之妙，圣学之所以成始成终者皆由此。故曰修己以敬，下面安人安百姓，皆由于此”。页三三〇（页八上）。

卷十七，第三“持敬”条至第十四“因看”条，而五九四至五九八（页一上至三下），如第五条：

“敬字是彻头彻尾工夫，自格物致知至治国平天下皆不外出”。页五九四（页一下）。

卷十八，第四十七“问入”条至第五十六“问涵”条，页六四五至六四八（页十二上至十四下），如第四十九条，“敬则心存，心存则理具于此，而得失可验，故曰未有致知而不在敬者”，页六四五（页十二上）。

卷三十，第三“仲弓”条至第十六“问仲”条，页一二二〇至一二二六（页一下至五下），如第十三“叔器”条，“圣人所以说居敬行简，须是两尽”。页一二二三（页三下）。

卷四十二，第十一“持敬”条至第二十“程子”条，页一七一一至一七一六（页三下至六上），如第十八条，“伯羽问持敬克己工夫，相资相成否乎？曰，做处则一，但孔子告颜子仲弓，随他气质地位而告之耳。若不敬，则此心散漫，何以能克己”？页一七一三至一七一四（页五上下）。

卷四十四，第一一九“陈仲卿”条至第一三二“杨至”条，页一八一八至一八二一（页二十七上至二十九上），如第一一九条：

“敬者非但是外面恭敬而已，须是要里面一毫不直处方是，所谓敬以直内者是也”。页一八一八（页二十七上）。

卷四十五，第九“言忠”条至第十五“问学”条，页一二六至一八二九（页三上至四下），如：“问：如仲弓出门如见大宾，使民如承大祭，便且是庄敬持养。曰，然”，页一八二八（页四下）。

48 为孔子最有德行之弟子。《读书录》，卷五，“古今第五”，页十三下至十五上。

49 《明儒学案》，“师说”，页二上下。

50 《康斋先生文集》（约万历二十八年，一六〇〇年本。又四库全书珍本），卷十一，“日录”。

51 《吴康斋集》，卷二，页二十下。又《康斋集》（四库全书珍本），卷八，“壬寅与友人书”，页二十五下。

52 同上，卷一，页十九上。

53 同上，卷十一，页十六上。敬以直内。此义蕴，源自《大易 · 坤卦》象辞，而为两程夫子所阐扬。参看《遗书》，卷二上，页五下至六上；卷十一，页二上，三上；卷十八，页三上。

54 《四库全书总目提要》，页三六三四。

55 《明儒学案》，卷二，“崇仁学案”，页一下。

56 《论语 · 学而第一》，第八章。

57 《孟子 · 告子第六上》，第十一章。

58 《明史》，卷二八二，“胡居仁传”，页六下。

59 《论语 · 卫灵公第十五》，第五章。

60 《居业录》，卷三，“圣贤第三”，页一上。

61 同上，卷二，“学问第二”，页二上。

62 “敬以直内是涵养意”，《遗书》，卷一，页五下。“敬以直内义以方外，仁也。若以敬直内，则便不直矣，行仁义岂有直乎”？卷十一，页三上。“敬只是主一也”，“敬以直内有主于内则虚”，卷十五，页五上下。“所谓敬者、主一之谓敬。所谓一者，无适之谓一。……易所谓敬以直内……须是直内。乃是主一之义”，卷十五，页五上下，页二十上。

63 同上，“一者无他，只是整齐严肃，则心便一”，卷十五，页六下。“严威俨恪，非敬之道，但致敬，须自此入”，卷十五，页二十一上。

64 《居业录》，卷一，“心性第一”，页四上。

65 同上，卷一，页四下。

66 同上，卷二，“学问第二”，页十二上。

67 同上，卷二，页一上。

68 同上，卷二，页二上。

69 同上，卷二，页五上下。

70 同上，卷一，“心性第一”，页四下。

71 同上，卷一，页五上。“大本达道”，见《中庸》，第一章。

72 《四库全书总目提要》，页一九二七。

73 参看朱熹吕祖谦合辑《近思录》，英文抽译（纽约哥伦比亚大学出版部，一九六六）。

74 《遗书》，卷十八，页五下。

75 《语类》，卷十八，第五十六“问涵”条，页六四八（页十四下）。

76 同上卷页，第五十七“任道”条。

77 《遗书》，卷二上，页三上。

78 《居业录》，卷二，“学问第二”，页二上下。

79 《象山全集》：

“此理本天所以与我，非由外录”，“此吾之本”，“也今使足下复其本心”，卷一，“与曾宅之”页三上，四上。

“故仁义者，人之本心也”，卷一，“与赵监”，页六下。

“若本心之善，岂有动静语默之间哉”，卷四，“与胡达材”，页七下。

“人惟不立乎大者，故为小者所夺”，卷十一，“与朱济道”，页一上。

“人皆有是心，心皆且是理，心即理也”，卷十一，“与李宰第二书”，页六上。

“去此心也。……存此心也。……即此心也。……尽此心也”，同上。

"今学者能尽心知性，则是知天。存心养性，则是事天"，卷十二，"与赵咏道第四书"，页四下。

"学问求放心盖人之所固有，心之所同然者也"，"吾心之良，吾所同有也"，同见卷三十二，"拾遗"。分见页一下，"学问求放心"；页二下，"主忠信"；及页六上，"养心莫善于家敛"各条。

"吾之学问与诸处异者，只是在我全无杜撰"，"人共生乎天地之间，无非同气"，卷三十四，页五上。

"存养是主人"，卷三十五，页十四上。

80 参见《孟子·告子第六上》，第八章，"其所以放其良心者"。第十章，"此心之谓失其本心"。第十一章，"放其心而不知求""学问之道，求其放心而已矣"。第十五章，"先立乎其大者"。

81 《象山全集》，卷一，"与曾宅之"，页三下至四上；卷十一，"与李宁"，页五下至六上；卷二十二，页五上；卷三十四，页二十一上。俱发挥心即理之意蕴。

《朱子文集》，卷三十六，页四下至五上，八上至九下，十六下，有"答陆子静书"，俱推原太极须著无极二字之意。《朱子语类》，卷一，第一"问太极"条至第十五"徐问"条，页一至五（页一上至三下）；卷五，第四十五"或问"条至第六十六"人多"条，页一四二至一四八（页六上至十下）。

82 《通书》英译，参看拙译《中国哲学资料丛书》，(*A Source Book in Chinese Philosophy*，一九六三年)，第二十八章。

83 《正蒙摘录》，见同上，第三十章。

84 《遗书摘录》，见同上，第三十一章及第三十二章。

85 《明史》，卷二八二，"儒林"，页一上。

86 同上，卷一二八，"宋濂传"，页七下，如谓"在朝，郊社宗庙山川百神之典、朝会宴享律历衣冠之制、四裔贡赋赏劳之仪、旁及勋巨卿碑记刻石之辞，咸以委濂"。

87 《四库全书总目提要》，页一七二九。

88 《白沙子全集》(乾隆三十四年，一七六九本)，卷一，页十四上，二十二上，二十九上；卷三，页十二下，二十三上。

"夕阳斋诗集后序"云，"故能枢机造化，开阖万象，不离乎人伦日用，而见鸢飞鱼跃之机"。

"送李世乡还嘉鱼序"云，"凡天地间，耳目所闻见，古今上下载籍所存，无所不语；所未语者，此心通塞往来之机，生生化化之妙，非见闻所及，将以待世乡深思而自得之，非敢有爱于言也"。

"古蒙州学记"云，"默而观之，一生生之机，运之无穷，无我无人，塞乎天地之间"。以上俱见卷一。

"与贺克恭黄门"云，"为学须从静中坐养出个端倪来，方有商量处"。

"复赵提学佥宪"云，"于是舍彼之繁，求吾之约，惟在坐静。久之然后见吾此心之体，隐然呈露"。以上俱见卷三。

89 《传习录》，第五条，第一三二条至一三三条，第一三七条至一三八条，第一四七条，第一七〇条。

从《朱子晚年定论》看阳明之于朱子

明代中叶，朱子之理学已成正统。元仁宗皇庆三年（一三一四）科举考试明经四书五经以程朱之注为主。[1]明初钜儒如曹端（一三七六—一四三四）、吴与弼（一三九二——一四六九）、薛瑄（一三九二——一四六四）、胡居仁（一四三四——一四八四），皆恪守程朱矩矱，特别重敬。其时陆象山曾以尊德性之心学对朱子道问学之理学。然后继无人，早已不振。其心即理之哲学系统已为朱子性即理之哲学系统所掩蔽。凡趋陆者便指为禅，便指为背朱。阳明即在此风气之中产生。

阳明于明宪宗八年（一四七二）生于浙江之余姚。自小豪迈不羁。年十五出游居庸三关，慨然有经略四方之志。年十七亲迎夫人诸氏于洪都（今南昌）。合卺之日，偶闲行入道宫。遇道士，相与对坐谈养生之道，次早始还。次年归途谒娄谅（一四二二——一四九一）。娄语之以宋儒格物之学。年二十一从其父居北京，遍求朱子遗书读之。朱子谓即物而穷其理。乃与钱友向亭前竹树考索。钱友三日成疾，阳明亦七日以劳思致病。[2]二十六岁学兵法。二十七岁谈养生。三十一岁筑室阳明洞行导引术。三十五岁因上疏抗救，为宦官刘瑾所逮，系之良臣戴铣而入狱。已而廷杖四十，寻谪贵州龙场驿站丞。三十七岁正德三年（一五〇八）春抵龙场。居夷处困。忽中夜大悟格物致知之旨。始知圣人之道，吾性自足。向之求理于事物者误也。乃以默记五经之言证之，莫不吻合。因著《五经臆说》。又疑朱子所定《大学章句》，非圣门本旨。“诚意章”应如古本在“知至章”之前，因格致本于诚意也。朱子又于知本知至章补传以释格物致知之义，阳明以为实所不必。明年又倡知行合一之论。然于朱子之说，有所冲突，恒疚于心。

年三十九（一五一〇）升南京刑部四川清吏司主事。以后数年历升各部主事郎中以至正德九年（一五一四，年四十三）南京鸿胪寺卿。学徒众多，议论甚烈。在此时期，取朱子书细读之，乃知其晚年改变其说。于是从《朱子文集》三十四书中各抄一段，以为《朱子晚年定论》。朱子“答吕子约第五书”（《定论》所采之三十一）采之不足，又“附子约复书”。又以朱子之后如真德秀（号西山，一一七八—一二三五）、许衡（号鲁斋，一二〇九—一二八一）、吴澄（世称草庐先生，一二四九—一三三三）亦皆有见，而草庐见之尤真，悔之尤切。乃取草庐一说附于后。正德十年（一五一五，四十四岁）冬十一月为之序，大意谓“谪官龙场，居夷处困。动心忍性之余，恍若有悟。闲尝以语同志，而闻者竞相非议，目以立异好奇。及官留都，复取朱子之书而检求之，然后知其晚年固已大悟旧说之非，痛悔极艾。世之所传《四书集注》《四书或问》之类，乃其中年未定之说。自咎以为旧本之误，思改正而未及。而其《语类》之属，乃其门人挟胜心以附己见。夫世之学者徒守朱子中年未定之说，而不复知求其晚年既定之论。辄采录《朱子与友人书》而裒集之，私以示夫同志。庶几无疑于吾说，而圣学之明可冀矣”[3]。序成后之数年，阳明出入贼垒，未暇宁居。至正德十三年（一五一八，四十七岁）七月乃刻《朱子晚年定论》。及隆庆六年（一五七二）谢廷杰（生卒年不详）刻《阳明全书》以之附于全书卷三《传习录下》之后。前有门人钱德洪引言，后有门人袁庆麟跋。

此论出后，即引起强烈反动，弄成一巨大风波，鼓动一百五十年，为我国思想上一大公案。今先举历代反应，然后讨论此论之各方面。

最先批评定论者为与阳明同时之理学巨儒罗钦顺（号整庵，一四六五—一五四七）。彼于一五二〇年致书阳明，指出何叔京卒于淳熙乙未（一一七五）。时朱子方四十有六岁。后二年丁酉而《论孟集注》《或问》始成。今有取于答何书四通（《定论》三十四书之三，二十二，二十三，二十四）以为晚年定论。至于《集注》《或问》则以为中年未定之说。窃恐考之欠详，而立论之太果也”。又阳明改朱子“答黄直卿书”（一）。原书只云“向来差误”。王增“定本”二字为“向来定本之误”，而序中又变“定”字为“旧”字，亦所欠当。“几此三十余条者，不过姑取以证成高论”耳。[4]数年后顾璘（字东桥，一四七六——一五四五）移书阳明，谓“又〔只〕取厌繁就约，涵养本原数说，标示学者，指定晚年之论，此亦恐非”[5]。何以为非，则顾氏并未说明。

罗钦顺辞虽严厉，而证据明确，态度公正。数十年后，陈建（号清澜，一四九七——一五六七）著《学蔀通辩》（一五四八），专攻击陆象山、王阳明与禅。攻王甚烈。陈以阳明之《晚年定论》乃仿明之赵汸与程敏政。赵汸（号东山，一三一九——一三六九）著《对江右六君子策》，以朱子答项平父书[6]有去短集长之言，便以朱陆虽异，苟陆不早死，则朱子必晚同于陆。陈谓此为朱陆早异晚同之说所由萌[7]。程敏政（号篁墩，成化二年，一四六六，进士）著《道一编》六卷。据《四库全书总目提要》云，程“编朱陆二家往还之书，而各为之论断，以见其始异而终同”[8]。陈建云，“《道一编》分朱陆异同为三节。始焉若冰炭之相反，中焉则疑信之相半，终焉若辅车之相倚。朱陆早异晚同之说于是乎成。王阳明因之遂有《晚年定论》之录”[9]。程氏谓“朱子晚年深悔其支离之失而有昧于陆子之言”。于是王阳明论序谓“朱子晚岁大悟旧说之非，痛悔极艾”[10]。陈指出“答叔京书”（二十四）有“奉亲遣日”之语，而朱子年四十丁母忧。可知此书在中年以前，非晚年也。“答何四书”，皆在未会象山（淳熙二年，一一七五）之前。[11]“答张敬夫书”（十二）

亦在《集注》未成之前，不得为晚。[12]此书只采一截，删去以下《大学》《中庸章句》略修一过等语。以其与王序所云朱子“思改正而未及”有所冲突也[13]。又“答吕子约书”(六)，阳明仿《道一编》只取一段言求放心，以为晚年之论。不知全书乃为子约耽书成病而言耳。[14]陈又指出“答黄直卿书”(一)，《文集》“正集”云“此是向来差误”[15]。此书又见“续集”，改为“此是向来定本之误”[16]，阳明“不采‘正集’而采‘续集’亦乖”[17]。陈氏云“定本”与书版无关。[18]朱子云“为学规模亦岂容无定本？……教人须先立定本”[19]。陈引朱子“答直卿书”云，“为学直是先要立本”[20]，则定本即确定本旨之意而已。陈又云，《道一编》犹取二家语以比较，王则单取朱子语。“篁墩明以朱陆为同而阳明则变为阳朱而阴陆耳”[21]。

陈氏稍后有冯柯(字贞白，壮年一五六二)，著《求是编》六十八章。以专章《晚年定论》，驳斥阳明。指出程敏政所取以为中年晚年者，阳明则反以为晚年中年。其早其晚其未定，皆以己之私意臆断之。朱子《集注》《或问》乃终身之事，不得谓为中年未定之说。朱子功夫亦烦亦约，周流不已。不得只取厌烦就约之语，以为晚年定论。其繁简次第，乃工夫之先后而非年岁早晚。阳明不解此意，“文皆洗垢索瘢，以阴其私。簸笔舌以玩侮先正，而初无委曲调停之意”[22]。

后冯柯数十年之孙承泽(一五九二——一六七六)，著《考正晚年定论》二卷。《四库全书总目提要》云，“是书以王不言晚年始于何时，特欲借朱子之言以攻朱子，不足为据。乃取《朱子年谱》《行状》《文集》《语类》等书，详为考正。以朱子年四十五后，无一言合于陆氏，亦无一言涉于自悔”。《提要》评之曰，“罗钦顺所辨已极为明晰。是书特申而明之，固不出罗书之外”[23]。顾炎武（称亭林先生，一六一三—一六八二）在其《日知录》备述罗钦顺、陈建、孙承泽之言，力击阳明之诬朱。引孙语云，“困知之记，学蔀之编，固今日中流之砥柱矣”。又比阳明之良知于王衍（一一五六—一二一一）之清谈与王安石（一〇二一—一〇八六）之新政，以为二王祸世之罪，甚于桀纣[24]。

继而攻击阳明者为陆陇其（字稼书，一六三〇—一六九二）。陆氏云，“自阳明王氏倡为良知之说，以禅之实，而托儒之名。且辑《朱子晚年定论》，以明己之学与朱子未尝异。龙溪（王畿，一四九八—一五八三）、心斋（王艮，一四八三—一五四一）、近溪（罗汝芳，一五一五—一五八八）、海门（周汝登，一五四七—一六二九）之徒从而衍之，王氏之学遍天下”[25]。陆氏以阳明于“程朱之言，有可假借者即曰，程朱固若是也。有不可假借者即曰，此其中年未定之论也。黑白清而雅郑混”[26]。总言之，王氏假借朱子，阳儒阴禅。攻王之势，于陇其达乎极峰。其后阮元（一七六四—一八四九）著《书东莞陈氏学蔀通辩后》，引朱子“致李季章书”[27]，“答应仁仲书”[28]，“答叶味道书”[29]，与易箦前一日“致黄直卿书”[30]，以见朱子晚年修礼之益精益勤。阮氏云，“若如王阳明诬朱子以晚年定论之说，直似朱子晚年厌弃经疏，忘情礼教，但为禅家之简静，不必烦劳，不必凄黯矣”[31]。惟阮氏以陈诋陆氏病狂失心，未能平允。删去《通辩》之疾狂失心等语。仍以陈建为表章正学，无非欲辨朱子之诬云[32]。

以上可见此一百五十年间《晚年定论》之巨澜激荡，攻之者众，护之者少。仅王门刘宗周与李绂为争一词。刘宗周（号念台，称蕺山先生，一五七八—一六四五）于其阳明《传信录》卷二所录《朱子晚年定论序》下按语曰，“先生自供供人处，俱确凿无疑。朱子闻道毕竟在晚年”[33]。宗周之学沿袭阳明，因阳明良知只是独知时之教而发扬慎独之旨。因是谓“朱子之解大学也，先格致而后授之以诚意。先生(阳明)之解大学者，即格致为诚意。其于工夫，似有分合之不一同。然详二先生所最吃紧处，皆不越慎独一关。则所谓因明至诚以进于圣人之道一也。故先生有《朱子晚年定论》之说[34]。依刘氏所说，则朱子不特晚年合于阳明，且合于宗周矣。

李绂(字穆堂，一六七三—一七五〇)继宗周之后，著《朱子晚年全论》八卷。采自《文集》共得三百七十余篇。据《四库全书总目提要》云，李氏“取《朱子文集》正、续、别三集所载，自五十岁至七十一岁。……此书皆以朱子悔悟为言。又举凡朱子所称切实近理用功者，一概归之心学”[35]。其所取朱子年岁，盖欲改正阳明抄选朱子中年书札之误。其目的在为《学蔀通辨》报仇，然方法与主见，与阳明无异也[36]。

综上所引，其批评阳明之处，不外四点。一为其误以中年之书为晚年所缮。二为其以《集注》《或问》为中年未定之说。三为其断章取义，只取其厌烦就约之语与己见符合者。四为其误解“定本”，且改为“旧本”。阳明自辩，在其“答罗整庵少宰书”。只云，“中间年岁早晚诚有所未考。虽不必尽出于晚年，固多出于晚年者矣”[37]。至于断章与定本两点，则置之不论。其维护阳明者如刘宗周，不特无以实其说，且蹈其覆辙。如谓朱子因明至诚，而不提朱子“明诚两进”[38]是也。李绂亦然。只取《朱子文集》而不采朱子终生用功之《四书集注》《或问》，又皆以朱子悔悟为言。可谓阳明一误而李绂再误也。“定本”“旧本”并非阳明故为曲解以惑人，而乃其确信朱子所谓定本实指订定之版本，而答黄直卿书“向来定本”乃“旧本”之意。是以《传习录上》答杨士德问，亦申朱子晚年方悔之意，而士德亦引朱子“向来定本之误”之言[39]。若谓故意曲解，希引人信，则师生谈话之间亦如此耶？阳明误会不可掩，但其诚意亦不可掩也。朱子易箦之前改《大学》注与修《礼》，阳明未尝不知。但从其观点，此乃小事，而朱子之弃繁就简乃其思想全部之展化，此亦阳明所确信，而非立意颠倒是非以遂其私也。其谓《语类》为朱子门人挟胜心以附己见，诚言之过激。然李性传（嘉定，一二〇八—一二二四—进士）《朱子语续录后序》即谓“语录（《语类》）与《四书集注》异者，当以书为正”[40]。盖语录为朱子晚年思想所荟萃，然门人各闻一义，难免参差。《四书集注》《或问》以《大学或问》为最精彩。然阳明既不以朱子《大学章句》与其第五章补传为然，则其连他注均不采用，亦属自然。

攻击阳明者几全集中于其以中年书札为晚年定论。罗钦顺指出何叔京四书皆在朱子四十六岁以前。陈建又指出“答张敬夫书”（十二）亦在《集注》未成之前。其谓“与吕子约书”（六）[41]与“答林择之书”（十八）为早而非晚[42]，则无实据。然此亦三十四书之极小数耳。无怪阳明云固多出于晚年矣。今考三十四书全部内容，未尝不可稍为阳明辩护。今假定朱子四十八岁以后其全生最后三分之一（一一七八—一二〇〇）为晚年，则所选之书，固多属此。“答吕子约第一书”（二）“谈王说伯”之语，盖指淳熙十二年（一一八五）与陈亮之争辨。“答潘叔昌书”（四）云，“熹以目昏，不敢着力”。“答潘叔度书”（五）云，“目力全短”。“与周叔谨书”（七）云，“近来吕陆门人互相排斥”。“答陆象山书”（八）《象山年谱》载在淳熙十三（一一八六）[43]。“答符复仲书”（九）称“陆丈”，则是陆象山绍兴四年（一一九三）死后所书。“答吕子约之第三书”（十）谓“老病”，又谓“诗说久已成书”[44]，《诗集传》成于淳熙七年（一一七七）。“与吴茂实书”（十一）云曹立之、万正淳来访。此为淳熙九年（一一八〇）事。[45]“答潘叔恭书”（二十）云“诗说已注”[46]，可知在淳熙四年（一一七七）以后。“答刘子澄之第二书”（三十四）云，“二友云亡”，指张南轩与吕东莱。张死于淳熙七年（一一八〇），吕死于八年（一一八一）。以上十书，均可证为晚年。其不能确证而似近晚年者，有“答吕伯恭书”（十三）言《近思录》补定即印[47]，“答周纯仁书”（十四）云印书[48]，“答林择之之第一书”（十七）云“衰苦之余”。“答林择之第二书”（十八）陈建谓阳明以早为晚。然书中谓陆子寿兄弟门人相访，当是淳熙二年（一一七五）鹅湖之会以后之事。“答梁文叔书”（十九）云“畿道相叙”[49]。畿道即赵师渊，乃淳熙五年（一一七八）进士。“答杨子直书”（二十六）云“近因病后”。“与刘子澄之第一书”（二十九）云“得闻到都”[50]。刘生于绍兴九年（一一三九），到都当在淳熙五年（一一七八）年间。“与林择之第四书”（三十）言忧苦，欲往临川，与南轩踪迹不定[51]，均似晚年。凡此八书，均可为晚。此外“答黄直卿”（一）、“与吕子约”（六）（十六）（三十一）、“答窦文卿”（十五）、“答林充之”（二十一）、“答林择之”（二十五）（三十三）、“与田子真”（二十七）、“答陈才卿”（二十八）、“与答吴德夫”（三十二）共十一书，均无史实可据，不能定为早年晚年。统计决为早年中年者五，决为晚年者十，似为晚年者八，无史实可据者十一。以多数论，仍属阳明。

书札为朱子议论较详，则其专靠《朱子文集》，未可厚非。其最大缺点，在断章取义，独取所好。其摘朱子之语以为定论，亦如早年摘取五经之语以为吻合耳。所采三十四书实只代表二十三人。朱子与通讯者，所知者约四百三十人。今取几不及二十分之一。即此可见其所谓晚年定论，分毫无代表性。朱子致书所存者约一千六百余通。以朱子思想之渊博，若谓选三数十书便可断其定论，则任何言说，均可谓为定论矣。且朱子致张钦夫书四十七通[52]，为朱子论学书札之最重要者，南轩又为朱子切嗟最深之讲友。阳明只择其一书之一小半（十二），以示朱子“常苦求之太过，近日乃觉其非”。此书云欲注孟子而日力未及[53]，必在淳熙四年（一一七七）《论孟集注》成书之前。朱子与吕伯恭书“正集”一百通，“续集”一通[54]。今只取其一书之六行，以示“朱子因悟向来涵养功夫全少”（十三）。此书虽无年月，然观其《近思录》尚多脱误，已改正之语[55]，则为淳熙二年（一一七五）编《近思录》一两年内之事无疑。是则朱子中年，非晚年也。较后淳熙四年（一一七七）答张敬夫另一书，谓“学者须更令讲读经史，乃有可据之地”[56]，反而不取。而于淳熙七年（一一八〇）谓陆象山亦教人读书[57]之第八十一书，亦半句不用。致胡广仲、吴晦叔、王子合、程正思与项平父等书[58]，其重要性不下于何叔京、林择之等之书。今全然弃之。如是去此取彼，无非以意用事而已。

至于阳明《朱子晚年定论》之动机，言者不一。罗钦顺以事论事，只论其“证成高论”，而未尝谓其用意为何也。陈建则不然。一则曰，“皆是借朱子之言以形朱子平日之非，以著象山之是。……一则借朱子以誉象山，一则挟朱子以令后学”[59]。再则曰，“阳朱而阴陆”[60]，“援朱入陆”[61]。三则曰，“阳明见世人所信者朱子也。于是集为朱子之论以诱之，而一语不及于陆。人但知其为朱子之言，何疑而不从也？”[62]冯柯谓阳明“自幸己说之不谬于朱子。盖欲援儒以入墨，推墨以附儒耳”[63]，亦即陈建援朱入陆之意。孙承泽谓阳明欲借朱子之言以攻朱子。在陆陇其则阳明假借朱子，阳儒阴禅，与陈建阳朱阴陆同一口气，盖拥朱者皆以陆为禅也。总其说，不外谓阳明诬朱誉陆，援朱入陆，全是门户之见。其他意气之语，更不必论。

阳明果倒朱扶陆耶？谈宋明理学者每每陆王并论，称为心学。二者哲学均基于心即理之说，以与程朱学派性即理之说相对峙。从哲学思想进展言，固是正确。若谓王之哲学来自象山，或谓王氏全然拥陆，则并不然。盖王赞美象山亦批评象山，而其致良知与知行合一之义，并未为象山所想及也。阳明谪守龙场，年三十八（一五〇九）。提学副使席书（字元山，生卒年不详）聘主贵阳书院。元山问朱陆同异之辨。阳明不语朱陆之学而告之以其所悟之知行合一。明日元山复来，乃举知行本体，而谓“朱陆异同，各有得失，无事辨诘。求之吾性，本自明也”[64]。可知阳明全部精神注乎自创新见。于朱陆之辨，未感兴趣。据《年谱》记载，在此以前未见对陆氏有何特殊关系。虽谓元山首次引其注目，亦无不可。十一年后（一五二〇，年四十九）乃序《象山文集》。其时阳明巡抚江西赣南与福建汀州、漳州等处。《古本大学》《朱子晚年定论》与《传习录》上卷均已刻出。抚守李茂元氏重刻《象山文集》，请阳明为之序。阳明书七百言，谓孟子之后，世儒析心理为二而精一之学亡。至宋周程二子（周敦颐与程颢）始复追孔门之宗。“自是而后，有象山陆氏。虽其纯粹和平，若不逮于二子，而简易直截，真有以接孟子之传”[65]。又谓“世议以其尝与朱子异，诋之为禅。此不外持胜心理。盖朱陆是非同异，不待辨说也”[66]。观此并非抑朱扬陆。而为析心理为二之言，乃其本人对朱子之批评[67]，非尊陆也。翌年（一五二一）以象山文庙尚缺配享之典，子孙未沾褒崇之泽，乃牌行象山家乡抚州金溪县官吏，免陆门嫡派子孙差役并选俊秀子弟送学肄业。是年席书寄《鸣冤录》，为象山被排而伸冤。阳明复书重申言“象山之学，简易直截孟子之后一人”，但云“其学、问、思、辨，致知、格物之说，亦未免沿袭之累”[68]，亦赞亦评。然席元山为象山鸣冤，决然于阳明发生刺激。于是次年（一五二二）“答徐成之第一书”，仍以朱陆异同，各有其是。不可左此右彼[69]。同年第二书仍以朱陆有异，不失为圣人之徒。但儒者目陆为禅，则诚可冤。故“欲冒天下之讥，以为象山一暴其说”[70]。据钱德洪（号绪山，一四九七——一五七四）序云，“吾师自谓天下是朱非陆，论定既久，一旦反之为难。二书姑为调停两可之说，使人自思得之”[71]。又明年，嘉靖二年（一五二三），年五十二。“寄席元山书”，仍提《鸣冤录》。则其为象山一暴之为元山所影响无疑。“祭元山席尚书文”谓“往年与公论学于贵州，受公之知实深。近年以来，觉稍有进。思得与公一面，少叙其愚”[72]。上文谓“世方党同伐异，而公独卓然定见”[73]，则元山于阳明所熏染，至少于朱陆异同方面为然。论者从未归功元山。此又可为彼鸣冤者也。嘉靖三年（一五二四，年五十三），阳明“启周道通书”劝其且论自己是非，“莫论朱陆是非”[74]，贯彻其公平主张，并未有何特列表彰或袒护象山之处。三年后（一五二六）且批评之。其“答友人问”云，“致知格物，向来儒者皆相沿如此。故象山亦遂相沿。象山见得未精一处，不可掩也”[75]。五年前“与席元山书”已谓象山未免沿袭，今则进一步而直谓其未见精一。《传习录下》答陈九川之问，谓“象山只还粗些”[76]。阳明未释此“粗”字意义云何。学者释者亦少。唐君毅以阳明“不同于象山之重明道辨志，以发明本心，而次中和戒惧等工夫之教”，故称象山为粗[77]。证以上引“与席元山书”谓象山学、问、思、辨为沿袭，而答友人问谓相沿未见精一，则唐氏之说可通。陆澄问象山“在人情事变上做工夫”[78]，阳明谓更须致中和[79]。亦可谓其评象山欠缺中和之教。杜维明以阳明大概觉得象山未尝有深切之人生经验以扶助其学说，故谓之粗[80]。九川再问，谓“看他论学，篇篇说出骨髓，句句似针膏肓。却不见他粗”。阳明曰，“然。他心上用过功夫，与揣摩依仿，求之文义，自不同。但细看有粗处。用功久当见之”。此处侧重用功，似可谓象山用功尚未见久。如是则杜氏解释，亦是近理。湛若水（号甘泉，一四六六——一五六〇）曾举象山四海圣人同此心理与宇宙内事皆己分内事之语[81]。阳明以非加切实之功，则所谓大者，亦虚见而已[82]。山田准谓象山之格物论，先知后行，乃是旧说，故粗[83]，然何以相沿为粗，仍待解释。以上解释分两方面，一重功夫，一重学说。窃谓“粗”字当以“精”字说。阳明谓象山见得未精一处，可以见之。

阳明最重精一。精一之训，来自《书经·大禹谟》，“人心惟危，道心惟微。惟精惟一，允执厥中”。此为儒家心传之十六字诀。阳明于此亦去亦取。阳明评朱子“道心常为一身之主，而人心每听命”之语[84]云，“心一也。初非有二心也。今曰道心为主而人心听命，是二心也”[85]。阳明不采人心为私欲，道心为天理之说。此处与象山同。象山云，“谓人心人伪也，道心天理也。非是”[86]。阳明谓博文为精，约礼为一[87]。又谓“博学、审问、慎思、明辨、笃行，皆所以为惟精而求一”[88]，即执中进一步之解释。然彼谓修身、正心、诚意、格物只是一事。此所以为精一之学[89]，乃一时并了，与学、问、思、辨、行之逐步上进，有所先后不同。阳明之学，知行合一，心理不分。精一之学以理言[90]，而理不可分。阳明评朱子“析之有以极其精而不乱，然后合之有以尽其大而无余”之语[91]云，“恐亦未尽。此理岂容分析？又何须凑合得？圣人说精一自是尽”[92]。精一之理即天理。精一之学即朱子所谓“尽夫天理之极而无一毫人欲之私”[93]，阳明以此语为“得之”[94]。即是“此心纯乎天理之极”[95]。天理即良知[96]。致良知便为精一之学[97]。故“所谓博学反约，皆所以用中而致其精一于道心。道心者，良知之谓也”[98]。良知之致，不待见闻。苟待见闻，便非精一。[99]其本人居夷三载，处困静养。精一之功，超入圣域。[100]总言之，精一之说，基乎其知行合一与致良知两说而言。则象山格物知行学说固粗，其修养方法亦粗也。

从上所述，则普通所谓阳明有得于象山者厚，或谓其说为象山心学之开展，均乏根据。在贵阳时席书与之论象山，阳明并无表示特殊兴趣，以后只欲为象山伸不平，并未尝为象山打先锋也。至其称赞象山为真有以接孟子之传，乃赞其简易直截，而非赞其学统之全。即论其全，亦可谓周、程、象山，各自直溯孟子，而阳明本人之学，亦重在自得，无需象山以为桥梁也。

阳明既非扬陆，是否抑朱？此一问题不易解决。其扬乎？其抑乎？其阳扬而阴抑乎？据阳明“朱子晚年定论序”谓“喜朱子之先得我心之同然”[101]。“答罗整庵书”谓“大意在委曲调停”[102]。“与安之书”云，“留都时偶因饶舌，遂致多口。攻之者环四面。取朱子悔悟之说，集为定论。聊藉以解纷耳”[103]。“致陆原静书”云，“今日纷纷之议……吾说卒未易解”[104]。可知其集论实因其说新奇，令人怀疑讥笑，以至攻击，故欲调停解纷。此是实情，与援朱入陆入禅无关也。

然此外尚有积极方面，即求归一是也。阳明甚重归一。“答甘泉”云,“自是而吾党之学归一矣。此某之幸,后学之幸也”[105]。又自云,“予既自幸其说之不谬于朱子,又喜朱子之先得我心之同然”[106]。施邦曜(一五八五—一六四四)评此语曰,“先生与朱子是一是二,两言可见”[107]。所谓归一者,并非承认朱子之权威地位。此可于其道统观念见之。朱子建立道统,由伏羲、神农、黄帝、尧、舜、禹、汤、文、武、周公、孔子、曾子与子思、孟子、周子,而二程[108]。朱子直以继承道统自任。“大学章句序”云,“亦幸私淑〔二程〕而与有闻焉”。又“沧洲精舍告先圣文”云,“晚逢有道”[109]。而其弟子黄榦(字直卿,一一五二—一二二一)所作《行状》亦云,“道之正统,待人而得传。……由孟子而后,周程张子继其绝,至先生而始著”[110]。又“徽州朱文公堂记”云,“周程张子之道,文公朱先生又继之,此道统之正传,历万世而可考也”[111]。又“汉阳军学五先生祠堂记”云,“濂溪周先生实倡其始,新安朱先生实成其终”[112]。如是言之屡屡,在朱门以朱子继承道统,绝无可疑。元代朱子独尊,至明而此系统已坚立不移。阳明于朱子所立道统,大体承受,然始终未尝承认朱子在道统中之地位。且居然以己代之。三十四岁赴龙场时“答湛若水赠诗”云,“洙泗流浸微,伊洛仅如线。后来三四公,瑕瑜未相掩。嗟予不量力,虽蹩期致远”[113]。意谓朱子等人,已乏继承道统资格,而彼则雄心勃勃,有如青年时有志经略四方。四十一岁为吏部郎中,乃更进一步,以私淑周程自待,似与朱子争私淑之地位。其“答储柴墟书”云,“仆常以为世有周程诸君子,则吾固得而执弟子之役,则大幸矣”[114]。同年“别湛甘泉序”云,“孟轲绝又二千余年而周程续。自是而后,学益支离。……赖天之灵,固有所觉。始乃沿周程之说求之,而若有得焉”[115]。此云若有得焉,尚未敢以道统自居。又云沿周程，非沿陆也。自四十七岁刻古本《大学》与《朱子晚年定论》与五十岁揭致良知之教以后，五十四岁则直以道统为己任矣。是年“书魏师孟卷”云，“自孔孟既没，学失传几千百年。赖天之灵，偶复有见，诚千古之一快”[116]。几连周程都皆抹杀，而自己直承孟子绝学。然此行文之便耳。次年，弟子聂文蔚谓其“思、孟、周、程，无意相遭于千载之下”[117]，即谓其师于朱子所定道统取朱子之地位而代之矣。阳明与象山异者，则象山谓孟子不复传[118]。又谓“伊洛诸公得千载不传之学，但草创未为光明”[119]。其本人之学，乃“因读《孟子》而自得之”[120]。“区区之学，自谓孟子之后至是而始一明也”[121]。阳明则谨守朱子所定周程承孟之说。

阳明最崇周程，然此周程与朱子所尊二程有所不同。理由亦异。朱之周程，濂溪伊川也。阳明之周程，则濂溪明道也。程氏兄弟意见每多相同，故朱子常只称“程子”。其所引“论性不论气不备，论气不论性不明”[122]，《朱子语类》以为伊川语[123]，又以为明道语[124]。而《语类》他处[125]，与《文集》[126]则只云“程子”。可知兄弟议论多同。学者每以明道一元，伊川二元，未免求之太刻。然朱子致知格物与居敬穷理之说，多沿伊川。故在朱子，程子每指伊川，而阳明则指明道。其所谓周程，非指濂溪伊川，亦非指濂溪与二程也。《象山文集》序谓“周程二子”[127]，至为显然。阳明年三十游九华。闻地藏洞有异人访之。异人告以周濂溪程明道是儒家两个秀才[128]。则其崇拜濂溪明道，由来久矣。故《晚年定论》序谓“洙泗之传至孟子而息。千五百余年，濂溪明道始复追寻其绪”[129]。

阳明之推重周子与朱子之推重周子大异其趣。朱子尊周子以其太极之论，阳明尊周子则以其修养之教。朱子若无周子《太极图说》“太极动而生阳，动极而静。静而生阴，静极后动”之说[130]，则理气关系无从成立，而理一分殊之哲学无以完成。故其哲学以周子太极思想为首，成为新儒学之典型。阳明则绝少言太极。《传习录》只一见[131]。然乃从阴阳动静而言，非讨论太极。阳明“谒濂溪祠”谓“千年私淑心丧后”[132]。其钦佩周子，可谓至矣。其所以如是景仰之由，乃在其心性之旨。阳明云，“周茂叔窗前草不除[133]，是什么心”[134]？《象山文集》序云，“至宋周程二子，始复追寻孔颜之宗，而有‘无极而太极’，‘定之以仁义中正而主之静’[135]之说”[136]。此处虽言无极太极，而重点在主静之说。[137]又上文云孔颜之宗，显示颜渊为圣门正宗。彼以见道之全者唯颜子。颜子没而圣学之正派遂不尽传。[138]故山东乡试特问古人之言曰，志伊尹之所志，学颜子之所学[139]，并谓非礼勿视，非礼勿听，非礼勿言，非礼勿动[140]，与单瓢陋巷而不改其乐[141]，惟颜子可以论此[142]。其四勿之训，盖圣贤心学之大也。[143]又云颜子在心地上用功。[144]颜子有不善未尝不知，知之未尝复行。[145]王云，“此是圣学真血脉路”[146]。由此可见阳明心目中颜子与心学之关系。周子追寻颜子之宗，故《通书》云，“志伊尹之所志，学颜子之所学”[147]。

阳明之尊崇明道，亦以其心性之学而非在其性气之论。《年谱》云，阳明年十七“读明道先生书曰，‘吾作字甚敬。非是要字好，只此是学’[148]。既非要字好，又何学也？乃知古人随时随事，只在心上学。此心精明，字好亦在其中矣。后与学者论万物，多举此为证”[149]。此事对于阳明心学之发展甚属重要，盖此乃其心学之开始也。盖此尚在其谒娄一斋之前一年。其心醉于养生，今乃转为心学。此一转移，可谓阳明一生之大关键也。故与其谓娄谅为阳明圣学之发动，不如谓明道发之之为愈也。二十年后，三十八岁，已悟致知格物知行合一之旨。由龙场归途，移书与诸生论学曰，“明道云，‘才学便须知有着力处，既学便须知有得力处’[150]。诸友宜于此处着力，方有进步”[151]。又十年，四十九岁，以周程二子，为续传孔颜之宗，谓“〔周子〕定之仁义中正而主静之说，〔明道〕动亦定，静亦定。无内外，无将迎之论[152]，庶几精一之旨矣”[153]。此说明其所以以周程继承孟子之故，乃在其精一之学也。嘉靖三年（一五二四），年五十三，启周子《通书》，举明道“君子之学，莫若廓然而大公，物来而顺应”之言[154]，谓“濂溪主静之言，亦是此意”[155]，又可为证。如是三四十年，浸染明道。卒于嘉靖六年（一五二七，五十六岁）直以明道自家体贴出来之天理[156]为良知[157]。刘宗周云，“此是先生的派明道处”[158]。可谓至言。

明道心学对于阳明心学之影响，更可于其引述明道见之。《传习录》引明道查有十六处，《文集》所引有七处，共二十三处。除一处论性固善，然善恶皆天理[159]与两处论性气[160]外，余皆涉心学，言诚敬、体仁、为学、立志，期为圣人。尤其是“答横渠定性书”中之动静皆定，廓然大公，物来顺应之语。所引二十余条中，几乎一半引用此语。[161]

阳明所引明道诸语，亦朱子所常用者。朱子性即理之哲学固沿伊川，然朱子亦重心学。理学与心学并非相背而驰。近人谓程（伊川）朱为理学，明道以至陆王为心学，实划分过分。诚如上文所云，二程意见每每一致。朱子继承二程，非只一程也。故阳明之依重明道，亦即依重朱子。今考其参究朱子，并指出其何处赞同，何处反对，可见一斑。

考阳明之研读朱子为期颇晚。十一岁对塾师云读书学圣贤，恐只《四书》，未及朱注。年十七仍专意于道家修养之术。十八岁谒娄谅。娄语以宋儒格物之说，亦即朱子格物之说，则始与朱子学说发生直接关系。是年讲析经义，则读朱注无疑。据《年谱》，二十一岁为宋儒格物之学，遍求朱子遗书读之，并与钱友向亭前竹子穷格。则其时读朱了实无心得。盖朱子未尝教人如此格物也。即依朱子《大学》第五章补传，“致吾之知，在即物而穷其理”。而指竹穷格，误以朱子为向外，忽略朱子“因其已知之理而益穷之”之言。而于朱子《大学或问》详论格物诸端与穷理之方，似未读过，或者竟置朱子方法于度外，而另设途径，亦其人格不羁之本色也。据《年谱》，阳明年二十七读朱子“上宋光宗疏”有“居敬持志，为读书之本。循序致精，为读书之法”之言[162]，心颇诚服，然又感物理吾心终若判而为二，即其格竹失败之由。沉郁成病，仍思养生，则于朱子已起怀疑。[163]然二十年间，于朱子之学，未尝深究。至年四十三（一五一四）官留都时乃复取朱子书而检求之。[164]此次读朱必勤。虽是年为《晚年定论》，只采《朱子文集》，然单以《传习录》观之，查引朱子共二十次。其中十一来自《集注》，六引来自《或问》，两引来自《文集》，一由《语类》。可知阳明读朱甚广，又不限于《定论》之烦约涵养问题。盖《传习录》所引关于天理人欲，心与理、尊德性、良知、性气等问题也。然凡所引，几全与朱子针针相对。朱子云，“事事物物之皆有定理”，阳明以为“都是义外”[165]。朱子谓道心为主，人心听命。阳明云，“天理人欲不两立，安有天理为主”[166]？朱子云，“恶者可以惩创人之逸志”，阳明谓不得其说。[167]朱子云，“人之所以为学，心与理而已”。阳明以为此是二之。[168]朱子云，“析之有以极其精而不乱，然后合之有以尽其大而无余”。阳明云，“此理岂容分析？又何须凑合得”[169]？朱子云，“学为效先觉之所为”。阳明谓如此“只说得学中一件事”[170]。朱子谓曾子三省“于其用处盖已随事精察而力行之”。阳明则以为未尽。[171]朱子谓修道之谓教，乃圣人品节吾性之固有。阳明则以道即性即命，本是完全。何须品节？[172]朱子以孔子告颜渊为邦之问是立万世常行之道。阳明以为不然。[173]朱子曰，“心虽主乎一身，而实管乎天下之理”。阳明亦以此分心理为二。[174]朱子以尽心存心等为圣人之事，而阳明则以为贤人之事。[175]朱子《大学补传》云即物而穷其理，阳明谓此析心理为二。[176]朱子云，“才说性便有气质之杂”。阳明云性气不可分。[177]朱子以聪明睿智为质，阳明反对之。[178]阳明以朱子不应将察之，验之，索之为一例，不分轻重。[179]又以朱子误分尊德性道问学为两事。[180]

以上专与朱子全面对垒，未见委曲，实无调停之可能。只以朱子“尽夫天理之极而无一毫人欲之私”之语为“得之”[181]。并以朱子引范浚（壮年，一一四六）“心箴”“天君泰然，百体从令”为有主宰。[182]又以朱子“人虽不知而己所独知者”为“此正是吾心良知处”[183]。又承认朱子亦以温故属之尊德性。[184]

至于支离一节，乃《象山文集》中攻击朱子之点。阳明似与象山同调。然又若即若离。《定论》序云，“周程……自后……日就支离决裂”[185]。“别湛甘泉序”云，“周程自是而后学益支离”[186]，显指朱子。“紫阳书院集序”则谓朱子白鹿洞书院学规各为一事，而世之学者，往往失之支离。[187]以后屡谓世之儒者支离琐屑。[188]然答徐成之第二书论朱陆异同，则又谓朱子平日汲汲于训解。世之学者挂一漏万，议其支离。“不知此乃后世学者之弊，而当时晦庵之自为，则亦岂至是乎”[189]？是则朱子非支离矣。

《传习录》对话年期难定。然上册已于正德十三年（一五一八）刊出，则必比《定论》为早。《定论》与朱子同而《传习录》反先与朱子异。岂非阳明本人晚年痛悔，而同于朱子耶？抑又自相矛盾耶？是皆未必然。盖两人思想，有同有异。对于朱子得于伊川格物之说，不能会同。而于朱子得于明道心性之学，则谓先得我心之所同然。阳明单采一边以为定论。实则非朱子之定论，而乃阳明之定论也。其必靠朱子以为定论者，盖由其必求与朱子归一之故。

阳明年二十七不以朱子心理为二为然，沉郁成病，盖因与朱子两不相同，而于朱子涵育熏陶之说，尝以为喜。[190]自辩与朱子时有不同，则曰，“吾之心与晦庵之心，未尝异也”[191]。遭人议论，则曰，“伊川晦庵之在当时尚不免于诋毁”[192]。其自辩与朱子格物之训不合处，则曰，“就如朱子亦尊信程子。至其不得于心处，亦何尝苟从”[193]？总之在以朱子为模范。于是其思想之大部分，不能越出宋学之范围。在龙场悟格物致知之旨，必求诸五经之言以证之。其格物之教与朱子迥异。然必依归《大学》古本，始终不能走出朱子以《大学》为基之立场。在龙场已录《大学》古本。[194]两年后乃作序。[195]古本之释，其短序凡三易稿。[196]凡此疑虑，可于其“答罗整庵少宰书”见之。[197]此可见阳明对于朱子之敬奉，亦可见阳明之沿袭宋学。彼谓象山为沿袭，为粗，恐亦以五十步笑百步耳。

阳明之依归朱子，刘宗周于其《阳明传信录》言之最妙。阳明云，“志道恳切，固是诚意，然急迫求之，则反为私己”[198]。刘氏云，“此语自是印过程朱”[199]。宗周又云，“先生既言格致即中庸明善之功，不离学、问、思、辨、行，则与朱子之说何异”[200]？又云，“天理人欲四字，是朱王印合处。奚必晚年定论”[201]？又云，“先生语录其言去人欲存天理者，不一而是。又曰至善是心之本体，然未尝离事物[202]。又曰尽乎天理之极处[203]，则先生心宗教法，居然只是宋儒矩矱，但先生提得头脑清楚耳”[204]。阳明论中字无所偏倚。宗周云，“此即朱子主静之中，无所偏倚之说。先生则直以良知二字贯之”[205]。宗周思想，大体因袭阳明，又拥护其《朱子晚年定论》之议，而不知其指出阳明之有得于朱子，不只一端也。钱穆亦谓“守仁之说，始终未能摆脱尽朱熹的牢笼”[206]，不过未细言耳。

刘氏所举之外，吾人尚可增补三点，而此三点适为阳明学说之骨髓。一为阳明屡言至善是心之本体。乃引“尽乎天理之极而无一毫人欲之私”以释之。[207]此语出自朱子《大学章句集注》“明明德”。二为阳明解独知为良知，谓“人虽不知而己所独知者。此正是吾心良知处”[208]。首语出自朱子《大学章句》释“诚意章第六”。是阳明之释良知，有得于朱子矣。其三为最重要者。阳明云，“虚灵不昧，众理具而万事出。心外无理，心外无事”[209]。又曰，“明德者天命之性。灵昭不昧，而万理之所以出也”[210]。朱子注大学“明明德”云，“明德者，人之所得乎天，而虚灵不昧，以具众理而应万事者也。但为气禀所拘，人欲所蔽，则有时而昏。然其本体之明，则有未尝息者。故学者当因其所发而遂明之，以遂其初也”。阳明亦云，“其或蔽焉，物欲也。明之者，去其物欲之蔽，以全其本体之明耳”[211]。直述朱子之言，几一字不改。至善之心、良知、与明明德为阳明心学之三大宗旨，而皆借助于朱子。无怪阳明云，“仆于晦庵亦有罔极之恩”[212]，直比朱子于皇天父母。又谓“平生于朱子之说如神明著龟"[213]。阳明尝问，"仆平日于晦庵何如哉"[214]？答案可不言而喻矣。

[本文原载《中国书目季刊》，第十五卷，第三期（一九八一，十二月，页十五至三十四。]

附　注

1　《元史》（百衲本），卷八十一，"选举志"，页二下。

2　《传习录下》，第三一八"众人"条。《王文成公全书》（四部备要本），卷三，页十一上。

3　《传习录下》，全书卷三，"朱子晚年定论序"，页六十三下至六十四下。又卷七，页二十一上至二十二下。

4　《困知记》（天启二年壬戌，一六二二年本），"附录"，卷五，页四上至六上。

5　《传习录中》，第一三五条"答顾东桥书"引。《全书》，卷二，页八下。《全书》，卷三十四，页十八下，《年谱》误作嘉靖四年（一五二五）。《传习录》中册嘉靖三年已刻矣。

6　《朱子文集》，卷五十四，页六上。

7　《学蔀通辨》（正谊堂全书本），"提纲"，页一上。又卷二，页十下。

8　《四库全书总目提要》，页一九六八，"道一编"条。

9　《学蔀通辨》，"提纲"，页一上；卷一，页三上；卷二，页三下。

10　同上，卷一，页七下。

11　同上，卷一，页三上，四上。

12　同上，卷二，页三上。

13　同上。

14　同上，卷二，页三下至四上。

15　《朱子文集》，卷四十六，页三十下。

16　《朱子文集》，"续集"，卷一，页三下。

17　《学蔀通辨》，卷二，页五下。

18　同上。

19　《朱子文集》，卷三十四，"答吕伯恭第九十三书"，页三十四上。

20　《朱子文集》，卷四十六，页三十下。

21　《学蔀通辨》，卷三，页十五下。

22　《贞白五书》（四明丛书本），"求是编"，卷四，页四下。

23　《四库全书总目提要》，页一九九九，"考正晚年定论"条。提要原文罗钦顺误作罗洪先。

24 《日知录》(国学基本丛书本), 卷十八, 页一一六至一二一, "朱子晚年定论" 条。

25 《三鱼堂文集》(武林薇署同治七年, 一八六八年本), 卷二, 学术辨上, 页一至二。

26 同上, 页一下。

27 《朱子文集》, 卷三十八, 页四十下至四十一下。

28 同上, 卷五十八, 页十二下。

29 《朱子文集》, 卷五十八, 页二十七上。

30 同上, 卷二十九, 页二十三上。

31 《研经室续集》(四部丛刊本), 卷三, "复性辩", 页五下至六上。

32 同上, 页七下, "学蔀通辩序"。

33 《刘子全书遗编》(道光庚戌, 一八五〇年本), 卷十二, "阳明传信录" 三, 页十二下。

34 刘宗周:《师说》"王阳明守仁" 条, 见《明儒学案》, "师说", 页四下。

35 《四库全书总目提要》, 页二〇二三, "朱子晚年全论" 条。

36 参看钱穆《朱子新学案》(台北, 三民书局, 一九七一年), 第一册, 页二三一至二三二。查费熙(一七九五—一八五二) 有 "朱子晚年定论" 评述, 采入《费道峰遗书》(光绪二十年, 一八九四刊)。惜未得见。

37 《传习录中》, 第一七六 "圣人" 条。《王文成公全书》, 卷二, 页六十三下。又卷四十七, 页三十一上。

38 《朱子文集》, 卷一, "白鹿洞赋", 页二下。

39 《传习录上》, 第一百 "士德问" 条。《全书》, 卷一, 页四七下。

40 《语类》, "饶州刊朱子语续录后序"。序目, 页三 (页二上)。

41 《学蔀通辩》, 卷二, 页三下。

42 同上, 卷一, 页六上。

43 《象山全集》, 卷三十六, 页十四下。

44 《朱子文集》, 卷四十八, 页二上。

45 同上, 卷四十四, 页三十下至三十一上。年期据钱穆《朱子新学案》, 第三册, 页三一六。

46 《朱子文集》, 卷五十, 页十五下。

47 同上, 卷三十三, 页三十三下。

48 同上, 卷六十, 页一下。

49 同上, 卷四十四, 页二十八上。

50 同上, 卷三十五, 页三十六上。

51 《朱子文集》,《别集》, 卷六, 页二下。

52 《朱子文集》,《正集》, 卷三十, 页十七上至卷三十二, 页二十六下。

53 《朱子文集》, 卷三十一, "致张敬夫第二十七书", 页十五上。

54 同上, 卷三十三, 页一上至卷三十五, 页十一上。《续集》卷五, 页十下。

55 同上,《正集》, 卷三十三, “答吕伯恭第四十八书”, 页三十三下。

56 同上, 卷三十二, “答张敬夫第三十二书”, 页三下。

57 同上, 卷三十四, “答吕伯恭第八十一书”, 页二十三下。

58 “致胡氏书”, 同上, 卷四十二, 页一上至十下; “致吴书”, 卷四十二, 页十下至二十一上; “致王书”, 卷四十九, 页一上至十五上; “致程书”, 卷五十, 页二十六下至三十二上; “致项书”, 卷五十四, 页五上至九下。

59 《学蔀通辨》, 卷一, 页七下至八上。

60 同上, 卷三, 页十五下。

61 同上, 卷十一, 页二下。

62 同上, 卷十二, 页十下。

63 《求是编》, 卷四, 页五下。

64 《王文正公全书》, 卷三十二,《年谱》, 正德四年 (一五〇九), 页十五上下。

65 同上, 卷七, 页二十九上下。

66 同上, 页三十上。

67 《传习录上》, 第三十三 “或问晦庵” 条。《全书》, 卷一, 页二十五上。

68 《全书》, 卷, “与席元山”, 页四上下。

69 同上, 卷二十, 页十至十一下。

70 同上, 卷二十一, 页十五上。《年谱》系此书正德六年 (一五一一), 年四十, 误。

71 同上, 卷二, 页一上。

72 同上, 卷二十五, 页五十三上。

73 《全书》, 卷五, “与席元山”, 页五十二上。

74 同上, 卷二, 页三十五上。《传习录中》, 第一四九条, “启周道通书”。

75 同上, 卷六, 页十四上下。

76 第二〇五 “又问陆子” 条。《全书》, 卷三, 页五上。

77 《阳明与朱陆异同重辨》,《新亚学报》, 卷八 (一九六八) 第二期, 页一二六。

78 《象山全集》, 卷三十四, 页五上。

79 《传习录上》, 第三十七 “澄尝问” 条。《全书》, 卷一, 页二十五下。

80 Tu Wei-ming, *Neo-Confucian Thought in Action: Wang Yang-ming's Youth (1472-1509)*, Berkeley, California, University of California Press, 1976, p.158.

81 《象山全集》, 卷二十二, “杂说”, 页五上。

82 《王文成公全书》, 卷四, “答方叔贤”, 页四十四上。

83 《陆象山と王阳明》(东京, 岩波书店, 一九四三年), 页一百。

84 《中庸章句序》。

85 《传习录上》，第十“爱问道心”条。《全书》，卷一，页十一下。

86 《象山全集》，卷三十五，页二十三上。

87 《传习录上》，第九“爱问先生”条。《全书》，卷一，页十一下。

88 同上，中，第二五“问惟精”条。《全书》，卷一，页二二上。

89 同上，第一七条“答罗整觉少宰书”。《全书》，卷二，页六十上。

90 同上，第一五三条“答陆原静书”。《全书》，卷二，页三十七上。

91 《大学或问》（一七〇二年本），页二十四下。

92 《传习录上》，第三十五“问析之”条。《全书》，卷一，页二十五上。

93 《大学章句》注“明明德”。

94 《传习录上》，第二“爱问知止”条。《全书》，卷一，页三上。

95 同上，第四“郑朝朔”条。《全书》，卷一，页五上。

96 同上，中，第一八九条“答聂文蔚”二。《全书》，卷二，页七十四上。

97 同上，下，第二二五“先生曰我辈”条。《全书》，卷三，页十一下。

98 同上，中，第一四〇条“答顾东桥书”。《全书》，卷二，页二十下。

99 同上，第一六八条“答欧阳崇一”。《全书》，卷二，页五三下。

100 《传习录上》，“徐爱序”语。

101 《王文成公全书》，《传习录下》，卷三，“朱子晚年定论序”，页六十四下。又卷七，页二十二下。

102 同上，卷二，页六十三下。

103 同上，卷四，页四十下。

104 同上，卷五，“与陆原静第二书”，页十五下。

105 同上，卷四，“答甘泉”，页四一上下。

106 《王文成公全书》，《传习录下》，卷三，“朱子晚年定论序”，页六十四下。又卷七，页二十二下。

107 《阳明先生集要》（光绪三十二年，一九〇六本），《理学集》，卷四，页九十一上下。

108 参看拙著万先法译，“朱熹集新儒学之大成”，载《中华文化复兴》月刊，第七卷，第十二期（一九七四年十二月），页一至十四；转载《华学》月刊，第三十七期（一九七五年，一月），页二十至四十三。此文采入本书为第一篇。

109 《朱子文集》，卷八六，页十二上。

110 《勉斋集》，卷三十六，页四十八上。

111 同上，卷十九，页十九下。

112 同上，卷二十，页二上。

113 《王文成公全书》，卷十九，页二十六下。

114 同上，卷二十一，页二十上。

115 同上，卷七，页七上至八下。

116 同上，卷八，页十七上。

117《传习录中》，第一七八条，“答聂文蔚”。《全书》，卷二，页六五上。

118《象山全集》，卷三十五，页九下。

119 同上，卷三十六，《年谱》，淳熙十五年（一一八八），页十八下。

120 同上，卷三十五，页二十九上。

121 同上，卷三十六，《年谱》，绍熙元年（一一九〇），页二十一下。

122《遗书》，卷六，页十一上。

123《语类》，卷四，第四十八“蜚卿问”条，页一〇八（页十二上）；卷五十，第九十二“孟子说”条，页二一九五（页十二上）。

124 同上，卷四，第六十四“亚夫问”条，页一一三（页十五上）；第六十三“问天命”条，卷六十二，页二三七〇（页十九下）。

125 同上，卷四，第四十四“天命”条，页一〇七（页十五上）；第九十一“问子罕”条，页一二五（页二十二上）；卷五十九，第四十四“杨尹叔”条，页二二〇〇（页三下）；第四十八“问程子”条，页二二〇二（页十四上）；第五十五“横渠曰”条，页二二〇五（页十五上）。

126《朱子文集》，卷三十九，“答徐元聘”，页二十四下。

127《王文成公全书》，卷七，页二十九下。

128 同上，卷三十二，《年谱》，弘治十四年，三十岁，页九上。

129 同上，卷七，页二上。又《传习录下》，卷三，页六十三上。

130《周子全书》，卷一，页六。

131《传习录中》，第一五七条“答陆原静书”。《全书》，卷二，页四十一上。

132《全书》，卷十九，“萍卿道中谒濂溪祠”，页三十六上。

133《遗书》，卷三，页二上。

134《传习录上》，第一〇一“侃去草”条。《全书》，卷一，页四十九下。

135《周子全书》，卷一，《太极图说》，页四，页二十三。

136《王文成公全书》，卷七，页二十九下。

137《传习录中》，第一四五条“启周道通书”。《全书》，卷二，页三十二下。

138《传习录上》，第七十七“问颜子”条。《全书》，卷一，页三十九下。

139《全书》，卷三十一下，“山东乡试录”，页三十八上。

140《论语·颜渊第十二》，第一章。

141 同上，“雍也第六”，第十一章。

142《王文成公全书》，卷三十一下，“山东乡试录”，页三十八下。

143《王文成公全书》，卷三十一下，“山东乡试录”，页四十一下。

144《传习录上》，第一一三“黄诚甫”条。《全书》，卷一，页五十三下。

145《易经·系辞下》，第五章。

146《传习录下》，第二五九“孔子”条。《全书》，卷三，页二十四下。

147《周子通书》，“志学第十”。

148《遗书》，卷三，页二上。

149《王文成公全书》，卷三十二，《年谱》，页五上，弘治元年（一四八八）。

150《遗书》，卷十二，页二上。

151《王文成公全书》，卷四，“与辰中诸生”，页一下。

152《明道文集》，卷三，“答横渠先生定性书”，页一上。

153《王文成公全书》，卷十，“象山文集序”，页二十九下。

154《明道文集》，卷三，“答横渠先生定性书”，页一上。

155《传习录中》，第一四五条“启周道通书”。《全书》，卷二，页三十二下。

156《外书》，卷十二，页四下。

157《王文成公全书》，卷六，“与马子莘”，页二十六上。

158《刘子全书遗编》，卷十一，“阳明传信录”二，页十六上。《明儒学案》，卷十，“姚江学案”，页十一下。

159《传习录下》，第二二八“问先生尝谓善恶”条。《全书》，卷三，页十三上。

160《传习录中》，第一五〇条“启周道通书”。《全书》，卷二，页三十六上。《传习录下》，第二四二“问生之谓性”条。《全书》，卷三，页十八下。

161《传习录上》，第二十三“问静时”条。《全书》，卷一，页二十一上，动静皆定。第四十八“澄操守”条，卷一，页三十上，腔子即天理。第七十二“澄曰好色”条，卷一，页三十六上，大公顺应。第八十九“自格物”条，卷一，页四十一下，一体。第九十三“问程子云仁”条，卷一，页四十二上，一体。第一二一“志道问”条，卷一，页五十八上，诚敬。《传习录中》，“答顾东桥书”，卷二，页十一下，理性命。第一四五条，“启周道通书”，卷二，页三十二上，大公顺应。第一四九条，同上，卷二，页三十五上，气象。第一五六条，“答陆原静书”，卷二，页三十九下，动静皆定。第一六三条，同上，卷二，页四十七下，化滓。第一六七条，同上，卷二，页五十下，顺万事。《传习录下》，第二〇一“正德”条，卷三，页三下，顺应。第二〇二“九川问近”条，卷三，页三下，动静皆定。第二三五“问有所”条，卷三，页十五下，大公顺应。第三三一“问先儒”条，卷三，页五十六上，活泼地。《全书》，卷四，“与辰中诸生”，为学；卷五，“与刘元道”，定性；卷五，页二十下，“与共勉之”，玩物；卷五，页二十七上，“答刘内重”，远大；卷六，页二十六上，“与马子莘”，体认天理；卷六，页三十三上，“寄同志”，学圣人；卷二十二，页十四上，“轨范序”，小学可学至圣人，阳明误以为伊川语。语见《明道文集》，卷二，“请修学校尊师儒取士劄子”，页三上。

162《朱子文集》，卷十四，“行宫便殿奏劄二”，页十一上。

163《王文成公全书》，卷三十二，《年谱》，页七下至八上。弘治十一年（一四九八），二十七岁。

164 同上，页二十八下，正德九年五月；页五十七下，正德十三年七月。又《传习录下》，“朱子晚年定论序”。《全书》，卷三，页六十四上。

165《传习录上》，第二“爱问知止”条。《全书》，卷一，页三上。朱语出《大学或问》，页十五下。

166 同上，第十“爱问道心”条。《全书》，卷一，页十一下。朱语出《中庸章句序》。

167 同上，第十四“五经”条。《全书》，卷一，页十七上。朱语出《论语集注》，“为政第二”，第二章。

168 同上，第三三“或问晦庵”条。《全书》，卷一，页二十五上。朱语出《大学或问》，页六十上下。

169 同上，第三五“问析之”条。《全书》，卷一，页二十五上。朱语出《大学或问》，页二十四上下。

170 同上，第一一一“子仁问”条。《全书》，卷一，页五下。朱语出《论语集注》，“学而第一”，第一章。

171 同上，第一一二“国英问”条。《全书》，卷一，页五十三上。朱语见《论语集注》，“里仁第四”，十五章。

172 同上，第一二七“马子莘问”条。《全书》，朱一，页六十二上下。朱语见《中庸章句》，第一章。

173 同上，第一二八“黄诚甫问”条。《全书》，卷一，页六十三下。朱语见《论语集注》，“卫灵公第十五”，第十章。

174 《传习录中》，第一三三条“答顾东桥书”，《全书》，卷二，页五下。朱语出《大学或问》，页六十一下。

175 同上，（第一三四条）“评朱子注《论语·述而第七》”，第一章。

176 《传习录中》，第一二五条“答顾东桥书”。《全书》，卷二，页八下至九上。

177 《传习录中》，第一五〇条，“启周道通书”。《全书》，卷二，页三十五下至三十六上。《朱子文集》，卷六十一，“答严时亨”，页二十二下泛引。

178 同上，第一六五条“答陆原静书”。《全书》，卷二，页四十七下至四十八上。朱子《中庸章句》，注第三十一章。

179 《传习录下》，第二三四“文公格物”条。《全书》，卷三，页十五上。“评朱子《大学或问》”，页五十八下。

180 同上，第三二五“先生曰先儒”条。《全书》，卷三，页五十四上。“评《朱子文集》”，卷五十四，“答项平父”，页五下。

181 《传习录上》，第二“爱问知止”条。《全书》，卷一，页三上。《大学章句》注经。

182 同上，第一〇四“崇一问”条。《全书》，卷一，页五上。《孟子集注》，“告子第六上”，第十五章。

183 《传习录下》，第三一八“先儒”条。《全书》，卷三，页五十上。朱子语见《大学章句》，第六章。

184 《传习录中》，第一四〇条“答顾东桥书”，《全书》，卷二，页二十下。《朱子语类》，卷六十四，第一四九“问尊德性”条，页二五二二（页二十六下）。

185 《王文正公全书》，卷七，页二十一上。又《传习录下》。《全书》，卷三，页六十三上。

186 《全书》，卷七，页七上。

187 同上，卷七，页二十下。“学规”见《朱子文集》，卷七十四，页十六下至十七下。

188 《全书》，卷七，“从吾道人记”，页三十四上；“稽山书院尊经阁记”，页四十六上。

189 同上，卷二十一，页十三下。

190 《全书》，卷六，“答南元善”第二书，页十八下。

191《传习录上》，第九十八“朋友观书”条。《全书》，卷一，页四十五上。

192《全书》，卷五，“答陆原静第二书”，页十五下。

193《传习录上》，第六“爱曰昨闻”条。《全书》，卷一，页八上下。

194《全书》，卷三十二，《年谱》，正德十三年（一五一六），七月，页五十七上。

195《全书》，卷七，“大学古本序”，页二十五上。

196 同上，卷五，“与黄勉之”，页二十一上；卷二十七，“与陆清伯书”，页二十七上。

197《传习录中》，第一七三条“答聂文蔚第二书”。《全书》，卷二，页五十九上下。

198《全书》，卷四，“答徐成之”，页二下。

199《刘子全书遗编》，卷十一，“阳明传信录”一，页二下。《明儒学案》，卷十，“姚江学案”，页五上，删刘氏此语。

200 同上，页四下。《明儒学案》，卷十，页六上。

201 同上，卷十三，“阳明传信录”三，页一下。《明儒学案》，卷十，页十二下。

202《传习录上》，第二“爱问知止”条。《全书》，卷一，页三上。

203 同上。

204《刘子全书遗编》，卷十三，“阳明传信录”三，页五下。《明儒学案》，卷十，页十五下。

205 同上，页八上下。《明儒学案》，卷十，“姚江学案”，页十五下，删刘氏此语。

206《朱子新学案》，第一册，“提纲”，页二一〇至二一一。

207《传习录上》，第二“爱问知止”条。《全书》，卷一，页三上。“大学章句注经”。

208《传习录下》，第三一八“先儒”条。《全书》，卷三，页五十上。朱子语见《大学章句》，第六章。

209《传习录上》，第三十二“虚灵”条。《全书》，卷一，页二四下。

210《王文成公全书》，卷七，“亲民堂记”，页三十七下。

211 同上，页三十八下。

212 同上，卷二十一，“答徐成之第二书”，页十五下。

213《传习录中》，第一七六条“答罗整庵少宰书”。《全书》，卷二，页六十三下。

214《王文成公全书》，卷二十一，“答徐成之第二书”，页十七上。

《性理精义》与十七世纪之程朱学派

万先法 译

一

论者咸以在十七世纪程颐与朱子理学派，基本上乃为对王阳明心学派之反抗，有朝廷力量维护其存在，并无建设性之贡献，卒为朴学[1]所摧败。但若予以密切之考察，殊显示程朱理学之勃兴，实有其自身力量，中经若干演变，亦大有助于朴学之发展。

考察此一情况之最好途径之一，莫若剖析《性理精义》一书，因其最能表达十七世纪程朱学派之实况。《性理精义》为康熙五十四年（一七一五）谕敕李光地（一六四二——一七一八）所编纂。亦如书名所示，此书大部分为《性理大全》之缩编，而《性理大全》则可称程朱新儒学之集录。亦由于朝令，永乐十三年（一四一五）由胡广（一三七〇——一四一八）等所辑录。《性理精义》，尚非仅为《性理大全》之选录，其中颇多增益。但基本言之，实代表《性理大全》之精华。故康熙帝于御纂《性理精义》序文中有谓《性理大全》择焉不精，泛滥冗长，区分门目，亦嫌繁碎，乃命李光地省其品目，撮其体要。

诚可预料，新著作之内容与编排，自必紧依《性理大全》。卷一周敦颐之《太极图说》与《通书》，卷二摘录张载《西铭》与《正蒙》，卷三选自邵雍《皇极经世》，卷四选自朱熹《易学启蒙》，卷五选自《朱子家礼》，卷六选自蔡元定（一一三五——一一九八）《律吕新书》，卷七及卷八新儒家为学之方，卷九论性命，卷十论理气，以及卷十一及卷十二论治道。其篇幅较《性理大全》约八分之一，此书似仅为以前性理诸书之较为精简之复制品而已。

但若以《性理精义》只足以为程朱派理学之入门捷径，亦属谬误。如实言之,《性理精义》具有多方面重要性，给予吾人不可多得之机会，从新视野以考察十七世纪之程朱哲学。首先，吾人试察其辑纂本身。何故辑纂？最简单之回答，此不过一长系列编纂中之一种。官方编纂大部头典籍，由来已久。迨至康熙，其步调则更为加速。在《性理精义》以前，康熙二十九年(一六九〇)，有《大清会典》，共计一百八十卷。四十三年(一七〇四)有《佩文韵府》，共计四百四十三卷。五十二年(一七一三)有《渊鉴类函》，共计四百五十卷，以及同年有《朱子全书》计六十六卷。此其较著者而已。至若其他纂录，如《康熙字典》二百四十卷与《骈字类篇》一百四十卷，亦随之编纂。《性理精义》，亦不过三十余种辑录中之一种，似无独特之点。

但与其他辑录之不同，其重要者亦有数点。一、在康熙朝,《性理精义》成书颇晚，在《大清会典》出书后约二十五年。二、《性理精义》以及较早一年出书之《朱子全书》，俱由康熙帝特予敕修，为新儒家哲学之首次专门辑录。其他辑录，则多属文史。三、其他辑录，纂者非一人。至若《性理精义》，李光地为唯一受命编纂者。揆诸上述事实,《性理精义》，确能自成一格。

由于清廷不断镇压中国士人，吾人若设想《性理精义》之作，旨在达成思想控制，原极自然。自康熙早年之大规模辑纂以至由乾隆三十八年(一七七三)至四十七年(一七八二)《四库全书》之辑纂，其主要原因之一，即在使中国士人忙于编修，无暇他及政治。《性理大全》，数百年来，实为国家考试应试之凭借。此其功能，已成其控制之工具。《性理精义》，自亦可接替其功能。不仅如此，反清诸志士俱多王阳明学派心学之崇拜者。虽则王学末流，荡轶礼法，而晚明王学诸人固尝维护自由，反抗极权。自程朱派理学与阳明派心学，在学术上对抗，逾百年之久，在朝者扬程朱而抑阳明，诚属最佳策略之运用。程朱系统，诚能使学而仕体系更为密契且可视为国家正学。有清统治者，举程朱体系，以支持其统治，当属有利。《性理精义》之编纂，固能达成诸目的。但以上诸说之主要困难，则在《性理精义》编纂时代在康熙五十四年（一七一五）而不早于是年。假若思想控制，确为重要之考虑，吾人可以想象，《性理精义》一类辑录，应作于文史辑录以前。迨至一七一五年，中国士人之反抗，已再不成问题。有者于康熙十二年（一六七三）愿意效忠，应召清廷。有者于十七年（一六七八）入彀博学鸿儒科。有者不屈不淫，宿儒退而隐于读书著作。故在晚期，清廷实无须多作控制士人思想之努力。《性理精义》之辑，较之政治控制，实另有其原因。

一项可能之原因，即在康熙帝本人。康熙幼年，即开始熟读儒家经典，终身不懈。在位六十余年，殿召名儒讲经。有时经讲，还在上朝以前。始则隔日一讲，后则每日俱讲，甚至在盛夏或在西南叛变时，亦讲习不辍。十年（一六七一），帝派两程后裔为五经[2]筵席。二十四年（一六八五），于周敦颐后裔亦复如是。康熙帝个人之爱好新儒学，决无可疑。帝自谓自康熙三十五年（一六九六），天山告警，朕亲环甲胄，未十旬而凯旋。而自问有史以来，兵可穷乎？武可黩乎？秦皇汉武，英君也。因必欲胜，而无令闻。又自谓数十年来，方得宋儒之实据，远胜于以前汉唐诸儒。[3]五十二年（一七一三），康熙谕有明于性理实学之人，令举所知。[4]凡此俱足以显示康熙虽习儒家经典已久，但其归依于新儒学却较迟。此正说明《性理精义》之纂辑，于康熙朝何以较晚。康熙表面上推崇儒家之言，或不能过于置信，但由其对新儒学传统之长期兴趣，吾人深信其阐扬程朱学说之动机，颇为纯正。康熙之个人兴趣，确为此一辑纂之关键因素。

次一因素，则为李光地。李于康熙九年（一六七〇）进士及第，选翰林院庶吉士。两年后，入京授编修。十三年（一六七四）返里，力拒参与耿精忠（一六八二年卒）叛变。十四年（一六七五）在籍密疏贼势已穷，宜急攻。清廷奖其忠，十六年（一六七七），优叙翰林院，擢侍读学士。次年光地募乡勇，引清军以平本籍叛乱。再予优叙，于十九年（一六八〇）召入京，授内阁学士。自兹以后，深见知于康熙帝。由其条陈，台湾于二十年（一六八一），复归本土。二十五年（一六八六），光地授翰林院掌院学士，直经筵兼充日讲起居注官。四十二年（一七〇三），擢吏部尚书。自四十四年（一七〇五），日召[5]入殿，研求探讨，君臣相得。康熙帝以后尝谓“知光地莫若朕，知朕亦莫若光地”[6]。在此种得君之专情形之下，光地之影响康熙者必深。史称“左右圣祖者孝感（指熊赐履，一六三五—一七〇九）、安溪（指李光地），后先相继……而资赞助者，安溪为独多”[7]。

熊李俱宗程朱。当李于康熙十九年（一六八〇）还都，帝顾问光地家居所作文字若干。光地答，臣之学，则仰体皇上之学也。近不敢背于程朱，远不敢违于孔孟。[8]关于光地，容后详叙。现只谓《性理精义》之编纂，李光地个人为一重要因素足矣。吾人果信其所进劄子之言，则皇帝所敕辑纂之如何采摭及类分，至为详尽。但此类劄子亦谓君臣之间，日必集议。因而此类辑录，实非一人之作。在初编《朱子全书》之际，虽于每卷稿成，进呈御裁，然于其采摭及类分之见地，仍直述不讳。[9]此种君臣往复商定之情况，亦或用于《性理精义》。光地确忠于清室。故史赞“扬历中外，得君最专”[10]。梁启超则描述颇媕婀投时主好，以跻通显。[11]梁氏并不以康熙帝与李光地之理学学识为高明。梁氏又以满州因其文化朴陋，故其崇拜中国文化甚殷。但其所与接触之理学家，不外记诵经籍以备考试者而已。故梁谓儒者如熊赐履辈，不过一群乡愿，而光地为尤。光地卖朋友，居京都，贪作官，而不奔其母丧，临死有一外妇所生子要来承受家产。[12]

吾人无须为李之政治或私生活辩护。梁之批判，虽言之有据，但亦多片面之辞，因李亦助人。李为当时学术翘楚，曾助许多人士在学术上之成就。有谓"本朝(指康熙朝)诸名公，称善育材者，必以光地为首"[13]。其于程朱哲学之造诣，吾人将见其对朱子学说有批判，有独创，其为学固远非经籍考试取士之类所能限也。

但无论清帝抑或光地，均不能前无所承。因之，俱不能不受当时学术环境之影响。此一学术环境为何，吾人须转而论及程朱学派之本身。

二

大多史家，均以程朱学派为钦定正统，而不以此派有其重要性。钱穆述《中国近三百年学术史》，几置此段程朱学派于不顾。[14]冯友兰之《中国哲学史》亦复如此。[15]彼辈所论，皆为各个儒者之个人学术思想。因之不及于程朱学派，亦持之有故。但总使吾人认为在彼辈心目中，十七世纪之程朱运动，实无何重要。梁启超述之《清代学术概论》，几不提及此派。梁仅提及少数程朱派儒者之名，仅称其风骨可钦，但指出其学不显[16]，森本竹城之《清朝儒教史概说》，有一章论及程朱学派，但其着重点，在此派之衰微以及最后消失。[17]梁启超之《中国近三百年学术史》，颇注意及此，有一专章，论及程朱学派。但梁亦以为程朱学者无创见，并谓其能力真平常。[18]且于阳明学派之后乃论及之。张君劢氏亦有专章论及程朱学派，但亦如梁氏，亦不过于述及十七世纪其他诸儒既毕之余，始注及此派。张氏以为程朱学派之主要兴趣，在加强自孔孟以来之学统，故“此派固不在思想之自由，而勿宁在于控制”[19]。

蒋维乔似对程朱学派予以重视。程朱学派为其所著《中国近三百年学术史》之第一章，但蒋氏亦视程朱运动为理学衰颓，卒代之以朴学。[20]诸学者中，从无一人视程朱运动有何积极之贡献。此实一严重之疏失，不仅曲解程朱学派之真象，亦曲解十七世纪一般中国思想之真象。

其时之程朱学派，可以陆世仪（号桴亭，一六一一—一六七二）、张履祥（号杨园，一六一一—一六七四）、陆陇其（号稼书，一六三〇—一六九三）为代表。唐鉴（一七七八—一八六一）之《清学案小识》，即以此三人并之以张伯行（字孝先，一六五二—一七二五）而为“传道”[21]。故此四儒，可视为程朱系统之正宗承继人。但张伯行晚于第十七世纪，崛起于第十八世纪，故吾人可暂置张伯行于不论，而以简述其他三人为已足。

陆世仪年少仰慕刘宗周（一五七八—一六四五）讲学于蕺山书院[22]。自憾未能一往。明亡前，世仪上疏朝廷讨贼，未为所用。劝出仕，不允。会明亡，归隐于田，并自建亭于其上，名为桴亭，隐寓孔子道不行，乘桴浮海之志。[23]因之，号称桴亭。肆志著述，与友论学，并讲学于东林书院[24]及其他各地，无心用世。[25]

陆世仪不闻于时，但张伯行视之为程朱之干城。张谓“人称陆先生为朱子以来之第一人，吾不知也。但内圣外王之道，六经[26]四书[27]，周程张朱之书，思之辨之，既已有素，不可谓非正学之干城也”[28]。

梁启超谓桴亭并不特专宗程朱，不过仅反阳明。谓张伯行删订桴亭之《思辨录》一书，必使与程朱相合之语，始行录入。[29]梁氏之言，殊不尽然。因陆之哲学，乃以“居敬穷理”为宗。简言之，此即程朱之学。诚如治理学者所公认，程朱之学，固以程颐所谓“涵养须用敬，进学在致知”[30]两语可决也。《宋史 · 朱熹传》谓“其为学大抵穷理以致其知，反躬以践其实，而以居敬为主”[31]。或问陆居敬穷理四字，是吾子宗旨否？陆曰，“仪亦不敢以此四字为宗旨。但做来做去，觉得此四字为贯串周匝。有根脚，有进步，千圣千贤，道理总不出此”[32]。陆又曰，“居敬穷理四字，学者为圣初基。此四字有末有本，有始有终，不出此四字”[33]。于陆氏“居敬于收敛，而穷理以致其极，是进德之方”[34]。陆陇其谓陆世仪虽不反阳明，但仍以程朱为是非之准绳。[35]

张履祥与陆世仪同年生，但张较陆寿长两年。年幼，习阳明学。年二十五，始读朱子书。年三十四，受业于山阴刘宗周之门。对于蕺山慎独之学，以为无以异于阳明诚意之说。年三十九，乃返归于程朱门户。在所著《备忘录》中，慨叹世儒只读王学书籍而忽略程朱之书，驯致真理淆乱。[36]张不喜阳明《传习录》。张以其师刘宗周评阳明语付梓，名为《刘子粹言》，深责阳明生心害政，厥由传习。[37]继又谓东南坛坫，西北干戈，其乱于世，无所上下[38]，乃拒不参加政治结社。

自明之覆亡，履祥贫居淡泊，寡与人交。家塾课教，田居隐志。[39]亦如世仪，其学“亦以居敬与穷理以致其极”为宗。张谓“三代以下，在濂溪（周敦颐）则曰主静立人极[40]。在关中（张载）则曰知礼成性[41]。在程门则曰敬义夹持[42]，曰存心致知[43]，曰理一分殊[44]。在朱子则曰居敬穷理[45]。要而论之，岂有异指哉？居敬所以存心也，穷理所以致知也。惟居敬，故能直其内，唯穷理，故能方其外[46]。惟内之直，故能言立天下之大本。惟外之方，故能行天下之达道[47]。然居敬穷理，又非截然有两种功夫也”[48]。

陆陇其家贫，但康熙九年（一六七〇）得进士。十四年（一六七五）授知县，以德化民，深获人民爱戴。旋县民为盗所杀，而讼其仇。陇其获盗定谳。但部议初报不言盗，坐讳盗夺官。后两年，设教于席姓家。二十二年（一六八三）复授知县，二十九年（一六九〇）擢任监察御史。因为师征噶尔丹之役，上疏删除捐纳，议者谓为迟误军需，拟革职，但得免。翌年以改调归。三年后，康熙帝欲召用为学政，但陇其已谢世经年。雍正二年（一七二四），清廷以名臣从祀孔子庙，陇其其一人耳。[49]

一如陆世仪与张履祥，陇其亦热爱程朱之学，推崇居敬穷理之说。有谓“先生之学，以穷理居敬为要”[50]。陇其自序，亦谓“主敬以立其本，穷理以致其知”[51]。又尝谓“穷理而不居敬，则玩物丧志，而失于支离。居敬而不穷理，则将扫见闻，空善恶”[52]。陇其因尊程朱，故极诋阳明。斥阳明为“非正学”[53]，并斥其“若夫阳明之为教，则其源先已病矣”[54]。陇其甚至谓“故愚以为明之天下，不亡于寇贼，不亡于朋党，而亡于学术”[55]。陇其不仅攻击王学，即诸儒思想，依违两可于朱王之间，亦不肯假借。其时黄宗羲（一六一〇—一六九五）之学盛于南，孙奇逢（一五八五—一六七五）之学盛于北，李颙

（一六二七—一七〇五）之学盛于西。陇其皆不以为然。[56]故其对程朱学之维护，几不容毫厘之差。《学术辨》一书即为此而作[57]，《困勉录》一书，羽翼朱子集注，举凡批评集注之说而攻击之。[58]后之学者，俱视陇其代表正统儒学。唐鉴撰辑《清学案小识》，以之居诸儒之冠，实无足怪。

以上三儒之最显著者，即其学术思想，咸置于居敬穷理学说之上。此则或流于邃古幽情与惮于创新，但亦不必然为极力支持官统或政府思想之灌输。穷理以致其极之教意指创造、批判、查证，且为思想控制最脆弱之工具。此三儒者中，即有两人拒绝不仕。陇其在康熙十七年（一六七八）固尝欲应试博学鸿儒科，但其对朝廷政策之批评，使之与在朝者龃龉不合。诚然，陇其肆力攻诋阳明，其他两儒则否。吾人所欲指明者，程朱学派之盛行，固由于自身之价值。其中即有政治操作于其间，而且确曾以之为武器而攻阳明学派，但属偶然与次要。

如实言之，程朱之学实大为当时诸儒所承奉。一般人均误认清代学术之开山祖顾炎武（一六一三—一六八二）之经学即理学[59]，其意指即非正面攻击程朱学派，当亦轻忽此派。实则顾炎武所主张者，乃研讨经籍中之经世实务之道而非空谈性命，故其言谓吾弗敢知何以终日讲精一之说[60]，而置四海之困穷不言。[61]顾氏思想在经世致用。此点与程朱之学并无抵牾。事实上，顾亭林极推崇朱子，此可见亭林之拥朱子而攻阳明[62]，以及在“朱子周易本义”一条对朱子之好评。[63]据江藩（一七六一—一八三一）所论，顾氏以朱子为宗。[64]诚然，颜元（一六三五—一七〇四）激烈攻击程朱学派。颜氏力主孔孟之教与程朱之学分途。甚而坚谓“必破一分程朱，始入一分孔孟”[65]。彼以性命之理不可谈，程朱人性之说亦空疏，其学大违圣人之道。[66]颜元之所求者，不在书本之学，而在实行。所谓实学如音乐、礼仪、农业、兵法皆是。职是之故，乃无情攻击程朱形而上学之讨论。但有如吾人所知，颜元于程朱哲学中实践一面，固无争论。

无论如何，颜在当时，并非有影响力之人物。王夫之（号船山，一六一九—一六九二）哲学思想，建基于气，源于张载。但夫之实承受朱子哲学之主要部分。例如，在其《中庸衍》与《大学衍（上）》，多从朱子之说。夫之亦注朱子所辑宋新儒家之《近思录》[67]。甚至阳明派后学，亦欲摄纳若干程朱学旨于王学中，寻求调停，有如孙奇逢与李颙。大部分儒者如魏裔介[68]、魏象枢[69]、汤斌[70]、熊赐履[71]、李光地与张伯行[72]，俱极忠于程朱学派。吾人不必伸论，因诸儒多在朝为官。就儒门思想家而论，此辈实远不如前述之三儒。程朱学派固自有立足之处，而其盛行于世，亦自有其独立之价值，则《性理精义》一书之问世，实应视为上述诸情况之反映。换言之，《性理精义》之作，不啻为程朱哲学之记载，再疏证与再确认。

三

但程朱学派之受重视，其情况尚有甚于以前所述。设若吾人试察《性理精义》之内容，即知在其哲学思想方面有其新发展。首先为朱子地位之日益提高。在以程朱哲学为宗之清代新儒家，确以朱子一人为特重。陇其于此，坚谓“继孔子而明六艺者，朱子也。非孔子之道者当绝，则非朱子之道者皆当绝也”[73]。又谓“学孔孟而不由朱子，是犹入室而不由户也”[74]。

朱子之益受推崇，可于《性理精义》中见之。朱子于此，已成整个新儒家传统之现象。在《性理大全》，朱子地位已经显要，因朱子言说较其他诸儒采取已多。而在《性理精义》，则其言说之采用较之诸儒更多。为学类、性命类、理气类、治道类各卷俱可看出。[75]在《性理大全》大部分资料选自程颐至许衡（一二〇九—一二八一），有则选至吴澄（一二四九—一三三三）。但与《性理大全》相较，则朱子在《性理精义》中之地位，已益显赫。在《性理大全》中，摘录新儒家言说用以阐明周敦颐及张载之说。但在《性理精义》，几仅选录朱子言说。即偶有例外[76]，此例外亦主要用以阐释朱子之说。卷二张载《西铭》，程颐若干言说，固先于朱子[77]，但在卷十四及卷二十六之周敦颐《通书》，程颐言说之引述于《性理大全》者，兹已不再保留。惟有朱子，乃为唯一之疏判者。不仅此也，在《性理大全》中，朱子两门人之著作——蔡元定之《律吕新书》及蔡沈（一一六七—一二三〇）之《洪范皇极（内篇）》，曾被选录。而在《性理精义》中，前者仍旧，但后者已删除。其取舍理由，即前者能代表朱子之论点，而后者则否，后者乃成书于朱子卒后故也。朱子之在《性理精义》一书中，已成儒门中心，于此又可显证。

前证虽小，可以喻大。此皆足以反映朱子在新儒家中崇高地位之长期趋势。以如此集新儒家大成之人，声望所归，实属自然。不仅此也，数百年来，所有新儒家运动之激烈学术论辩，俱以朱子为主要人物。如陆王之争，陆主尊德性，朱子主道问学。[78]又如另一争辩，王阳明著《朱子晚年定论》，以朱子终与阳明归一。[79]自十五世纪以至十七世纪初叶，整个阳明运动，攻击朱子。卒至反动勃兴，扶朱抑王。此乃朱子在十七世纪新儒学中升为最具崇高人物之主要原因。

就《性理精义》言，亦有其个人之原由，即康熙帝与李光地两人均爱慕朱子。康熙毕生仰慕朱子。帝自谓“读书五十载，只认得朱子一生所作何事”[80]。康熙五十一年（一七一二），以朱子配享孔庙，升于大成殿孔门十哲之次。其他新儒家，均未享有此种最高殊誉。康熙帝无视于王学之攻朱。有谓经今五百余年，学者无敢于朱疵议。又谓孔孟之后，有裨斯文者，朱子之功，最为弘巨。[81]帝以为所有诸儒注释群经，惟朱子最能明白精确，归于大中至正。康熙命李光地摘录朱子语录及著作，得六十六卷，汇成《朱子全书》，于五十三年（一七一四）刻成。此一辑录，乃摘取《朱子语类》一百四十卷以及《朱子文集》一百卷中精华而成。依辑纂者意，此辑录名之为“全书”，以朱子一生之微言大义，皆备于是。在此一意义下，《性理精义》乃赓续“全书”而作。

此一问题，早经提出，即康熙帝将朱子理想化，是否不致有助于帝王统治思想之目的。吾人之解释，此不仅《性理精义》成书时间较晚，且书中多为朱子之生平及思想。康熙帝在《朱子全书序》中有谓，辑录之作，乃使朱子自有议论行于世，且使以借朱子之名，各出己见，无所假借。换言之，帝欲人民宁读朱子自身言说，勿宁甚于帝王诠释朱子之言说。除此以外，朱熹坚持己意，批判政府，且多次拒而不仕。由于反抗统治者，以致除职与受迫害，朱子之学，以“伪学”见禁。且其时选人余嚞至上书乞斩朱子。[82]假若清帝欲以顺从政府为目的，而希望人民效法朱子，殊属谬误。持平以论，吾人可谓康熙帝之重要动机，仍由于对朱熹之仰慕，而无关于希求思想统制。

李光地为朱熹崇拜者。李自谓读章句五十年。[83]有如《清儒学案》所称，“光地学博而精，以朱子为依归”[84]。在其“尊朱要旨”一文，光地于理、气、学、行与居敬诸基本观点，一依朱子之说。其在光地，朱子即当今之孔子。[85]有如唐鉴所言，“先生心朱子之心，学朱子之学”，以及“谈经讲学，一以朱子为宗”[86]。

实则光地亦非全依朱子，亦步亦趋，有如唐鉴之所言光地者。光地并不同意朱子《大学章句》及《中庸章句》之改编。于《大学》，光地信守古本。于《中庸》，光地自行编改。光地在其“周易观象”一文，采王弼（二二六—二四九）与韩康伯（三三二—三八七）注以及孔颖达（五七四—六四八）之《十三经注疏》，此皆异于朱注。[87]其论《大学》，有谓经传通贯读之，则古本完全，无所谓缺乱者。故谓朱子补注并改编章句，实无必要。[88]最堪玩味者，光地一反程朱学者向来夸大朱陆差异之论，有谓朱陆之道无不合，不合者教人之法。[89]又谓陆氏之学，“吾儒之学也”[90]。虽属如此，光地固完全忠于朱学。当编纂《朱子全书》与《性理精义》两书之际，光地已为最卓越之新儒家，故其给予朱子之声光，亦属自然。

四

转而论及朱子学说，其在《性理精义》中，吾人亦见其大为改进。朱子对新儒学其公认最大贡献之一，即在其方法论。《朱子语类》首列太极、理、气、性诸卷，使人印象以为凡此乃朱子之主要者。此一印象，在程朱学派之继续发展中，着重理性，更为加强，因而博得性理学之名。实则在朱子，不止于形而上学也。朱子从不忘孔子“下学（日用寻常）而上达（如天、性、命）”[91]之教。

当朱子辑纂《近思录》时，原极不欲以道体列为首卷。黄榦（一一五二—一二二一）为朱子婿且为其高弟。黄谓朱子本不欲立此一卷，以惝惚之论，恐人多空谈。但后来又以以次诸章无头绪，只得存之。[92]但及门之间，必有争论，即黄榦亦不以为是，谓此书“近思反成远思”。道体之列为首卷，或由于合纂人吕东莱（祖谦）之坚持。朱子以此事与伯恭（东莱）商量，教他作数语以载于后，而伯恭亦在序中述其所以首列之由。朱子谓若只读此卷，则道理孤单，亦即无关于日常生活之间。却不如语孟，只是平铺说去，可以放心。[93]此乃淳熙二年（一一七五）间事。

绍熙元年（一一九〇），朱子集《大学》《论语》《孟子》与《中庸》而成四子书，并付梓问世，习称为《四书》。自元朝皇庆二年（一三一三）以至清末光绪三十一年（一九〇五），《四书》已成为国家考试与学校教育之基本课本。此书之辑与出版，似不意味朱子有重大之心力交瘁可言，但实则此乃朱子长期与认真思考之结晶。朱子读《四书》，已数十载，并加以注释。四子书出版，显示以之替代以前之五经而为儒家学说之精蕴。此亦意味直探孔孟自身之言说。[94]此固已甚重要。但尚有甚于此者，即朱子以《四书》中何者价值优先之新意义，何者进行之新次第以及读经之新方法。朱子有谓“学问须以《大学》为先，次《论语》，次《孟子》，次《中庸》”[95]。其次第何以如是？朱子释之曰，“某要人先读《大学》以定其规模。次读《论语》以立其根本。次读《孟子》以观其发越。次读《中庸》以求古人之微妙处。《大学》一篇有等级次第，统作一处。易晓，宜先看。《论语》却实，但言语散见，初看亦难。《孟子》有感激兴发人心处。《中庸》亦难读，看三书后，方宜读之”[96]。朱子继又谓“《论》《孟》《中庸》，待《大学》通贯浃洽，无可得看后，方看乃佳。道学不明，元来不是上面（按指其他三书所讨论抽象之理与形而上学问题）欠却工夫，乃是下面（按指大学之教）元无根脚”[97]。朱子比《大学》为大坯模，为田契。[98]朱子将《中庸》列后，以《中庸》多说无形影，如鬼神如天地参等类，说上达处多。[99]

何谓新方法？此须基于《大学》所谓“知所先后”之前提而立论。依据此一次第，吾人首格物，循序而致知、诚意、正心、修身、齐家、治国而至平天下。有如胡适先生（一八九一—一九六二）所说，“直到后来，宋儒把《礼记》里面一万一千七百五十个字的大学提出来，方才算是寻得了中国近世哲学的方法论”[100]。胡先生乃指格物思想的方法。吾人则可更谓朱子乃提供《大学》中之次第，作为为学处世之新方法之第一人。知所先后，已代表先求形而下然后以至形而上之儒学程式。于是有四书之序。然而，后来八条目之第一目格物，成为新儒家主要关心之所在。程朱学派与阳明学派之主要争辩，即在格物。格物乃认为形而上学之格物。

其结果，《性理大全》之辑纂者乃以卷二十六至卷三十七属于形而上者，置于卷四十三至卷五十二属于形而下者之前。此即显示诸辑纂者并不珍视朱子之新方法。但在《朱子全书》此一次第，乃大为改变。御纂《朱子全书》凡例有谓：

> 《语类》及《性理大全》诸书篇目，往往以太极、阴阳、理气、鬼神诸类为弁首，颇失下学上达之序。子贡曰，“夫子之言性与天道，不可得而闻也”[101]。子路问事鬼神，子曰，“未能

事人，焉能事鬼”[102]此圣学之序也。观朱子《四书集注》，先《大学》，次《论》《孟》，然后终于《中庸》，则其用意可见。……故今篇目，首以论学，次《四书》，次六经，而性命道德天地阴阳鬼神之说继焉。

此同一精神亦贯注于《性理精义》篇目之编排。《性理精义》，名为康熙帝所纂，实多为李光地所撰。[103]亦谓：

“下学上达，原有次第。故孔子雅言《诗》《书》执《礼》[104]，而未及于《易》。程子以《西铭》示学者[105]，而秘《太极图说》。朱子于《四书》，先《大学》《论》《孟》而后《中庸》，即此意也。朕祖其意，故纂集《朱子全书》从《小学》《大学》起，然后及于天道性命之说。今此书门类先后，亦用此意。”自朱子卒后凡五百年，其次第之方法，于《性理精义》一书中，已首次正式采认。

然吾人亦不能归功于康熙过多。康熙或李光地亦非有突然之发现。下达先于上达之说，拟议已久，如陆世仪、张履祥、陆陇其，俱早谓穷理非关穷玄研几，而为切事近思。陆世仪在其劄记中，即依《大学》里八条目之次第，有谓“愚以为格物之法，必由近以及远，由粗以及精，由身心以及家国天下，由日用饮食以至天地万物，渐造渐进，乃至豁然。夫然后天人物我内外本末幽明死生鬼神昼夜，皆可以一贯之而无疑”[106]。

至若张履祥，“但本程朱之意，于日用之事，凡身之所接，无不审察，无不研求”[107]。若陆陇其，“一生造诣，务在躬行实践，守下学上达之旨”[108]。即为吾人所知，顾炎武亦笃守此意。

五

事属显然，即十七世纪之新儒学，固已将实务置于玄谈之上。是不仅为次第之变更，抑且为有意力避空谈。此可见之于《性理精义》有关太极一卷之处理。在朱子以前，太极观念并不重要。朱子使其成为整个新儒学形而上学之起点。朱子之所以为之者，乃须以其成为理之基本学说，成为普遍之性与分殊之理间之关系，成为理与气间之关系，并成为生生不已之可能性。因之，朱子乃移在周敦颐《通书》中末卷之《太极图说》，置于其前，而且给予在整个新儒学传统中之显赫地位。朱子于此亦曾引起重大争论。朱子势须力谓《太极图说》乃周子所自作，而非受之于道家者。[109]又谓无极而太极，亦非道家之言。[110]又谓周子授其图于程氏兄弟。又谓程子不以太极图授门人，盖以未有能受之者。[111]朱子已竭力以赴，但朱子须以太极观念以建立其新儒家哲学。[112]在朱子所辑宋新儒家之《近思录》，《太极图说》置于卷首，亦由于太极观念之极端重要。《朱子语类》开宗明义即有朱子与门人问答论及太极。《性理大全》亦依之以《图说》为首。《性理精义》之编列，亦复如是。程朱学派之形而上学论及宇宙论之建基于太极，世世绳绳，已无争论。冠之于首，诚不可避免。《性理精义》凡例曾谓太极图为新儒学之祖。

但早年关于太极图之真实性曾起争论，朱子之辩释亦曾遭反击。朱子提及有人曾致疑于周敦颐是否发明太极图。[113]陆象山与朱子于无极而太极之争辩尤多。[114]继之而起者犹激辩未已。在新儒家传统中，关于太极观念亦起重要之变更。陆世仪宗朱，但于太极图却与朱子分途。陆坚称太极为《易经·系辞下》之必然产物，系辞中早有太极生两仪之说。[115]世仪又辩谓系辞既列于《易经》之后，则《太极图说》，当亦在《通书》之后。又驳斥太极图源自道家之说，但又谓朱子所称不明周敦颐太极说渊源之所自[116]，则是朱子之误。张履祥之学以居敬穷理为尚，于太极之说，殊乏兴趣。当其论及此点，张仅引述周子《太极图说》中“立人极”一语[117]。陆陇其有太极专著，名为《太极论》，但其中心论旨为“论太极者，不在乎明天地之太极，而在乎明人身之太极。……能敬，然后能静虚动直，而太极在我”[118]。此可堪玩味者，即在其学术辩，题为太极一类，并未列于初篇，而列于续编。

综上所述，吾人可知有关太极课题，已失其探玄之兴趣。早在明代初叶，即已如是。有明一代程朱学者殊少用心及此。曹端（一三七六—一四三四）固有一短篇论及《太极图说》，但除此之外，曹亦几无论述及此者。薛瑄（一三九二—一四六四）于太极图固次第评述，但仅属劄记性质。在其著述中，并无阐述此一课题。[119]有明新儒家与清代新儒家间之差异，在有明儒家舍太极而倾于内在修养，而清代新儒家则舍太极而倾于日用之常。玄辩空谈，兴趣已失。

有一相等之重要发展，即为太极图及《易经》之历史研究。在此一领域内，实有一长系列之深密研究。吾人仅据毛奇龄（一六二三—一七一六）之《河图原舛篇》《太极图说遗议》与胡渭（一六三三—一七一四）之《易图明辨》。胡渭影响力极大。胡谓《太极图说》来自道家，基本上与新儒家哲学无关，与《易经》上图说本非《易经》所有。姑不论胡氏所论之优劣如何，其影响乃将对太极之研究，由玄谈领域而移至客观探讨。诚如梁启超所说，宋学已受致命伤。[120]

六

上述各种发展，决不能为《性理精义》辑纂者所轻忽。李光地在所著《尊朱要旨》论及理气，但于太极仅浅尝即止。有如吾人所论，《性理精义》亦如《性理大全》，仍以《太极图说》居卷首，似与《精义》一书凡例中所表现之思想路线有所抵牾。此点吾人容后诠释。在《性理精义》最后数卷中，太极一目，几已灭迹。在《性理大全》卷二十六论理与气，有一专节论太极。在《性理精义》此专节则已删除。诚然，在《性理精义》理气类，固有两节论及太极，一采朱子，一采自门人陈氏淳[121]，但此两节俱在阐明理之义蕴。在《性理大全》，论及太极、理、气者达十八页，论及天地、日月者达二十四页，其比率为四比三。但在《性理精义》论及理气者为三页半。论及天地、日月者为十页，其比率为三比一。其由抽玄转入具体之迹，至为显著。

此种对实务之关注，当然由于历史事件之影响。在早期新儒家之玄谈，并未防阻社会颓败。在第十七世纪中叶民族危机，亟需解决实际问题。此经世致用运动之所由起。程朱学派在十七世纪不能逃避此一历史巨大力量，因而亦须转致力于实务。陆世仪即以为“今人所当学者，正不止六艺。如天文、地理、河渠、兵法之类，皆切于用世，不可不讲。俗儒不知内圣外王之学，徒高谈性命，无补于世”[122]。又如《四库全书总目提要》所指出，“世仪之学，不虚谈诚敬之旨。主于施行实践，不空为心性之功”[123]。张履祥则“除却庸言庸行，更无性命之理”[124]。陆陇其则“必不空言诚敬”[125]。其务实致用之精神，固已成风尚矣。

同时，西方科学亦给予中国知识界莫大之影响。自从利玛窦（Matteo Ricci，一五五二—一六一〇）神父以及其他天主教传教士介绍西方科学进入中国以来，中国学者即为科学主题所吸引。彼辈主要兴趣固仍在道德与社会问题，但经已侵入算学、天文以及类似科学之研究。例如黄宗羲即以是类题材为著作。陆世仪亦著作如天文、水利以及军事法门。陆之《思辨录》撰有不少有关天文、地理、河渠、灌溉等劄记。陆陇其亦有志于科学。陆多次拜访费迪南 · 南怀仁（一六二三—一六八八）。南怀仁并示陆以西方钟表及天体之类。李光地在律吕与算学，亦颇有成就。

在此种新发展中，最中心人物，应推梅文鼎（一六三三—一七二一）。梁启超盛称宣城梅文鼎为中国近代科学开山之祖。[126]梅氏著作天文学多逾六十二种，算学二十六种。李光地与梅氏友善并助其出版九种。在康熙四十年（一七〇一），光地任直隶巡抚，扈跸行在，以梅历书进呈。越四年，梅谒帝垂问凡三日。[127]康熙帝本人颇嗜爱科学。帝研习天文、生理、物理，历算甚勤，于算学尤有所得，尝与梅氏讨论三日。帝赐近第于南怀仁与其他传教士，便于召见入宫讲习测量术算学与物理。藉彼辈之助，完成清帝国舆图与著名之天文台。康熙帝本人在算学与天文，撰有若干著作。顾炎武与阎若璩（一六三六—一七〇四）舆地之研究已著声于时。

新科学精神，已将内在于程朱哲学中之理性精神予以发皇，此无可置疑。此种理性精神在《性理精义》于编排鬼神与怪异时已显示无遗。其凡例有云：

> 鬼神之事，夫子所罕言。[128]四书六经，及者寥寥，非学者之切务也。故曰，"未能事人，焉能事鬼"[129]？又曰"务民之义，敬鬼神而远之"[130]。此圣人教人之意。……故鬼神……之目，亦且阙如。

《性理精义》之此一更定，自仍为孔门之教之原始精神。朱子多处论及鬼神。其在《语类》，尚有论鬼神专卷（卷三）。但其论点主要在鬼神，在宇宙间成为阴阳两气之力量。有如张载所阐述，"鬼神者二气之良能也"[131]。朱子不欲就世俗所信之鬼神义而言鬼神。朱子在《近思录》即避免鬼神一目，而其言及鬼神时，仅引上述张载一言而已。[132]但在《性理大全》卷二十，乃专章论及鬼神魂魄（灵魂之天魂地魄）、祭祀与生死。鬼神乃宇宙力量之意，朱尝无所表示，但主要之点，仍在世俗所信之鬼神，尤其怪异之显现而影响及于人生。此方面之强调，其有违于孔子之说，自不待言。且亦显有背于新儒家之理性精神。在《性理精义》中，删除鬼神一目，此即意味重返于程朱理性主义之真性质。此其重要性，已足为其时代理性心态之反映。

此种相同理性之趋势，在编排怪异一类，即显示其特性。在《性理大全》，祯异类置于兵刑类之前（卷六十九），但在《性理精义》，祯异后于兵刑（卷十二）。此两者情况俱侧重于灾异之来，乃为天心示警之道德意义。其给予统治者之讯息，为善天降百祥，为恶天降百殃。然在《性理大全》中，有言灾异征兆，但在《性理精义》，此类言说俱已删除。在《性理大全》所引，程颐之语尚着重灾异[133]，但在《性理精义》则所引程子之语，则重在人之修德，以示灾祸之来，来自道德失败而非天谴。在《性理大全》，有朱子论及灾异之效之语。[134]但在《性理精义》，则已删除。陆象山之语，予以保留，以其说理性重于征兆也。许衡征兆之语，则以其天变依理而行之语代之。[135]不仅此也，在《性理精义》中，于兵政、刑罚两门与祯异之间，置以谏诤一门。如此编排，究何用心？抑或确有所指，殊难断言。《性理精义》凡例，于此并未阐明。但或可以示人者即在《性理大全》，赏惩重于兵刑，而在《性理精义》，则赏惩者均较次要。以谏诤一目置于祯异一目之前，或非无意义可言。然又或即意谓天象固次于人之道德修为也。

七

在《性理精义》中，所有各门目次第更删，较之《性理大全》应视为一进步，同时亦应视为在程朱体系具有建设性发展之反映。但在另一方面，旧传统力予维护，即是道统。关乎此，《性理精义》似自相矛盾。凡例中云：

> 性理之学，至宋而明。自周程授受，粹然孔孟渊源。同时如张如邵，又相与倡和而发明之。从游如吕如杨如谢如尹，又相与赓续而表章之。朱子生于其后，绍述周程，参取张邵，斟酌于其及门弟子之同异是非。然后孔孟之指，粲然明白，道术一归于正焉。宋元诸儒，皆所流衍之支派。宋之真，元之许，

则其最醇者也。

此已明言道统绵延，垂七百年。但凡例又谓标道统之目，则启争端。因之，在《性理大全》所标道统之目，兹付阙如。是诚令人惑疑不解。

道统构设于朱子。朱子坚谓周敦颐直得孔子之学于孟子，如是汉唐与至宋初诸儒，均不与焉。朱子复置两程子于张载、邵雍之先，虽后者俱为其前辈。朱子亦不重视其他新儒家。[136]因之，朱子订道统，乃自孔孟而周敦颐而程氏兄弟。张载、邵雍则以之为旁。朱子亦自任道统之传。就新儒家而言，道统自周、两程、朱子以至许衡，有如《性理精义》凡例所言者。但由于阳明学派之崛起，以抨击程朱哲学，此一道统，大为动摇。为攻击阳明学派，程朱学者自力求维护道统。例如，陆陇其作道统论，有谓朱子为正学，权威最高。其有不宗朱子者，亦当绝其道，勿使并进。[137]同时，新统治者亦需一种新知识统治权威。因此，道统之说，俱正投程朱新儒家与统治者之所好。故《性理精义》之编排，仍悉照道统系列并以周敦顿《太极图说》为首，虽然太极之说，已失爱好兴趣。

摘录诸儒言说之次第，悉遵道统之序。在《性理精义》亦如在《性理大全》，自两程而张载、邵雍、两程门人、朱子，同时学者及门人直至许衡。吾人又可谓此一次第之在《性理精义》，益见严谨。例如司马光（一〇一九—一〇九八）后于张载，因司马光非道统之直系。欧阳修（一〇〇七—一〇七二）后于程颐，张载以及张九成（一〇九二—一一五九）后于朱子，虽则欧阳修与张九成年代较早。[138]在《性理大全》，新儒家名列中仅欧阳修为新增，此诚可异。而明代新儒家吴与弼（一三九二—

一四六九)、胡居仁(一四三四——一四八四)、曹端或薛瑄，俱无名次。吾人可谓不仅道统之再确认，抑且如此之再确认，迨至今日，几无变更。

后此年代，道统益见其重要。张伯行孜孜于道统，著有专书。文学桐城派之祖方苞(一六六八——一七四九)自视为传统之薪传人，以反对惠栋(一六九七——一七五八)与戴震(一七二四——一七七七)之汉学。道统至唐鉴而造其极。唐之《清学案小识》即特为撰辑，用以维护道统。诚如唐鉴自谓，“还吾程朱真途辙……以及更还吾夫子真面目”[139]。《清学案小识》首列陆陇其、张履祥、陆世仪及张伯行称之为“传道”，继以儒者十九人，其中有顾炎武与李颙，称之为“翼道”，殿以四十四人，称之为“守道”。

设道统在《性理精义》中，既隐约呼之欲出，而在其书中又何故删除道统一类？凡例于此，显已指陈，即在免起争端。吾人曾经反复述及门户之争。诸儒固已厌于党同伐异。此顾炎武、王夫之、颜元诸儒所以自辟蹊径。就政府言，意在道一同风。是以《性理精义》所求者在既定传统之无争论。

八

此种道一同风之情况，使吾人知其所给予《性理精义》之影响。《性理精义》刊刻，颁发全国学校使用。在道光三十年(一八五〇)，又见于圣谕广训。此书为康熙帝所订而其后不著名人士所发挥者，订定道德箴言，颁令研读。康熙及李光地似无意于《性理精义》一书成为一部钦定训谕之书。但却产生两种积极之副作用。其一，即《近思录》之研讨。

《近思录》乃采摭周敦颐、两程兄弟以及张载四先生言说之书，总六百二十二条，凡十四卷。此乃第一部儒家哲学辑录而非仅是拼凑。朱子之采摭乃基于其道统观念。[140]朱子对资料之编排，已立下新儒家哲学之模式并予以重建。此辑录首卷道体，以《太极图说》冠首。次为学、致知，再次存养、克己、家道、治体及政事等各卷。实质言之，《性理大全》及《性理精义》俱先后仿其模式。有如《四库全书总目提要》所云，《性理大全》实为《近思录》之扩大。[141]自淳熙二年（一一七五）《近思录》书成，朱子之友人及门人广为研读。朱子及其门人多次谈及《近思录》。[142]数百年来，已成新儒家之基本经典。例如，当张履祥之门人请业，必令读《近思录》。[143]除道统基本观念与编排一般模式外，吾人无从获知，于其他方面，在《近思录》与《性理精义》两书间，有何直接关系。但在十七世纪初叶，由《近思录》之激励而有一系列辑录之问世，此则颇堪指陈。备言之，有高攀龙（一五六二—一六二五）之《朱子节要》，江起鹏（壮年一六〇四）之《近思补录》，为宋明新儒家辑录，其中包含朱子；孙承泽（一五九三—一六七五）之《学约续编》，为明新儒家四人辑录；刘源渌（一六一九—一七〇〇）之《近思续录》；朱显祖（壮年一六八四）之《朱子近思录》，为朱子言说辑录；汪佑（壮年一六一五）之《五子近思录》，其中增补朱子语说于《近思录》；张伯行之《续近思录》《广近思录》，其中有吕祖谦、黄榦以及后期新儒家之语；郑光羲（壮年一七〇〇）之《续近思录》，采摭明代儒家阳明等之言；祝淦（一七〇二—一七五九）之《下学编》，中有朱子语录，以及祝之著作《淑艾录》，所录乃摘自其师张履祥之《备忘录》。

以上诸书，悉遵《近思录》十四卷之模式。较之以前所辑录之书为十比三。即刘清之（一一三九——一一九五）之《近思续录》，采程子门人之语；蔡模（壮年一二二〇）之《近思续录》，辑朱子之语，以及蔡模之《近思别录》，辑吕祖谦及朱子友人张栻之语。自十六世纪以来，纷纷辑录新儒家之语，尤其朱子之语，努力不懈。吾人固不能谓与《性理精义》有直接之影响，但确已为《性理精义》树之风声。所有辑录悉依《近思录》模式，此即意谓由朱子所形成之新儒家哲学，已盛行于时。在此意义上，《性理精义》亦不过重复其模式而已。

自《性理精义》辑录新儒学之说引人注视以来，相与激荡，蔚成运动，群起注释《近思录》。自十三世纪至十五世纪有注解《近思录》之著作[144]，但随即衰歇，直自十七世纪及十八世纪前半期。在此时期，注释有七种，其数几与前四百年相埒。注释中，如王夫之之《近思录解》，张伯行之《近思录集解》，李文炤（一六七二——一七三五）之《近思录集解》，茅星来（一六七八——一七四八）之《近思录集注》，江永（一六八一——一七六二）之《近思录集注》，施璜（壮年一七〇五）之《五子近思录发明》，陈沆（一七八五——一八二六）之《近思录补注》，以及汪绂（一六九二——一七五九）之《读近思录》。前述诸作，仅王夫之之注，较早于《性理精义》。颇堪重视者，在十八世纪《近思录》注解之作，乃始于年岁较李光地为幼，而为光地好友之张伯行。此类注解之主要精神乃着重切于日用实务。

着重实务自亦有助于朴学之发展。当颜元及以后戴震抨击空谈性命，乃集矢于宋新儒家。颜戴辈固轻忽十七世纪之新儒家，实已走上彼辈相同之方向。吾人不能过于渲染有谓十七世纪之程朱学派，造成实证风尚，但程朱学派于其中可以分沾，亦可有助于风尚之形成，是可确言。如是言之，程朱学派实复苏程朱思想之真精神，以及纵属间接，亦有贡献于随后儒学之发展。

［此文原名“The Hsing-li ching-i and the Ch' eng-Chu School of the Seventeenth Century”，为一九七〇年美国学会联会议所举办之国际中国十七世纪中国思想会议宣读而作。载会议论文集Wm. Theodore de Bary主编，*The Unfol-ding of Neo-Confucianism*（纽约，哥伦比亚大学，一九七五年），页五四三至五七九。万先法译文登《中华文化复兴》月刊，第十一卷，第十二期（一九七八，十二月），页一至十四。］

附 注

1 又称汉学，一种着重具体事物、佐证、版本真伪与简略解说的理性运动，汉儒经学之属，故有时亦称经学。凡本文注内引语皆译者所增。

2 《尚书》《诗经》《易经》《礼记》与《春秋》合称五经。

3 《朱子全书・序》，有谓“朕……数十年来，方得宋儒之实据，虽汉之董子，唐之韩子，亦得天人之理，未及孔孟之渊源”。

4 《大清圣祖仁皇帝实录》，第五十二年八月。

5 赵尔巽（一八四四——一九二九）：《清史稿》，卷二，《列传四十九》。张其昀：《清史》，卷二六三，列传四一九。徐世昌：《清儒学案》（台北，世界书局，一九六二年），卷四十至一四十一；Arthur Hummel主编*Eminent Chinese of the Ching Period*，1943，页四七三至七五页。

6 《清史稿》，列传四十九，“李光地传”。

7 《清儒学案》，卷四十，“安溪学案上”，页一。

8 《榕村全集》（《李光地全书》），卷十，“进读书笔录及论说序记杂文序”，页二下。

9 同上书，卷二八，页一下至页二上，“复发示《朱子全书》目录及首卷劄子”，有云，“但阅诸臣采摭，尚有《易图说》，《楚辞注》一、二条，此类似应删去。再详诸臣各段下所注……多重出，似可无庸分别”。页四上，“臣熊赐履、李光地谨奏，本月十五日，蒙皇上发问朱子全书首册次册凡四本。臣等只受捧读。……仰见皇上览阅精详，无微不到。臣等虽校雠言数十过，不能及也。所有校毕第三册，相应一并呈进。内有论祭祀，神示一目。臣等切思上篇有祭祀祖考神示，则此篇之义已包之矣。今《语类》及《性理大全》复以祭祀神示为目，似涉重复。……谨拟改为杂论祭祀鬼神，未知可否？旁贴浮签，统候圣裁”。页六上至页七上，“又有理欲义利君子小人之辨一题，原在力行条下。臣愚，窃惟明辨于理欲义利君子小人之际，实致知之事也。辨之明，知之真，然后行之果而守之固，则此题似亦当与致知相次，不应在力行条下。谨稍移其序，缮卷进呈。但恐愚昧寡识，于理有悖，伏乞圣上明赐指诲，以启迷蒙，或应仍旧，即可改正，另行缮写”。又“臣每谓首十数卷论学之后，似即宜继以论治，而论治诸目，则宜以奏疏为首，然后以君道臣道养教兵刑用人理财等目次之，如此则开篇数十卷之中，而内圣外王之道备矣。然后继以四书六经以证明之，又继以圣贤诸儒诸子百家以折衷之，又继以历史人物以参考之，似为得先后缓急之序，而使天下后世学者知为学为治之出于一，不作两意推求也”。页十二下，“臣愚见，窃谓阴阳到时令，似应接太极天地之后。……天度历法似应接天文之后。……地理似应即继天文天度历法之后。……雷电风雨雪雹霜露似应在地理之后。……然臣所见未能确当，故原本不敢更改，谨别写二册，另封请圣明教诲”。页十三下至页十四上，“此章（吾与点章）所收，果属冗长。……恐门人记录朱子之言不能无误。谨拟删六条，逐处签贴，乞圣裁。……奉旨其次致曲章，随其善端发见于此，便就此上推致以造其极，发见于彼，便就彼上推致以造其极。……与引苏轼数语，其意有似乎释氏所谓专用想之一处，而不他适者，见李光地说与他仔细想。若于道理无害，就存着。若有启人疑惑处，就去了，钦此。臣仰见皇上辨理之精，入于毫芒，非臣等粗浅之处所能至也。细看后数行以仁义为言，又似不碍儒者功夫。乞圣裁。卷二十九，页九上至页十上，"进《性理精义》学类劄子"有谓，"谨遵旨，以学居首，次以性命理气之说，而以治道终焉。……臣谨遵依明训，详慎收采。计其篇帙，大略当旧书八分之一。……至其门目太多，则从并省。引用讹错，亦与更正"。页十上，"今谨将缮完学类，先呈圣览。其余各类，亦俱已脱稿付写，即日续进。臣虽蒙恩准告归，然此书一日未稳，臣一日未敢行，不敢苟简以图完篇"。卷二十二，页十二下至页十五上，"与孝感熊先生商酌朱子书名目次第书"有谓"今读先生所批驳，则仍旧日次序，亦无甚碍于理。……又于本日奉旨此书完竣，欲发与熊赐履看。若到彼时，有所辨驳，则从头更张，必欲担阁，而书无完期矣"。译者补注：（一）《朱子全书》类目之如何采摭及次第，以及李光地自有见地，直述不讳之情况，陈先生于正文中以限于篇幅，未予多述。但于注九，详引原书各卷页。法既查获原文，几经酌虑，虽难逃冗繁之讥，但仍予录出。一以可便利读者深入当时君臣间往复商议之实况。二以使读者进窥陈先生之所用心力与治学精神。读者谅之。（二）兹查考古香斋版《朱子全书》（台北，广学社印行）目录，其类目次第，康熙帝有从其说者，亦有不从其说者。为避冗长，不再烦注。亦希读者自寻参考本注上所述劄子中之君臣问答。

10 《清史》，卷四十九，列传四十九，"李光地传"，史赞语。

11 《清代学术概论》（上海，商务印书馆，一九三二年），页一一〇，并见徐中约英译本，*Intellectual Trends in the China Period*（一九五九年，哈佛大学出版部），页七六。

12 《中国近三百年学术史》（上海，中华书局，一九三六年），页一〇三至一〇四。

译者补注：钱穆亦谓"光地实小人，富贵煊赫不足以掩其丑。全谢山称其'早年卖友，中年夺情，暮年则居然以外妇之子来归，足称三案。'"见《中国近三百年学术史》，页二六五。

作者补注：梁原句"……老子死了，贪作官……"。梁误。榕村文集年谱五十三岁云，"丁母太夫人吴氏忧，请奔不许。在京守制"（页五五）。又外篇榕村谱录会考卷下，页四云，"春三月丁母太夫人吴氏之忧，请奔丧。奉旨光地不准回籍。着解性，在官守制"。续云，"继请假九个月过家治丧，不允"。

13 《清儒学案》，卷四十一，页二十三。

14 《中国近三百年学术史》（上海，商务印书馆，一九三七年）。

15 Derk Bodde 英译本："*A history of chinese Philosophy*"两册，（普林斯顿大学出版部，一九五二年至一九五三年）。

16 《中国近三百年学术史》（上海，中华书局，一九三六年），页一一〇。

17 东京，文书堂（一九三一年），第五章。

18 《中国近三百年学术史》（上海，中华书局，一九三六年），页九六、九八。

19 英文原著*The Development of Neo-Confucian Thought*，（纽约Bookman Associates版，一九六二年），卷二，第三一七页。

20 见所著（上海，中华书局，一九三二年），页一〇。

21 卷一至二。此书原名《国朝学案小识》（国学基本丛书本）。

22 在浙江绍兴县。

23 《论语·公治长第五》，第六章。

24 在江苏无锡。

25 关于陆世仪，可参看《清史稿》，卷二，"陆世仪传"。《清史》卷四七九，"陆世仪传"。《清儒学案》，卷三至卷四，《桴亭学案》。Hummel, *Eminent Chinese*，页五四八至五四九。同时参看下注49。

26 五经与乐经。乐经在第三世纪以前即散失。宋儒代以《周礼》。

27 《大学》《论语》《孟子》《中庸》。

28 《思辨录辑要》，“序言”。

29 《中国近三百年学术史》，页九十九。

30 《遗书》，卷十八，页五下。

31 《宋史》，卷四二九，页十九上。

32 《思辨录》（正谊堂全书本），卷二，页十五下。

33 同上，卷二，页十三上。

34 同上，卷二，页十三下。

35 《三鱼堂文集》（康熙辛巳年，一九〇一年本），卷九，“思辨录序”，页十一上下。

36 《清儒学案》，卷五，页四下，有谓“百余年来，承阳明气习，程朱之书，不行于世，而王陆则家有其书。士人挟回，便已沦浃其耳目，师友之论，复锢其心思，遽以先人之言为主。虽使间读程朱，亦只本王陆之意指摘其短长而已，谁复能虚心笃志，求所谓穷理以致其知，践履以敏其行者？此种习尚，不能丕坏，窃忧生心害事之祸，未有艾也”。

37 《清学案小识》，页二十一。并见《传习录》英文陈译*Instructions for Practical Living and Other Neo-Confucian Writings of Wang Yang-ming*（哥伦比亚大学出版部，一九六三年）。

38 同上，页二十至二十一。

39 关于张履祥，可参看：《清史稿》，卷二，“张履祥传”；《清史》，卷四七九，“张履祥传”；Hummel, *Eminent Chinese*，页四十五至四十六。同时参看本书二五六页注49。

40 《太极图说》。《周子全书》，卷一，页一。

41 《张子全书》，卷五，《经学理窟》，页三上，参看《张子语录》（四部丛刊本），卷下，页六十一至五十七下。

42 《遗书》，卷五，页二下。

43 同上，卷十八，页四下至页五上。

44 《粹言》，卷一，页二十三下。

45 《语类》，卷九，第十八“学者”条，页二三八（页三上），有谓“学者工夫，唯在居敬穷理二事互相发明。能穷理则居敬工夫日益进，能居敬，则穷理工夫日益密”。

46 “直以方内，义以方外”，见《易经·坤卦》象辞。

47 此语引自《中庸》，第一章。

48 《清儒学案》，卷五，“杨园学案”“与何商隐书”，页九。

49 关于陆陇其，可参看：《清史稿》，卷二，“陆陇其传”；《清史》，卷二六六，“陆陇其传”；Hummel, *Eminent Chinese*，页五四七至五四八。关于陆陇其、陆世仪与张履祥之进一步资料，可参看张君劢 *The Development of Neo-Confucian Thought*，第二册，页三一九至三二六，三三二至三三五。Hellmut Wilhelm, *Chinese Confucianism on the Eve of the Great Encounter, Changing Japanese Attitudes toward Modernization*（普林斯顿大学出版，一九六四年），页二八三至二九九，以及Alfred Forke, *Geschicte der neueren chinesischen philosophie*，页四八八至四九二，页五一〇至五二二。

50 《清学案小识》，页六。

51 《三鱼堂文集序》，页十六。

52 《清儒学案》，卷十，“三鱼学案”，页一上。

53 《陆稼书文集》（正谊堂全书本），卷一，“学术辨下”，页十八上。

54 《陆稼书文集》（正谊堂全书本），卷一，“学术辨上”，页十五上。

55 同上，页十四下。

56 《四库全书总目提要》，页七四九，“松阳讲义”，提要语。

57 《三鱼堂文集》，卷二，页一上至页八上。

58 《四库全书总目提要》，页七四九，“四书讲义困勉录”。《提要》有谓“明自万历以后，异学争鸣，攻集注者固人自为说。即名为阐发集注者，亦多阳儒阴释，似是而非。陇其笃信朱子，所得于四书者尤深。是编荟萃群言，一一別择，凡一切支离影响之谈，刊除略尽，其习翼朱子之功……”。

译者补注：查《提要》对陇其一生敬仰朱子，迭有赞誉，谨补录如次：一、《提要》卷九十四。“读朱随笔”下，有谓“陇其之学，一以朱子为宗。在近儒中，最为醇正。是编大意，尤在于辟异说，以羽翼紫阳。故于儒释出人之辨，金溪姚江蒙混之弊，凡朱子书中有涉此义者。无不节取而发明之。……盖于朱子之书，诚能融会贯彻。……而生平得力所在，亦概可见矣”。二、《提要》卷九十四，“三鱼堂剩言”下，有谓“陇其传朱子之学，为国朝醇儒第一”。三、《提要》卷三十六，“松阳讲义”下，有谓“盖朱子一生之精力，尽于四书。陇其一生之精力，尽于章句集注”。四、又谓“其足以羽翼集注者，固亦不少。陇其详加别择，举明末阳儒阴释，似是而非之说而廓清之，而独取其纯粹无疵，可与集注相表里者，洵朱子之功臣”。

59 全祖望（一七〇五——七五五）：《鲒埼亭集》，卷十二，页二上，有云“晚益笃志六经，谓古今安得别有所谓理学者，经学即理学也。自有舍经学以言理学者，而邪说以起，不知舍经学，则其所谓理学者，禅学也”。见“亭林先生神道表”。

60 《尚书·大禹谟》。

61 同上。

62 《日知录》（国学基本丛书本），卷十八，页一一九，“朱子晚年定论”条。

63 同上，卷一，“朱子周易本义”条，有谓“复程朱之书以存易……必有待于后之兴文教者”。

64 《汉学师承记》（国学基本丛书本），页一三五。

65 李塨（一六五九——七三三）：《颜习斋先生年谱》，“下编”，页二十五下。在《颜李遗书》。

66 《存学篇》，卷一，页三上，“仆妄谓性命之理，不可讲也”。《存性篇》，卷一，第十六页上，“大约宋儒认性，大端既差，不惟证之以孔孟之旨不合，即以其注互参之，亦自相矛盾，各相抵牾者多矣”。《存学篇》，卷一，第一页下，“而未知二程之所以教之者，实近禅。故徒见其弊，无能易其辙，以致朱子之末流，犹之程朱之末流矣。以致后世之程朱，皆为程学朱学末流矣。长此不返，乾坤尚安赖哉”。《颜李遗书》。

67 英文陈译《近思录》：*Reflections on Things at Hand*（哥伦比亚大学出版，一九六七年）。

68 《清儒学案》，卷十九，“柏卿学案”。

69 同上，卷二十，“环极学案”。

70 同上，卷九，“潜庵学案”。

71 同上，卷三十八，“孝感学案”。

72 同上，卷十二，“敬庵学案”。

73 《三鱼堂文集》，卷八，“周云虬先生四书集义序”，页七下。

74 同上，卷五，“答嘉善李子乔书”，第二页下。

75 《性理精义》，卷七，“学类一”，页十二。

76 同上，卷一，页四下，七上，八下。

77 同上，卷二，页一上。

78 《象山全集》，卷三十四，页二十四。此处引自《中庸》，第二十章，并见下注114。

79 参看英文陈译《传习录》，页二六三至二六七。

80 《朱子全书序》。

81 《大清圣祖仁皇帝实录》，第五十一年，一月。

82 《宋史》，卷四二九，“朱熹传”，“自熹去国……侂胄势益张……首论……行伪学之罪”。朱子在隆兴元年（一一六三），五年（一一六九），淳熙三年（一一七六），八年（一一八一），九年（一一八二），十五年（一一八八），十六年（一一八九），以及绍熙三年（一一九二），俱拒而不仕。有者于数年之中，拒不就者凡七次。

83 《榕村全集》，卷十，“中庸章段序”，页十二下。

84 《清儒学案》，卷四十，“安溪学案上”，页一上。

85 《榕村全集》，卷十，“进读书笔录及论说序记杂文序”，页三上，谓“孔子之生东迁，朱子之在南渡，天盖传以斯道，而时不逢”。

86 《清学案小识》，七二，一六八，各页。光地崇敬朱子，见于《榕村语录》，卷十八、卷十九，《榕村语录续录》卷五。光地于此，以朱子之与宋五子（周敦颐、程颢、程颐、张载与邵雍）号称宋六子。

87 《四库全书总目提要》，页九十三，“周易观象下”，有谓“是编仍用注疏本。……盖尊信古经，不敢窜乱，犹有汉儒笃守之道。其大旨虽与程朱二家颇有出入，而理足相明”。

88 《榕村全集》，卷十，“大学古本私记旧序”，页九上。

89 同上，卷十七，“朱陆析疑”，页二十一上。朱陆质疑一书云，“然则朱陆之道，岂如一南一北之背而驰哉。……所以不合者，陆氏之反约也速，收功也近。其教人之法，则径而多疏。朱子之用力也渐，卫道也严。其教人之法，则周而无弊也”。

90 同上，页二十三上。

91 《论语·宪问第十四》，第三十七章。

92 《勉斋集》，卷八，“复李公晦书”，页十七上至十八上，云“至于首卷，则尝见（朱）先生说，其初本不欲立此一卷，后来觉得无头，只得存之。近思反成远思也。以故二先生之序，皆寓此意”。

93 《语类》，卷一〇五，第二十九“近思”条，页四一八〇（页二上），“《近思录》首卷，某所以与伯恭商量，教他做数语以载于后，正谓此也。若只读此，则道理孤单，如顿兵坚城之下，却不如语孟，只是平铺说去，可以放心”。

94 著者于此点，曾有论述，谱参看陈著：*Chu Hsi's Completion of Neo-Confucianism*，载于Sung-Studies第二辑，第一期，一九七三年，页八一至八七。万先法中译为“朱熹集新儒学之大成”，载《中华文化复兴》月刊，第七卷，第十二期。

95 《语类》，卷十四，第一“学问”条，页三九七（页一上）。

96 同上，第三“某要”条，页三九七（页一下）。

97 同上，卷十四，第五“论孟”条，页三九八（页一下）。

98 同上，第九“今且”条，第十一“或问”条至第十三“大学如”条，页三九九（页二上下）。

99 同上，卷六十二，第三“中庸”条与第四“问中”条，页二三四七（页一上）。可参看《中庸》，第十六、第二十二各章。

100《胡适文存》(台北，远东图书公司，一九五三年)，第一集，卷二，页五三九。

101《论语·公冶长第五》，第十二章。

102 同上，“先进第十一”，第十一章。

103《性理精气凡例》。译者谨按，《朱子全书》及《性理精义》之编纂当多出自李光地诸臣之手，但以康熙之崇慕朱子，实亦参与纂辑。观光地于《朱子全书》刻竣上表，有谓“发凡起例，无非禀圣心之裁成，提要刊繁，逐一经御笔之删定。虽至微文碎义，周览甚详，转注谐声，摩求必当。洹寒蒸暑，未尝辍诵于万几之余，夜漏晨壶，不闻停披于寸晷之暂”。语虽过谀，似非全无实据。并请参看前注9。

104《论语·述而第七》，第十七章。

105《遗书》，卷二上，页七下，“订顽之言，极纯无杂，秦汉以来学者所未到”；页十八下，“若《西铭》，则是原道之宗祖也”；页二十上，“伯淳言《西铭》，某得此意”。又如页二上，“订顽一篇，意极完备，乃仁之体也”。

106《思辨录》，卷三，页三上。

107《清儒学案》，卷五，“杨园学案”“答屠子高书”，页十三下。

108《清儒学案》，卷十，“三鱼学案”，页二十二下。

109《朱子文集》，卷七十五，“周子太极通书后序”，页十九上，“及得志文考之，然后知其果先生之所自作，而非有所受于人者”。

110 同上，卷三十六，“答陆子静”，页八上至九下。

111《语类》，卷九十四，第一〇九“问先”条，页三七九〇(页二十一上)。

112 陈著*Chu Hsi's Completion of Neo-Confucianism*，曾有充分讨论，请参考前注94。

113 同上注104。又云，“熹又尝读朱内翰震，进‘易说表’，谓此图之传自陈抟，种放，穆修而来，而五峰胡公仁仲作通书序，又谓先生非止为种穆之学者”。

114《象山全集》，卷二，“与朱元晦书”，页六上下，页九上下。

115《清儒学案》，卷四，页一下，“其间次第当悉依《周易》，非自立体格，别为一书也。太极图之在后，实以系辞在六十四卦后故耳。朱子取以冠《通书》，于义无不可，然太极图所以为《通书》之卒章，则实因此，故特记之”。又谓“从来天地开辟之理，自系辞易有太极是生两仪外，更无人说，到周子图说自动而生阳至万物生生无变化而穷焉，是说这个道理”。《桴亭学案(下)》。

116 同上，卷四，页一下，“朱子谓周子太极图，当在《通书》之首。先生既手搜两程，因本附书后传者，见其如此。遂误以图为卒，不复厘正。愚谓周子《通书》，本名《易通》”。

117 同上，卷五，“杨园学案”，页九上。

118《三鱼堂文集》，卷一，“太极论”，页一上至二下。

119 著者关于此点，有所讨论，载于Wm. T. de Bary, *Self and Society*，页三十三。

120《清代学术概论》，页二十六，或徐中约英文译本，页三十五。

121《性理精义》，卷十，“理气类”，页一下至二上。

122 《思辨录辑要》，卷一，页十六下。

123 《四库全书总目提要》，页一九四三，“思辨辑录要下”语。

124 《清儒学案》，卷五，“杨园学案”，页三下。

125 《四库全书总目提要》，页一九四五，“三鱼堂剩言”。

126 《清代学术概论》，页三十九，徐译页四十二。

127 《清儒学案》，卷三十七，“勿庵学案”，页四上。

128 《论语·述而第七》，第二十章，“子不语，怪力乱神”。

129 《论语·公冶长第五》，第十二章。

130 《论语·雍也第六》，第二十章。

131 《正蒙·太和篇第一》。

132 陈译《近思录》，页三十二。

133 《性理大全》，卷六十九，“治道四”，页十六上至页十八下。同时可参看：《性理精义》，卷十二，“治道类二”，页二十一下。

134 同上，卷六十九，页十八，“朱子曰……古之圣王，遇灾而惧，修德正事，故能变灾为祥，其效如此”。

135 《性理精义》，卷十二，页二十一下，“问天变，许衡曰，为子者皆当恐惧修省，此言殊有理”。同时参看《性理精义》，卷十二，页二十一，“象山谓孔子于春秋著灾异，不著事应者，实欲人君者无所不谨，以答天戒而已”。

136 在陈著“朱子集新儒学之大成”一文中，阐述较详。参看前注94，页七十三至八十。朱子道统说，可看《中庸章句序》及《朱子文集》，卷八十六，页二上，有云“……周程授受，万里一源。日邵日张，爰及司马。学虽殊辙，道则同归……”。见“沧洲精舍告先圣文”。

137 《三鱼堂文集》，卷四，页八上。

138 《性理精义》，分见卷八，页七上；卷十二，页十一上；卷七，页二十六下。

139 唐鉴：《清学案小识叙》。

140 在陈译《近思录》“导言”，页三十三，曾有指陈。

141 《四库全书总目提要》，页九一八，“性理大全”（下），有谓“近思录其权舆矣。……后来刻性理者，汗牛充栋，其源皆出于是书”。

142 《语类》，卷一一四，第三十四“早拜”条，页四四〇〇（页十上），“早拜朔先生说，诸友相聚已半年。光阴易过！是日，问时举看诗外别看何书？时举答，欲一面看《近思录》……”；卷一一五，第三十二“先生与”条，页四四一四（页八下）。“先生问道夫，别看甚文字，曰只看《近思录》”；卷一一六，第二十七“先生谓”条，页四四五三（页八上），“夔孙请看底文字，索《近思录》，披数夜……”；卷一一九，学二十一“陈芝”条，页四五九二（页十上），“陈芝拜辞，先生赠以《近思录》”。

143 《清儒学案》，卷五，“杨园学案”，页一下。

144 参看陈译《近思录》，页三四〇至三四一。

欧美之朱子学

朱熹为孔孟以后一大思想家，而又为中国八百年来最重要之哲学家。彼集理学之大成，以建立其改造新成之哲学。其哲学自十四世纪即已独尊。自十五世纪支配朝鲜思想，自十六世纪支配日本思想，凡数百年。而欧洲人士亦于十七世纪开始注意。盖是时天主教传教士在华关于译God为“上帝”，发生内讧，而于“天”之解释，亦意见相反。于是对于理学思想渐加研究。《性理精义》成于康熙五十四年（一七一五），甚引传教士之注目。朱子与其他理学家乃渐为传教士所注意。一七七七至一七八五年L.A. Marie de Moyriac de Mailla译《通鉴纲目》为法文。[1]然此书与朱子哲学无关。查《资治通鉴纲目》五十九卷系由朱子勘定凡例一卷，其纲皆门人依凡例而修。其目则多出于门人赵师渊之手，实非朱子本人之资料。至于直接研究朱子，尚有待六七十年。今分（一）朱子书之四译，（二）朱子之上帝观，（三）朱子之哲学，（四）朱子与陆象山和陈亮，（五）朱子与道统，（六）朱子评佛老，（七）朱子与西哲之比较，（八）朱子之生平，（九）朱子后继，（十）日本朱子学等目粗论之。

（一）朱子书之西译

朱子著述之翻译，以《朱子全书》为中心。最早从事者为裨治文（E.C.Bridgeman）。彼于一八四九年采取《朱子全书》关于宇宙、天地、日月、星辰、人物、鸟兽若干语，译成英文。[2]虽仅七页，而从朱子直接材料看其思想，于焉开始。故欧美翻译朱子本人资料，亦此为最早，而欧美研究朱子之专著，亦以此为最早。事先裨治文于一八三六至三七年，曾译《小学》为英文。[3]《小学》为朱子所编，可云反映其本人思想，惟非其本人之语耳。数十年后，一八七四，Thom MaClatchie译《朱子全书》卷四十九“理气”为英文[4]，错误甚多。一八七六年Georg von der Gabelentz译周子《太极图说》并朱子注。[5]一八七九年Wilhelm Grube选译朱子关于理气若干条。[6]翌年又从《性理精义》译周子《通书》与朱子注释。[7]三者皆为德文，比较正确。继有法国Charles de Harlez教士译朱最为勤劳。一八八七年译高攀龙（一五六二—一六二六）之《朱子节要》。全译第三至第五章，节译其他各章。[8]一八八九年译《小学》，且译陈选（一四三〇—一四八七）之注。[9]同年又译《家礼》。[10]据王懋竑（一六六八—一七四一）考据，此非朱子之书，乃后人因《朱子文集》卷八十三跋三家礼范有“尝欲因司马氏之书[11]，参考诸家，裁订增损，举纲张目，以附其后。……顾以病衰不能及己。……后之君子，其尚有以成吾之志也”等语，依仿而成。[12]译者盖未之知也。一八九〇年又节译《性理精义》内周子、张载、邵雍所著，连带译书内张子《正蒙》所附集说朱子之语，与书内性命类、理气类、治道类所采朱子之语[13]，所译有所删略。一八九一年更译张子《西铭》与朱子之注。[14]再接再厉。后人未有出乎其上者。《朱子全书》刻于康熙五十三年（一七一四）。De Harlez竟不采用，颇觉可异。全书之译，裨治文以后，尚须等待五十余年。一九〇六年戴神父（Léon Wieger）教士编《中国哲学文选》[15]，朱子自为一章。采《朱子全书》所选《朱子语类》关于理气、阴阳、祭祀、性命、善恶、人心之语共六十二条，略具规模矣。又十余年，一九二二，英人J.Per-cy Bruce译全书第四十二至四十八章，名朱子之人性哲学。[16]总目为性理，分目为性命、性、人物之性、气质之性、才、心、心性情、定性、情意、志气与志想、思虑、道、理、德、仁、仁义、仁义礼智、仁义礼智信、诚、忠信、忠恕、恭。所译不无错误，如误解孟子“勿忘”“勿助”[17]为“不要忘记自己”与“不要助长私欲”[18]，因其不知此两词之来源也。又不解《近思录》之“近思”为“思其切近”，而误为“近代思想”(modern thought)[19]。嗣后中西学者多沿其误，至今犹然。然其译“敬”为serious(严谨)[20]，则确有见地。欧美人士富有宗教虔敬之意，多不赞成Bruce之译，而用reverent(恭)。殊不知孝亲敬长之“敬”，固可翻reverent，而宋儒敬之观念，绝非以他人为对象，而以自我意境为前提。故程颐曰，“发于外者谓之尊，有诸中者谓之敬”。又曰，“主一无适之谓敬”。又以严威俨恪为敬之形容。[21]由是观之，译“敬”为serious比reverent为较符宋儒本意。惜中西学者仍多舍彼取此，则宋学之未大明于西方，可见一斑矣。

Bruce所译全书各章，全涉性理，而第四十九章则全涉理气。一九四二年庞景仁译之为法文。[22]其用意全在改正当时欧洲宗教人士对于朱子天与上帝观念之误解。此点在下边再言之。一九六〇年美国哥伦比亚大学编刊中国传统诸源[23]，摘译关于中国文化各方面文献。理学部分由不佞负责。不佞择译《朱子全书》理气、太极、天地、鬼神、人物、性命、心性、与仁各数条，只备梗概而已。不佞一九六三年所编译之《中国哲学资料书》之朱子章[24]，则颇称齐备。除译朱子四篇最重要哲学短文，即仁说、明道论性说，与湖南诸公论中和第一书，与观心说外，另选全书一百四十七条为一章，包括为学、存养、持敬、主静、省察、知行、性情、仁、理气、太极、天地、鬼神、评佛等目。前后长短案语共十五项。处处指出朱子哲学在中国哲学史上之特殊意义，如谓其《仁说》要在体用合一，为朱子所道前人所未道者。其明道论性文融和前人论性之矛盾，去除程颢性无善恶之含混，与第一书之由静而主敬是也。[25]其他按语讨论朱子之科学精神，朱子是否二元，朱子之机体哲学，及其与怀黑德（一八六一—一九四七）之比较，朱子之理一分殊说，朱子与亚理士多德与柏拉图等比较[26]，皆从朱子哲学之骨髓着眼。不佞于所有名词，均加解释，并溯其出处。所提人物，均备略传。所有时地，均一一指明。其最难者为索寻朱子所引句语之所来自。朱子引语凡二三百。其出于经书者，尚有索引可凭。其出于诸儒者，每每不知书目章节，且大多并不举说者之名。欲溯其源，真如海底捞针，无从下手。千寻万索，尚有数语未知出处者。一为《仁说》之"又曰事亲孝，事兄弟，及物恕，则亦可以行此心也"。前两句出《孝经》第十四章，"及物恕"不知是否朱子引《二程遗书》卷十一之"以己及物恕也"。一为本章第五十二节引邵子云，"静而不知所存，则性不得其中"[27]，查不见《邵子全书》。一为第五十六节引吕大临（一〇四六—一〇九二）谓"物之性有近人之性者。人之性亦有近物之性者"[28]。查不见《宋元学案》卷三十一之"范吕诸儒学案"及大临之"少仪外传"，或已佚矣。程颐之《经说》云，"人有近物之性者，物有近人之性者"[29]。岂大临述其师之言耶？然则述语又在何处？一为第一〇七条引语云，"天将降非常之祸于此世，必预出非常之人以拟之"[30]，出自何书？De Harlez庞景仁均无答案。一为第一四七节"明道先生所谓句句同，事事合，然而不同"[31]。太田锦城（一七六五—一八二五）云出《程氏遗书》[32]，然屡查不见，亦不见《明道文集》。岂佚文耶？

全书之外，朱子最重要之译为《近思录》，盖《近思录》为中国第一本哲学选辑之书，亦为以后《性理大全》等书之典型。《性理大全》乃由永乐十三年（一四一五）至光绪三十一年（一九〇五）科举考试之根基，支配中国士人之精神思想凡五百年。朱子与吕东莱摘北宋周、张、二程四子之言。分道体、为学、致知、存养、克己、家道、出处、治体、治法、政事、教学、警戒、辨异端、观圣贤十四卷，共六百二十二条。一面集理学之大成，一面备中国以后学术之模范。此书朱子主之，吕氏助之。其编排与内容，均以朱子本人之哲学为根据。此为朱子哲学之轮廓，亦即为数百年来理学一贯之轮廓。左右中国思想七八百年。日本因山崎暗斋（一六一八—一六八二）及其门徒六千余人之提倡，亦极盛二三百年。然其西译至一九五三年乃有德文译本，即Olaf Graf神父费尽多年心力之成果也。[33]书凡三篇，共四册。第一篇为概论。第二编上下册为《近思录》与叶采（壮年一二四八）《近思录集解》之翻译。第三编为翻译之附注。在概论中详言《近思录》与其思想在理学上之位置。又与佛教、道教、与西方思想，尤其是斯宾诺莎（Spinoza，一六三二—一六七七）相比较，实为朱子研究一大进步。出版以后，神父即欲找人转翻为英文。惜经数年仍未得相当人物。其时哥伦比亚大学正在编印东方主要经典，以《近思录》译英，不容稍缓。若由德文转译，不如直译中文为佳。且应采用中日各注，不宜限于一种。且叶注无卓见，远逊张伯行（一六五一—一七二五）之“集解”，茅星来（一六七八—一七四八）之“集注”，江永（一六八一—一七六二）之“集注”，贝原益轩（一六三〇—一七一四）之“备考”等等。且屡误解本文，如释卷八第三条之“近规”（近臣之规劝）为“胶于浅近”是也。中国学者向来不重叶注。《四库全书总目提要》不录。日本注家则重视之。一九六三年不佞正为哥伦比亚大学译王阳明《传习录》。于是以《近思录》译事托予。不佞除译本文外，又采译《朱子语类》《文集》《四书集注》《或问》，周张等书之注共二百八十一条，我国张、茅、江等十人，朝鲜金长生（一五四八—一六三一）一人，日本中村惕斋（一六二九—一七〇二）、贝原益轩等六人之注二百一十五条，总共四百九十六条，以附本文各条之下。书末附《近思录》编纂之经过，六百二十二条之来源，与中国注释十七种、朝鲜六种、日本三十七种，另笔记四十八种，注文课本一种之说明。关于来源，《近思录》有云来自某书，而今则见诸他书，注家尚未指明者多处，今皆补出。又明道之语有作伊川之语或伊川之语作明道之语者，今皆依《二程遗书》《二程外书》等改正。又有许多只云程子曰者，今凡能证实为伊川或明道之语者，均证实之。以上三项工作，均以此次为首。又《近思录》引语甚多，注家探其来源者仅得其半。今一一考之。然尚有二处未获答案者。卷九第十八“今无宗子”条引语，“古者天子建国，诸侯夺宗”。下半出于《汉书》卷六十七，上半则不知何自。又第一卷第三十二“冲漠”条，“冲漠无朕，万象森然已具”。日本注者多谓此为佛家语，然无左证。《大汉和辞典》作伊川语，想非误也。

（二）朱子之上帝观

如上所述，欧洲自早即注目于朱子理气之学，然其用意，却非在哲学之研究，而在肯定上帝之信仰。十七世纪至十八世纪初期，天主教对于“上帝”与“天”两词发生一场剧烈争辩。利玛窦

(一五五二——一六一〇)神父等耶稣会教士只重古经而不采朱子传注，以儒家所言之“上帝”与“天”与天主教之“天主”相同。而其属徒Longobardi神父则以《性理大全》所释孔子决非错误，故不论孔子与理学家均无真正有人格神之上帝观念。Antoine de St.Marie神父附和之。彼等以理学家所言鬼神之神并非天使，魂魄并非灵魂。二者之书[34]，莱布尼兹(Lribniz，一六四六——一七一六)均读之。一七一六年三月二十七日彼以专函致M.Nicholes de Remond发挥其本人意见，谓朱子哲学之基础诚为理性，而其理亦是抽象而无人格性，然亦未尝不可洽释为一人格神，有如利玛窦所信者。盖理为道德原则，故等于天神，并非如Longobardi所疑为只是物质而非精神之本体云。[35]Longobardi谓理学家不信上帝而以天地为生于偶然，故其理只是抽象的规范。反之，Leibniz谓理为第一原则，故为天之自然律云。Longobardi之意见，反映当时天主教士在华之一般意见。其时教皇不准中国天主教徒参加祭祖典礼，而康熙帝则行统治主权，限令教士出境。一般教士益以朱子与理学所领导之中国为不信上帝矣。

此意见之冲突亦于一七〇八年Malebranche所著之《基督教哲学家与中国哲学家关于上帝之存在与性质之对答》书中见之。[36]所谓中国哲学家实指朱子门人，以无神论与对方争辩。Malebranche实不了解朱子，其所靠材料亦甚恶劣。其中所释理之观念等等，大失朱子原意。故庞景仁译《朱子全书》卷四十九，使读者得知朱子之理与天主教之神，其同处何在？其异处何在？以庞氏观之，理富有精神性，并非如Malebranche所误认为唯物者也。

当时此问题终未解决。二百年后，死灰复燃。一八八七年de Harlez译《朱子节要》，一八九〇年译《性理精义》。Le Gall评之，谓不应依节录以解释朱子，致失朱子本来面目。一八九四年Le Gall著朱子之教义与影响[37]，述释朱子哲学，且附译全书卷四十九，大有真诠朱子之意。翌年de Harlez反攻之，谓其最大毛病为以朱子为绝对唯物。[38]一年后（一八九六）Le Gall发表公开信，坚持原议，以朱子为完全唯物与无神。[39]于是de Harlez著“朱熹果无神乎？——朱熹与Le Gall神父”一文，谓Le Gall神父既以《朱子全书》卷四十九为朱子哲学之全，应知卷内即有朱子之语，谓经传中“天”字“也有说苍苍者，也有说主宰者，也有单训理者”。则朱子以天为主宰，可无疑矣。[40]一八九六年de Harlez又著《朱子之教义与影响》[41]一书。文虽只二十四页而实欲正Le Gall以朱子为无神之误也。复于一八九八年著文“题朱子与近代朱子门徒果无神耶？”重排Le Gall误解朱子为无神，并辨其本人根据明清人之节录，并非错误，盖理学家无损于朱子云。[42]如此一场关于朱子有神无神之争，于以停顿。

二十余年以后，Bruce（一九一八）著《宋代哲学之有神的意义》[43]，重提朱子是否唯物问题。彼以理学不分精神与物质，而分气质与道德。理为万物之源，故有宗教性。又包仁智，故为道德。道有条理，故有伦理性。太极为道德之全，天为主宰，人性由其所赋予。故人之行动，皆须对天负责云。及其著《朱子与其师》（一九二三）[44]，以“朱子哲学之有神论的意义”为第四章之题目。大意以天为内在圣灵，亦即最尊之上帝，具有人格。朱子并非唯物。此书出版未久，G.G.Warren牧师即著文“朱熹是唯物者乎？”感谢Bruce朱子绝非唯物之论，并重述万物来自一大本源之意。又谓朱子屡言天命，则实信最尊之主宰为人格神云。[45]从此西洋不再以朱子为唯物而以朱子为趋向于有神矣。及至今日，李约瑟(Joseph Needham)于其《中国之科学与文明》第二册,《科学思想史》中乃以朱子不肯容许人格神之观念，又谓Bruce以基督教之神附会于朱子，远不如Le Gall之认识朱子云。[46]于是旧案重提，各是其是，各非其非，则始终亦无辩矣。

与此有连带关系者，则有Derk Bodde朱子不朽观之讨论。[47]略谓朱子反对佛家之轮回而以不朽为非个人之永生。盖个人之性之赋于理，实有限期，并非长久不灭。如有个人永生，则一性之内，当有无数之性矣。著者谓朱子于佛学所知甚少。诚是事实。然谓朱子无佛家之轮回不朽观则可，谓其绝无不朽观则不可。盖理学家皆主传统上之立德立功之不朽与血气后代长存之不朽也。

（三）朱子之哲学

上面有神无神问题，三世纪中三次活泼讨论，成为研究朱子之中心。一方因参加讨论者多为宣教士，一方因宗教为西方文化主流，固是当然。然究于朱子哲学研究，不着边际。性理、理气、太极等材料，虽早已译为欧文，而实际以之为主题，而为有系统之讨论者，可谓自Bruce始。在彼之前，并非无论及者[48]，然既失全貌，亦非专书，与Bruce不可同日而语。Bruce之书《朱子与其师》成于一九二三年。十四章中以九章述其哲学思想。其要目为太极、道、性命、气质、心、仁、五常、四德、天、爱，及朱子之有神的意义。大体根据《朱子全书》。支节诚有未当，而大致不谬。一九三八年福克（Alfred Forke）继之以《中国近代哲学》[49]。分论理气太极、天与帝、天地阴阳、鬼神魂魄、人性物性、道、朱陆之辨，西方学者对于朱子之嘉评，范围周广。所引朱子之语，亦算精到。盖福克之中国学问研究之造就，可比Bruce而实过之。两者在其西方传统之下，自然仍重上帝鬼神魂魄等问题。

冯友兰《中国哲学史》刊于一九三四年。其朱子一章于一九四二年译成英文。此章分七节，（一）理气，（二）太极，（三）天地人物之生成，（四）人物之性，（五）道德修养之方，（六）政治哲学，（七）对于佛家之批评。又于陆象山章以一节论朱陆异同。以后其《中国哲学简史》与《新原道》[50]仿此。均纯由哲学伦理观点而言而重修养，可谓得朱子哲学真精神之所在。一九五六年李约瑟于其《中国科学思想史》中，论朱子长篇分五项而言：（一）朱子及其前驱，（二）太极，（三）理气，（四）演进的自然主义与循环，（五）否认永生与神。其中亦顺及仁、善恶、与社会，而主要为理气。[51]盖李氏之主趣为科学，故各题皆针对此点而言。其所以特提永生与神两目者，乃所以坚立朱子之科学性也。李氏从高处远处探究朱子哲学之科学性，令人深叹观止。冯氏之长在乎广大，李氏之长在乎精微。然李氏卒以理学有碍于科学之发展。此点在下文乃说及之。

若云当代综述朱子之最丰富者，东方一人，西方一人。张君劢（一八八六—一九六九）一九五七年《新儒学之开展》中朱子占有三章。[52]一章为其哲学，包括理气、太极、性与气质、心性、修养与评佛。一章为朱陆之辨。又一章为朱子与陈亮（一一四三—一一九四）之辩。张为当代理学大师，故思之深，言之笃。一九七一年Graf神父之道与仁[53]，以《近思录》为出发点，泛论宋代理学而以朱子为中心。所论太极、理气、道、天、命、乾坤、仁、四德、中和、敬、人道、格物、心意、天地之心、评佛等等，虽乏完整，而言之成理。

在上所举诸位学者，可谓为在西方研究朱子之功臣，然于朱子哲学，不无欠缺。冯氏虽重修养，究属简单。幸一九五五年有萨金静（Galen Eugene Sargent）“朱子修养方法”之文[54]，专言敬义夹持，下学上达，格物正心。言约而精。仁为儒学修养之最高峰。求学即求仁。目标在仁者与天地为一体。诸书固连带论仁，而专论之而详尽者则有陈荣捷之“儒家仁的观念之演进”。此文始于《诗》《书》言仁，终于谭嗣同（一八六五—一八九八）之《仁学》，而特重理学家之仁的思想，而卒以朱子之《仁说》为归宿。陈氏又于其《中国哲学资料书》所译《仁说》，下以按语，指出朱子道二程所未道。朱子以仁为爱之理，心之德，亦体亦用，是个人之性，又是天地之性。仁包仁义礼智四德，为天地生物之心焉。[55]

其次格物之教，为理学一大纲目。更为朱子为理学所建一大柱石。故其《近思录》第三章即为致知穷理。上述著者均无专言朱子格物之章节。陈荣捷《中国哲学资料书》朱子章致知之部，仅得六条。故《朱子全书》第三章致知，《朱子语类》卷十与卷十一读书法，卷十五十八大学格知之部，尚待整个翻译。现在讨论朱子知识论者，只两篇文。霍金（W.E.Hocking，一八七三—一九六六）一九三六“朱子知识论”之文，以朱子格物之目的在乎穷理，虽可目之为理性主义者，然穷理即所以尽性，性理为一，知行并进，则朱子实为一经验主义者，霍金又顺便比较朱子与斯宾诺莎与柏格森（Bergson）（一八五九——九四一）两人之异同。[56]霍金虽非中国哲学专家，且全靠当时西人材料。然彼为美国近代伟大哲学家，故所见深澈，非若以前西人普遍之论。至其为美国哲学家注意朱子之第一人，则吾人所当感激敬仰者也。中国学人俞检身论朱子对于知识之态度说明朱子之格物穷理，主客不分，一方即物，一方推理，故直觉与论理俱进。修身为追求知识之先决条件。知识之目的乃在乎自由与自然，以求达广通之境。于此可见其佛道之成分云。[57]二氏所言，均是高见。至于冯友兰在其朱子章下附注有云，"朱子所说格物实为修养方法。其目的在于明吾心之全体大用。……若以此为朱子之科学精神，以为此乃专为求知识者，则诬朱子矣"[58]，更令吾人不敢或忘朱子明诚两进之旨。

李约瑟亦谓朱子格物以人事为主，自然界次之。然其重心在科学。讨论甚详，谓理学世界观根本上与科学融和，并谓宋代科学大放异彩。理学之所以有科学性者，则以其哲学基本上为机体主义之哲学也。然彼又谓在欧洲自然律有普遍性，故能助自然科学之生长，而理则不能解作普遍律，故无助于科学焉。[59]彼只引朱子"事事物物各有其则"之语，故以为乏普遍性。然朱子即继续云，"到得合而言之，则天即理也，命即性也，性即理也"[60]，是则理并非无普遍性也。李氏又谓穷理无精密方法，因而不能有补于科学之生长。又云大成于朱子之理学，穷理究以伦理为主，物质为次，不出乎经验层次，因而科学不能发达[61]，则吾人不能否认。然胡适（一八九一——九六二）指出朱子有云，"尝见高山螺蚌壳生石中。此石即旧日之土，螺蚌则水中之物。下者却变而为高"[62]。胡氏谓朱子发见化石比欧洲之达文奇（Leonardo da Vinci）早三百年。[63]是则不论朱子之格物果否合乎科学，而朱子竟有科学之发见，不亦奇乎？

（四）朱子与陆象山和陈亮

从上面综览观之，朱子之理性主义，既显而明，其性即理主义与陆象山之心即理主义两不相立。故朱陆异同，中日之研究朱子者无不兴趣浓厚。欧西人士则不注意。福克有一小节，略提一一七五年朱陆在鹅湖寺尊德性道问学之辨与一一八八年二氏书札往来太极无极之辨。[64]李约瑟则简直不提。Bruce在其四十余页之《朱子传》中只得数行言及鹅湖之会而不志其争论之点。[65]冯友兰则别为一节，明言普通虽以陆尊德性而朱道问学，然朱子实非不如陆之尊德性，只是偏于道问学而已。至于无极之争，冯氏谓朱子以此为形容太极之无形，而陆子则以为毫无必要[66]，此则学者所公认。黄秀机女士亦论朱陆形上形下与一元二元之异，并纪鹅湖之会。[67]言之最详者则为张君劢。盖以全章特题为"辨论"[68]。于鹅湖之会与书札往还，均讨论广泛，并选译陆子之诗，白鹿洞讲义，与其书翰。从陆子三大原则讨论，即立其大者，寡欲，与不重道问学是也。又进而释明陆氏对于人心道心、天理人欲、形上形下、无极太极之见，以示朱陆之异。似乎只见其异，而不见其同。至于欧美学者关于王阳明对于朱陆异同之意见与朱王对峙之讨论，已见拙著《欧美之阳明学》[69]，此处不赘。

张氏于其朱子与陈亮之辨章，亦侧重其异。朱主道义，分形上形下，尊王抑霸，以有史以来人欲盛而天理晦，而陈则主功用，不分形上下、王霸与天理人欲。古未必美，今未必恶。[70]前此冯友兰言朱子政治哲学，曾附带说及陈亮以三代与汉唐根本无异，只是做得尽不尽，而朱子即以尽不尽为王霸之分焉。[71]

（五）朱子与道统

朱子确定儒家道统，由尧、舜、禹、汤、文、武、孔子、曾子、子思、孟子、而直至周子、二程子。欧美之研究朱子者并未留心。其与朱子哲学之关系，更无论矣。不佞有见及此，乃于“朱子之完成理学”一文[72]，以三分之一，专从朱子哲学以解释其何以有确立道统之必要。分三点而言。一为排除汉唐诸儒。孙复（九九二—一〇五七）、石介（一〇〇五—一〇四五）均谓道统由孟子传诸汉之董仲舒（前一七六—前一〇四）、扬雄（前五八—纪元一八），与唐之韩愈（七六八—八二四）。朱子则以理为哲学之根本，汉唐诸子于理之哲学之进展均无贡献，故非道统真传之中心人物。二为特尊二程。在朱子道统系统中，于张子则或置乎二程之后或置之其旁。于其他司马光（一〇一九—一〇八六）、王安石（一〇二一—一〇八六）、范仲淹（九六九—一〇五二）、邵雍诸儒则置诸度外。其故无他，对于理之哲学贡献多少之别也。司马、王、范均在经世。邵子道家本色彩太浓，又未尝重视穷理尽性，故虽为北宋五子之一，究非主流。张子在在谈穷理、天理、义理，不能不谓为理学之柱石。然其哲学基础为气。气为体，理为相，或是背境。其于理学贡献仅得一面，故不若二程之全也。三为首标周子。周子之太极图得自道家。然无太极之说，则二程理气之相对，形上形下之互峙，即一与多之冲突，无由解决。二程不言太极，故朱子不能不据周子之《太极图说》，解太极为理，为形上，为一，而阴阳之动静与五行之化生为气，为形下，为多。如是理气等问题乃有解决，而理学乃可以大成。总言之，朱子道统之由孟子至二程之间，加上周子，旁置张子，撇开汉唐北宋诸儒者，皆所以应哲学性之要求也。

与道统有关者为道学之兴衰。近二三年忽有二三学者为之检讨，足证朱子学之渐兴。刘子健于一九七一年在德国举行宋学会议献文[73]，历述道学之背境，朱子学被按斥为伪学之始末，及以后卒以理学之名为在政者所尊崇。考据周密。于思想、政治、教育与道学家之生活方式及其政治生涯，尤其是朱子本人所经受之风波，面面俱到。惟注脚谓“道统”一词已于绍兴六年（一一三六）出现于政府公牍，则恐刘氏将“道统”名词与道统观念相混。刘氏结论根据《建炎以来系年要录》绍兴六年所纪。查此处虽谈道统，但无“道统”之词。故仍应依从来学者所云，“道统”之名出于李元纲（一一七二）乾道八年所成立之圣门事业图第一图之“传道正统”。严格言之，“道统”二字连词者，朱子实为第一人。彼于《中庸章句序》云，“接夫道统之传”。

John W. Haeger亦为文谈攻击道学与理学独尊之经过，无特殊处，且文不对题。[74]彼为后进，中文程度尚浅，理学未有研究。观其译“好名”为like the name（嗜好此名称），解“立异”为stand at odds（不相容），以“吾尊孔耳，何程朱为”？为Who are Cheng and Chu?（程朱为谁？）可知。[75]彼尝评拙译《近思录》谓张子“一故神。譬诸人身，四体皆一物。故触之而无不觉”[76]，谓予不解本文，乱在“神”字断句，应读“一，故神譬诸人身”云。[77]彼不知张子在《正蒙》参两篇第二“一故神”与“两故化”为排句。张子每句之下加以自注。二者均为张子哲学独立名词。朱子、王夫之（一六一九—

一六九二）皆有注解。日本《正蒙》与《近思录》版本均于“神”字断句。Haeger盖未尝读中日《正蒙》与《近思录》及与其有关之书耳。Conrad Schirokauer亦于一九七一年宋学会议献文讨论伪学问题[78]，全重史实。历朝之攻伪学与其论据及被攻人物，道学之政治内幕，太学生之活动，朱子甲寅（一一九四）封事之反应，其中风潮震荡，历历如绘。实为精密之作。案宋学研究中心在欧洲，而道学研究则在美国。岂道学研究将由欧而美耶？

（六）朱子评佛老

异端以佛家为最，故《近思录·辨异端篇》十四条中佛家占九条。朱子排佛，近数十年来欧西从事朱子学者，福克而外[79]，均加特别注意。Bruce指出朱子谓一人之心即天地之心，此与佛家所说相同，而其评佛则侧重佛家之消极心。[80]冯友兰有“朱子评佛”一节，强调朱子以佛之性空而儒之性实，又以佛家之心空而无理，而儒家之心虽空而万理皆具。[81]张君劢亦着重朱子指摘佛家心性之空。[82]三者均限于心性，萨金静则成专书，即其巴黎大学博士论文，讨论朱子从社会、理论、实际、历史四方面攻击佛家。又译《语类》三十五条与《朱子文集》之释氏论上下。此书学术水准甚高，议论平允。萨氏为法国佛学专家戴密微（Paul Demieille）学生，其成果非偶然也。不佞在《中国哲学资料书》中除译朱子观心说外，又选择《朱子全书》卷六十评佛十四条，并加按语，说明朱子评佛从理论、伦理、实际、历史、典籍诸方面并进，为中国历史上评佛最广泛者。最近傅伟勋著文“论理学家与大乘佛教之对抗”[83]，集中于程朱之批评佛家思想之超越性，从形上学立论，可谓为研究朱子评佛之最有哲学性者。

以上著者均单言朱子评佛，然朱子亦攻老庄，故《语类》老氏释氏各为一卷。一九七三年国际东方学家会议于巴黎。不佞宣读论文讨论朱子对于老子之评价[84]，叙述朱子之于老子亦毁亦誉。又述朱子之攻老子者，从老子权术与道之虚无两面进攻。朱子以老子之“将欲夺之，必固与之”[85]为施用权术以自私。其批评老子之有生于无，谓其得上一截而以下一截之仁义礼智为虚伪，然朱子亦以老子对于理学有所贡献。其答弟子问《老子》第六章“谷神不死，是谓玄牝”曰，“玄，妙也。牝是有受而能生物者也。至妙之理，有生生之意焉。程子所取老氏之说也”[86]。此谓儒家生生之说，来自老子，更谓程子实际上取诸老子。此为足以惊人之新说，而似亦未经学者所注意者。果如生生之说来自老子，则朱子谓老子虚无之说自相矛盾，而吾人于儒道之关系，必须重新估价矣。夫生生观念为理学一基本观念。理之善性在此，理之活动性亦在此。程子云，“《老子》谷神不死一章最佳”[87]，程子表扬天地生生之德，实承《易经》“天地之大德曰生”[88]而来，然并未言老子之佳处何在或谷神与生生观念有何关系。其成立此关连者则朱子也。先前王弼(二二六—二四九)注《老子》此章云，“万物以之生”。《列子》亦云，“常生常化……谷神不死”[89]。然吾人不能以此即指谷神为生生之源头。大概朱子评老子之只得上一截，即云得其体而未得其用。非加以生生之情，则用无由显。如谷神空虚之体有生生之用，则体用可得而一。朱子在此，乃所以补道家之偏，而成儒家之全也。朱子不喜道家而亦肯归功老子。朱子之伟大，此其一端也。

(七) 朱子与西哲之比较

学者每以朱子与西洋哲学家相比。Zenker以之与亚理士多德、圣多玛斯 (Saint Thomas, 1225—1274)、斯宾诺莎和莱布尼兹比伦。[90]福克随之，而尤以朱子与圣多玛斯为最相近，盖二者均承继传统而能发展为一完整之哲学。[91]李约瑟则以圣多玛斯之综合欧洲中世纪哲学与斯宾塞尔 (Spencer, 1820-1903) 之自然的宇宙观均与朱子相同。[92]此皆简单言之。其与西洋哲学比较者首推Graf神父。彼于其译《近思录》第一册讨论篇以一章讨论《近思录》与西洋有神论与一元论，而特重圣多玛斯与斯宾诺莎。于其伟大巨著《道与仁》，以一章讨论理学与西方古代哲学，一章讨论理学与中世纪经院哲学，又以一章讨论理学与欧洲近代哲学，连英国实验派与德国唯心派在内。今略论诸学者之朱子与西哲五人之比较。

(1) 亚里士多德：专以此希腊哲学家比朱子者为中国学人冯友兰与张君劢。冯谓朱子之理即如希腊哲学中之形式 (Form)，气即亚理士多德之材质 (matter)。惟朱子之兴趣在伦理而非逻辑，则与柏拉图同一倾向。[93]张氏亦谓朱子之理搭附于气而气不能离理而独存，正如亚理士多德之普遍不能离个别而存在，而普遍又非超越而乃内在于个别者。[94]

(2) 斯宾诺莎：Bruce早已提出朱子与斯宾诺莎之所同，以朱子太极之有阴阳二气，即斯宾诺莎之上帝之分为能创造之自然与所创造之自然。[95]Graf继承此说，以译《近思录 · 讨论篇》之一节题为“朱子与斯宾诺莎之一元论”，极言朱子之天与斯宾诺莎之上帝相近。朱子之仁，等于斯宾诺莎之知识的爱上帝，而两哲人之推论均止于至善，故知识以道德为目标云。[96]于其《道与仁》一书中更处处发明以上诸旨。又从天地之创造，万物之源，太极与道，天即上帝之不异乎理等，与斯宾诺莎相较，以显其同。且谓两人之生平亦甚相似云。[97]

（3）圣多玛斯：一九五〇年Paul E. Callahan为文研究朱子与圣多玛斯之比较[98]，专靠Bruce与冯友兰等人，为初步之作。其功不在有何成果，而在增加比较研究之兴趣。于此着力而收效者则Graf神父也。神父于其译《近思录·讨论篇》几以全章属圣多玛斯，分别从形上、知识、伦理等方面立论。于其《道与仁》书复加发挥。其主旨在二者之有神论，又侧重朱子虽理气二元而终归于一，且太极与理具有其创造性与神秘性。仁孝与诚均有宇宙意味，知识之寻求在乎知天事天。凡此皆与圣多玛斯哲学和谐。惟理学尚未臻长存而生生不绝之永恒哲学，亦即基督教之哲学之境，因理学之上帝不及基督教上帝之有人格性，而理学之道亦不如基督教之Logos（道）也。[99]神父极端反对Le Gall等以朱子为唯物，此则不在话下。

（4）莱布尼兹：此西方哲人之曾否受理学影响，言人人殊。修中诚（E. R. Hughes）[100]与李约瑟等以为实有，而亦有谓殊不然者。[101]Bruce以朱子与莱布尼兹有根本之差异。但谓单子同时亦肉体亦灵魂，亦动亦静，则与朱子心物为一之思想相近。[102]比较此二哲最切而最深究者莫如李约瑟在其书中以一长达九页之专题为“朱熹、莱布尼兹与机体哲学”[103]，举出两事为学者所不能否认者。一为莱布尼兹曾研究中国思想。李约瑟叙述莱布尼兹年二十已读关于中国思想之书。一六八七年读孔子哲学。一七〇〇年读《易经》之分析。

一七一六年函辨朱子之上帝观。据李约瑟结论，莱布尼兹至死拥护耶稣会之立场，亦即拥护理学之立场。[104]李约瑟又指出一事，即两哲学家相同之处。谓莱布尼兹之单子层次与宇宙预定和谐两点，和物物一太极与理为一机体的秩序两点，极是相似。莱布尼兹之哲学虽有其欧洲根源，而中国机体哲学与自然主义必有影响。此事大值探究云。

(5) 怀黑德（Whitehead）：一九五九年俞检身之哲学博士论文以“朱熹与怀黑德之形上学比较研究”，实以研究后者为主。但仍概述朱子理气、知识、心性与仁诸说。在经验与知识和自由与人生实现两题之下，检察二哲人之如何同异。其论朱子知识论，上面已述其要点。若谓比拟二哲之精至者，首推李约瑟。彼于朱子机体主义，言之极力。彼云据理学观念，宇宙乃一机体。万物联系，而每一关系必有其一定之方式。万物依其方式在若干层次组成宇宙。其组织并非由神指点，其组织力亦不局限于某时某地，而其组织中心即机体之本身。凡此诸点，均与怀黑德之机体哲学一致。[105]故结论云，“朱子之哲学根本上为机体主义。……宋儒主要靠其识力，乃造与怀黑德相同之域”[106]。

（八）朱子之生平

早在一八四九年裨治文即得高愈（一六五六—一七三三）之《朱子传》[107]。近人凡著关及朱子书文，多有其传。Bruce颇详，然错译名词不少。最近专从一面探讨，详而备者，Conrad M. Schirokauer之文，题曰“朱熹之政治生涯，出处冲突之研究”是也。[108]此文根据其哲学博士论文"朱子之政治思想与行动"[109]而益精。主要根据王懋竑《朱子年谱》而又参考《朱子文集》与《宋史纪事本末》诸书。历述朱子之辞仕、为仕、致仕、政事与政论种种，全文几及百页，诚为上乘之作。考朱子为仕不过九年，在朝只得四十六日。其除政治生涯之外，尚有教学、著作、传注、考据、交游、与诸讲友往来，刊四子书，决定道统等等活动，占据其生平之大部分。希望学者能依Schirokauer标准，为全面之传述焉。欧洲宋学研究组织编修宋代名人传，以《朱子传》属不佞。然是短篇，无足道也。

（九）朱子后继

西洋攻研朱子自应兼及其后继。然大有出人意料之外者，关于朱子门人与宋、元、明、清朱子学派之理学家，尚少讨论。戴神父于其一九〇六年书中选译陈淳（一一五三—一二一七）、黄榦（一一五二—一二二一）、真德秀（一一七八—一二三五）各数语。盖取自《性理精义》。既无次序，亦乏阐释。[110]冯友兰引陈淳之评陆象山兼引陈建（一四九七—一五六七）与陆陇其（一六三〇—一六九三）之评陆王，寥寥数语。[111]其于"朱子以后之理学"，则只言陈献章（一三九二—一四六四）与王阳明之心学，而全然忽略朱子学派。[112]福克在其朱熹章附蔡元定（一一三五—一一九八）、黄榦、真德秀、陈埴（壮年一二〇八）各一节，而陈淳较详，共十目。然比讲论陆王后继，仍见逊色。[113]张君劢于其"宋元理学"一章中，略提黄榦、陈淳、蔡元定与蔡沈（一一六七—一二三〇），而于陆门之杨简（一一四〇—一二二六）则特别详细。[114]张氏本人趋向心学，则此亦无足怪也。

近人兴趣渐厚。一九六四年卫德明（Helmut Wilhelm）谈中国进入现代阶段中之儒教。在其宋学部分包括陆陇其（一六三〇——一六九三）、张履祥（一六一一——一六七四），与陆世仪（一六一一——一六七二），各举其梗概。[115]不佞有“明初程朱派”一文[116]，讨论曹端（一三七六——一四三四）、薛瑄（一三九二——一四六四）、吴与弼（一三九一——一四六九），与胡居仁（一四三四——一四八四）。力言明代心学并非由陈献章与王阳明突然而生，而乃由明初朱子后继之渐谈心性。彼等逐渐离开太极、阴阳、理气、格物之论而谈心说敬。该中心思想进展，有文献可据，有线索可寻。不佞又于“《性理精义》与十七纪程朱学”一文中[117]畅述陆世仪、张履祥、陆陇其、李光地（一六四二——一七一八）等人思想，清代之崇朱，与诸儒对于太极、阴阳、性理、鬼神、祯异、道统之讨论。卫德明于一九七一年发表“明代儒学正统”[119]，译《明史・儒林传》一小部分，然后讨论朱子学派，而集中于吴与弼。根据其日录以申述其涵养之功。谓此为专论与弼之文可也。然西方研究朱子后继，至今尚无一篇独立文章，专书更无论矣。以视西方对于日本之朱子学派，诚相差远矣。

（十）日本朱子学

介绍日本朱子学于西方者，前后两人。前者为George William Knox，后者为Graf神父。Knox于一八九三年发表“朱子哲学略谈”论文[119]，关于朱子性理、阴阳、思想，略呈主要。又译室鸠巢（一六五八——一七三四）之《骏台杂话》[120]。盖当时程朱之学，大受各方攻击。室鸠巢乃著此书以卫道，以韩愈（七六八—八二四）卫道自比。同年羽贺又发表一文[121]，概述朱子学派、阳明学派与古学派，与朱子性理体用等根本概念。数年以后，Arthur Lloyd总括井上哲次郎一九〇五年之日本朱子学派之哲学，名为“日本朱子哲学之历史的进展”[122]，简述藤原惺窝（一五六一——一六一九）、林罗山（一五八三—一六五七）、室鸠巢、中村惕斋、贝原益轩、山崎暗斋等人之思想。其中在欧洲得以宣扬最大者，贝原益轩是也。一九一三年星野选其《乐训》《大和俗训》《养生训》等关于娱乐、身心、言行、社交、养生之教训，译为英文，名曰《自足之道》[123]。一九四一年Graf译其《大疑录》二卷为德文。[124]益轩称扬程朱甚力，始终未尝跳出其范围。然对于传统理学终不能无疑。此书为日本朱子学一重要文献。今得传诸西洋，诚章事也。神父又于翌年以德文著《贝原益轩》一书[125]，详细分述其生平、著作、形上学、道德训、教育训、与俗训。另分论其《大疑录》《慎思录》与《武训》。以是中日朱子后继之在欧美研究最多者，便是益轩，而功盖在神父也。实际上当今之世，以数十年精力从事介绍朱子学于西方者，神父而外，复有其谁？

神父以前，H. C. Armstrong曾于其一九一四年《东方之光》书中以一章略举朱子学，包括惺窝、罗山、鸠巢、益轩等人以至水户学派。[126]一九三〇年Frederick Starr亦于其儒学书中以一章属日本儒学。其中朱子学派一节，篇幅比阳明学派与古学派为多。此二书均是入门性质而已。近四十年，西洋学者对于日本朱子学少加注意，几无著述可言。一九五八年哥伦比亚大学编刊《日本传统诸源》，有一章名理学正统，分惺窝、罗山、暗斋、水户与益轩六节。[127]最近冈田武彦教授著“明末与德康时代之朱王两派”一文[128]，细述阳明学之现成派、归寂派与修证派之发展，以及幕末阳明学者之折衷朱陆与朱王，而于大桥讷巷（一八一六——八六二）与楠本硕水之纯守朱子，尤加注意焉。

综观上面所述情况，可知欧西之朱子学日渐兴盛。美国日见活动，中国学人如唐君毅[129]、杜维明[130]、秦家懿[131]、傅伟勋、成中英、刘述先，次第参加。研究工作，一方面从各面着手，一方面又趋重于朱子之哲学，均为可喜之现象。然尚未见一学术年会之讲论组或国际性之研究会议。研究中心固无，大学专科与研究专家均未有。此则尚有待于吾人之努力者也。

（十一）补述

过去此十年间，朱子西方之研究，忽然雄勃，大有再接再厉之势。哥伦比亚、哈佛、嘉州、夏威夷等大学，相继设立专研究朱子或宋代理学之研究院研究讨论组（seminar）。因是攻读博士课程而以朱子为中心者已有数人。据所知者为哈佛大学一九七六年之Tillman，论文为“朱陆之辨”[132]。同大学一九七八年之Gardner，论文为“宋代经书与朱子之注释大学”[133]。俾林斯敦大学一九七九年之Kim Yung Sik，论文为“朱子之自然世界”[134]。同年芝加哥大学之Berthrong论文为“陈淳所见之朱子”[135]。他如一九七一年哈佛之Gadelecia，论文为“吴澄”[136]，与一九七六年哥伦比亚之Bloom，论文为“罗钦顺”[137]，亦顺及研究朱子也。同时各百科全书与宋代名人传，均有朱子传。[138]一九七六年在哥伦比亚副校长与教务长兼教授之狄培瑞（Wm. Theodore de Bary）领导之下，中西学者之专研宋明理学者，设立地区理学研究讨论组（Regional Seminar in Neo-Confucian Studies）于哥伦比亚大学。其时不佞已兼任该大学研究院理学课程。故有与焉，并连任主席三年。该组每月集合美国东方各校之讲授宋明哲学或思想史者，聚会一次。每次有学者献文，继以讨论。宾客来自各国。曾有两年设立分组于美国西岸，由杜维明主理。此为长期不绝之切磋鼓励，故于理学之渐兴，甚为有切。其影响所及，乃有一九七八年之《中国哲学学报 · 朱子专号》[139]与一九八〇年美国东方学会年会杜维明集合之朱子讲讨专组，宣读短文四篇，即Berthrong之讨论朱子命与太极观念之关系，Wittenborn之讨论朱子之知识论，与杜氏之讨论朱子之格物思想。由不佞主席，到会者逾百人，诚极一时之盛也。一九八二年将于夏威夷大学举行国际朱子会议，由不佞组织主持。参加者计有朱子或理学专家年长者四十余，年少者二十余人。来自中、日、韩各国与欧、美、澳诸洲，将为空前之举，造朱子研究之高峰。至于十年间朱子研究之成果为何？则只能于已经发表之论文观之。兹依本文十节次第，补述如下：

⑴ 朱子书之西译　诸论文均译《朱子语类》若干条或《朱子文集》数段。然全译朱子书者，只有Phelan之译《易学启蒙》，尚未刊印。[140]李祁女士曾发表“诗人朱子”一文，畅论朱子之诗人思想与文艺，甚有精彩。其中译朱子诗赋四五十首，为朱子研究别开生面。[141]不佞译理学诗十余首，包括朱子诗四，则侧重其诗之理学思想也。[142]

⑵ 朱子之上帝观　无专著。下面第七节朱子与怀黑德比较略言之。

⑶ 朱子之哲学　此处范围甚广。可谓为现目西方研究朱子之中心。先有杜维明之介绍钱穆《朱子新学案》，以唤起西方学

人对此巨著之注意。[143]继有《中国哲学学报》之《朱子专号》。此期论文有五：一为不佞之程朱之异，指出朱子从小即倾向程子，而李侗（一〇九三—一一六三）之启迪，不在其看未发之前气象，而在其伊川理一分殊之教也。文中分析程朱关于太极、易、气、仁等观念不同之哲学理由，以见朱子之哲学，不只其大成而已也。[144]二为Schirakauer之朱子政治思想，特重其封事与出处。[145]三为Watson之比较朱子与希腊哲人。[146]四为黄秀玑女士之道德理性论，侧重朱子理之道德性。[147]五为刘述先朱子哲学中之心功能，分析心、性、情之别；心之体用；与德性之知与实验之知。[148]在此之前，已有Gedalecia分析朱子体用观念之文。精详而在在根据《语类》《文集》。虽分朱子体用观念之进展为四期，求之太过，而亦一大有价值之尝试也。[149]一九七九年成中英为文论朱子之实学，考论朱子理之观念与政治生涯之实践性。[150]

(4) 朱子与陆象山和陈亮　关于此项，只有专文两篇。一为Tillman之“论朱陈王霸之辨”，盖根据其博士论文者。以陈亮（一一四三—一一九四）以道为相对与内在，而与朱子对峙，固不止历史观之悬殊也。[151]一为秦家懿之“鹅湖寺之辩论”，据《象山全集》而申言之[152]，叙述明晰。

(5) 朱子与道统　秦氏又有“儒学之道与道统”一文。非专论朱子而从理学之进展以言及之。[153]

(6) 朱子评佛老　无专著。

(7) 朱子与西哲之比较　Watson根据英文文献，比较朱子之太极与柏拉图和亚里士多德之善，朱子之仁与彼等之公平与快乐，朱子之中与彼等之中。[154]秦氏为文相较朱子与怀黑德。分目为构造之比较，范畴之设计与上帝问题。指出其后点之相异相同，而以相同为多。朱子方面，则多从天地之心与太极立论于上帝问题，尤有心得。[155]

(8) 朱子之生平　西方研究王阳明之生平，早于朱子。盖四五十年来禅学颇见注意，而学者以阳明近禅，故亦从而涉及其生平思想。故早于一九六〇年之《大英百科全书》有《王阳明传》，由不佞执笔。然一九六七年之《哲学百科全书》与一九六九年之《美国百科全书》，均有不佞所撰之《朱子传》。一九六七年《大英百科全书·朱子传》由Schirokauer撰成。皆是短篇。及巴黎宋学研究编辑《宋代名人传》，则规模宏大。集合世界专门学者，共同合作，各为详传。以《朱子传》属不佞。不佞成四千言。[156]

(9) 朱子后继　Berthrong关于陈淳之博士论文，曾以一部分在地区理学研究讨论组宣读一次，但未印出。一九七七年六月美国学会联合催开十八世纪中国思想会议，由杜维明组成。不佞献文论戴震（一七二四—一七七七）之哲学与中国十八世纪思潮，略及清代《近思录》注解之盛与戴氏之攻击朱子理欲之说。[157]会议论文尚在编印中。一九七八年正月该联会又有元代思想会议之举，由陈学林召集。不佞献文“论元代之朱子学”，详述朱子之学由其门人黄榦（一一五二—一二二一）一传至何基（一一八八—一二六八）以至王柏（一一九七—一二七四）而递至金履祥（一二三七—一三〇二）为金华学派。一传至饶鲁（壮年一二五六）以至程若庸（壮年一二七〇）而吴澄为江西一线。此等儒者继承黄榦，特重道统，《四书》（尤其是《大学》）与修养，均予元代学者极大之冲击，卒成为许衡（一二〇九—一二八一）实践经世之儒学，以《四书》《小学》为根基。[158]Gedalecia献文论吴澄。论其尊德性道学问斋记时，论及朱子之尊德性、道问学、敬、已发未发等问题。[159]此会论文集陈学林与狄培瑞正在编刊中。

(10) 日本朱子学　一九七四年六月美国学会联会催开在狄培瑞主持之下，举行新儒家之实学会议。主要在日本儒家各派。然成中英献文论颜元（一六三五—一七〇四）、朱子与阳明之实学。[160]冈田武彦之文，则专论日本朱子学派之实，而集中于山崎暗斋与贝原益轩之实学，为英文关于此两日本儒者，既详而尽，为甚为精密之作。[161]论文集内各篇论日本各派，亦有连及朱子者，然只连带而言而已。

［十年前日本学者有大规模之《朱子学大系》之编刊，凡十三册。第一册为《朱子学入门》，内分十章，包括朱子生平、思想、学侣、学派，等等。冈田武彦教授以“欧美之朱子学”属予。予草中文以应。嗣译为日文为《朱子学入门》之一章（东京，明德出版社，一九七四年），页四九一至五二九。中文原文载《华学》月刊，第三十一期（一九七四年），页一至二十三。旋增订为英文“The Study of Chu Hsi in the West”登*Journal of Asian Studies*，第三十卷，第四期（一九七六年），页五五五至五七七。一九八〇年刘坤一译为中文，题为“西方对朱熹的研究”登《中国哲学》，第五辑（北京，一九八一年一月）页一九一至二一七。今加补述，略叙原篇刊出以后十年间之西方对于朱子之研究。］

附　注

1　JA.Marie de Moyriac de Mailla译，*Histoire general de la China, or Annales de cet Empire*，第十三卷，一七七七—一七八五年（一九七〇年台北重印本）。

2　E.C.Bridgeman 译，*Notices of Chinese Cosmogony: Formation of the Universe, Heaven, Earth, Man, Beasts, etc., Chinese Repository*，第七十八卷（一八四九年），页三四二至三四七。

3　E.C.Bridgeman译，*Seao Heó or Primary Lessons, Chinese Repository*，译第五卷，（一八三六年）页八十一至八十七，三〇五至三一六；第六卷（一八三七年），页一八五至一八八。

4　Thom MaClatchie译，*Confucian Cosmogony. A Translation of Section Forty-nine of the “Complete Works” of the Philosopher Choo-Foo-Tze*，一八七四年。

5 Georg von der Gabelentz译, *Thai-kih-thu, des Tschen-tsi Tafel des Urprinzipas mit Tschu-Hi Kommentare* (Dresden, 一八七六年)。

6 Wilhelm Grube译, “Zur Naturphilosophie der Chinesen, Li khi Vernunft und Materie BulI.”*de l’acadm. Imp. Des Sc. De St pétersboury*, 第八卷, 第二十一期 (一八七九年), 页六六七至六八九。

7 Wilhelm Grube译, “Ein Beitrag zur Kenntniss des Chinesischen Philosophie T’ ung-Sū des Ceutsi, mit Cū-hi’ s Commentare nach dem Sing-li tsing-i(Wien, 一八八〇年)。”

8 Charles de Harlez译, “Tchou-tze Tsieh Yao—Tchuen, ”Journal of the Royal Asiatic Society, 第二十卷, 第二部 (一八八七年), 页二一九至二七一。

9 Charles de Harlez译, *La Siao Hio, ou morale de la ieunesse , avec le commentaire de Tschen-Si-uen, Annales du Musée Guimet,* 第十五卷 (一八八九年)。

10 Charles de Hariez译, *Kai-li Livre des rites domestiquies chinis de de Tchou-hi*(Paris, 一八八九年)。

11 司马光:《资治通鉴》。

12 《四库全书总目提要》, 页四四一至四四三。

13 Charles de Harlez译, *L’Ecole philosophique moderne de la Chine ou Systéme de la Nature (Sing-li), Mémoires, de L’Academie Royale des Sciences des Léttres et des Beauz-Arts de Belgique*, 第四十九卷 (一八九〇年)。

14 Charle de Harlez译, *L’Inscription de L’Ouest(Si-ming).Actes du Congrés*(Leyde, 一八九〇年)。

15 Léon Wiger, *Textes philosophiques, Confuciisme, Taoisme, Buddhisme*(Hsien Hsien, Catholic Mission, 一九〇六年), 页一七一至一九四; 增订本 (一九三〇年), 页一八七至一九七。

16 J.Percy Bruce 译, *ThePhilosophy of Human Nature, by Chu Hsi* (London, Probsthain, 一九二二年)。

17 《孟子·公孙丑第二上》, 第二章。

18 Bruce著 (见上注16), 页三五五。

19 同上, 页七十四。

20 同上, 页四三九, 参见前注4。

21 《遗书》, 卷六, 页八上; 卷十五, 页二十上, 页二十一上。

22 Pang Ching-Jen, *L’idée de Dieu ches Malebranche edL’idée de Li chez Tchou Hi*(Paris, Librairie Philosophique J.Vrin, 一九四二年)。

23 Wm.Theodore de Bary, Wing-tsit Chan, Burton Watson编, *Sources of Chinese Tradition*, (New YorK, Columbia University Press, 一九六〇年), 页五三四至五五七。

24 Wing-tsit Chan编译, *A Source Book in Chinese Philosophy*(Princeton, Princeton University Press, 一九六三年), 第三十四章。

25 同上, 页五九九至六〇〇, 六〇二。

26 同上, 页六一一至六一二, 六三四, 六三六, 六三七, 六三九, 六四一。

27 《朱子全书》(康熙五十三年, 一七一四年本), 卷四十二, 页二十一下。录自《朱子文集》, 卷五十六, “答方宾王第二书”, 页十下。

28 同上, 卷四十二, 页二十七。录自《语类》, 第三十五 “徐子” 条, 页九十四 (页六上)。

29 程颐:《经说》，卷八，页六上。

30 《朱子全书》，卷四十九，页四上。录自《语类》，卷一，第二十“问上”条，页七（页四下）。

31 《朱子文集》，卷五十九，页二十三上。

32 《疑问录下》，页十九。

33 af Graf译, *Dschu Hsi, Djin si lu, die Sungkonfuzianische Summa mit dem Kommentar des Yä Tsai*（东京，Sophia大学，一九五三年）。

34 Nicholas Longobardi, *Traité sur Quelques Points de Religion des Chinois*，一七一〇年；de Ste Marie, Antoine, *Traite sur Quelsques Points Importans de la Mission de a Chine*，一七一〇年。

35 函见Ludovia Dutens编, Leibniz Opera Omnia, Geneva，一七四一年。

36 Malebranche, *L'Entretien d'un Philosophe chrétient d'un Philosophe chinois sur L'existence et lanature de Dieu*，一七〇八年。

37 Stanisles Le Gall, Tchou Hi, sa docfrine，上海*Variétés Sinologiques*，第六期（一八九四年）。

38 *T'oung Pao*，第六卷（一八九五年），页一一一。

39 *T'oung Pao*，新第七卷（一八九六年），页一〇五至一〇七。

40 Charles de Harlez, *Tchou Hi était-il athée? - Tchou Hi et le Pére Le Gall, Le Muséon*，第十四卷（一八九五年），页四一一至四一四。《语类》，卷一，第二十二“苍苍”条，页八（页五上）。

41 Charles de Harlez, *Tchou Hi' His Doctrines and His Influence*（Louvain，一八九六年）。

42 Charles de Harlez, *Tchou Hi et les Chinois modernes, see disciples sont-ils athées? Le Muséon*，第十七卷（一八九八年），页二〇四至二二二。

43 J.Percy, Bruce, *The Theistic Import of the Sung Philosophy, Journal of the North China ofthe Royal Asiatic Society*，第四十九卷（一八一八年），页一一一至一二七。

44 J.Percy, Bruce, *Chu Hsi and His Masters*, London, Probsthain（一九二三年）。

45 G.G.Warren, Was Chu Hsi a Materialist? *Journal of the North China Branch of the Royal Asiatic Society*，第五十五卷（一九二四年），页二十八至四十四。

46 Joseph Needham, *Science and Civilization in China*，第二册, *History of Scientific Thought*（Cambridge, Cambridge University Press，一九五六年，页四九二。）

47 Derk Bodde, *The Chinese View of Immortality: Its Expression by Chu Hsi and Its Relationship to Buddhist Thought, Review of Religion*，第四卷（一九四二年），页三六九至三八三。

48 Le Gall 著（见前注37）H.A.Giles, *Confucianism and Its Rivals, London*，一九一五年，页二三三至二四一；*René Grousset, Hidtoire de la Philosophe Oriental*（Paris, Nouvelle Librairie Nationale，一九二三年），页三三一至三五四。

49 Alfred Forke, *Geschichte der neueren chinesischen Philosophie*（Hamburg, Friederichen de Gruytes and co.，一九三八年），页一七一至二〇二。

50 Fung Yu-lan, *A History of Chinese Philosophy*, Derk Bodde译，第二册（Princeton, Princeton University Press，一九五三年），页五三三至五七一；（简史）*A Short History of Chinese Philosophy*（NewYork, Macmillan，一九四八年），页二九四至三〇六；（新原道）*The Spirit of Chinese Philosophy*, E.R.Hughes译（London, Kegan Paul，一九四七年），页一八六至一九二。

51 Needham著（见前注46），页四五五至四九三。

52 Carsun Chang, *The Development of Neo-Confucian Thought*第二册（New York, Bookman Associates, 一九五七年），第十二至十四章。

53 Olaf Graf, *Tao und Jen: Sein und Sollen im sungchinesischen Monismus*（Wiesbaden, Otto Harrassowita, 一九七〇年）。

54 Galen Eugéne Sargent, *Les Débats personnels de Tchou Hi en Matéire de Méthoodlogie, Journal Asiatique*，第二五三卷，（一九五五年），页二一三至二二八。

55 Wing-tsit Chan, "The Evolution of the Confucian Concept Jen", Philosophy East and West, 第四卷（一九五五年），页二九五至三一九。又陈著（见前注24），页五九六至五九七。

56 W.E.Hocking, "Chu Hsi' s Theory of Knowledge", *Hanward Journal of Asiatic Studies*，第一卷（一九三六年），页一〇九至一二七。

57 David C.Yu, "Chu Hsi' s Approach to Knowledge, "*Chinese Culture*，第十卷，第四期（一九六九年），页一至十四。

58 冯著（见前注50），页五六二。

59 Needham著（见前注46），页四一二，四六五，四九三，五四二，五七九。

60 同上，页五五九。朱子语见《语类》，卷五，第一"问天"条，页一三三（页一上）。

61 同上，页四五三，四五四，五一〇，五五八，五七九。

62 《语类》，卷九十，第十六"无极而"条，页三七五九（页三上下）。

63 Hu Shih, *The Chinese Renaissance*（Chicago, University of Chicago Press, 一九三四年），页五十九。

64 Forke著（见前注49），页五八五至五九三。

65 Bruce著（见前注44），页七十四。

66 冯著（见前注50），页五八五至五九三。

67 Siu-chi Huang, *Lu Hsiang-shan, A Twelfth Century Chinese Idealist Philosopher*（New Haven, American Oriental Society, 一九四四年），页十四至十五，七十九至八十六。

68 张著（见前注51），页二八五至三〇八。

69 "欧米の阳明学"，《阳明学大系》，第一卷，"阳明学人门"，（一九七一年），页三八五至四〇五。中文本"欧美之阳明学"，载中华学术院《阳明学论文集》，一九七二年，页二八八至三〇五；转载《华学月报》，第四期（一九七二年），页三十六至四十七。

70 张著（见前注51），页三〇九至三三一。

71 冯著（见前注50），页五六六。

72 Wing-tsit, Chan, Chu Hsi's Completion of Neo-Con fucianism, Francoise Aubin, ed, *Sung, Studies, in Memoriam Etienne Balazs*，第二辑，第一期（一九七三年），页五十九至九〇。其中关于道统部分曾以中文名"朱子道统观之哲学性"，于一九六八年在中学学术院第一届国际华学会议后宣读，旋登在《东西文化》，第十五期（一九七〇年），页二十五至三十二。

73 James T, C, Liu, "How did a Neo-Confucian School become the state orthodoxy? "*Philosophy East and West*，第二十三卷（一九七三年），页四八三至五〇五。

74 John Winthrop Haeger, "The Intellectual Context of Neo-Confucian Syncretism, "*Jovrnal of Asi-an Studies*，第三十一卷（一九七二年），页四九九至五一三。

75 同上，页五〇七至五一一。

76 《近思录》，卷一，第四十九“一故神”条。

77 *Journal of the American Oriental Society*，第八十九卷（一九六九年），页二二八至二三一。

78 Conrad Schirokauer, “Neo-Confucians under Attack: The Condemnation of Wei-hsueh,” 收入John W. Haeger编, *Crisis and Prosperity in Sung China*（Tucson, Arizona大学，一九七五年），页一六三至一九八。

79 Forke书无排佛节。

80 Bruce著（见前注44），页二四五，二五四。

81 冯著（见前注50），页五六六至五七一。

82 张著（见前注51），页二七七至二七八。

83 Charles Wei-hsun Fu, “Morality or beyond: The Neo-Confucian confrontation with Mahayana Buddhism”, *Philosophy East and West*，第二十三卷（一九七三年），页三七五至三九六。

84 Wing-tsit Chan, “Chu Hsi's Appraisal of Lao Tzu”, *Philosophy East and West*，第二十五卷（一九七五年），页一三一至一四四。

85 《老子》，第三十六章。

86 《语类》，卷一二五，第三十一“问谷”条，页四七九九（页九上）。

87 《遗书》，卷三，页四下。

88 《易经·系辞上》，第五章；下，第一章。

89 《冲虚至德真经》，“天瑞第一”，页一上下。

90 E. V. Zenker, *Geschichte der chinesischen Philosophie*（Reichenberg，一九二六至一九二七年），页二四〇，二四七，二五一。

91 Forke著（见前注49），页二〇二。

92 Needham著（见前注46），页四五八。

93 冯著（见前注50），页五四二，五四七，五七一。

94 张著（见前注51），页二六〇，二七一。

95 Bruce著（见前注44），页一四八，二四一。

96 Graf著（见前注33），第一编，页二七八至二九七。此节根据Chu His and Spinoza，收入E. W. Beth, H. J. Pos, J. H. A. Hollak编, *Proceedings of the Tenth International Congress of Philosophy*（Amsterdam, North-Holland Publishing Co.，一九四九年），页二三八至二四二。

97 Graf著（见前注52），页二四二，二七七，三二六，三五〇至三五二。

98 Paul E. Callahan, Chu His and St. Thomas, A Comparison, Harvard University Committee on International and Regional Studies, *Papers on China*，第四期（一九五〇年），页一至二十三。

99 Graf著（见前注33），第一编，页二三九至二七八；又著（见前注52），页三一七至三四一。

100 E. R. Hughes译, *The Great Learning and the Mean-in-Action*（New York, E. P. Dutton，一九四三年），页十二。

101 参看Needham著（见前注46），页五〇四，注g；David E. Mungello, “Leibniz's interpre-tation

of Neo-Confucianism", *Philosophy East and West*, 第二十一卷（一九七一年），页三至二十二。

102 Bruce著（见前注44），页二四一。

103 Needham著（见前注46），页四九六至五〇五。

104 同上，页四七八。

105 同上，页四七四。参看页二九一，四五四，四六六，五六二。

106 同上，页四五八。

107 E. C. Bridgeman译，Memoir of the Philosopher Chu, who flourished in the Sung dynasty in the twelfth century, by Kau Yu, A. D.1697, *Chinese Repository*, 第十八卷（一八四九年），页一八七至二〇六。高愈姓名由Dartmouth学院陈澄之先生赐示，敬谢。

108 Conrad Schirokauer, Chu Hsi's Political Career: A Study in Ambivalence，收入Arthur F. Wright编，*Confucian Personalities*（Stanford, Stanford University Press，一九六二年），页一六二至一八八。

109 Conrad Schirokauer, *The Political Thought and Behavior of Chu Hsi*（Stanford University, 哲学博士论文），一九六〇年。

110 Wieger著（见前注15）（一九三〇年本），页一八七至一九七。

111 冯著（见前注50），页五九二，六二二，六二三。

112 同上，页五九二至六二九。

113 Forke著（见前注49），页二〇三至二三二。

114 张著（见前注51），页三三四至三三六。

115 Hellmut Wilhelm, Chinese Confucianism on the Eve of the Great Encounter，收入Marius Jansen编，*Changing Japanese Attitudes toward Modern Japan*（Princeton, Princeton University Press，一九六四，页二八三至三一〇。

116 Wing-tsit Chan, The Ch'eng-Chu School in Early Ming，收入Wm. Theodore de Bary编，*Self and Society in Ming Thought*（New York, Columbia University Press，一九七〇年），页二十九至五十一。

117 Wing-tsit Chan, The Hsing-li ching-I and the Ch'eng-Chu School in the Seventeenth Century，收入Wm. Theodore de Bary编，*The Uu folding of Neo-Confucianism*（New York, Columbia University Press，一九七四年），页五四三至五七二。

118 Hellmut Wilhelm, *On Ming Orthodoxy, Monumenta Serica*，第二十九卷（一九七〇至一九七一年），页一至二十六。

119 George Wm Knox, A Comment upon Shushi's Philosophy, *Transactions of the Asiatic Society of Japan*，第二十卷（一八九二年），页一四八至一五四。

120 Geroge Wm. Knox, A Japanese Philosopher，同上，第二十卷（一八九三年），页一至一三三。

121 T. Haga, Notes on Japanese Schools of Philosophy，同上，页一三四至一四七；Something More about Shushi's Philosophy，同上，页一七八至一九二。

122 Arthur Lloyd, Historical Development of the Shu-shi Philosophy in Japan，同上，卷三十四（一九〇七年），页一至八十。

123 Kent Hoshino译，*The Way of Contentment*（London, J. Murray，一九一四年）。

124 Olaf Graf译，*Kaibara Ekiken's Daigiroku*（Leiden，一九四一年）。

125 Olaf Graf译,*Kaibara Ekiken*(Leiden, Brill, 一九四二年)。

126 Z. C. Armstrong, *Light from the East, Studies in Japanese Confucianism*(Toronto, University of Toronto, 一九一四年)。

127 Ryusaku Tsunoda, Wm. Theodore de Bary, Donald Keene编, *Sources of the Japanese Tradition*(New York, Columbia University Press, 一九五八年), 页三四四至三七七。

128 Okada Takehiko, "The Chu His and Wang Yang-ming Schools at the End of the Ming and Toku-gawa Periods, "*Philosophy East and West*, 第二十三卷(一九七三年), 页一三九至一六二。

129 T' ang Chun-i, The Spirit and Development of Neo-Confucianism(新儒学之精神与进展), *Inquiry*, 第十四期(一九七一年), 页五十六至八十三, 一节论"朱子论心与修养"。

130 Tu Wei-ming, "The Neo-Confucian Concept of Man", (新儒学之人的观念)*Philosophy East and West*, 第二十卷(一九七一年), 页七十九页八十七, 论及朱子对于人的观念。

131 Julia Ching, The Problem of Evil and a Possible Dialogue between Christianity and Neo-Confucianism(恶的问题与基督教与新儒学对话之可能)*Contemporary Religion in Japan*, 一九六八年, 九月, 页一六一至一九三, 略及朱子之言气与欲。

132 Hoyt Cleveland Tillman, Values in History and Ethics in Politics; Issues Debated between Chu His and Ch' en Liang, 哈佛大学, 一九七六年。

133 Daniel Kip Gardner, The Classics during the Sung; Chu His' s Interpretation of the Tahsüeh, 哈佛大学, 一九七八年。

134 Sik Yung Kim, The World-View of Chu Hsi(1130-1200): Knowledge about the Natural World in *Chu-tzu Ch' üan-shu*, 普林斯顿大学, 一九七九年。

135 John Hugh Berthrong, Glossess on Reality: Chu His as Interpreted by Ch' en Ch' un, 芝加哥大学, 一九七九年。

136 David Gedalecia, Wu Ch' eng; a Neo-Confucian of the Yüan, 哈佛大学, 一九七一年。

137 Irene Bloom, Notes on Knowledge Painfully Acquired, a Translation and Analysis of the K' un-chih chi by Lo Ch' in-shun(1465—1547), 哥伦比亚大学, 一九七六年。

138 详第八节。

139 参看下注144至148。

140 Timothy S. Phelan, A Basic Primer for Studying the Changes, Welsleyan大学。

141 Li Chi, "Chu His the Poet",《通报》, 第五十八卷, 第一至五期合刊(一九七二年), 页五五至一一九。

142 Wing-tsit Chan, "Neo-Confucian Poems", *Rendition*, 第四期(一九七五年), 页五至二十一。

143 Tu Wei-ming, "Reconstituting the Confucian Tradition", *Journal of Asian Studies*, 第三十三

卷，第三期（一九一四年），页四四一至四五四。

144 Wing-tsit Chan, “Patterns for Neo-Confucianism: Why Chu His Differed from Ch’eng I? ”*Journal of Chinese Philosophy*，第五卷，第二期（一九七八年），页一〇一至一二六。即本书第二篇。

145 Conrad Schirokauer, “Chu Hsi’s Political Thought, ” 同上，页一二七至一四八。

146 Walter Watson, “Chu Hsi, Plato and Aristotle, ” 同上，页一四九至一七四。

147 Siu-chi Huang, “Chu Hsi’s Ethical Rationalism, ” 同上，页一七五至一九三。

148 Shu-hsien Liu, “The Function of Mind in Chu Hsi’s Philosophy, ” 同上，页一九五至二〇八。

149 David Gedalecia, “Excursion into Substance and Function, the development of the ti-yung para-digm in Chu Hsi”, *Philosophy East and West*，第二十四卷，第四期（一九七四年），页四四二至四五二。

150 参看下注160。

151 Hoyt Cleveland Tillman, “Divergent Philosophic Orientation Toward Value: The Debate Between Chu Hsi(1130－1200)and Ch’en Liang(1143－1194)”, *Journal of Chinese Philosophy*，第五卷，第四期（一九七八年），页三六三至三八九。

152 Julia Ching, “The Goose Lake Monastery Debate(1175), ”*Journal of Chinese Philosophy*，第一卷，第二期（一九七四），页一六一至一七八。

153 Julia Ching, “The Goose Lake Monastery Debate(Tao)and its transmission(Tao-t’ung), ”*Journal of the History of Ideas*，第三十六卷，第三期（一九七四年），页三七一至三八八。

154 参看前注146。

155 Julia Ching, “God and the World: Chu His and Whitehead”, *Journal of Chinese Philosophy*，第六卷，第三期（一九七九年），页二七五至二九五。

156 Herbert Franke编, *Sung Biographies*(Franz Steiner Verlag, Wiesbaden，一九七六年），页二八二至二九〇。

157 “Wing-tsit Chan, ”Eighteenth Century Neo-Confucianism and Tai Chen’s Philosophy，杜维明编印中。

158 Wing-tsit Chan, Chu His and Yuan Neo-Confucianism，编印中。

159 David Gedalecia, Cultivation and Study in the Yuan Neo-Confucianism: Wu Ch’eng，同上。

160 Chung-ying Cheng, Yen Yuan, Chu Hsi, and Wang Yang-ming, in Wm. Theodore de Bary and Irene Bloom合编, *Principle and Practicality*(纽约，哥伦比亚大学，一九七九年），页三十七至六十七。

161 Okada Takehiko, Practidal Learning in the Chu His School: Yamazaki Ansai and Kaibara Ekken，同上，页二三一至三〇五。

附录一 朱熹与新儒学

万先法 译

国际朱子学研讨会论文集导言

现今这本结集包含了在一九八二年七月六日至十五日在火奴鲁鲁所举行国际朱子学研讨会提出宣读的一些论文。这个研讨会的召开，可视为东西哲学家会议的赓续，并藉以配合夏威夷大学七十五周年校庆，亦为这位新儒学思想家之首次。吾人应有一言来说明此一盛事之缘由。

主要的缘由，还是在朱熹本人，自孔孟时代以来，他是最具有影响力的一位中国哲学家。他不仅是新儒学运动的结晶，这运动主宰了中国达八百年，而且朱子也是在基督世纪里遍及东西，影响了亚洲人生活的各种层面。亚洲学者尝称是新儒学的集大成。这集大成一词，是孟子用以描述孔子，犹如作乐，金声而玉振，集众音之小成，而为一和谐之大成。[1]不过，因为“Chi”意指“集”，与“Ta-ch’eng”意指“大成”，此一中文短语，在英文里，经常意为“最大的综合”。这样的译语，常使西方人获致一般的了解，即以为朱子仅是集合早期北宋（九六〇—一一二六）新儒家的哲学思想，最著者如周敦颐、张载、程颢与其弟颐的思想，尤其是程颐。但我则颇喜“成”之一字之直译，成即“完成”（Complete）。当我为在巴黎召开宋学会议，而撰述“朱子集新儒学之大成”一文[2]的时候，我并不意涵朱子的哲学系统是完美无缺的。许多学人，指出许多困难。但若说朱子了无新意，那是不公平的。我在该文指出，朱子重建新儒家，其开发新意，有三种领域。第一，他完成道统之说。他如此做法，摒弃了汉唐诸儒与部分有宋一代的新儒家，著名者如邵雍、张载、司马光，甚至朱子自己的老师李侗，确定了从古圣以至周敦颐，与两程兄弟的一脉相传。其重要根据，即在周子之发挥《太极图说》与两程之阐发理学。[3]朱子重建道统，他在哲学上之主要根据，即在理之基础。就像在他以前的程颐，朱子全部系统就在理之观念上。在整个新儒学运动中，理之观念，是如此地中心，在我国，称之为理学。第二，在一一九〇年，朱子辑《大学》《论语》《孟子》与《中庸》，成为《四书》。在中国历史上，此为第一次这种集辑，提供了研读经典的方法。先读《大学》，以定其规模，次读《论语》，以立其根本，次读《孟子》，以观其发越，次读《中庸》，以求古人之微妙。较为重要者，朱子教学，直接返求《四书》，孔教义理之最源头处，因《四书》乃涵摄孔孟之言，而《五经》在以前几百年，固主宰了儒家思想，不过是间接的源流。[4]于是，在儒家研究上，便开创了一种新取向与新精神。《四书》与《四书集注》在一三一三年，成为国家考试取士的基本而官式的课本，因之宰制中国人思想与政府选士达六百年之久，直至一九〇五年。

朱子的第三个创意，也是其中最重要的，那就是集新儒家思想之大成。[5]他的作法，分四种不同的路向。

一、他选择二程兄弟理之哲学，为新儒家思想之基石，以决定新儒学之导向。假若朱子真是倾服于佛道，那中国历史将是不同的面貌。甚至假若他偏向于张载气的哲学，或是邵雍象数哲学，中国思想的景观，也必将不同。但他领导中国思想，朝往理的方向，中国思想自此以往，从各方面看来，都保持不变。

二、朱子厘清了理与气两者间之关系，程颐提供了理一分殊之说[6]，但是程颐从未阐释事物如何而分殊。朱子借张载气质之说，用以解释人与事物之变异。朱子说，阴阳两气交感，在每一事例上俱有所不同。因之，每人所秉于气者亦有不同。

三、他发挥了太极的观念。周敦颐修改太极图，他得“图说”于一位道士，并撰述一篇简短《太极图说》。此“图说”一直模糊不清，直至朱子置列其《图说》于他和吕祖谦在一一七五年所辑录的《近思录》一书之首。[7]像这性质的第一部辑录《图说》，便成为新儒学的最好说明。在朱子的影响之下，《图说》也成为《性理大全》与《性理精义》两书的首章，这两书在新儒学上，都是基本源泉。[8]朱子必须采用《太极图说》，虽然它是道家渊源，因为太极观念，在关联于理与气的运作时是必要的。依周敦颐意，太极生两气，阴阳交感生万物。在朱子之阐释，太极是理之全体。理并不能创生何物，但有静与动，或阴与阳之理，因而必有其实体。阴与阳自然交感而生万物。这有其生生不已的历程，驯致其物事，俱在一种无止境变异之中。

四、朱子发展仁的观念，在中国历史中，臻其极致。孔子论仁，不仅视为特殊之德，且视为全德，为众德所衍出。孟子之仁，意涵为情。至韩愈，意指博爱。[9]程颐更较理性地，主张仁为基本而普遍之德，因为仁是创生，可创生其他众德，犹之仁如种子可创生花叶。[10]朱子更进一步描述仁“天地以生物为心”[11]。于是朱子融合哲学、宗教与伦理而为一。他前无古人，后无来者地“完成”了新儒学。

假若朱熹的成就仅限于完成了新儒家哲学，那他不过是一位中国的斯宾诺莎或汤玛斯，有人曾把朱子和他们相比较。[12]但朱子的成就更有甚者。他对考试制度之影响，已经说到。他撰写、疏注、编纂，以及编辑的作品，几达一百多种。除他的对儒家经籍的注疏外，他在社会的与宗教礼仪的工作，塑造了中国人、韩国人与日本人的行为，达数百年之久。他对历史方面，也成为典范。《小学》一书，在他指授之下，由其门下弟子编纂，已用作教育方面主要的初阶。他建立社仓以救济灾荒，因而创建了一种社会制度，迄今仍存在于许多社区。他重建白鹿洞书院与岳麓书院，这两所盛名的教育中心，经已荒废，而朱子又自建许多新的书院，而且还在其他书院讲学。这些书院，连同他门人所建立、所主持，或他们所讲学的书院在内，已成为一种共同的运动，改变了私人教育的性质与范围。朱子疑诗序为原作[13]，坚称《诗经》三〇五首中，二十四首纯为男女爱情歌唱，而非具有教条的诗篇[14]，推翻“古文尚书”版本的真实性[15]，确认《礼记》仅是汉儒之诠释仪礼[16]，断定《春秋三传》，经已二次或三次远离于圣人[17]，他已把对古代经典的怀疑之处带至新的高峰，因而成为风靡清代的考据运动的先驱。此外，朱子也是名诗人与书法家。

朱子的著作，去世后很快传到韩国与日本。但西方，则须等待至数百年后。西方对新儒学一般的研究，以及对朱子的专题研究，直至第十七世纪才开始，那时候基督教士，尤其是天主教教士，尽力探索在中国思想里可以支持他们基督教的教义。朱子著作，于一八三六年与一八八九年间，被译成英文、法文和德文。[18]由于教皇禁止中国基督教徒举行祭祖仪式的礼节争议，康熙帝以主权之尊，下令驱逐教士出中国，此种探讨中国思想，便停止了。新儒学在那时发展至极致，因为在一七一四年下诏令编纂了《朱子全书》，在一七一五年又下诏令编纂了《性理精义》。四子书在一三一三年既由钦定，因而朱子的新儒学，开始享有正统的地位，尤其是在政府方面，也因诏令，在一四一五年编纂《性理大全》，更进一步确定了这一正统。在康熙及乾隆两帝之下，朱子的恩眷，达于极点。此时际，朱熹的影响，伸展至韩日，达数百年。

很不幸地，新儒学与专制系统非常密切地相关联。当国人在一九一一年推翻专制，中国传统遭受着打击。从一九一七年以来，在继起的文化运动声浪中，新儒学被排斥有如“形而上学的魔鬼”。而最激烈的攻击，指向程颐与朱子。有二句话，被引述着打击他们。或问孀妇，贫家无托者，可再嫁否？程颐答以“饿死事小，失节事大”[19]。激烈的知识分子，同声齐讨，这是新儒家压迫女性最显著的证明。反对偏激的气氛，实在过于强烈，他们不能体识程颐之说，是着重在作为生活之道，关于义与利之间的一种选择，犹如这一争议，早在孟子时就提出过。[20]自然在儒家传统里，妇女是被视为次要，但程颐决非对于她们的不幸，无动于衷。程颐为其父作传，他便盛称其父，为孀妇再嫁。[21]有人问朱子关于赞其父嫁孀妇与禁止孀妇再嫁两者间之矛盾。朱子则答谓“理多属此，但人有时难以做到”[22]。换言之，人应该依道德原则而生活，但环境经常使得人不能贯彻其理想。在儒家的传统，虽然没有规定男性应该如何，但品格上需要一位妇女必须忠贞于其夫，无论生或已死。近代的改革，改变了这个传统，但程颐的那种评判，仍然适用于一种新的规范，直至十一世纪。哲学性地说，选择经常是在义与利之间。在实际生活里，人们常遭逢一种情况，有如朱子被询问着的。

最爱攻击朱子的颜元（一六三五年——一七〇四年）说朱子“教人半日静坐，半日读书”[23]。颜元意指朱熹学说，实无实践之目标。近代之批判朱熹者，亦喜重复颜元之语，正如中国人谚语所说“一犬吠形，百犬吠声”。实则颜元所看者形而已矣。诚如钱穆先生所指出，《语类》中只此一条提到半日静坐，半日读书语，然此乃朱子对郭德元一人言之，朱子并不曾教人都如此。[24]朱子之所以给予此一门弟子不寻常的劝告，实因郭德元过于粗略而疏于读书。[25]朱子平常教门人，有如医者，乃对症下药。[26]

当中国政治情况，在一九三〇年代以来，较为稳定，学者们开始对新儒学重加思考。其形势似已好转。例如，在一九三九年，冯友兰著《新理学》一书问世，冯氏于其书中，以朱子新儒学之旧瓶[27]装入西方思想之新酒。在一九四九年后，中国学者如钱穆、徐复观、唐君毅以及牟宗三，他们在这种论题上发表了大量高水准的论著和书籍，而且熏沐了一批新秀学人，现在任教于香港、台湾与美国。在大陆，新儒学开始是被忽视的。在一九四九年与一九六三年之间，出版二一三册书籍中，仅有一篇论及朱熹，而且是讨论朱子学派之在日本；在同一时期，发表七五六篇论文中，六篇论及两程兄弟及朱子，一般都是责难的，只张载哲学被赞誉为唯物主义。[28]在一九八〇年，程氏禁止孀妇再嫁之言，在北京历史博物馆，仍是程颐主要的形象。不过，一九八一年十月在杭州召开新儒学研讨会，二六二位学人出席此会，自中国以外邀约七人，我同狄培瑞教授（Wm. Theodore de Bary），从美国被邀参加。我参加了朱子一组，讨论很严格地站在学术立场，评估也相当客观。自然地，仍视朱子服务于封建社会，也探索到，怎样使朱子可贡献于马克思主义。

随着杭州会议前后，出现了两本关于朱子生平及思想的书，它们从学术的观点来撰写，而且也从有利与有不利立场分别探讨朱子。他们承认朱子确有相当贡献，虽然作者们接受沈继祖的捏造的故实，攻讦朱子于朝廷，斥为伪学。且控告朱子娶两尼为妾，并贪图嫁奁以娶刘珙之女。[29]实则朱子乃娶刘勉之（一〇九一年—一一四九年）之女。虽然他们误解朱子向皇帝谢恩[30]，为其所犯过失的承认，但他们也指出若干沈继祖故实之虚妄。[31]他们试求其公正性。一般说来，对朱子之态度，很显著地不同于十年以前，那时朱子是整个被排斥的。新儒学，大体上仍视为封建主义的工具，但其评估，则采取新的转向。朱熹遗迹，毁于"文化大革命"者，现已逐渐恢复。在福建白鹿洞书院以及岳麓书院的恢复旧观，给予我深刻的印象。总之，朱熹在亚洲的命运，又转好了。

同时，在西方，对新儒学的兴趣，特别是于朱子兴趣，是复苏了。Graf神父把《近思录》译成德文，而且撰写一本具有确定性的书《道与仁》。这两个观念，是新儒家哲学之中心。[32]在巴黎，宋代研究计划，由于获得来自世界各地学者的合作，在宋代的书目与传记方面，产生了不可或缺的著作。[33]某一时期，欧洲曾是宋代研究的中心。最后，这中心移至美国。紧随着第二次世界大战，亚洲研究的计划，在美国各大学里发展迅速。像哈佛与哥伦比亚这样杰出的学府，产生了一群对新儒家思想，富有研究的年轻专家。狄培瑞教授组织了好几个新儒家的会议，哥伦比亚大学出版部也对这论题，出版了一系列的书籍。[34]

由于美国人对新儒学的研究，常达到一点，即整个会议，都集中在一个哲学家，学者们乃感觉有一个会议，来专门研究朱子的必要。早在一九六二年，在长沙，有一个专门讨论王夫之的会议，以纪念王夫之逝世第二七〇周年[35]；在一九七二年，有一个国际会议，在檀香山召开，讨论王阳明，以庆祝王阳明五〇〇周年诞辰。[36]但朱熹是太重要的一位历史人物，我们等待着他的任何这样周年纪念。因之，我发起组织对朱子的一项会议。各方纷纷反应。檀香山的程庆和博士独力慨捐巨款，夏威夷大学和American Council of Learned Societies很迅速地同意来赞助这个会议，各国的学者也都不遗余力地支持。

这个会议，并不意欲涵盖朱熹所有的范围。从开始，这个会议委员会，就反对课本，或百科全书式的讨论导向。我们仅仅想网罗全世界朱熹的著名权威，与享有盛誉的新儒家的学者，讨论任其所选择的问题，并彼此分享道问学之乐。我们决不能说朱子权威，都已莅临盛会。梁漱溟与钱穆两教授，俱已逾八十高龄，期能前来，而卒未果。很幸运地，他们已提出论文。我们敢说，从没有这些积学之士，聚集一堂，尽瘁心力，来讨论一位中国思想家。

学者们，既可自由选择自己的题目，自不免有许多的重复与许多的遗漏。譬如，太极这一题目，一而再，再而三地来讨论，与其他论题分量相较，或者有些不平衡。但情况亦不尽然，论题是从不同的角度来探究，单调而乏味的重复，减至最低限度。在其他方面有些论题没有涵盖：如朱熹的政府服务、朱熹的宗教实践、朱熹系一诗人、朱熹与科学，这仅举列少数例证而已。关于后者，我们满怀希望李约瑟博士（Dr. Joseph Needhma），他确实地是关于这论题的世界权威，来指导朱子与科学的工作小组，但他未能来会。其结果，会议委员会决定取消这工作小组。这是很遗憾的，因为新儒学常被视为对科学的一种阻碍，但朱熹却发现化石的性质，早于欧洲的发现三百年。[37]因此，这里却有许多缺陷。一个涵盖朱子学各方面的综合研讨会，将等待几十年，那时或有足够的专家，可以涵摄这位大思想家的所有层面。希望甚至这些缺陷，也将担任一个建设性的角色，以显示这种需要与具有刺激性的研究。

这次会议，是一个公开的论坛，既无学说可宣传，也无争论可解决。所有学者是以个人身份而来，不代表任何组织。有许多来自大陆，犹如许多来自中国台湾。西洋人与中国人，资深的与年轻的学人，出席人数都相埒。深恐由于政治情况，大陆来的与台湾来的学人，会相遇失欢。这种恐惧，是实在的，因为这是第一次双方学人会晤来讨论中国思想。在这样的一个会议里，政治的意识形态，很易于出现。但当他们相遇于机场海关处所，大家有如老友。事实上，有些曾已相识，有些则相识于彼此有关朱子的出版物中，会议期间，并无政治争论发生。

不像科学的国际会议，会中宣布了一个新的学说，或一项医学会议，报告了一个新的发现。在人文学科的会议中，很少有震撼的思想会出现，因为哲学思想，不受制于量的分析，发展很慢。这些思想，在同行间，都知之甚熟。我们不能宣称，从朱子学会议里，有何新说宣读。但是，由于朱子学研究，在西方仍在萌芽阶段，这次会议，已经开拓了疆土，这是以前很少经过的。我是牢记于心，冈田武彦教授讨论朱子智藏（第十三章）、佐藤仁教授的朱子仁说深思熟虑（第十四章）、韦政通教授朱子经权说（第十六章）、张立文教授的朱子易的思想系统的分析（第十八章）、高明教授的朱熹礼的训练和礼学（第十九章），以及Richard Lynn的朱熹为一文学批评家（第二十章）。解释朱熹的智藏，甚至在中国或日本都没有研究过，西方更付阙如。

这是不用惊讶的，会中四分之一的论文，都从此一方面或彼一方面来讨论太极，有六篇阐释颇长。六篇中可以说有几篇完全集中太极讨论，但他们的讨论，乃从不同的角度——罗光教授从形而上结构论太极（第六章），山涌井教授从理与气（第七章）、邓艾民从体用及其他正反语（第八章）、邱汉生教授从天理与性（第九章）、友枝龙太郎教授从性与人之根柢供应原则（第十一章），以及张立文教授从易之运行（第十八章）。像这样一种集中地讨论太极，他处罕与其匹。

任何学者讨论朱熹哲学，必将提到太极，这是可以预料的，因为太极是朱熹思想之根本。新儒学在中文称之为理学，便提示“理”是个主调。在一般意义下，是程颐倡出理，以为他的整个哲学之基础，而朱熹传承之，扩充之，并精微之。但程颐仅重视理之统一性。虽是他教人理一而分殊，他从未解明这分殊之如何由来。朱熹则弥补其阙罅。为了解释，朱熹借用张载气的观念。依朱熹意，气在其阴阳运行之中，人与物之所秉赋者有异。如是，有者秉赋或优秀或平衡，而有者或薄弱或不平衡。因之，没有两物恰好相同。论到理与气的关系，朱熹诉诸周敦颐的《太极图说》。在周敦颐哲学构想里，无极是无声无臭，创生太极，转而生阴阳，阴阳交感，而万物生。程颐既从未提及太极[38]，朱熹深信，虽是程颐受学于其师周敦颐，他并未传继其学，因其门弟子，亦未接受其学。[39]虽然陆象山极力反对太极图，因其源自一道士，也因无极一词，亦是道家渊源[40]，而朱熹将太极建立于其哲学架构，经已盛行。新儒家们长久接受其说。

突来惊奇的，是山井涌教授宣称，太极“在朱熹学说系统，保持一种外来的因素”，而且它“从来不交织于他的哲学结构之中”(第七章)。山井涌教授的论据，是“太极字样，在《四书集注》里，都没有用过”，“朱熹也没有用太极字样，去注释或阐述《四书》”，并且朱熹讨论太极，仅仅是关联着周之《太极图说》与《易经》。山井涌表达这种见解于他的日本同僚，但也震惊了这个国际会议的听众。《四书集注》，既是朱熹的最重要的著述，山井涌实有一得之见。朱熹费了数十年的时间于集注，在去世前三天[41]，犹在修改他的《大学章句》。他的许多关键性的观念，都来自《四书集注》，例如，释仁为“心之德与爱之理”[42]与释礼“天理之节文，人事之仪则”[43]。不过，朱熹也在他的语录与书札，说到太极很多，虽未提及周之《太极图说》或《易经》[44]，这是很难理解，说太极不是他的思想系统的一部分。不过，山井涌教授提供一个有兴趣的见解，让我们去思索，这就是一个会议可以贡献什么的所在。

由于太极是理之总体，对太极的任何讨论，都必涵盖理。葛瑞汉教授(A.C. Graham)关联着人性来讨论理(第十章)，与成中英教授分析理为六种不同类型(第十二章)。

一个最困扰的问题，是不是理生气的问题。朱熹常被引述，说他说过“理生气”[45]。但是山井涌教授正确地指出，这一句引述，在朱熹著作中不能找到。这就引起这一句引述的真伪问题。在这次会议后一年，一九八三年八月，我获得了若干显著的资讯。当我参加在北京中国社会科学院的哲学研究所一个会议时，我得到一本杂志，其中有一篇论著，论到这引述语句，是在吕柟的《朱子抄释》一书中，在吕楠序言里，写着朱子这语句，得之于朱熹门弟子杨与立所辑的《朱子语略》，这篇论著的作者，猜测《朱子语类》编者黎靖德，应该看过这辑录，但或者以为无足轻重而已。[46]但我勿宁认为黎靖德是有意从《朱子语类》里删去此语，因为这与朱熹学说扞格不合。朱熹说“理无情感无意欲无计度无创造”[47]。在朱子哲学系统里，创造的历程是自然的。太极是理之总合。有阴阳之理，便有其实体。换言之，这必有动静交感，意即创造。但理本身不能创造。朱熹语录已经历数十年，难免有矛盾处。然而可惊异的，在朱熹的言语或思想中，矛盾殊少。我以为是杨与立误解师意，山井涌教授的怀疑，是充分地正确。

在朱子哲学里，欲致知，必须穷理。这是他格物说的中心学旨。他有意为《大学》第五章补传，使得新儒学系统尽其义蕴。有好几篇论文都讨论格物说。其中两篇，值得特别注视。梁漱溟教授，以为朱子之说，在引用心来接触外物时，颇有缺失。使人记起，王阳明批判朱子，即采这个立场。[48]他在致罗钦顺书札里即如此批判。但罗答以所贵乎格物者，正以见夫理一分殊。此即是说，以理观之，物我浑然，夫何分于内外。[49]朱熹是否外其心以穷外物，此一争议，历数百年而未决。“理一分殊”这一词句，在多篇论文中都有引述(第七、八、九、十二、十五、十六、三十各章)，这个观念，讨论得更多。

在表达“分殊”声义上，发生了许许多多的混淆与误解。这种表达，来自程颐[50]，这“分”字，拼在第四声，意指一个人的命分、部分、天分等等，不是第一声，意指分开。在诸桥辙次的《大汉和辞典》里，卷七，第九二九页，“分”解成“赋与”(天分)，而不是划分。一七〇二年版的《四书大全》，第一一〇页下，在这字右上角的记号，表示拼在第四声“扶问切”。《朱子语类》卷九十八，第一〇〇节，第四〇一四页；《中庸或问》第二十二章评注；与

《孟子或问》卷一上第八页评注，理与分都在平列间架上，用作名词；“分”不作动词用。不过，在详细说明这一名词过程中，分字也拼第一声，意指分开。这例证见之于《朱子语类》卷九十八，第八十八节，第四〇〇四页。我的英译是“principle is one but its manifestations are many”，尽量表达出“分”的多元意蕴（命分，天分等）。把分殊译成“Diverse particularization”也可以，但又恐误导读者拼在“分”的第一声。

关于人性，这是新儒家思想另一主要的观念，葛瑞汉教授（A. C. Graham）（第十章）他是从太极、理与气的观点来探讨这一论题，秦家懿教授则从性与情，进而把敬、克己、静默与善恶来讨论（第十七章）。人性的讨论导引到仁的讨论，因为仁是人性的主要品质。

最近十多年，在讨论朱熹时，仁成为一个颇受欢迎的论题，因其在朱熹的哲学里，是一个主要的观念。他的仁的思想，虽只是在他的《仁说》作简明地表达，却是充分地发展。[51]这篇《仁说》，朱子花了十多年思索此一问题，并和诸学友通信讨论才完成。从未以英语来讨论，一直等到本届会议，虽然一年以前，我用中文发表了一长篇关于《仁说》论著，讨论此题。[52]佐藤仁教授的论文，尤值重视，特别他把朱熹关联到在中国与日本的其他新儒家（第十四章）。

朱熹《仁说》开宗明义，谓“天地以生物为心者也。而人物之生，又各得夫天地之心，以为心者也”。易言之，仁，或爱或慈悲，乃渊源于天地好生之德。同样，礼也源于天。有如前述，朱熹以天理来界定礼。他对于宗教与社会礼仪非常虔敬。当他年二十四时，授县主簿，他管理宗教与婚礼礼节。在他去世前夕，犹在病榻嘱其婿及其门弟子完成他的编纂礼书的未了工作。以英文来讨论这个论题，最具学术性与综合性的，是高明教授讨论到朱熹对于礼的著作。很清晰地，至少在这些礼书之中，“家礼”具有最大的影响。我们可以再说，这种影响，已远及于韩国与日本（第十九章）。

假如礼是人类适当行为的规范，那“经”与“权”，是正当的人类行为之指南。经与权这个论题，尚不仅是学术上的兴趣，因为朱熹视之为他的生活一个最大关怀。它宗教似地指引他的生活守经，这是基之于义；他避免权，这是基之于利。他一再婉拒政府官职，当他认为仕之非其道，他强烈地攻击陈亮为着他的功利主义，朱熹认为将因利伤义。当陆象山在一一八一年拜访朱子并讲学于白鹿洞，讲孔子的“君子喻于义，小人喻于利”[53]一章，朱子大悦。《近思录》有一卷专论出处进退辞受主义（译按第七卷）。有如程颐及其他北宋诸儒所晓示，经权之辨，抉择在于义之有甚于利。只有当我们洞解朱子此一学说，我们才能正确地评价他的政治行为。为达成这个目的，韦政通教授的“论经与权”的一章（第十六章），实大有助益。

我们可惜没有一篇讨论朱熹政治生活的论文。事实上，这次会议，论及朱熹的思想居多数，而论及朱熹个人生活殊少。甚至任继愈教授论到朱熹与宗教（第二十一章），也大部分讨论到朱熹的理论系统。在实际方面，它解释儒家宗教，怎样服务封建制度，但不是朱熹怎样实践他个人的宗教。幸运地，我们有一篇Brian Mcknight博士的“朱熹生活中的世界”（第二十三章）。Mcknight教授在描述经济与政治的情况，家族与土地制度，以及上流阶层的地位之余，他提给我们一幅朱熹所生活世界的生动的图画，因而使我们较为适当地了解他，是一位教师，一位爱国者，一位皇帝的待制或侍讲，与一位内政改革者。假如需要他的生活较详细的资料，附录A，有一篇自传，是我为“宋代传记”(Sung Biographies)而撰写的。

至若朱熹和其他新儒家的关系，我们有一篇是和程颐，另一篇是和胡宏(一一〇六年—一一六一年)。虽然事实上朱熹好多思想，都源于程颐，渊源之多，以致他的学派尝称之为程朱学派，已故徐复观教授阐述得非常清晰(第五章)，朱熹和他的师承之间，也确有许多的歧异。

在另一方面，朱熹不仅不同于胡宏，而且直接攻击胡宏。依胡宏意，性无分于善恶。天理与人欲，同体而异用。而朱熹则初性之为善。人欲在体上，不可能善。因为善之体不可能表现出一种恶之用。[54]二位哲学家，在这一争论上，是完全相反的。彻底地检讨，他们之间的差异，便可以洞观为什么朱熹之说具有力量，而胡宏学说很快消失。很不幸地，西方学者对胡宏之说缺乏兴趣，实际上几无一份英文著述，论到胡宏。所以我们欢迎Conrad Schirokauer的论文论到这位哲学家(第二十六章)。

在蔡仁厚教授的论著里(第二十五章)，胡宏连同北宋南宋新儒家，也讨论到。大体言之，蔡教授是反映其师牟宗三教授之观点。近几年来，牟教授严厉地辩说，新儒学必须分为三派，胡宏的湖湘派，加上朱熹与陆象山两派。[55]关于心性之说，牟教授是正确的，因为这三学派代表三种不同的观点。不过，就一般思想言，牟说并不健全，他把陈亮的功利学派，吕祖谦的历史学派置之不顾。学者们在分南宋新儒家学派为二，并不错误，亦即朱熹主张性即理，陆象山主张心即理。就历史而论，胡宏学派是瞬即消逝的现象，因为他的追随者极少，而且其形响力只及于本土以内。

牟教授提出另一个理论，那是绝对地新而独创的。他同意朱熹思想之源自程颐，但辩说陆象山思想则直接承自孟子，因而陆更能代表孔学之正统。刘述先教授在他的“在朱熹哲学里正统问题”一文中，他批判性地检讨牟教授的立论。但一般说来，赞成他的结论（第二十四章）。在他们的看法，易言之，朱熹是“别子为宗”。

这种理论，是否会赢得大多数新儒家们所接受，尚不可知。而在新儒学的研讨会里，已经具有价值。至少有一点，它已有助于推翻新儒学运动中程朱学派独霸的局面。另外，刘教授也打掉了程朱学派与陆王学派两者的对立。诚如他们所说“尊德性”与“道问学”[56]，不是相互排斥的，但在朱熹，后者仅是为前者提供手段。更重要者，牟教授虽视朱熹为别子为宗，他意含朱熹与陆象山终属同宗。

对于“尊德性”之与“道问学”，并不作比较，刘教授于朱陆两派之间，显示出调和的新精神。多少世纪以来，在新儒家之间，都存有派系之争。程朱的追随者在一边，陆王的追随者在另一边，俱以激烈辞语相互倾轧。依照传统记载，其学派之争，肇自一一七五年鹅湖之会，当时吕祖谦安排朱熹与陆象山会晤。他们早已彼此闻名，非常期望能够相识。朱熹成为在那时学术界的领导人物。陆较朱年轻十岁，俊秀而富有自信。吸引了很多追随者，变成朱熹强劲的论敌。依传统记载，朱熹主“道问学”，而陆主“尊德性”。鹅湖之会则在疏解“两家哲学上之异同”。在会后之几年内，他们有七或八封函札往来，申述对此一争论之异同，同时也申明他们对周敦颐的《太极图说》的相反态度。此“图说”，朱子以之为新儒家形而上学之根基，而陆象山则视为在新儒家系统里毫无地位。他们之间，对太极各持己见，是不可否认的。但在我研究，我发现除上述七或八封函札，为人经常引述外，他们几乎每年都有通信各走各的路，而合计各有二十一通。在这些信札里，谈到各人的私事，如建一书斋或幼女夭折之类。这些信札显示相互的尊敬与纯挚的友谊。我的结论是当双方各持各人的哲学观点，在批评对方见解时，非常坦率而强烈，但在私人事务，则非常礼貌与热情。[57]鹅湖之会决不是一个化解哲学异同的会议。确实地，在这聚晤之时，对朱熹之重视读书，有所争论，但这争论并不是道问学与尊德性之对峙。我发现当象山与其兄及几位门人同往时，朱熹则一人独往。除此以外，在这一个星期多的非正式聚会时，他们谈到八卦的序列，吕祖谦的《尚书注》，象山之兄的新著，以及《易经》冲"易"字之阐释。我不得不作此结论，鹅湖之会决非限于"尊德性"与"道问学"之争论。所安排者，论题甚多。职此之故，这次会晤，并不在解决任何哲学上的异同，而仅在得以相互认识。假若真是两家的争辩，相等数的门弟子必须动员起来。[58]不过，极可能地，这次聚会，种下了不调和的种子。为着这新哲学，需要时间，提供肥沃的土壤，陆之门人往返于陆朱之间，却带着两家师门被扭曲的报告，以增加其必要的水分与肥料。其结果便是门户之见，水火益甚，在两位大师去世后情况尤劣。这种冲突，持续在中国历史上，直至最近数十年，朱子学派获胜，因为它代表正统。不过，早在本世纪初，当正统被推翻后，门户之见，也就开始消失。

在这样发展情况之下，会中宣读三篇论文，特别显得有意义，冯友兰教授一开始（第二章）便给予一种"此边"与"那边"的新儒家联合一致之印象，他认为那是"新儒学对人类知识的发展与人类章福的增进的一种贡献"。钱穆教授的"朱子学的历史展望"（第四章)，不仅强调朱熹之重于早期宋新儒家相同之点远较之相异之点，而且提醒重视这种事实，即遍稽中国历史，学者寻求与人相合之点，远甚于相异之点。他提示在朱陆之间同多于异。还有许多论文讨论朱子修改《大学章句》(第十、十五、十七、二十一、二十四各章)。惟梁漱溟教授(第六章)独持异议。

余英时教授不急于朱熹“道问学”与陆象山“尊德性”的问题，但他宁阐发朱熹哲学里(第五章)这两种取向的密切关联。我们不必要于朱熹之读书方法与朱熹对经典之注疏，加以审慎地分析。引用余教授所反复的说明，便已足够，即朱熹，乃以知识为道德之基础。只要了解了这点，那么众口纷纷说什么朱熹在一边，而象山在另一边，都是荒谬的。

朱熹尝谓陆象山为禅。他对佛学尤多批判。的确，他对释氏有所恐惧。在这方面，他没有妥协，有时更过于偏激。傅伟勋教授于朱熹对佛学之批评，以哲学的立场，严谨地分析(第二十二章)。在傅文中，于朱熹对佛氏的形而上学，对佛氏心性之说，以及对佛氏个人修持方法以达于顿悟等等批评，都有审慎的分析，指出它的优劣点。

转而论到朱熹哲学之历史发展，我们欢迎冒怀辛教授一篇在朱熹本籍福建的朱子学派的传记(第二十七章)。这传记虽简短，却显示朱熹教义在不同方面的发展。这可进一步为西方研讨朱子学派的发展铺路，因为在英文方面迄未讨论到这一课题。关于晚近的发展，我们幸运地有柳存仁教授论文，有关元代之朱子学的发展。这是一篇佐之以完整的文献的综合性的探讨(第二十八章)。原作者讨论到《四书》所扮演的角色，《小学》与文官考试，以及朱子教义之颁布、修正，并调停有关朱子学说的矛盾性的解释。我们也高兴有一篇同类论文去涵盖明清两代，李泽厚教授的论文（第二十九章）简单地论到明清新儒家，并且对新儒家的形而上学作了一般性的检讨。

我真高兴，朱熹在韩国和日本所扮演的角色，已做得很多，但那需要一种个别的会议。同时，有好几个会议已经举行，在会中，朱熹在韩国和日本的影响，至少有限度地讨论过。就这次会议而论，论题集中于韩元震（一六八二年—一七五一年）与李东（一六七七年—一七二七年）之辩论，尹丝淳教授（第三十章）提出在韩国朱熹思想两种基本争辩之一，即人性与物性的争辩，这是一种对基于理的性与基于气的情，两者关系的早期辩论，自然而逻辑的发展。山崎道夫教授集中稻叶默斋（一七三二年—一七九九年）（第三十一章）的探究，可视为在日本，朱子论学论道的个别例证。

总之，我们深信这次会议，涵盖许多学术背景，而且促进对朱子学进一步研究，已作了好多。实在地，会议目的之一，便是展望未来。此所以透过世界性竞争，使年轻学人，声气相求，而有创新计划。被物色来会的，大半都是在新儒家研究上，已获有他们的博士学位，有些已经出版书籍。为他们已组成三个工作小组，这是毫无疑问地，他们和前辈学人亲切地交往，会给予他们很大的灵感与很强的启发。这决非妄想，朱学的新生代，将由此次会议应运而生。

这次会议前夕，刚有四本书出版，三本专门讨论朱熹[59]，另一本则对新儒学一般的探究[60]。它们都送给会中诸君子。自这次会议两年后，有一位参加本会议的学人，出版一本书，探究朱熹思想之与《易经》。[61]除此以外，有关朱熹的一些论文，出现于大陆、中国台湾、美国及其他各地。至少在北京的一位教授，开始在两所大学讲授新儒学。新儒学或朱熹的课程，在美国与中国台湾，在几所大学里，渐已增加。狄培瑞教授所领导的新儒学与教育的会议，在一九八四年秋，已经召开。有人或可说，狄培瑞所领导的会议下工作小组的行动，或已迟缓。我们对这些不敢说已有了贡献，但有关朱子学的研究，确实方兴未艾。

（本文译者为纺织业外销拓展会顾问）

[本文原载《哲学与文化》，第十三卷，第十期（一九八六，十月），页二十二至三十二。]

附 注

1 《孟子》，卷五下，第一章。

2 Francoise Aubin编Etude Song-Sung studies in memoriam Etienne Balazs, ser. 11 No. 1 1973 pp.59-90。

3 参考拙著“朱熹集新儒学之大成”第二段，同时参见万先法中译文，载拙著《朱学论集》，页一一三五，台湾，学生书局发行，一九八二年四月。

4 同上注3，第三段。

5 同前注，第一段。

6 《伊川文集》，卷五，页十二下及《易传》；卷一，页四八上及卷三，页三下，两书俱见《二程全书》（四部备要本）。

7 《近思录》含周敦颐、程颢、程颐、张载四人语录。余曾译为英文，译名为Reflections on Things at Hand，哥伦比亚大学出版，纽约，一九六七年。

8 关于《性理精义》一书，可参看英文拙文 The Hsing-li ching-I and the Ch' eng-Chu School in the Seventeenth Century，载于狄培瑞教授所编*The Unfolding of Neo-Confucianism*（New York, Columbia University Press, 1975）pp.543－579。并参看万先法中译“性理精义与十七世纪之程朱学派”。载拙著《朱学论集》（台湾，学生书局，一九八二年），页三八五—四二〇。

9 其详，可参考拙著“儒家仁之观念之演进”，Philosophy East and West，4（1955），pp.295－319。

10 《遗书》，卷二上，页十二下，及卷十八，页二上，载于《二程全书》。

11 《朱子文集》（四部备要本），卷六七，页二十上，“仁说”。

12 J. P. Bruce, *Chu-His and His Masters*（London, Prosthain, 1923）pp. 148 and 241; Olaf Graf, Tao und Jen: sein und sollen in *Sung Chinesischen Monismus Wiesbaden*（Otto Harrassowitz, 1970）pp.243.277.317－341, 350－352.

13 《朱子语类》(台北，正中书局本，一九七〇年)，卷八〇，第三六—四三条，页三二九四—三三〇三。

14 《诗集传》，第四二，四八，六四，七二，七四，七六，八一，八三—九五，一三七，一三九，一四〇，一四三各首。

15 《朱子语类》，卷七八，第二十五及二十六条，页三一五三。

16 同上注，卷八四，第二十八条，页三四六九。

17 同上注，卷八三，第三十九条，页三四一三。

18 参见英文拙著 “The Study of Chu His in the West”, *Journal of Asian studies*, Vo1. 30, No4, (Aug.1976) pp.555－577。

19 《遗书》，卷二二下，页三上。

20 《孟子》，卷六上，第十章，孟子曰，“生亦我所欲也。义亦我所欲也。两者不可得兼，舍生而取义者也”。

21 《遗书》，卷八，页四下。

22 《朱子语类》，卷九六，第六〇条，页三九二八。

23 《〈朱子语类〉评》，载《颜李丛书》，页二十四上。

24 《朱子新学案》(台北，三民书局，一九七一年)，卷二，页二九三。

25 《朱子语类》，卷一一六，第五五条，页四四七四，关于此门人，参见《宋元学案补遗》(台北，世界书局本)，卷六九，页一九〇下。

26 《朱子语类》，第一一三——二一各卷，参见朱子教示各门人语。

27 关于冯友兰《新理学》一书之评论与若干章节之英译，参见拙英译“中国哲学资料书”(*A Source Book in Chinese Philosophy*，(普林斯顿大学出版社，一九六三年)，第四二章。

28 参看英文拙著，《中国哲学》，一九四九——九六三年（火奴鲁鲁，East-West Center Press，1967) pp.38 190－194。

29 叶绍翁：《四朝闻见录》，第四集，卷四，页三下。

30 《朱子文集》，卷八五，页十九上。

31 杨天石：《朱熹及其哲学》(北京，中华书局，一九八二年)，页六九一七〇。张立文：《朱熹思想研究》(北京，中国社会科学出版社，一九八一)PP. 78-79。

32 Olaf Graf 译朱熹《近思录》, *die sungkon fuzianische Summa mit dem kommetar des Ya Tsai* (叶采) (Tokyo, Sophia University, 1953)：*Tao und Jen：Sein und Sollen im Sungchinesischen Monismus*.(Wiesbaden：Otto Harrassowitz, 1970)

33 Yves Hervouet编，《宋代书目》(香港，中文大学，一九七八年)；Herbert Franke编，《宋代传记》(Wiesbaden：Franz Steiner Verlagy, 1976) 4 vols.

34 这个会议的书册是狄培瑞编*Self and Society in Ming Thought*，1970；狄培瑞编*The Unfol-ding of Neo-Confucianism*，1975；狄培瑞与Irene Bloom合编，*Principle and Practicality, Eassys in Neo-Confucianism and Practical Learning*，1979以及陈学霖与狄培瑞合编，*Yuan Thought; Chinese Thought and Religion under the Mongols*，1982。以上各书，俱由哥伦比亚大学出版。

35 会议论文，均经发表，编为《王船山学术讨论集》(北京，中华书局，一九六三年)。

36 会议上所宣读的论文，已在Philosophy East and West卷二三，第一—二期（一月及四月，一九七三年）出版专集。

37 《朱子语类》，卷九四，第十六条，页三七五九。

38 在《程颐全集》中，唯一提及太极是在其“易传序”，而此序，一般咸以为不可信。关于这个问题的讨论，参看A. C. Graham, *Two Chinese Philosophers: Cheng Ming-tao and Cheng Yi-chuan* (London: Lund Humphery, 1958)；附录一；以及英文拙作“Patterns for Neo-Confucianism: Why Chu His differed from Cheng I”, *Journal of Chinese Philosophy*, 5(1978), pp. 108—109。并参看万先法中译“新儒家范型：论程朱之异”。载拙著《朱学论集》，页六九—九七。

39 《朱子语类》，卷九四，第一〇九条，页三七九。

40 《象山全集》（四部备要本），卷二，页六上，“与朱元晦书”。

41 王懋竑：《朱子年谱》（世界书局本），页二一六（系于庚申三月），及页三四一—三四二。

42 《论语集注·学而第一》，第二章。

43 《论语集注·学而第一》，第十二章。

44 《朱子语类》，卷一，第一、四条，页一—二；卷六，第十三条，页一六一；卷一〇〇，第卅一条，页四〇五〇；以及《朱子文集》，卷三十六，页八下—九上—十二上；卷六七，页十六。

45 举例在《周子全书》，卷一。

46 陈来：“关于程朱理气学说两条资料的考证”，《中国哲学史研究》，一九八三，第二期，页八五—八六。

47 《朱子语类》，卷一，第十三，页五。

48 陈荣捷英译《传习录》Instructions for Practical Living（纽约，哥伦比亚大学出版社，一九六三），第一七二条。

49 《论学书》,“附录”卷五十一,页三上。

50 《伊川文集》,卷五上,页十二下。《易传》,卷一,页四十八上及卷三,页三下。

51 《朱子文集》,卷六七,页二〇上—二十一下。

52 见拙著《朱学论集》(台北,学生书局,一九八二年)一书,页三七—六八。

53 《论语·里仁第四》,第十六章。

54 《朱子文集》,卷七三,页四〇下—四七下“胡子知言疑义”。

55 牟宗三:《心体与性体》(台北,正中书局,一九六九年),卷一,页四九。

56 《中庸》,第廿七章。

57 关于这类通讯,参见拙文“朱陆通讯详述”。《朱学论集》(台北,学生书局,一九八二年),页二五一—二六九。

58 关于这个会议,参见拙文“朱陆鹅湖之会补述”。同上注,页二三三—二四九。

59 拙著《朱学论集》《朱子门人》,以及刘述先著《朱子哲学思想的发展与完成》,三书均由学生书局出版,一九八二年。

60 蔡仁厚:《新儒家的精神方向》(台北,学生书局,一九八二年)。

61 曾春海:《晦庵易学探微》(台北,辅仁大学出版社,一九八三年)。

附录二 陈淳《北溪字义》

万先法 译

一、陈淳其人

陈淳（一一五九—一二二三），学者尊称为北溪先生（北溪为一河流，在龙溪郡之北）。为朱熹大弟子之一，尝与朱门黄榦、蔡元定与辅广（约一二〇八）[1]诸儒鼎足并称，其《北溪字义》一书，在中国、韩国与日本都非常重视，为一本进入新儒学启钥之著作。最富有意义的，是陈淳在福建一个孤僻之乡村，教学村塾，生计艰难，他却主要地由于他的学养，踵武朱子，跃而享有全国的声誉。

陈淳的正式自传，自是载之于《宋史》的《北溪列传》。虽然列传咸认为具有可靠性，也有几点错误。[2]最真实可靠的记载，该是陈宓（一二二六年卒）所撰的墓志，宓为朱子门人，与陈淳高弟陈沂[3]的北溪先生叙述。依照这类传记及其他资料，陈淳漳州龙溪人，又称临漳与清漳[4]，在福建之南。亦如一般热中功名的年轻读书人，陈淳少习举子业。在一一八〇年，淳年二十二[5]，遇林宗臣[6]。宗臣见而奇之，告以应从事于圣贤学问以替代举子业。因授以《近思录》[7]。这番语言，导引陈淳走向。

虽说《近思录》主要地涵盖二程兄弟之学说，实是朱熹本人哲学之蓝图。这是程朱恭学派一本典型的著作。在一一八〇年代，朱子撰有许多有关儒学经典的注释，陈淳必都吟哦讽诵。[8]正如淳以后所云，“文公表出《近思录》及四子[9]，以为初学入道之门者……非谓天下道理，皆丛萃该备于此”[10]。在一一八三年，朱熹建武夷精舍于福建北部武夷山。此一精舍，吸引远方学子，来者极众。朱熹在南宋时已成为知识生活之中心。陈淳北学于朱子，奈家穷空甚，无千里裹粮之资，而二亲耀茶。[11]又日夺于仰事不给之忧。淳为维持生计，馆于乡塾，但有暇他勤于钻研新儒学。声誉噪起。在一一八九年，乡吏举荐，奏恩授以官职。[12]同年秋，淳罢试归。[13]当朱熹于一一九〇年，改知漳州，陈淳久慕入室为弟子之愿，终于获偿。数月后，在一一九一年元月二日淳与永嘉徐寓七人入学，选出郡学，前辈学者，得以表率诸生。[14]在获得朱子亲炙之前，八年岁月，于焉又逝。但即在有限岁月中，朱子亦卒。以故淳之生活，大半馆于福建居南之乡学，为家塾师。[15]

陈淳娶李唐咨（壮年一一九九）之女，唐咨为朱熹弟子。淳得子，时三岁，淳集《易》《书》《诗》《礼》《语》《孟》诸经中明白切要四字句协之，凡七十八章，一千二百四十八字，以教其子洒扫应对进退之基本仪则。又以其子年过幼，不易记忆长语四字句，又集为三字句，凡十九章，二百二十八字。姑无论此三字句或四字句代表为文体之新体，但那是相当稀贵。[16]淳声誉既鹤起，达官名儒，咸往访致其仰慕。当一二一二年，漳州新郡守来任，待淳以“宾师”之礼位，位尊而无官责，淳声名遍及遐迩，学者争相为徒。

在一二一七年十月八日，淳抵临安，依旧宿于一一八九年故垒，候廷试[17]。廷试定于次年四月十八日[18]举行。此行似已落第。淳于廷试，颇有微辞。他说科举本是压天下人才底物，本不足以取人才，因其为法，不考平日素行，只校三日虚文，即且就虚文言之，又只各随有司意见之不齐，亦非有确然一定之能否。此不过有命与无命，视举子之所试，能否偶合考官之意见而已。[19]淳留都下，直至七月末，因诸士友，留其讲贯。[20]在此逗留十阅月，同志之士，远及川蜀，争投贽谒[21]，以及平昔同门而未识面者，闻先生至，亦叩门求质。[22]此与戊辰（一二〇八年）与辛未（一二一一年）两至中都，并无一人知音过门之冷淡情况，实成尖锐之对比。[23]

陈淳于经过严陵并讲授严陵四章后[24]，复归返漳州授徒，从之者众。同年特奏恩授官职。二年后，授迪功郎[25]及授泉州安溪主簿。安溪邻近漳州。一二二二年以恩循修职郎，但在安溪就任前，淳于一二二三年四月一日卒，时年六十有五。[26]

吾人不知陈淳究有门弟子几人？在《宋元学案》卷六十八“北溪学案”，得知陈淳门人，名列廿一人，但仍包括仅听讲于严陵者数人。万斯同（一六三八—一七〇二）所辑《儒林宗派》有十人，但其中两人，误为其子。[27]假若《宗派》一书，其说可信，则其中弟子之一人，传述其学说，经过四代。叶采（一二四八适壮年）之《近思录集注》，在日本极负盛名。叶采为淳门人。但陈淳最得意门人是陈沂，陈沂为其师作叙述。[28]沂论到师门，极为亲挚。在《北溪大全集》里，陈淳与陈伯澡（沂）书，多达三卷。而淳答伯澡有关经籍义理之问有七卷。最得意之弟子为师门作传记，当最可信赖，因知其师最为亲切。

陈淳不以诗文名世。但淳编著有《礼》《诗》与《女学》等书。此外，尚有《学庸口义》以及筠谷、濑口、金山所闻。都由其门人录其语，或偶由淳笔削。[29]淳亲撰四字句，以训蒙其子矩，矩又编次其文为《北溪大全集》[30]，淳有二女。

淳虽是度着乡村孤静生活，但淳决非不关注世务。淳尤其关怀社会习俗与道德，当其遭族人横逆，他作诗以抒其气度，“视尔恰如风动竹，在予安有竹嫌风”[31]，陈沂为其师淳作叙述：

生理素薄，量入而出。衣敝缊袍略无少憾……世俗多用

> 浮屠。先生谕父，以理屏玄不用。……目击闾阎利病，慨然开陈。如止横敛，惩豪奸，实检旱，秤会价，禁屠牛，惩穿窬，戢海盗之请，无非深切时政，杜绝民害。如请改黉泮，移贡闱，罢塔会，祷山川社稷，禁淫戏淫祀，则又一以崇化导民为意。[32]

陈宓于此概谓“先生于是无书不读，无物不格……呜呼！先生仕不还禄，而行可为法。功不及时，而言可明道。死而不亡[33]，信然非邪？”[34]死后，谥文安，在一七二四年配祀孔庙。[35]

二、陈淳与朱熹

陈淳与朱熹的关系，是十分私交的。这种密切的结合，来自在讲道与求道方面彼此的倾慕与相互充分的了解。正如陈淳追忆其师朱子之殁，某于经籍中，师仰其道者十年，而亲炙函丈者又十年。真所谓身即书，心即理。凡昔闻其语者，今亲见其人。[36]文公之逝，淳不在其侧，但淳不仅撰写《奠侍讲待制朱先生》的祭文，抑且薄陈蔬酹，为位吊祭。[37]此外，淳撰《郡斋录后序》，以叙朱子在漳州之施政成就，并撰《竹林精舍录后序》，淳受教在此精舍[38]，以追叙师生之个人情谊。淳并撰长逾三千余言《侍讲待制朱先生叙述》一长篇，又结之以赞，描述朱熹为“集儒之粹，会圣之精”。[39]

正如以上所述，林宗臣授淳以新儒学之后，淳亟欲从游于朱子之门。当朱子于一一八三年在福建之北武夷山，创建武夷精舍之时，淳亟欲往见，但淳斯时势须馆子乡塾，以谋生计，以奉养其亲，他因而未克遂其素愿。在一一八九年，由都归武夷，趋往朱子居处之五夫里。其地在武夷山西南约四十里，不谓厄于无资，旧累依然，愿仍难偿。[40]直至一一九〇年，朱子知漳州，始获机缘。朱子在同年之四月抵都，但淳直至五月，方由都下返其故里。又因艰难旅途，复因病未见朱子，又迨至十一月八日。斯时淳年已三十有二，并荐于官。陈淳贲一书并以所著自警诗，以贽敬朱子。其书谓：

> 窃尝谓道必真有人而后传……真可以当程氏之嫡嗣而无愧者，当今之世，舍先生其谁哉？……年至二十二矣，始得先生所集《近思录》读之，始知有明道（程颢），有伊川（程颐）为近世大儒，而于今有先生……孔孟、周（敦颐）程之道，至先生而益明，所谓主盟斯世，独惟先生一人而已。……家穷空甚，无千里裹粮之资[41]，而二亲躍茶，又日夺于仰事不给之忧，汩没乎科举干禄之累，而于此第窃有志焉。不克实下手专研而精究，今年三十有二矣。十年之间，但粗猎涉，悠悠蹉跎……向者十年愿见而不可得，今乃得亲睹仪刑于间之近。殆天之赐欤。既而又自疑曰，先生，郡侯也，某，郡之一贱氓也。……故迟迟者累月，屡进而屡趑趄。然是学不可一日废。……并录旧日自警之章以为贽。……先生傥以为可教而进之。[42]

陈淳因之而为朱熹门人，但淳又因训童拘绊，不得日侍炉锤之侧。[43]师生晤聚，仅及数月。次年（一一九一年）四月，朱子主管南京鸿庆宫庙观，是职闲散、无官守、无官宅。此对朱子为最胜之机缘，俾以得暇从事于授讲与撰述。四月廿九日朱子离别漳州，陈淳送至同安县东之沈井铺而别，实至五月二日。[44]

师生初见，一见欢然。正如淳一门人（译按，指黄必昌）所云“一见之初，遂蒙许与”[45]。陈淳自谓：

> 淳冬至，以书及自警诗为贽见，翌日，入郡斋，问功夫大要。曰“学固在乎读书，而亦不专在乎读书。公诗甚好，可见亦曾用工夫。然以何为要，有要则三十五章可以一贯……已上如何用工夫？”曰“只日用间，察其天理人欲之辨”。……先生缕缕言曰，“凡看道理，须要穷个根源来处。如为父，如何便止于慈。为人子，如何便止于孝。为人君、为人臣，如何便止于仁，止于敬？……凡道理皆来根原来处穷究，方见得确定”[46]。

对朱子师生言，此根原即天理。淳时造郡斋讲论，或至夜分。凡所扣击，无非向上意旨。朱子屡称安卿善问。[47]所有师生对话里，其主旨在穷个根原。朱子谓某到此，未曾将这般道理说与人，今向公都说了。[48]

朱熹离漳州后，语人以南来[49]，吾道喜得安卿（即陈淳）。朱熹居建阳屡召淳前往，而淳为环境所牵绊[50]，未能一走建阳。淳以书发问，发挥己见颇长，而朱子亦简明批阅，文公多批云“得之”[51]。

虽然师生仅二百五十里之隔，再晤之前，已有八载未见。此时，陈淳系与其岳丈李唐咨同为考亭之行。己未（一一九九）十一月中浣，到先生之居，即拜见于书楼下之阁内。甚觉体貌大减曩日，脚力已阻于步履，而精神声音则如故。[52]晚宿竹林精舍。师生相聚未及两月，但陈淳却常谒候。

朱熹与诸门人谈论，载于《朱子语类》卷一一三—二一“训门人”一类中，其中有三十四条为训淳，较任何人为多。[53]吾人不知究有若干条，属于此一段时期，但吾人诚知在此一段时期的谈话，既较长，也很亲切。有时陈淳独往见朱子，有时则与诸同门同往。有时诸同门散后，淳一人独留。更有时日夜每入卧室听教，因朱子已感体弱，乃与诸生晤对于私室。没有其他门人可以享受到这样的亲切。初见，多示以必寻究其根原，而此次则谆谆警策，示诸生以专致下学之功，如实践日用事物之常，以跻于上达之境，此即是寻求根原。朱子亦告诫淳，毋孤陋于厥乡，毋隘守于厥躬，抑上论于千古，宜友善于天下。[54]

一二〇〇年正月五日，淳与妻父拜别而归。某夜诸友揖退，先生留淳独语。先生云，此别定不再相见。先生饯席，酒五行筵，亲酌一杯劝李丈曰，“相聚不过如此，退去反而求之”。次一杯与淳曰“安卿更须出来行一遭。村里坐，不觉坏了人”。临行时，先生复叮咛斯语。[55]（译按即须出来行一遭）综计两次待坐，逾二百十七日，略逾七阅月。淳返里，重拾教学与撰述。又撰《家说》上中下三篇呈朱子求正，但为时已迟，朱子卒于三月九日，师生一别，方阅九十二日。[56]

陈淳所录语，逾六〇〇条，较大半门人所录者为多。淳本人所问，亦逾百条。涵盖题目极为广泛。有如陈沂所云，“先生竹林所闻，无非直截痛切吃紧为人底语”[57]。亦如胡适所觉察，“这里面，陈淳（安卿）两次的记录，最小心、最用功，最能表现朱子说话的神气，是最宝贵的史料”[58]。

此亦殆无疑义，朱子望淳以成德。[59]有如《四库全书总目提要》所云，“淳于朱门弟子之中，最为笃实”[60]。陈淳虽则遵守师训，旅游多地，但其生活大半孤僻恬静。朱子没后，诸老曩在朱门者多已零落。同门诸友相往来者不过十四人。正如淳本人所说与同门声问不相接，孤陋寡闻。[61]淳以朱子撰述有《仁说》两篇[62]，亦如他人所知，其实一为张栻（南轩，一一三三—一一八〇）而作。不过，陈淳极了解于朱子有关仁说的思想。此正反映于淳之重要著作《北溪字义》一书之中。

三、北溪字义

关于《北溪字义》这本著作，有三个问题，必须提出。第一，这是哪一类的书？第二，是否忠实地反映朱熹的哲学思想？以及第三，陈淳本人有无创义？

这一著作，有许多不同的名称，有称《北溪字义》，有称《性理字义》，有称《陈氏字义》，有称《经书字义》，又有称《四书字义》，有时则加列《详讲》两字。以《四书字义》为书名，是不十分正确的，因为佛老固可发现于朱子的《四书集注》之中，但“佛老”以及“太极”却为四书原典所无。甚至《经书字义》之名称，亦不确切，因太极在《易经》，固有讨论，皇极在《尚书》亦有所论列，但佛老则无。详讲一辞，亦易起误解，因为所有的释义，都甚为简明。名之为详讲，或意味着大多数的理学义蕴都贯串压缩于此一小册之中而已。一般多称为《性理字义》与《北溪字义》，前者指陈其内涵，后者指明为作者。

许多《北溪字义》版本，分二十五门。一六六八年版本，是一五〇八年的重版，目录中增列第十一门（第九〇—九三条）“一贯”一门。其中并说明系依照漳州某家一二四七年的藏本而增列。陈宓于《字义》原序特别指陈此书凡二十五门。原序未明系年月，但原版必出书于陈宓卒年一二二六年以前。

二十有六门，总计二三三条。最短的一门，为第五门论才，仅有一条（第三十五条），而第廿五门论鬼神则最长，有卌九条（第一八六条—二二四条）。每门平均为九条。至若各条字数，短者如第一一九条，论恭敬，仅九字。最长，如第十二条论性，有七八五字。除廿六门，共二三三条外，尚有严陵讲义四篇（第二三四条—二三七条），补遗十有四条（第二三八条—二五一条）。又附三条（第二五二条—二五四条），全书总共二五四条。

《北溪字义》，在我国、韩国以及日本，都有许多的版本。原典版本的经历，见于本书附录中，但可得而言者，版本虽多，更动而影响其思想却微，惟有一六七〇年版，实则其更动既不完整，亦原迂阔（虽其中有许多释注，包含引述的资料，也很独特）。[63]在所有版本中，惜阴轩版最为完整。[64]该版包含严陵讲义四篇，补遗及附录，并序数篇，序跋以及陈淳传。因之，即以之为本英译本之蓝本。一六七〇年版，虽有许多释注，但阙失仍多，尤其是引述语句的来源，所引人物的年月，地望何处，都有遗漏。本英译本，已予增补。

《北溪字义》以作者为书名。这并不意味书中的语辞，是陈淳本人的。事实上，没有任何一个语辞，可视为是他自己的。所有的语辞，都源自儒家经籍。但大部分的这些语辞，在新儒家义理思想系统里，都赋以新义，尤其是北宋四子——周敦颐、程颢、程颐与张载，尤以程颐为然。但惟在朱熹，乃综合，重建，及完成新儒学。因之，宋代新儒学，尝称之为程朱派。本书中语辞的释义，都源自新儒家，尤其来自朱熹。问题是在《字义》一书，是否忠实地反映朱熹的思想?《四库全书总目提要》,在评判《北溪大全集》时,有谓陈淳“可谓坚守师传,不失尺寸者矣”[65]。吾人将检审《北溪字义》,并以之与朱子学说相较,再看《提要》之评语,是否真实。

第一目“命”(第一—十四条)。陈淳重要义蕴。一、命,犹令也。依天理而为大化流行;二、命可释为不外乎理与气,亦即气禀;三、因气禀之清浊,而有人物之不齐;四、此气禀而人莫之为;五、人之作为,应从其正命。凡此诸义蕴,俱见于《朱子语类》卷四。《字义》并未将立命,尽性以俟命[66]或穷理,尽性以至于命可同时完成。[67]这类论题引发成为专题,亦如朱子之所为。但是吾人欲求此一简明的小册如《字义》,亦如朱子巨帙的《语类》一样详尽,那是不公允的。实则在他《北溪大全集》,对于尽性以至于命[68]这一问题,都已经讨论到。

关于性的课题,朱熹阐发程颐性即理之说。对朱子言,性是具有普遍性,而且是本善,但必须附丽气质之性而落实。气质之性,继承自张载,为朱子重建与完成新儒学最重要的方面之一。气禀之不齐,正所以说明人与人间与人与物间之差异。朱子批评许多哲学家,从荀子至韩愈与胡宏的谬误的人性论,但朱子对佛氏认为知觉即性学说[69]的批判,却极其严厉。陈淳反复于此点,较之其他儒家之批判佛氏所花篇幅为多。可怪者,陈淳未讨论植物枯槁之性或人性与物性之差异。意者陈淳兴趣之在道德修养,远甚于诸种理论上之析论。

理之一目,其在《字义》仅三条(第一三五—一三七条),远低于平均九条之数。但此一课题,实亦涵盖于其他诸目,如道(第一二五、第一三二—一三五诸条)、义(第一三七条),与太极(第一四二、一四四各条)。理,在朱子哲学中,为最中心之观念。朱子继承程颐而发扬光大。在朱子，理是一，是普遍，是全善。此即太极。万物无论植物与无知觉之伦，都涵有理在其中。理是具体的。理是自然，当然而必然。理同于道，但理亦为条理或模式。理先天地生。只要新事物生，新理即呈现。理一而分殊。理存乎气之中。无是气，则是理亦无挂搭处，理亦不可见。关于理是否先于气的问题，朱熹与门人之间，曾有无数次的讨论。朱熹认为依逻辑言理必先于气，气须依理而行，基本上两者尝相现而未尝相离。[70]

凡以上义蕴，俱反映于《字义》之中。至若理是否先于气，此一辩论极多问题，《字义》亦未提及，此又可显示陈淳于抽象理念的讨论，殊乏兴趣。至气禀之论，陈淳较之其师比拟人身各部与天地相配之说[71]，讨论颇为详尽。

太极一课题，乃朱熹根本之观念，载之于《朱子语类》卷一及卷九四，亦见之于朱子的周敦颐《太极图说注》[72]。太极者，至极也，无物可以超越。“极”并不意指中，太极是造化之枢纽，是理之综合，而俱摄于人心。太极是一，是不可分，但一物有一太极。实质上，太极无形体，无声无臭，可了解为无极，但太极与无极基本相同。凡此观念，陈淳反复描述于第一四一——一四九各条之外，另增列“皇极”一目（第一五〇——一五三条）。陈淳究何缘由对此课题，另列专目。而此一课题，乃其师并未特予重视加以伸论者，颇堪玩味。或者淳之注视及此，乃由于其师对此题曾有一长篇专论。[73]更有可能者，宋儒对汉代之注疏《尚书》中此一名辞，亦紧密依随。陈淳在第一五三条，特予批评孔安国或者意欲有所辩正。

新儒家另一最重要的观念，尤其在朱熹，即为“仁说”。陈淳并未另立专目，但以之包含五常（第四七—七三诸条）之中。朱熹所有最根本之思想，亦俱萃于此——一、仁是心之德，爱之理；二、仁犹种子，亦即创生万物与生命之力量；三、仁涵盖其他四德；四、至若仁之其他思想，如训公、训知觉，关怀他人之痛痒，或训为以万物与我为一体以及训为克己诸义，俱属非是。陈淳未将仁，列为专目，似乎小视了此一最重要的观念。但陈淳乃是分别从理、心与事等角度，详予探究。陈淳于此等处，极具有分析力，而且非常严谨地重视仁。

至若佛老（第二二五—二三三条），陈淳似着重于佛氏轮回之说，佛氏轮回，意指依赖运命与神祇降福诸义，而甚于道德修为。淳于佛经，释氏思想，来自道家的渊源，或释氏析心为二，以此心宰制彼心等等，显示俱乏兴趣，此类论题，俱曾为朱熹所广泛讨论而有时并非确当者。陈淳则比较注重佛氏之信仰与仪节。淳甚至避免批判佛老之对社会不负责任，自私，怖死之类的评语，有如朱熹所尝提及者。[74]最堪玩味者，淳用若干确切语辞，以痛惜佛老之信仰与仪节。淳之非常关注佛老，可见之于以下鬼神一目。

陈淳讨论“鬼神”一目（第一八六—二二四条），是全书中最长者。本目占全书篇幅约六分之一。其中分四部分：一、论鬼神本意，具阴阳之气；二、论儒家传统之祭祀与祭典；三、论世俗之淫祀，尤其在自己乡里；四、论怪异。遵依孔子不语怪神之教[75]，朱熹除祖先祭祀外，亦鲜讨论及此。朱熹亦如孔子，视鬼神为次要。但陈淳态度则非常不同。但此亦不是说其师非是。作者深信其解释态度上之差异，乃缘于事实，即陈淳生长于极其浓厚的宗教习俗之中。福建的宗教生活，尤其是在南部，经常地十分活跃，并不是全都清醒的。当一一九〇年，朱熹往漳州初到任，即首颁礼数，悉禁男女聚僧庐为传经会，与女本不嫁者，私为庵舍以居。[76]陈淳为当地居民愚昧、迷信与邪恶的习俗所震惊。他祈望恢复虔诚祭祖的儒家传统以及合乎儒家礼仪的正当神祇。无疑地，他仍谨严地依从于朱熹哲学。没有一个单一的例子，说明他违背或怀疑其师之教。

在此导致吾人应问，陈淳在其书中，有无创意，有无一些新义。前已指明，陈淳阐发理之义蕴，有自然、有必然诸义，都具有十分分析力。当陈淳送呈长篇，请益于其师，谓理之四面，有能然，有必然，有当然，有自然。朱熹批云，此意甚备。[77]淳讨论诸观点，都是从理、气、性、心、日用行为，体用各方面来综论。他把诸义或比较或平列，或直说，或竖说，或言其纵横关系。吾人亦曾指明陈淳增置"皇极"一新目。吾人还可说，在第一四九条，他论及太极时，他引述了柳宗元（七七三—八一九）的天对[78]以及在第一五三条，他批判谷永[79]之释皇极，此则为朱子所漏缺。不过，这些俱较无关重要，其问题仍在：陈淳究否引介新义？

罗光教授认为陈淳加以"浑沦"两字去解释太极的本体，则和朱熹的思想不相合，而接近于张载的太虚之气。[80]诚然，陈淳重复地采用浑沦这个名词。[81]不过朱子本人亦用之以描述无极的状态，无极固无殊于太极[82]，但朱熹用之确少，此或由于浑沦一词乃是道家的源头语。此词源自《列子》第一章，道家用以描述万物浑一而不相分的状态。所堪注意者，即陈淳用此最显著的道家名辞，以描述太极的原始状态。不过，陈淳说"浑沦"非为别物，还是无极，朱熹最喜用无声无臭，以解无极。用浑沦一词，并没有任何改变朱子对太极的认识，自而对陈淳亦属如是。

贾丰臻指谓陈淳视心如物，这与朱子视心为属于气，不为物的说法不同。[83]我无法对这些指谓获得证实。贾又谓陈淳言七情是就善恶说（《字义》第三〇条），朱子则不然。朱子于此，虽言之不多，但他也说过情有善恶[84]，对他们而言，性是常善，但情之为恶，则由于对性之表达不当。

楠本正继（一八八九—一九六三）写过很多有关陈淳的论著，他对淳的评价，是说：

> 陈淳虽未不同于师门之教，但他的思想亦甚精炼。若就造化论，则天命之大目，只是元亨利贞，此四者就气上论也得，就理上论也得。就气上论，淳谓物之初生为元，于时为春。物之发达处为亨，于时为夏。物之成遂处为利，于时为秋。物之钦藏处为贞，于时为冬。……这是陈淳思想的精炼，再迈前一步。[85]

以上是楠本正继论及《字义》中的第五条。在本书“论朱子之仁说”中，我曾指出，陈淳言仁，有以理言者，有以心言者，有以事言者（第七三条）。陈淳在阐释朱熹仁为“心之德，与爱之理”的时候，有谓“心之德，乃专言而其体也。爱之理，乃偏言而其用也”（同见第七三条）。他阐释朱子的爱之理，谓发见之端为恻隐（第五〇条）。[86]凡此诸论，不仅使其师说益加生动而明朗，且亦使其精炼。他的精炼处之一佳例，莫若把诚、信，作成五层的比较（第一〇五条）以相对于朱子单一的比较。[87]

其他诸儒，不仅认《字义》无新义，抑且无成就之可言。吴澄（一二四九—一三三三）即以为陈淳在本书训诂之精，讲说之密，不过止于记诵词章之俗学而已。[88]山崎暗斋（一六一八—一六八二）谓“其书殊无兴趣”，与“失之于浅陋”[89]。林恕鹤峰（一六一八—一六八〇）较为宽厚，则谓当陈淳称其基本思想渊源于朱熹，而陈淳却未能渗透于他本人之思想。[90]所有学者，无论褒之者或贬之者，都缺漏了重大一点。确实地，《字义》一书，是一部朱子思想的最佳结晶，也是新儒家哲学名词的最佳诠释。但尚有进于此者，《字义》是一项使命。陈淳之撰此书，是具有更大的目的，不仅是诠释名词而已。陈淳以己之哲学来讨论之。换言之，这部著作，代表着对探究新儒学一种崭新的导向。

陈淳的《字义》，并不首列太极、理与气等为目，有如《朱子语类》所为，但他的第一门为命。对淳来论，亦如朱子，命意指命令之命。但对他们两人而言，这命令之命，并非出自神而人同形的命令，而是天理。天理者，创造之理之大化流行，亦即吾人必须服从人之父子、朋友等关系。简言之，这是无上的命令。《字义》中之命，并不在此种观念本身之新，而是这种观念贯透并主宰其全书。如“天理”，以及在许多例证中，天理相等义的天道，几乎在《字义》每一目中都出现，而天命更不断地出现。[91]此外，陈淳一再地提及“根原”。[92]在陈淳，“根原”与“天理”应是同义。邱汉生教授是十分正确的，他说陈淳“根原”学说和他天理之说，实是相同。[93]

自然是朱熹指引陈淳走上探究根原之路。这对陈淳是一个特殊的使命，陈淳牢记于心，以建立他的一般哲学，而于《字义》一书中，更特别环绕着这一思想。陈淳撰“孝根原”“君臣夫妇兄弟朋友根原”以及“事物根原”[94]诸篇，并于诸篇撰就后，复于会晤时待有致初见晦庵先生书，因而显示接受师门之诲训，以寻求根原为其人生哲学。此类精神，浸透于《北溪字义》。职是之故，《字义》不仅是一本字典式，实是弟子之于其师承诺的证件。于是《字义》在新儒家的文献中，有其独特的地位。林罗山（一五八三——一六五七），一位在日本历史上最杰出的新儒家，他以为应复印韩国版的《北溪字义》并为《字义》写一篇性理字义谚解[95]，是非常重要的。有许多的字义序言，对《字义》一书的赞语，有些夸大，但说《字义》一般的特性，确能代表南宋新儒家的基本思想，尤其是朱子的基本思想，又谓《字义》使得下达与上达之学相均衡，更谓《字义》彻透了体与用，都是本质上正确的。邱汉生认为《字义》是朱子的《四书集注》数一的诠释之书，《集注》是朱子最重要的著作。[96]陈栎（一二五二——一三三四）谓"《字义》一书，玲珑精透，最好启发初学性理之子弟，而其极至处，虽八十老翁，老师宿儒，不能易焉"[97]。诚然，天理在新儒家是一个主要的观念。在张载，在二程兄弟，与朱子，这观念都非常重要。但只有陈淳才把天命作为他的著作的出发点与把天理作为他全书中的主宰论题。

四、"严陵讲义"

"严陵讲义"是在新儒学里最有名学术性之讲义。它不一定能与陆象山（陆九渊，一一三九——一一九三）一一八一年在白鹿洞书院讲"君子喻于义，小人喻于利"一章一样地齐名。象山那次演讲，听者感泣，后来应朱子之请，缮写泐石，以益后人。[98]又或者也不一定和朱子的"玉山讲义"[99]一样盛名。但是亦如陆朱，"严陵讲义"，它独立成篇，而且在许多藏书里都被收入。

正如前述，在一二一七年，陈淳待试[100]都中，凡十月。八月三日归过严陵。[101]郡守郑之悌[102]延请郡斋诸士友留讲贯，势不可却。[103]陈淳致书郑寺丞之悌，有谓开发后进，初不在于辞说之多，假若将一件事全部讲说，听者遂不复致思，亦无进益，反成长人怠惰之心。不若只明指其切要路脉，为天下来世学者，立一定准程。淳作讲义四篇“道学体统”“师友渊源”“用工节目”“读书次序”。并乞寺丞遣一笔史为写讲义册子，并集诸生一讲，次日（八日）登舟即行。[104]但郑寺丞又值私忌并祭社，迁延至十三日开讲。置酒百位，淳与诸官及诸生均亲洽。淳欲诸生留意，不期忽值补试不行。又空两旬，迟至九月十一日再集讲。[105]吾人诚不知集讲何时开始，或何时结束。惟得知陈淳住严陵约两月[106]，离此返里在十月九日。[107]斯时象山学派，盛行于严陵。[108]《宋元学案》描述严陵一支[109]，视为象山学派之分支。但就任何组织或学说上意味言，实构成不了一个分支。仅仅是在严陵当地，有一群陆象山信众，颇为活跃而已。引介陆学于严陵为赵彦肃[110]，严州建德人，人称为复斋先生。赵为象山私淑弟子，但他研讨并推展陆学。朱子从未识面，但与之通讯八次，赞其礼图甚精，但批判其专断与缺少虚心。[111]其没也，文公哭之恸曰赵丈为人，今岂易得。[112]彦肃影响之大，在《宋元学案》中，实值另列专案，在嘉定中期（一二〇八—一二二四）严州郡守郑之悌，建堂祠之。

宋元学家谓金溪学派严陵一支，自钱时（融堂）而盛。[113]显而易见地，钱较之赵彦肃，甚至更具有影响力，钱乃陆象山最负盛名之门人杨简[114]（杨慈湖，一一四一—一二二六）之弟子。此外，钱乃严州淳安人，书院招主讲席。一位典型的陆学派，大抵发明人心，学者闻之兴起，人称为融堂先生。[115]

但是，就陈淳受其冲击言，最重要的一位人物为詹阜民。詹，严州，遂安人。累官宗正寺丞。一一七九年，詹从象山游。象山告以学者能闭目静坐亦佳。詹遂在楼上学静坐，夜以继日，如此者半月。一日下楼，忽觉此心，已复澄莹。拟质象山，象山则告以此理晶莹。在一一八五年，詹再见象山，坐时生硬。象山曰，“子何以束缚如此？”詹发表“杨慈湖己易”一文，慈湖谓，易者己也，以易为天地之变化。无怪乎全祖望有谓，子南[116]所言，渐近顿悟，绝类慈湖。陈淳在严陵所晤的后学，多受詹阜民的熏染。

象山之教，无疑地为詹阜民所扭曲，因而进一步影响及于严陵集团。依陈淳言，江西禅学一派苗脉，颇张旺于此山峡之间，完全佛化。指人心为道心，终日默坐，以及不复致道问学一段工夫。由陈淳的书札中，吾人已知他已尽力之可及，以期影响诸人。但在顾平甫与喻仲可（可中）两个事例上，他都未成功，顾喻两人，都是詹阜民之门人，亦为严陵派之支柱。淳谓顾平甫资质庄静。扣其所学，绝口不出一言，屡扣屡寂，但叉乎声诺而已。自后或相见，平甫坐未煖即别去。[117]淳又谓可中资质极是纯粹，惜乎学问差向一偏去，已缠肌入骨之深，无可转回者。初间到旅邸相访，仲可亦坦率而多言，但固执自以为是。有谓：得孟子之传者惟象山，象山之传惟詹阜民。陈淳经过多次简单接谈以后，至此对可中亦完全失望。[118]

陈淳寄厚望于王震、邵甲两生。两生俱年幼，两人不仅年幼，且其资质、志向之美，可以通道。震年二十。当陈淳始到学，王震来访。但随后陈淳又屡邀而屡不至。昨适幸其至，方回头，却与语而忽又不见。[119]陈淳仍予寄望。在离严陵以前，有与王生震书，期其改变初衷。[120]至若邵甲，严陵当地人，年廿六，系再次访陈淳，又道及濂洛诸老先生之书。邵并亲手编写成帙。但邵仍强烈地依附象山一脉。陈淳亲往造访，邵示其意所主者，仍出“江西至言”[121]。陈淳仍欲施以熏沐之功，曾撰长札约二千言与邵甲，阐扬孟之基本教义。[122]其卒也，陈淳叹惜谓，邵王两生，不惟自是自足，而又自高自傲，无可救药。[123]幸喜另遇他生，张应霆志趣未杂，一心乐听讲论，李登已有志依循其所导向，而张应霆、朱右与李登，专心笃志，为理义之归。[124]

最具成功者，则为陈淳获遇郑生闻(郑行之)。年方二十六，亦严陵人。郑访之于都门，陈淳深觉其有美质，且能立志于儒家之学。当陈淳奉严陵郡侯命，入学与诸生讲贯，特专人致书郑行之，冀其一来相聚旬日，但为郑辞谢。陈淳对郑生之不来与诸生共相切磋，未免惘然若有所失。他复写一长函约二千言与郑行之，促劝其舍弃陆学。并致送“严陵讲义”四篇并录送其他进学资料。当陈淳南归，路过寿昌[125]，郑行之已伺候于道左。郑自认不曾交惹象山，但于书词，不识郡中诸人学问之是非而偶及之。及得陈淳来书，大有警省。特为留一日半并两夜，与之款洽。淳甚喜诸生趋向甚正。[126]其后复有答郑行之书[127]至表欢欣，因已能与之讨论格物之功。格物乃程朱派最核心思想，与陆象山之真探本心成为尖锐之对比。

常与“严陵讲义”连带提及者为“两辨”两篇，即“似道之辨”与“似学之辨”[128]。此两篇亦为人备加赞赏。前者致力于攻击佛老，后者则批判科举之学。有人以为两辨之作，系紧随在陈淳讲授“严陵讲义”之后。[129]其支持此说之事实，一则“两辨”在《北溪大全集》里即编次于讲义四篇，二则似学之辨一文中，即提及“渊源”及“节目”两词，此两词俱为“严陵讲义”第二篇及第三篇之标题。此一事实，似可支持其辨论。但是“两辨”中都没有回应“严陵讲义”中之基本教义，而“严陵讲义”也没有讨论到佛老及科举。较有说服力的说法，应是“两辨”是补充“严陵讲义”涵义之未足，此正《北溪大全集》以之辑录两篇于同一卷之故，但吾人仍乏资料以决定此“两辨”确为何时所撰写。

五、陈淳攻击佛老与陆象山学派

从上所述，吾人获一种映象，以为陈淳必业其严厉而无情地攻击新儒家们所称的异端。《四库全书总目提要》，对《北溪大全集》作如下之评判：

> 淳以朱子终身与陆九渊如水火。故生平大旨，在于力申儒释之辨，以针砭金溪一派之失（在朱门，视陆派为佛家色彩极浓厚）。集中如道学、体统等四篇，似道似学之辨，皆是在严陵时所作。[130]

或者即由于此评判的影响，邱汉生教授在其论著中首列四讲与二辨的一段中，即标题为“保护师说与诋毁陆学”[131]。

这些说词是否果真正确？无疑问地，淳卫护其师说。但陈淳是否终其生攻击象山，或者尤其在四篇与二辨中作事攻击呢？我深信尚不是这样。至少有五点具体的证明，可以支持这个结论。

⑴ 严陵四讲与二论辨所讨论的，正如其题目所标示。在前者

所阐释的，都是朱学的基本学说，在后者，严厉地批评佛老教义。但无丝毫迹象用以攻陆。在“严陵讲义”里，陈淳发挥程朱新儒家的积极而建设性的诸方面，而于朱陆之争论并无兴趣。在驳斥佛老，陈淳所驳斥，则在轮回与天堂地狱之信仰；则在佛氏以人性为识心为作用之说。淳诚谓“近世儒者，乃有穷其形气之灵者，以为道心，屏去道问学一段工夫，屹然自立一家，专使人终日默坐”[132]。这里所谓“近世儒者”，自然是指象山及其门徒。在朱子弟子中，带着反陆情绪，这样的评判，似乎还是节制的。但无论如何，在他的论著的主旨方面，如有激烈地攻陆，也是偶然的。

⑵在《北溪字义》里，有批评佛老的一目，但无一目攻击象山。假若有任何批评的话，则见之于论心的第十八条—二十九条，以及论太极的第一四一条—一四八条。陆派尝被称之为心学派，朱陆两人对太极，有极长的争辨[133]，但在这些各条里，其批评仅及于道家观念，而未论及象山。

⑶在《朱子语类》里，有许多卷，都投注其心力，在“训门人”。在训淳各条中[134]，几乎所有师生对话，都集中于“寻根原”这一课题，亦即天理。这些对话，包含完全是私人接触，约逾七阅月。仅仅只有一次，提及陆象山之名[135]。陈淳自认他本人缺少下学一段工夫，亦即日用实践，朱熹则告陈淳，曾接奉陆派门徒若干诗篇，仅在表达上达之乐。仅此一点，很难谓为对陆派之攻击。

⑷陈淳记录了朱熹与其门人的谈话，约六百条。其中六十八条论象山，陈淳未录一条。其中一百廿五条论道家，淳仅录一条，其中一百廿六条论佛家，淳纪录六条。[136]这些很显示陈淳的主要兴趣，固在他处。

⑸ 在陈淳与人书札往来之中，他攻击陆象山派仅在关联着严陵之行。在他与弟子们书札往来之中，在《北溪大全集》共成十卷，涵盖很多年代，仅仅有三小点批判释氏之空寂，无实理，以及因神而降福。[137]偶有一次，指责江西流派妄自尊大，欲独步斯世，确然欲自植立一门户。[138]在陈淳与诸同门书札中，亦即《北溪大全集》中之卷廿二，卷廿三，与卷廿五之一部分，亦仅有四处，是在攻陆。[139]在这四处批判陆学里，仅有一处是一般性评述而无关他的严陵之行。至如在第廿四及第廿五两卷与友朋书信中，几乎每一书信，都含有攻陆。不过，所有这些攻击，亦是有关严陵之行。从所有这些证明里，吾人可勉而作一结论，即陈淳之攻陆派，大体言之，仅限于他的在严陵的地方经验，而且也仅一年多。吾人要描述他一生是推行反陆运动，那是不公允的。

陈淳在一二一七年入都之前，大部分时间生活在原籍，亦甚孤陋。他最早接近朱子之教是从读朱子之书。自一一八〇年至一一九〇年，时年廿二至卅二。十年以来，读朱子书，主要在读其儒家经籍注疏。[140]在这些儒家经书注疏中，实在毫无一点攻击象山之语，虽说在《近思录》中有一卷是辨异端之学，亦主要在佛氏，毫无涉及象山。朱子之无情地批判释、老与象山一派，见之于他与门人谈话与书札之中。但是在他集注里，批判异端的话很有限，几无语及于象山。陈淳读朱子所著书所得者为朱子基本教义，而非朱子与陆象山之争辨。当一一九〇年陈淳及门于朱熹，淳所关注的为较多朱子根本教义，远甚于两派的冲突。此所以师生对话都集中于"寻根原"。从所有的标示，在陈淳一二一七年到临安与严陵之前，他并未关注及陆象山。

陈淳态度之剧烈转变，是在他离开临安赴严陵之时，有如他说：

> 自都下时，颇闻浙间年来象山之学甚旺，以杨慈湖与袁祭酒[141]（袁燮，一一四四——一二二四）为陆门上足，显立要津，鼓簧其说，而士夫颇为之感动。及来严陵，山峡间觉士风大陋，全无向理义者，才有资质美志于理义，便落在象山圈槛中，缘土人前辈有赵复斋[142]，詹郎中者（詹阜民）为此学已种下种子。赵、詹已为古人，而中辈行有喻（喻可中）、顾（顾平甫）二人者，又继之护卫其教。下而少年新进，遂多为熏染。其学大抵全用禅家意旨，使人终日默坐，以求本心，更不读书穷理。[143]

此诚无可置疑，陈淳在严陵两月，已大为增加对陆学的厌恶，因此，解救严陵诸学人，陈淳已引为是他的使命。

陈淳的努力，是诚恳而坚毅的，虽是其成功，极为有限。许多陆门后学的奇异行径，更强化他反陆的看法，而且使他攻陆愈甚。陆门末学的特性，为终日默坐，不事读书，确属陷于偏见。实则象山与其门人，从未走入如此之极端。总之，关于陆学，陈淳所处之地位，吾人可作如下撮要：⑴有如全祖望所说“其卫师门甚力，多所发明，然亦有操异同之见，更失之过者”[144]。⑵当他反映朱门之异同之见时，较之朱门中其他门人，亦非有更多偏见。⑶陈淳之攻陆象山，限于他之在严陵时的关联。其在严陵前后，他所关注的，是程朱的积极而基本的论题，并显示对陆学殊少兴趣。若说陈淳掀起朱派与陆派之冲突，从历史演变上来说，是不正确的。[145]

六、结论

综上所述，吾人必须归结来说，陈淳之批判陆象山派，实是一边之论。“严陵讲义”充实了《北溪字义》一书。《字义》致力于寻求根原，这根原即是天理。有如程明道，天理却是自家体贴出来，吾人必须接受其命令，这一命令，从事于生生不息的造化流行。这是天道，使人日日新，直至至善的获致。因之，《北溪字义》一书，远非止于治学之一助，它是从新儒家而来的最终信息和使命。

（本文作者为“中央”研究院院士）

（本文译者为纺织业外销拓展会顾问）

（译稿曾寄请陈教授亲为审正，特此深谢）

附　注

1　关于黄榦、蔡元定及辅广三人，参看《宋元学案》六三、六二及六四各卷。亦即西山蔡氏、勉斋及潜庵各学案。

2　参看附录A及附注十四，十五，十九，廿一及廿五，译按附录A，系《宋史》中“陈淳传”，陈教授已译出，另见英译本。

3　《北溪大全集》（四库全书珍本），外集页五a—十a及页十a—十八a。关于陈沂，参看以下附注28。

4　《大全集》，一七：一〇b及九：一一b。在今福建南龙海县。北溪是在龙溪的一地方。译按，陈教授大著导言一篇，引用《北溪大全集》资料甚多，对其卷页号码，多用阿拉伯数字标明之，如本附注原为17:l0b，17为卷数，10为页数，b为下页，法则标明为一七：一〇b，读此当可了解为卷十七，第十页下，为求简化，以下仿此，均不注明卷与页。

5　《大全集》，五：二a。

6　林宗臣，字实夫，登乾道（一一六五——一七三）进士。龙溪人，亦如陈淳。历官主簿。参见《宋元学案》卷四一：一四B。

7　《近思录》，凡十四卷，为朱熹及吕祖谦在一一七五年所辑。此为新儒家哲学之第一部辑录，亦为探究宋代新儒学一部最基本之资料，其中选录北宋四子，周敦颐、程颢、程颐与张载有关道体、格物、存养、齐家，出处进退辞受之义，治国平天下之道，制度，教学之道，辨佛老之学，与论圣贤气象等方面著作之语录。不佞曾将《近思录》英译，题为Reflections on Things at Hand（纽约、哥伦比亚大学版，一九六三年）。关于此一辑录之详细描述，参看xvii—xii各页，内有朱子对该录之评述。更进一步之详细资料，参看拙著《朱学论集》（台北，学生书局本，一九八二年），第一二三——八〇各页。

8 《大全集》, 五: 二a。

9 《大学》《论语》《孟子》与《中庸》。

10 《大全集》, 二九: 一一b。

11 同上, 五: 三a。

12 同上注, "外集", 页九b。

13 同上注, 十: 一a。

14 《朱子语类》, 卷一〇六, 第二二条 (台北, 正中书局, 一九七〇年, 页四二〇三)。《朱子文集》(四部备要本, 名《朱子大全》)"外集", 九: 一a—b, 此处记载年份为一一九二。这定是错误的, 因为朱子离此在一一九一年四月。

15 《大全集》, 一: 八b, 四九: 十三b。

16 《大全集》, 十六: 五b—十二b, 三字经为在传统教育方式授儿童之第一本必须背诵的课本, 在十三世纪童而习之, 家喻户晓。

17 《大全集》, 三一: 三b, 三二: 一二a宋史系于一二一六, 以替代一二一七年, 而《福建通志》, 卷一八五, 则系于一一一八。若照陈淳自叙(《大全集》, 十二: 七b)及陈沂为其师陈淳之叙述(同上注, "外集", 页十六a), 前两年份俱误, 应系于一二一七年。

18 同上注, 二三: 一b, 三一: 三b。

19 同上注, 三一: 三b—四a。

20 同上注, 二三: 五a, 一一a。

21 同上注, "外集", 页十六a。

22 同上注, "外集", 页七b。

23 同上注, 三三: 一二a。

24 参看以下附录一。

25 一个文官第三十七职级之最低级。

26 《大全集》, "外集", 页五b, 页九a—b。

27 《儒林宗派》(四明丛书本, 一九三五年), 九: 九b, 参看以下附注30。

28 陈沂字伯澡, 又字贯斋。福建仙游人。宫至新州推官。著有《读易记》。吾人不知其生卒年月。有关其简史, 参看《宋元学案》, 卷六八。

29 《大全集》, "外集"页十八a, 辑录以及口义, 今已不复存, 从《大全集》, "外集"页八b, 吾人得知陈沂辑《筠谷所闻》二卷。此处中文字之"均", 无竹字头。《宋元学案》卷六八, "北溪学案"在"北溪语录"下, 有十一节。此为黄宗羲(一六一〇—一六九五)在北溪现有著作中所摘录。筠谷、金山、濑口, 均在仙游县, 陈淳在其地应伯澡父之请, 而为金山塾之师。参见《大全集》, 二: 九a, 及四九: 十三b。

30 同上注; 页一八a, 当其子完婚, 陈淳字其名方叟, 意指"矩所以为方, 是为法度器。(同上注, 一: 一〇a)"与其名矩相称。北京历史研究所冒怀辛教授, 于一九八三年六月致函于余, 告以在某一版《北溪字义》中"陈淳小传", 提及植与格为淳之二子。余致其疑, 辩称陈沂, 最知其师, 而沂只称淳有一子名矩。一月后, 冒教授复有函称, 他曾在《福建通志》, 卷一九〇中, 载漳州有陈植与陈格两兄弟传, 但不关联于陈淳。究为谁最先将两陈牵涉于陈淳, 此谬误已不可晓。但好些著作, 已持续其谬误, 有如《儒林宗派》以及一八八二年版《北溪字义》俱如此。所幸《宋史》与《宋元学案》并不如此。在邱汉生教授一篇名著"陈淳之新儒家思想"载于一九八〇年《中国哲学》, 第三期, 页一〇八—一三五, 并未改正。

31 《大全集》, 二一四a, 三一一〇a, 一二a。

32 同上注，外集，页一七a—一八a，这些陈情，见四三：四a—四四—五a，四五：三b—八b，四七:b—一〇b，四八：九b—一二a。

33 引述《老子》，第卅三章。

34 《大全集》，“外集”，页六b—九a。

35 《福建通志》，一八五：四一b。

36 《大全集》，三一：二b。

37 同上注，四九：七a—一〇a。

38 同上注，一〇：四b。

39 同上注，四：一一a，一七：一a—一〇b。

40 同上注，五：三b，“外集”，页五b。

41 一里之三分之一。

42 《大全集》，五：一a—四b，“自警诗”有二十五首，载《大全集》，一：一a—三a，同时参看，“外集”，页一〇a。

43 同上注，一〇：一a—b。

44 同上注，一〇：一b，沈井铺距漳州约五十公里。

45 同上注，“外集”，页四a。

46 《朱子语类》，卷一一七，第二四条（页四四八八—四四八九）。

47 《大全集》，“外集”，六a，十一b各页。

48 同上注，页十一a。

49 《大全集》，五：一四a，“外集”，六a、十一a各页。朱熹自福建之北，南至漳州。

50 同上注，一〇：三a，“外集”，页十一b，建阳在福建之北，距武夷之南，约七十公里。

51 这些问目与批解，见同上注，卷六—卷八。此均为新儒学的基本论题。在《朱子文集》中，载于卷五七：一〇b—四三a，其中有更多的问目与批解。在《文集》，陈淳对问目的陈述较长，而朱熹的批解亦然。

52 《大全集》，一〇：三b。

53 《朱子语类》，卷一一七，第二四—五七各条（四四八八—四五二三各页）。

54 同上注，第四四—四九，五一，五四各条（四五〇五，四五一五，四五二〇，四五二一）。《大全集》，一〇：三b—四a，一七：六a，四九：九a；“外集”，一b、六a、一二a各页。

55 《朱子语类》，卷二七，第五〇，五三，五四各条（四五一六，四五二〇，四五二一各页）。

56 《大全集》，一〇：四a。

57 同上注，“外集”，页十一b。

58 胡适：《朱子语类的历史》，一九七〇年正中书局版，《朱子语类》。

59 《大全集》，“外集”，页一b—二a。

60 上海，商务印书馆版，一九三三年，三三八〇页。

61 《大全集》，二三：一a。

62 同上注，二六：五b，朱熹“仁说”，见于《朱子文集》，六七：二〇a—二一b。朱子及张南轩两篇“仁说”的详细讨论，参看不佞《朱学论集》一书（台北，学生书局，一九八二年），五五—五八各页。

63 参看以下附录m，注七。译按附录m，为陈教授以英文所撰《北溪字义版本史》。

64 参看以下附录m，注15。

65 页三三八〇。

66 《朱子语类》，卷六〇，第四二—四四各条（二二六八—二二七〇各页）。

67 同上注，卷七七，第二二—二六各条（三一二六—三一二七各页）。

68 《大全集》，四一：七b。

69 参看《朱子语类》，卷四，页四九及九五。

70 关于此，参看上注一、四及六各卷。

71 比较同上注，卷四，第四一条（页一〇五）及字义，第三条。

72 载于《周子全书》，卷一。

73 《朱子文集》，七二：一一a—一四b，“皇极辨”。

74 《朱子语类》，卷一二五（老氏）及卷一二六（释氏）。

75 《论语·述而第七》，第二〇章。

76 参看王懋竑《朱子年谱》，系于一一九〇年。

77 《大全集》，六：一四b—一六b。

78 《柳河东全集》（四部备要本），一四：九a。

79 关于谷永，《汉书·谷永传》（四部丛刊本）八五：一a。

80 罗光：《中国哲学思想史》，卷三（台北，学生书局，一九八〇年），页六七一。

81 参见《字义》，九四、九五、一四一、一四三、一四七、一五四、二三五、二三九、二四〇、二四五各条。

82 《朱子语类》，卷九四，第十六条（页三七五八）及卷十，第十五条（页二五七）。

83 《中国理学史》（上海，商务印书馆，一九三五年）第一九八页。

84 《朱子语类》，卷五，第六一条（页一四六）。

85 《宋明新儒学思想之研究》（东京，广池学园出版部，一九六二年），页二九三。

86 《朱学论集》，页四七—四八。

87 《朱子语类》，卷六，第三五条（页一六五）。

88 《吴文正集》（《吴澄全集》）（四库全书珍本），卷四〇，页二a，“尊德性道问学斋记”。

89 《山崎暗斋全书》，东京，日本古典学会，一九三六年。

90 《玉山讲义》“附录跋”（一六七二），保科正之辑，总共四卷。

91 关于“天道”，参看《字义》二，一七，四八，五二，五三，六一，六二，六五，七三，九四，九九，一〇〇，一三九，一七五，二三四，二三六以及二五二各条。关于“天命”，参看一一二，一一〇，一二，八六，二三四各条。

92 《字义》二二，四七，一二九，一三四，一三九，一五九，二三四各条。

93 邱汉生（参看上注30），页一一〇，这是一篇在中国及日本，讨论到陈淳极少数具有学术性的论著之一。论及陈淳维护封建道德，邱教授非常强烈地指责他。一九七九年John Hugh Berthrong 在芝加哥大学，所撰一篇英文博士论文，题为“在真实性的表面：在陈淳阐释下的朱熹”。（“Glosses on Reality: Chu His as Interpreted by Chen-Chun”）论到朱熹多于陈淳。

94 《大全集》，五：四b—一一〇b。

95 这部著作，名为《性理字义谚解》。在《东京内阁文库》，有十七世纪手抄本共五卷，一六五九年版，共八卷。其序文见于《林罗山文集》卷五〇之首。

96 《四书集注简论》，页一九三。邱教授主要的是正确的，虽说四子书中并没有讨论到太极，佛与道。

97 引自《宋元学案补遗》（台北，世界书局，一九六二年），六八：三六a。

98 《象山全集》（四部备要本），二三：一a—二a；三六：一〇b，在一一八一年象山访朱子于南康（今之江西省星子县）朱子在其地任郡守。朱子邀约象山讲于《白鹿洞书院》，此书院为朱子所建置，约六里之遥。王懋竑《朱子年谱》，系于一一八一年。

99 在一一九四年，朱子由于冒犯朝廷，改除侍讲放归福建故里。十一月十一日，朱子道经江西之玉山县。县令延请朱子讲学于县庠。此“玉山讲义”概括朱子对当时世局之看法与道德修持。此乃朱子晚年之著作，因之可代表朱子最成熟之见解。

100 参见上注21。

101 严陵以严州著称。其地名源自严光（严子陵，纪元前三七—公元四三），据云子陵垂钓于泽中。光武帝思其贤，遣使聘任官职，但为其婉拒。有谓“士故有志，何至相迫乎”？但子陵与光武帝友善。某次，因共偃卧，光以足加帝腹上。严陵今建德府，约距杭州六十里。

102 郑之悌是否赞同朱子之教，抑或陆象山派，吾人并无资料，可以断定。依照《严州图经》（一八九六年版），一：三六a，郑之悌在一二一七年为郡守。作为一位郡守，他礼待学者。此所以陈淳被延请讲贯，以及后来在一二一九年为陆派赵复斋建堂祠祀。陈淳所撰“严陵学徒张吕合五贤祠说”，其中论及郑侯（郑之悌），并对在严陵之陆派徒众，字里行间，诸多责难。（《大全集》，一二：七b），正显示这位郡侯，在心理上是中立的。

103 《大全集》，二三：五a；二四：一a。

104 同上注，二四：六b；三二：九b；三三：一〇b。

105 同上注，二四：一b—二a。

106 同上注，二三：一b；五a；卅一：五a。

107 同上注，二三：六b。

108 同上注，二四：一a—b。

109 《宋元学案》，卷七七：一a。

110 赵彦肃，字子钦。在一一六六年，官授进士。参看《宋元学案》，五八：二九a及《宋元学案补遗》，五八：三八a—三九b，“彦肃传略”亦载于《严州续志三》：一七b。

111 《朱子文集》，五六：一a—四a；四八：四b。

112 《宋元学案补遗》，五八：三八b。

113 钱时，字子是。其详参看《宋元学案》七七：一a。

114 关于杨简，参看《宋元学案》七四：一三a，以及《宋元学案补遗》，七四：四八a—五一a。

115《宋元学案》七四：一三a。

116 詹阜民字子南，又名默信。详见《宋元学案》，七七：四a，及《宋元学案补遗》，七七：五b—六a。

117《大全集》，三一：六a，关于顾平甫，参看《宋元学案》，七七：二一b。

118 同上注，三一：五b。

119《大全集》，三一：一四a，一五a—b。

120 同上注，三一：一五a——七a。

121 同上注，三一：一〇a—b

122 同上注，三一：一〇a ——四b。

123 同上注，三二：六a—九a。

124 同上注，二四：八b；三二：六b，此三位俱为严州本籍人。李登有时误写为李发。由于此类偶然相聚的关系，《宋元学案》独断地误将他们三位及郑闻，俱为陈淳之门人，载《学案》，卷六八：一〇b——一a。

125 严陵西南隅，约卅里。

126 同上注，二四：七a—八b；三二：一a—六b。

127 同上注，三二：七a—八b。

128《大全集》，卷十五。

129 邱汉生（参看上注30），页一一三。

130《四库全书总目提要》，页三三八〇。

131 邱（参看上注30），页一一三。

132《大全集》，一五：一二a。

133 参看《象山全集》，二：四b—二b，与《朱子文集》，三六：七a——六b（"答陆子静书"）。

134《语类》，卷一一七，最后卅四条，第二四一五七条。

135 载于第四九条（页四五一四）。

136《朱子语类》，卷一二四—二六。

137《大全集》，三七：一六b；四〇：一九a；四一：一四b。

138 同上注，二六：一一a—b。

139 同上注，二三：一b，五a—b；二三：一〇a，一一a。

140 同上注，五：二a—三a。

141 关于袁燮（絜斋），参看《宋元学案》，卷七五。

142《宋元学案》，五八：三〇b。

143《大全集》，二三：五a，同时参看三一：六a—b。

144《宋元学案》，六八：一a。

145 蔡仁厚：《宋明理学——南宋篇》（台北，学生书局，一九八〇年），页二九四。

译后赘言

万先法 译

法有幸，自一九六六年，开始英译陈荣捷教授《新儒家理学思想之演进》一文后。廿年以来，陈教授绝大部分时间居美，法与之函札往来，问学论道，迄未中辍，有时陈教授来台，出席“中央”研究院院士会议或国际汉学会议，每来必约法共餐晤谈。法则亲炙请益。此种文字胜缘，叹未尝有。尤以二十年来，凡陈教授有关宋明理学之重要论著几无不读，且翻译多种，刊诸陈教授一九八二年出版《朱学论集》一书中。陈教授已逾八十高龄，但治学之勤，执事之敬，热爱中国文化之诚，钻研经典古籍之精，译述往哲载籍之富，诚如先生自咏“梦也周程朱陆王”，浑忘老之至也。法于逡译大著之时，每见其引据之繁，附注之多，左右采获，逢源自得。法实简陋，汗颜无地；心虽有悟，但不知如何表达也。

陈教授客岁秒惠函，嘱将最近英译《北溪字义》一书中导言加以中译。此实宠命。兹译事甫毕，而法于翻译之际，对陈教授治学之谨严、之认真、之客观、之广大与精微、体会犹新，诚恐过久即忘，愿赘述数点，期与读者进而教勉之，但仍难罄所欲言也。

㈠ 陈教授为文，语出必有据。每语每辞，都经得起征验。有时虽于论著中，对举出原典中之原事，未加附注，但若我们细阅《北溪大全集》或《朱子语类》与《文集》一类相关之原典，必然可见陈教授所述之真实。既不轻率，亦不略加渲染。仅举两例言之，如在“陈淳与朱熹”一段中，有一段描述朱陈师生的关系，有谓“……吾人诚知在此一段时期的谈话既较长，也很亲切。有时陈淳独往见朱子，有时则与诸同门同往。有时诸同门散后，淳一人独留，更有时日里每入卧室听教……”。这种师生亲切之状，我在《语类》卷一百十七，完全找到了根据。如《语类》谓“诸友问疾，请退，先生曰……安卿且坐”，又谓“晚再入卧内，淳禀曰，适间蒙先生痛切之诲”，又谓“先生召请诸友至卧内曰，安卿更有甚说”，又谓“是夜再召淳……入卧内”，又谓“诸友入侍坐定，先生目淳”，又谓“诸友揖退，先生留淳独语”。据此，则陈教授所描述，真无一虚语也。又如在“严陵讲义”一章中责赵彦肃为学专断与不虚心。陈教授在本文仅简述其意，而在所引附注《朱子文集》，“答赵子钦(彦肃)书”中，则见其根据，如谓“……今以一词之不合，便欲削去，似亦草率……”。又谓“……近此学者，道理太多，不能虚心退步，徐观圣贤之意……而且以己意，强置其中……”。

(二)陈教授语译者，英译《北溪字义》中所撰导言，颇有为前人所未发，但未语其详。法译文之际，即发现陈教授所指谓有二，一为北溪之反陆学，并非其思想重点，诚然，朱门弟子，焉有不反陆者？但北溪之反陆，(1)重要者仅限于在严陵一段时期，其详可参看下段。(2)北溪之学，其基本方向在传朱学，亦即寻根源，此吾人读《北溪大全集》及《朱子语类·训门人》两书，可以确切看出。二为北溪之学，实负有一基本而重要的使命，即衍述朱学，亦即儒家之学，《字义》一书，于儒学诸种核心观念，无不简切论列，且有若干新义，实乃儒家思想之绪篇，决未可以字书、字典、辞书等类视之。

(三)前段陈教授曾谓北溪攻陆学，仅限于在严陵时期，因当时当地士人，依附象山甚众，风习已成，几无可挽回。法读《北溪大全集》，北溪与人书札中，尝深致叹惜。如(1)“……大抵世上一派禅学，年来颇旺于江浙之间，士大夫之有志者，多堕其中，而严尤甚……”(《大全集》卷廿三，“与黄寺丞直卿”)(2)“自都下时颇闻浙间年来象山之学甚旺，以杨慈湖、袁祭酒为陆门高足，显立要津，鼓簧其说，而士大夫颇为之风动。及来严陵、山峡间，觉士风尤陋，全无理义者。才有资质美志于理义，便落在象山圈槛中……”（《大全集》卷廿三，“与李公晦一”）(3)“某去载，在都城……之久，颇觉两浙间年来象山之学甚旺。……士夫晚学见不破，多为风靡，而严陵有詹喻辈护法，此法尤炽。后生有志者，多落在其中。……南康……其地邻江西，则象山之风声气习，亦无不熏染于簪绅韦布之间……”（《大全集》卷廿三，“与陈寺丞师复一”）(4)“因慨念江西禅家一派苗脉，颇张旺于此山峡之间……”（《大全集》卷廿四，“答赵司真季仁一”）。(5)“……自到严陵，益得知象山之学，情状端的处……”（《大全集》卷卅一，“与黄寅仲”）。以上仅引述五处，北溪皆明指陆学张旺于严陵。《大全集》中，俯拾皆是，兹不繁引。陈教授谓北溪攻陆，仅限于在严陵时期，应不诬也。

(四)余译陈教授宋明理学论著，每见陈教授无论对某一大儒之生平描述，或某一思想之阐释，无不确实直探原典，博引广征，反复求证，然后乃下一论断。陈教授尝谓今人治学，不务实而蹈空，好为一家之言，此未可为非；但一家之言，每非古人真实之面目，仁智互见，易起争议，难作定论。不若就原典细心比较，剖析与归纳，以还其真，以原典证原典，较少误讹。曲学固可以阿世，正学可以传世也。

(五)陈教授引述北溪诸语，多出自致其长官、讲友、同门与门生书札之中，有时亦出自序文，有时亦出自杂著，更有时出自同门陈宓之“墓志”，或出自陈沂之“叙述”其师，但陈教授并不直引其文，仅依之传述其意。法每用原典，勘对其原句，深觉其原句之美，不忍弃置而改自译，抑且无论如何自译，实不及原句之描述尽致。故遇有此类文言语句，法多直引原句以代己译，可请覆按。此种文白夹杂之译法，陈教授曾许其亦别有致。

(六) 陈教授中英文造诣，俱续极致，故其译书之富，诚可称“主盟斯世”。不佞每译陈文，益觉愚暗，难窥门径。间有对其英译之逼真与传神，对译笔之忠实与不涉夸饰，尝不觉优游涵咏，手足舞蹈之乐。仅举两例以证吾说。(1) “……淳因训童拘绊，不得日侍炉锤之侧”(见附注四三)，英译为：“but he could not be with the teacher all the time because be bad to teach。”以“He could not be with the teacher…”来译“不得……侍炉锤之侧……”，这只有意译。以“He could not be…all the time…”来译“不得日侍……”，译得不增不减、恰如其际。(2) “……时造郡斋讲论，或至夜分……”(见附注四七)，英译为：“Sometimes they talked till late at night…”以“Some times…late at night…”来译“或至夜分……”扣紧原义。译笔之美，妙极其真。此不过法翻译时偶尔灵光闪现，当即劄记，亦非刻意为之。实则陈教授笔精确，若必细敲，随文皆是。以上两例仅汪洋中一微波耳。

［本文原载《哲学与文化》，第十四卷，第五期（一九八七，五月），页二十六至四十二。］